Christian Morgenstern · Gesammelte Werke

CHRISTIAN MORGENSTERN GESAMMELTE WERKE

in einem Band

Piper
München Zürich

Herausgegeben von Margareta Morgenstern

ISBN 3-492-01408-9
15. Auflage, 145.–152. Tausend 1984

Gesamtherstellung: Clausen & Bosse, Leck
Printed in Germany

INHALTSVERZEICHNIS

Autobiographische Notiz 7
Gedichte 11
Kinderlieder 175
Galgenlieder 187
Sechsundzwanzig Galgenlieder und deren gemeinverständliche Deutung 213
Palmström · Palma Kunkel · Der Gingganz und anderes 239
Palmström 241
Palma Kunkel 274
Der Gingganz 301
Zeitgedichte 313
Aus dem Anzeigenteil einer Tageszeitung des Jahres 2407 329
Grotesken und Parodien 333
Egon und Emilie 335
Eine Minute 336
Der Spielgeist 338
Bei Jacques Merk 339
Das neue Preislied 342
Kleine Literaturgeschichte in Beispielen 343
Das Mittagsmahl 347
Horatius travestitus 360
Stufen 367
Sprüche · Epigramme · Ritornelle 489
Sprüche und Epigramme 491
Fiesolaner Ritornelle 509
Sprüche 513
Zeit und Ewigkeit 533
Briefe 545
Zeittafel 604
Buchveröffentlichungen 607
Verzeichnis der Gedichte 608

AUTOBIOGRAPHISCHE NOTIZ

Ich wurde am 6. Mai 1871 als einziges Kind des Landschaftsmalers Carl Ernst Morgenstern (Sohnes des Landschaftsmalers Christian Morgenstern) und seiner Ehefrau Charlotte Schertel (Tochter des Landschaftsmalers Josef Schertel) in München geboren und erlebte in unserm gegen Nymphenburg zu gelegenen – aller Kunst und heiteren Geselligkeit geöffneten – Hause mit parkartigem Garten glückliche, eindrucksreiche Kindheitsjahre. Meine Eltern reisten viel, zuerst aus Lebenslust, dann aus Rücksicht auf ein beginnendes Lungenleiden meiner Mutter, und nahmen mich schon von meinem dritten oder vierten Jahre an überallhin mit. Besonders ist mir eine lange Reise durch Tirol, die Schweiz und das Elsaß in Erinnerung, die im wesentlichen in einer von zwei unermüdlichen Juckern gezogenen Kutsche zurückgelegt wurde. Dazwischen und später waren es dann die (damals noch ländlichen) bayerischen Seedörfer Kochel, Murnau, Seefeld, Herrsching, Weßling und noch später schlesische Dörfer am Zobten und im Vorland des Riesengebirges, die dem sehr viel einsamen und stillfrohen Knaben unvergeltbar Liebes erwiesen. Solch freundliches Los ward ihm zumal durch die Lebensführung des Vaters, der als freier Landschafter sowohl, wie dann, als er an die Breslauer Kunstschule berufen worden war, Sommer um Sommer ins Land hinauszog; wozu noch kam, daß er ihn, als eifriger Jäger, bisweilen in seinen Jagdgebieten und Jagdquartieren mit sich hatte.

Diese Jahre waren grundlegend für ein Verhältnis zur Natur, das ihm später die Möglichkeit gab, zeitweise völlig in ihr aufzugehen.

Sie waren aber auch nötig, denn bald nach seinem zehnten Jahre, in dem er die Mutter verlor, begann der Ansturm feindlicher Gewalten von außen wie von innen. Was sich bisher, gehegt und verwöhnt, daheim und im Freien so durchgespielt hatte – mein Spielen bildet für mich ein eigenes sonniges Kapitel – zeigte sich dem äußeren Leben, wie es vor allem in der Schule herantrat, weniger gewachsen. Es war, als wäre das Leidenserbe der Mutter, das doch erst zwölf Jahre darauf zu wirklichem Kranksein führte, schon damals übernommen worden; denn wenn auch mancher frische Aufschwung immer wieder weiter trieb, so setzten doch mehr und mehr jene dumpfen Hemmungen ein, die ihn wohl nicht hätten so zu Jahren kommen lassen, wenn nicht irgend etwas in ihm ebenso zähe für ihn gestritten und ihn über das Schlimmste immer wieder von neuem hinweggebracht hätte. Vielleicht war es dieselbe Kraft, die, nachdem sie ihn auf dem physischen Plan verlassen hatte, geistig fortan sein Leben begleitete und, was sie ihm leiblich gleichsam nicht hatte geben können, ihm nun aus geistigen Welten heraus mit einer Treue schenkte, die nicht ruhte, bis sie ihn nicht nur hoch ins Leben hinein, sondern zugleich auf Höhen des Lebens hinauf den Weg hatte finden sehen, auf denen der Tod seinen Stachel verloren und die Welt ihren göttlichen Sinn wiedergewonnen hat.

Sie mag ihm auch den Jugend- und Lebensfreund zugeführt haben, FRIEDRICH KAYSSLER, dem die Sammlung »Auf vielen Wegen« (und wieviel anderes!) mit dem Danke gehört: »Wär der Begriff des Echten verloren / In Dir wär er wiedergeboren.«

In meinem 16. Jahre etwa wurde mir das erste Glück philosophischer Gespräche. Schopenhauer, vor allem auch schon die Lehre von der Wiederverkörperung, traten in mein Leben ein. Es folgte, Anfang der Zwanziger, Nietzsche, dessen suchende Seele mein eigentlicher Bildner und die leidenschaftliche Liebe langer Jahre wurde. Die Aufgabe, Ibsens Verswerke zu übertragen, führte mich 1898 nach Norwegen. Ich lernte Henrik Ibsens teure Person kennen und durfte in den Übersetzungen von »Brand« und »Peer Gynt« mich innerlichst mit ihm verbinden.

Das Jahr 1901 sah mich über den »Deutschen Schriften« Paul de Lagardes. Er erschien mir – Wagner war mir damals durch Nietzsche entfremdet – als der zweite maßgebende Deutsche der letzten Jahrzehnte, wozu denn auch stimmen mochte, daß sein gesamtes Volk seinen Weg ohne ihn gegangen war.

Noch sechs Jahre darauf schrieb ich in mein Taschenbuch:

Zu Niblum will ich begraben sein,
am Saum zwischen Marsch und Geest.....

Zu Niblum will ich mich rasten aus
von aller Gegenwart.
Und schreibt mir dort auf mein steinern Haus
nur den Namen und: »Lest Lagarde!«

Ja, nur die zwei Dinge klein und groß:
Diese Bitte und dann meinen Namen bloß.
Nur den Namen und: »Lest Lagarde!«

Das Inselchen Mutterland dorten, nein,
das will ich nicht verschmähn.
Holt mich doch dort bald die Nordsee heim
mit steilen, stürzenden Seen –
das Muttermeer, die Mutterflut...
Oh, wie sich gut dann da drunten ruht,
tief fern von deutschem Geschehn!

Inzwischen war dem Fünfunddreißigjährigen Entscheidendes geworden: Natur und Mensch hatten sich ihm endgültig vergeistigt. Und als er eines Abends wieder einmal das *›Evangelium nach Johannes‹* aufschlug, glaubte er es zum ersten Male wirklich zu verstehen.
Die nächsten Jahre – des Austragens, Ausreifens, zu Ende Denkens – überstand er so, wie er sie überstand, eigentlich nur, weil ihm Gesundheit und Mittel fehlten, sich irgendwohin zurückzuziehen, wo er in völliger Unbekanntheit seine Tage hätte vollenden dürfen. Er war doppelt geworden und in der wunderlichen Verfassung, sich, sozusagen, groß oder klein schreiben zu können. (In »Einkehr«, »Ich und Du« und einer Sammlung Aufzeichnungen findet sich Einiges aus diesem Abschnitt.)
Er konnte in einem Kaffeehause sitzen und fühlen: »So von seinem Marmortischchen aus, seine Tasse vor sich, zu betrachten, die da kommen und gehen, sich setzen und sich unterhalten, und durch das mächtige Fenster die draußen hin und

her treiben zu sehen, wie Fischgewimmel hinter der Glaswand eines großen Behälters, – und dann und wann der Vorstellung sich hinzugeben: Das bist Du! – Und sie alle zu sehen, wie sie nicht wissen, wer sie sind, wer da, als sie, mit SICH selber redet, und wer sie aus meinen Augen als SICH erkennt und aus ihren nur als sie!« ... Und doch war solches Erkennen nur erst ein Oberflächen-Erkennen und darum letzten Endes noch zur Unfruchtbarkeit verurteilt.
So kam das Jahr 1908 –

DA traf ich Dich, in ärgster Not, den Andern!
Mit Dir vereint, gewann ich frischen Mut.
Von neuem hob ich an, mit Dir, zu wandern,
und siehe da: Das Schicksal war uns gut.
Wir fanden einen Pfad, der klar und einsam
empor sich zog, bis, wo ein Tempel stand.
Der Steig war steil, doch wagten wir's gemeinsam.
Und heut noch helfen wir uns, Hand in Hand ...*

Der Andre war *Sie*, die mein Leben fortan teilte; der Pfad war der Weg anthroposophischer Erkenntnisse, wie sie uns heute, in einziger Weise, durch RUDOLF STEINER vermittelt werden.
In dieser Persönlichkeit lebt ein großer spiritueller Forscher »ein ganz dem Dienste der Wahrheit gewidmetes Leben« vor uns und für uns dar.
Vor ihm darf auch der Unabhängigste sich von neuem besinnen und revidieren; vor ihm hat dies jedenfalls der getan, der immer am liebsten dem Worte nachleben wollte: – Vitam impendere vero * (1913)

* Siehe Anmerkung Seite 603

GEDICHTE

[Zwei Gedichte des Sechzehnjährigen]

DER Tod erst macht den Menschen frei;
hier lebt er in Ohnmacht und Sklaverei.
Und sollt' er auf Erden von neuem erstehn,
von neuem leben und strebend vergehn,
dann wird er doch schreiten im Wechsel der Zeit
zur Reife, zum Leben der Ewigkeit.

WENN leuchtend die Gestirne tauchen
im dunklen Äthermeer empor
und in geheimnisvollem Hauchen
die Welt umweht ein Dämmerflor,
entschwebt der Geist zu wachen Träumen
ins große heilige Reich der Nacht,
beschwingt nach unermessnen Räumen
von tiefer Phantasien Macht.
Im weichen Zauber solcher Nächte
scheint sich die Schöpfung zu entfalten,
und dunkel ahnen wir die Mächte,
die über unserem Leben walten.

[Zwei Gedichte des Achtzehnjährigen]

WIE oft wohl bin ich schon gewandelt
auf diesem Erdenball des Leids,
wie oft wohl hab ich umgewandelt
den Stoff, die Form des Lebenskleids?

Wie oft mag ich schon sein gegangen
durch diese Welt, aus dieser Welt,
um ewig wieder anzufangen
von frischem Hoffnungstrieb geschwellt?

Es steigt empor, es sinkt die Welle –
so leben wir auch ohne Ruh;
unmöglich, daß sie aufwärts schnelle
und nicht zurück – dem Grunde zu.

Du kannst dein eignes Leid nicht tragen,
es dünkt so tief dir und so schwer?
So mußt nach fremdem Leid du fragen,
versenken dich in fremde Klagen –
die eignen hörst du dann nicht mehr.

Das eigne Leid muß klein dir scheinen,
wenn du bedenkst das Weh, die Not,
durch die viel tausend Augen weinen!
Wenn du von allem Schmerz den deinen
nur kennst, so bist du seelisch tot.

Morgenfahrt

Im Morgendämmer fuhr ich über Land –
die Äcker stumm – die Wälder schwarz und tot –
bis endlich an des Himmels fernstem Rand
sich Streifen zeigten, gelb und rosig rot.

Nicht lange, und wie Feuer und wie Blut
entstieg der Ball den Nebeln feucht und kalt
und übergoß die Flur mit Purpurglut
und wandelte in wogend Gold den Wald.

Und auch auf mich im Wagenzwielicht traf
ein Blitz, mich strahlend wappnend wie zum Streit,
und küßte meine Seele aus dem Schlaf:
Ein Flammengruß aus der Unendlichkeit.

In stillster Nacht
in tief geheimnisvoller Stunde
kam es zu mir auf leisen Engelsfüßen.

Aus allen Tiefen, allen Höhn
umschwoll es mich wie klagendes Getön,
wie einer tiefen Sehnsucht Grüßen.

In stillster Nacht
in tief geheimnisvoller Stunde,
da hab ich mich für alle Zeit
aus heilig heitrem Herzensgrunde
der Schönheit Sonnenreligion geweiht.

Theomachie

Schon mancher Stein hat mir geredet,
wenn ich mit Phanta's Zauberstab ihn schlug
und Seelen, die Äonen stumm verträumt,
erschlossen sich mir in geweihter Stunde.

So dazuliegen, wenn sich eng und enger
des Luftgewebes Maschen ziehn, vom Dunkel
gesättigt, und aus schwimmenden Konturen
ein zweites Sein dem Aug entgegengeistert.

Prolog zu »In Phanta's Schloß«

Längst Gesagtes wieder sagen,
hab ich endlich gründlich satt.
Neue Sterne! Neues Wagen!
Fahre wohl, du alte Stadt,
drin mit dürren Binsendächern
alte Traumbaracken stehn,
draus kokett mit schwarzen Fächern
meine Wunden Abschied wehn.
Kirchturm mit dem Tränenzwiebel
als vielsagendem Symbol,
Holperpflaster, Dämmergiebel,
Wehmutskneipen, fahret wohl!

Hoch in einsam-heitren Stillen
gründ ich mir ein eignes Heim,
ganz nach eignem Witz und Willen,
ohne Balken, Brett und Leim.
Rings um Sonnenstrahlgerüste
wallend Nebeltuch gespannt,
auf die All-gewölbten Brüste
kühner Gipfel hingebannt.
Schlafgemach –: mit Sterngoldscheibchen
der Tapete Blau besprengt,
und darin als Leuchterweibchen
Frau Selene aufgehängt.

Längst Gesagtes wieder sagen,
ach! ich hab es gründlich satt.
Phanta's Rosse vor den Wagen!
Fackeln in die alte Stadt!
Wie die Häuser lichterlohen,
wie es kracht und raucht und stürzt!
Auf, mein Herz! Empor zum frohen
Äther, tänzergleich geschürzt!
Schönheit-Sonnensegen, Freiheit-
Odem, goldfruchtschwere Kraft
ist die heilige Kräftedreiheit,
die aus Nichts das Ewige schafft.

Phanta's Schloß

Die Augenlider schlag ich auf.
Ich hab so groß und schön geträumt,
daß noch mein Blick in seinem Lauf
als wie ein müder Wandrer säumt.
Schon werden fern im gelben Ost
die Sonnenrosse aufgezäumt.
Von ihren Mähnen fließen Feuer,
und Feuer stiebt von ihrem Huf.
Hinab zur Ebne kriecht der Frost.
Und von der Berge Hochgemäuer
ertönt der Aare Morgenruf.

Nun wach ich ganz. Vor meiner Schau
erwölbt azurn sich ein Palast.
Es bleicht der Felsenfliesen Grau
und lädt den Purpur sich zu Gast.
Des Quellgeäders dumpfes Blau
verblitzt in heitren Silberglast.
Und langsam taucht aus fahler Nacht
der Ebnen bunte Teppichpracht.

All dies mein Lehn aus Phanta's Hand!
Ein König ich ob Meer und Land,
ob Wolkenraum, ob Firmament!
Ein Gott, des Reich nicht Grenze kennt.
Dies alles mein! Wohin ich schreite,
begrüßt mich dienend die Natur:
ein Nymphenheer gebiert die Flur
aus ihrem Schoß mir zum Geleite;
und Götter steigen aus der Weite
des Alls herab auf meine Spur.

Das mächtigste, das feinste Klingen
entlauscht dem Erdenrund mein Ohr.
Es hört die Meere donnernd springen
den felsgekränzten Strand empor,
es hört der Menschenstimmen Chor
und hört der Vögel helles Singen,
der Quellen schüchternen Tenor,
der Wälder Baß, der Glocken Schwingen.
Das ist das große Tafellied
in Phanta's Schloß, die Mittagsweise.
Vom Fugenwerk der Sphären-Kreise
zwar freilich nur ein kleinstes Glied.

Erst wenn mit breiten Nebelstreifen
des Abends Hand die Welt verhängt,
und meiner Sinne maßlos Schweifen
in engere Bezirke zwängt –
wenn sich die Dämmerungen schürzen
zum wallenden Gewand der Nacht
und aus der Himmel Kraterschacht

Legionen Strahlenströme stürzen –
wenn die Gefilde heilig stumm,
und alles Sein ein tiefer Friede –
dann erst erbebt vom Weltenliede,
vom Sphärenklang mein Heiligtum.

Auf Silberwellen kommt gegangen
unsagbar süße Harmonie,
in eine Weise eingefangen,
unendlichfache Melodie.
Dem scheidet irdisches Verlangen,
der solcher Schönheit bog das Knie.
Ein Tänzer, wiegt sich, ohne Bangen,
sein Geist in seliger Eurythmie.

O seltsam Schloß! bald kuppelprächtig
gewölbt aus klarem Ätherblau;
bald ein aus Quadern, nebelnächtig,
um Bergeshaupt getürmter Bau;
bald ein von Silberampeldämmer
des Monds durchwobnes Schlafgemach;
und bald ein Dom, von dessen Dach
durch bleiche Weihrauch-Wolkenlämmer
Sternmuster funkeln, tausendfach!

Das stille Haupt in Phanta's Schoße,
erwart ich träumend Mitternacht: –
da hat der Sturm mit rauhem Stoße
die Kuppelfenster zugekracht.
Kristallner Hagel glitzert nieder,
die Wolken falten sich zum Zelt.
Und Geisterhand entrückt mich wieder
hinüber in des Schlummers Welt.

Der Nachtwandler

Sanfter Mondsegen über den Landen.
Schlafstumm Berge, Wälder, Tale.
In den Hütten erstorben die Herde;

an den Herden eingenickte Großmütter,
zu deren Knieen offne Enkel-Mäulerchen
unter verhängten Äuglein atmen.
Auf Daunen und Strohsack
schnarchendes Laster, schnarchende Tugend.
Wachend allein: Diebe, Dichter,
Wächter der Nacht; und auf Gassen, in Gärten
und in verschwiegenen Kammern
lispelnde Liebe.

Sanfter Mond! Du segnest,
weil du nichts andres kannst.
Aber am Herzen
zehren dir Neid und Groll,
weil die Menschen dich also mißachten,
daß sie zu Bett gehn, wenn du kommst.
Ärgerlich ziehn sie die Vorhänge zu
und du stehst draußen
und – segnest milde deine Verächter.

Sanfter Mond! manchmal auch
lugen Herrschergelüste gefährlich vor
unter deiner Demut.
Dann rufst du in verträumte Gehirne:
»Auf! auf!
Ich bin die Sonne!
Kommt! Es ist Tag!«
Und der blöden Schläfer
glaubt es dir mancher
und steigt ernsthaft aus seinen Kissen
und geht gravitätisch
über die Dächer.
Scheel sehen die Kater ihn an.
Er aber wandelt und klettert,
als hätt ihm sein Arzt
die Alpen verschrieben.

Wie? Freundchen!
Hätt ich dich heut gar ertappt?
Mir dünkt, da unten

käm solch ein Wandler!
Armer Fremdling,
– besser Hemdling –
wer bist du?
Welchem Bette enflohst du?
Opferlamm
mondlicher Lüsternheit,
meilenweit mußt du gewandert sein!

Redet er nicht im Schlaf? horch!
»Wer ich bin?...
Eine lebendige Litfaß-Säule
etiquettiert von oben bis unten:
Staatsbürger
Gemeindemitglied
Protestant
Hausbesitzer
Ehemann
Familienvater
Vereinsvorstand
Reserveleutnant
Agrarier
christlicher Germane
Antisemit
Deutschbündler
Socialmonarchist
Bimetalist
Wagnerianer
Antinaturalist
Spiritist
Kneippianer
Temperenzler –«

»Wie« ruf ich,
und nie »*Mensch?*«

Aber da reißt
der Schläfer die Augen auf,
und – »Mensch?«
von verzerrten Lippen heulend

stürzt er
fehltretend
die Felswand hinab,
von Zacke zu Zacke
im Bogen geschleudert.

Ich aber,
ich »Mörder«,
muß unbändig lachen.
Ich kann nicht anders.
Gott helfe dem Armen!
Amen!

Der beleidigte Pan

Auf der Höhlung
eines erstorbenen Kraters
blies heute Pan
wie Schusterjungen
auf Schlüsseln pfeifen.
Er pfiff »die Welt« aus,
dies sonderbare
zweideutige Stück
eines Anonymus,
das Tag für Tag
uns vorgespielt wird
und niemals endet.
O pfeife doch minder,
teurer Waldgott!
Halt Einkehr, Pan!
Wer hieß dich denn
unter Menschen gehen?...

Mondbild

Groß über schweigenden
Wäldern und Wassern
lastet der Vollmond,

eine Ägis,
mit düsterem Goldschein
alles in reglosen Bann
verstrickend.
Die Winde
halten den Atem.
Die Wälder ducken sich
scheu in sich selbst hinein.
Das Auge des Sees
wird stier und glasig:
als ob eine Ahnung
die Erde durchfröre,
daß dieser Gorgoschild
einst ihren Leib
zertrümmern werde...
Als ob eines Schreies
sie schwanger läge,
eines Schreies voll Grausen,
voll Todesentsetzen...
Εσσεται ημαρ!

Geier Schwermut

Lieb sind mir und heilig
die Götter, Phanta,
an deren Tisch
du mich ludest.
Doch Eines schmerzt mich:
Sind diese Götter
aus meinem ureigensten Ich
herausgezeugt?
Sind sie unsere,
ganz allein *unsere* Söhne,
Phanta?...

Noch bin ich
nur ein Prometheus,
mit ehernen Ketten
festgeschmiedet

ans Riesenkreuz
der Vergangenheit,
des Felsenstamm
und Felsenarme
gefügt und geschichtet
aus Quaderblöcken
alter Kulturen.

Aber am Herzen
frißt mir
der Geier Sehnsucht.
Langsam füllt sich
zu Füßen mir
die Schale
mit meinem Herzblut.

Laß mich allein,
herrlichstes Weib,
das die Erde mir gab!
Erst wenn rot
bis zum Rand
den goldenen Gral
die Flut erfüllt,
kehr mir zurück!
Dann will ich Dich taufen
mit meinem Blut,
meine schwirrende Schwalbe,
mein heimatlos, heidnisch Kind.

Und dann, denk ich,
Freundin Phanta,
soll unser Bund
erst *beginnen*.

Epilog

Am Schreibtisch finde ich mich wieder,
als wie aus krausem Traum erwacht...
Vor mir ein Buch seltsamer Lieder,
und um mich stille Mondesnacht.

Ich schaue auf den kleinen Ort,
aus dem mein Geist im Zorn geflohn –
Nachtwächter ruft sein Hirtenwort
zu greiser Turmuhr biedrem Ton...
Wie knochige Philisterglatzen
erglänzt des Pflasters holprig Beet...
Und auf den Giebeln weinen Katzen
um ein versagtes tête-à-tête.

Euch also, winklige Gemäuer,
durchschnarcht von edlen Atta Trolls,
bewarf ich einst mit wildem Feuer
aus den Vulkanen meines Grolls!
Ich sah in eurer Kleinlichkeit
die Welt, die in mir selbst ich trug:
es war ein Stück Vergangenheit,
das ich in eurem Bild zerschlug.
Von oben hab ich lachen lernen
auf euer enges Kreuz und Quer!
Wer Kurzweil trieb mit Sonn' und Sternen,
dem seid ihr kein Memento mehr!

In tiefentzückten Weihestunden,
fernab dem Staub der breiten Spur,
hab ich mich wieder heimgefunden
zum Mutterherzen der Natur!
In ihm ist alles groß und echt,
von gut und böse unentweiht:
Schönheit ist Kraft ihm, Kraft ihm Recht,
sein Pulsschlag ist die Ewigkeit.
Wen dieser Mutter Hände leiten
vom Heut ins Ewige hinein,
der lernt den Schritt des Siegers schreiten,
und Mensch sein heißt ihm König sein!

Malererbe

Die Spanne, die nicht Träumen ist noch Wachen,
beschenkt mich oft mit seltsamen Gedichten:

Der Geist, erregt, aus Chaos Welt zu machen,
gebiert ein Heer von landschaftlichen Sichten.

Da wechseln Berge, Täler, Ebnen, Flüsse,
da grünt ein Wald, da türmt es sich granitten,
da zuckt ein Blitz, da rauschen Regengüsse,
und Mensch und Tier bewegen sich inmitten.

Das sind der Vordern fortgepflanzte Wellen,
die meinen Sinn bereitet und bereichert,
das Erbe ihrer Form- und Farbenzellen,
darin die halbe Erde aufgespeichert.

Die Nachtigall erzählt

»Gestern sah ich aus der Linde
einem Mägdlein in sein Buch.
Golden war der Blätter Rinde
und der Einband blaues Tuch.

›Der Geliebten!‹ stand emphatisch
vorn in Arabeskenschrift,
und der Sänger sang ekstatisch
von der Liebe Rausch und Gift.

Fünf mal fünfundzwanzig Seiten
und kein echter Laut und Hall –
doch dafür in jedem zweiten
Liede ich, die Nachtigall.

›Schluchzend‹, ›jubelnd‹, ›klagend‹, ›lachend‹,
wie's gerad dem Herrn zu paß. –
Leutchen, schlechte Verse machend,
wißt ihr, ich verbitt mir das! . . .

Und ich schlug in meiner Linde
dunkelgrünem Zauberschloß,
daß dem jungen schönen Kinde
heiß das Blut zum Herzen schoß.

Seine Hand sah ich es pressen
auf die Augen, tränenaß...
Und das Büchlein glitt, vergessen,
nieder in das hohe Gras.«

Frühling

Wie ein Geliebter seines Mädchens Kopf,
den süßen Kopf mit seiner Welt von Glück,
in seine beiden armen Hände nimmt,
so faß ich deinen Frühlingskopf, Natur,
dein überschwenglich holdes Maienhaupt
in meine armen, schlichten Menschenhände,
und, tief erregt, versink ich stumm in dich,
indes du lächelnd mir ins Auge schaust,
und stammle leis dir das Bekenntnis zu:
Vor so viel Schönheit schweigt mein tiefstes Lied.

Ihr wißt und ahnt es freilich nicht,
was Gott abschwören heißt;
wie groß und traurig der Verzicht
für einen edlen Geist.

Nicht, daß die Bitten es verwarf
bedrückt ein heißes Herz,
doch daß es nicht mehr *danken* darf,
das ist sein tiefster Schmerz.

Gesicht

Ich sah dem Tod ins Angesicht;
ich sah nicht, daß er grinste, –
er stand in aller Sterne Licht,
sein hehres Bild verbargen nicht
phantastische Gespinste.

In seiner Linken aber hing
ein Ring durchbrochner Larven,
in denen leiser Wind sich fing,
daß es davon in Tönen ging
von vielgestimmten Harfen.

Es waren tote Sterne, die
ihm diese Gastgeschenke
wie Teile einer Harmonie
gelassen; und nun trug er sie,
als ob er ihrer denke.

Was werden *wir* dem Herrn der Herrn
für eine Larve sticken,
wenn wir, ein ausgebrannter Stern,
ihm einst die Schale von dem Kern
unsrer Kulturen schicken? …

Meine Kunst

Die Welt ist mein Stein,
aus dem ich mit drängendem Hammer
mir mein Grabmonument
tiefsinnig schlage.
Zu tausend Stößen
stemm ich den Meißel
gegen den harten Fels,
in Ritzen und Löcher
schütt ich den Sprengstoff
großer Gefühle.
Und doch wird es
ein Torso bleiben,
ein Block, vielbehauen
doch unvollendet …
O daß es, wenn heiße Augen
einst zu ihm aufschaun,
wie jenes pygmalionische Bild
Leben gewönne,
hinunterstiege von seinem Sockel

umarmt, umarmend,
ein segnendes Lebendiges,
ein tiefbeglückendes,
einsamen Geistern
ein Trost.
Werbe, dränge, ringe mein Stahl,
zwinge den Fels!
Vielleicht, daß doch
Baldurs Schönheit
einst sich aus ihm
erhöbe.

Inmitten der großen Stadt

Sieh, nun ist Nacht!
Der Großstadt lautes Reich
durchwandert ungehört
der dunkle Fluß.
Sein stilles Antlitz
weiß um tausend Sterne.

Und *deine* Seele, Menschenkind?...

Bist du nicht Spiel und Spiegel
irrer Funken,
die gestern wurden,
morgen zu vergehn –
verlorst
in deiner kleinen Lust und Pein
du nicht das Firmament,
darin du wohnst –
hast du dich selber nicht
vergessen,
Mensch,
und weiß dein Antlitz noch
um Ewigkeit?

Der einsame Christus

Wachet und betet mit mir!
Meine Seele ist traurig
bis an den Tod.
Wachet und betet
mit mir!
Eure Augen
sind voll Schlafes –
könnt ihr nicht wachen?
Ich gehe,
euch mein Letztes zu geben –
und ihr schlaft...
Einsam stehe ich
unter Schlafenden,
einsam vollbring ich
das Werk meiner schwersten Stunde.
Wachet und betet mit mir!
Könnt ihr nicht wachen?
Ihr alle seid in mir,
aber in wem bin ich?
Was wißt ihr
von meiner Liebe,
was wißt ihr
vom Schmerz meiner Seele!
O einsam!
einsam!
Ich sterbe für euch –
und ihr schlaft!
Ihr schlaft!

Der Wissende

Wer einmal frei
vom großen Wahn
ins leere Aug
der Sphinx geblickt,
vergißt den Ernst
des Irdischen

aus Überernst
und lächelt nur.

Ein Spiel bedünkt
ihn nun die Welt,
ein Spiel er selbst
und all sein Tun.
Wohl läßt ers nicht
und spielt es fort
und treibt es zart
und klug und kühn –
doch lüftet ihr
die Maske ihm:
er blickt euch an
und lächelt nur.

Wer einmal frei
vom großen Wahn
ins leere Aug
der Sphinx geblickt,
verachtet stumm
der Erde Weh,
der Erde Lust,
und lächelt nur.

ZWEI TRÄUME

Der gläserne Sarg

Zwölf stumme Männer trugen mich
in einem Sarge von Kristall
hinunter an des Meeres Strand,
bis an der Brandung Rand hinaus.
So hatte ich's im Testament
bestimmt: Man bette meinen Leib
in einem Sarge von Kristall
und trage ihn der Ebbe nach,
bis sie den tiefsten Stand erreicht.
Der Sonne ungeheurer Gott

stand bis zum Gürtel schon im Meer:
An seinem Glanze tränkte sich
wollüstig noch einmal die Welt.
Ich selber lag in rotem Schein
wie ein Gebilde aus Porphyr.
Da streckte katzengleich die Flut
die erste Welle nach mir aus.
Und ging zurück und schob sich vor
und tastete am Sarg hinauf
und wandte flüsternd sich zur Flucht.
Und kam zurück und griff und stieß
und raunte lauter, warf sich kühn
darüber, einmal, vielemal.

Und blieb, und ihrer Macht gewiß,
umlief frohlockend sie mein Haus
und pochte dran und schäumte auf,
als ihrer Faust es widerstand.
Und hoch und höher wuchs und wuchs
das Wasser um mein gläsern Schloß.
Nun wankte es, als hätt ein Arm
und noch ein Arm es rauh gepackt,
und scholl in allen Fugen, als
ein Wellenberg auf ihm sich brach
und es wie ein Lawinensturz
umdröhnte und verschüttete.
Und langsam wich der nasse Sand.
Und seitlings neigte sich der Sarg.
Und, unterwühlt und übertobt,
begann er um sich selber sich
schwerfällig in die See zu drehn.
Zu mächtig, daß die Brandung ihn
zum Strand zu schleppen hätt vermocht,
vergrub er rollend sich und mich
in totenstillen Meeresgrund.
So lag ich denn, wie ich gewollt.
Und dunkle Fische zogen still
zu meinen Häupten hin und her.
Und schwarzer Seetang überschwamm
mein Grab. Und mein Bewußtsein schwand.

Der Stern

Ich träumte einmal, ich läg, ein blasser Knabe,
in einem Kahne schlafend ausgestreckt
und meiner Lider fein Geweb durchflammte
der hohen Nacht geheimnisvoller Glanz
Und all mein Innres wurde Licht und Schimmer,
und ein Entzücken, das ich nie gekannt,
durchglühte mich und hob mein Wesen
in eine höhere Ordnung der Natur.
Ein leises Tönen hielt mich hold umfangen,
als zitterte in jedem Sternenstrahl
der Ton der Heimat, die ihn hergesendet.
Ein Ton vor allen aber traf mein Herz
und ließ die andern mehr und mehr verstummen
und tat sich auseinander wie der Kelch
der Königin der Nacht und offenbarte
von seinem Grunde mir ein süßes Lied . . .

»Wir grüßen dich in deine stillen Nächte
als deiner Zukunft tröstliche Gewähr,
es schalten ungeheure Willensmächte
in unsrer Tage blindem Ungefähr.
Sie ziehn dich von Gestaltung zu Gestaltung,
heut schleppst du dich noch schweren Schrittes hin,
doch bald begabt dich freiere Entfaltung
mit reicherer Natur und höherm Sinn.
So wandeln wir auf leichten Tänzerfüßen,
die wir dereinst auch dein Geschick geteilt,
und dürfen dich mit einem Liede grüßen,
das dich auf Strahlen unsres Sterns ereilt.
O flüchte bald nach unsern Lustgefilden
und laß der kalten Erde grauen Dunst,
o sähst du, zu welch göttlichen Gebilden
uns schuf des Schicksals heiß ersehnte Gunst!
Auf Blumen wandeln wir wie leichter Falter,
aus Früchten saugen wir der Kräfte Saft,
uns ficht kein Elend an, zerbricht kein Alter,
der frühern Leiden lächelt unsre Kraft.
Denn allzu schön, als daß wir uns entzweiten,

erschuf uns das Gestirn, das uns gebar –
wir *können* uns nicht Schmerz und Not bereiten,
die *Schönheit* macht uns aller Feindschaft bar!
Wir lieben uns aus tiefsten Herzensgründen,
wir trinken unsres Anblicks Glück und Huld,
wir wissen nichts wie ihr von fahlen Sünden,
und keinen ängstigt das Gespenst der Schuld.
O komm! daß sich die dornenlose Rose
auch deiner Schläfe duftend schmiegen kann!
Die schönste Schwester diene deinem Lose
und schenke dich dem schönsten Mann – o komm –!«

Da unterbrach ein dumpfer Glockenton
die reinen, feinen Stimmen jener Welt.
Ich richtete mich halb im Bette auf –
und sah viel Sterne durch mein Fenster glühn ...
und sank zurück. Und weiter floß die Nacht.

Vöglein Schwermut

Ein schwarzes Vöglein fliegt über die Welt,
das singt so todestraurig ...
Wer es hört, der hört nichts anderes mehr,
wer es hört, der tut sich ein Leides an,
der mag keine Sonne mehr schauen.

Allmitternacht, Allmitternacht
ruht es sich aus auf dem Finger des Tods.
Der streichelt's leis und spricht ihm zu:
»Flieg, mein Vögelein! flieg, mein Vögelein!«
Und wieder fliegt's flötend über die Welt.

In einer Dämmerstunde wars einmal, daß mir
der Tod aus meines Spiegels Grund entgegensah,
ein junger Mann, gleich mir an Angesicht und Wuchs.
»Ich fürchte Dich, mein großer Schatten, nicht«, sprach ich.
»Du hast mich allzu früh mit Dir vertraut gemacht.

Ich weiß, Du wirst mir nie im Schrecken nahn, noch je
das Antlitz dem verzerrn, auf dessen klarer Stirn
der stille Glanz gelassenen Sich-Bescheidens wohnt.
Du wirst mir einst als Bruder kommen, nicht als Feind.«

ZWEI ELEMENTARPHANTASIEN

I

Meeresbrandung

Warrrrrrrte nur...
wie viel schon riß ich ab von dir
seit den Äonen unsres Kampfs –
warrrrrrrte nur...
wie viele stolze Festen wird
mein Arm noch in die Tiefe ziehn –
warrrrrrrte nur...
zurück und vor, zurück und vor –
und immer vor mehr denn zurück –
warrrrrrrte nur...
und heute mild und morgen wild –
doch nimmer schwach und immer wach –
warrrrrrrte nur...
umsonst dein Dämmen, Rammen, Baun,
dein Wehr zerfällt, ich habe Zeit –
warrrrrrrte nur...
wenn erst der Mensch dich nicht mehr schützt –
wer schützt, verloren Land, dich dann?
warrrrrrrte nur...
mein Reich ist nicht von seiner Zeit:
er stirbt, ich aber werde sein –
warrrrrrrte nur...
und will nicht ruhn, bis daß du ganz
in meinen Grund gerissen bist –
warrrrrrrte nur...
bis deiner höchsten Firnen Schnee
von meinem Salz zerfressen schmilzt –
warrrrrrrte nur...

und endlich nichts mehr ist als Ich
und Ich und Ich und Ich und Ich –
warrrrrrrte nur ...

II

Die Flamme

»So sterben zu müssen –
auf einer elenden Kerze!
Tatenlos, ruhmlos
im Atemchen
eines Menschleins
zu enden! ...
Diese Kraft,
die ihr alle nicht kennt –
diese grenzenlose Kraft!
Ihr Nichtse! ...
Komm doch näher,
du schlafender Kopf!
Schlummer,
der du ihn niederwarfst –
ruf doch dein Brüderlein Tod –
er soll ihn mir zuschieben –
den Lockenkopf –
ich will ihn haben haben!
Sieh,
wie ich ihm entgegenhungre!
Ich renke mir alle Glieder
nach ihm aus ...
ein wenig noch näher –
näher –
ein wenig –
so
jetzt vielleicht –
wenn's glückt –
ah! du Hund!
Er will erwachen?
still –
still –

so ist's noch besser!
Der Pelz am Mantel –
der Pelz – der Pelz –
hinüber – hinüber –
ah! faß ich dich – hab ich dich –
hab ich dich, Brüderchen –
Pelzbrüderchen, hab ich dich – ah!
Hilft dir nichts –
wehr dich nicht mehr!
Mein bist du jetzt –
Hand weg!
Wasser weg!
Mein bist du jetzt!
Wasser weg!
Wart, da drüben ist
auch noch für mich –
so –
den Vorhang hinauf –
fängst mich nicht mehr –
Tuch – Tuch –
jetzt bin ich Herr!
Siehst du, jetzt breit ich mich
ganz gemächlich im Zimmer aus –
laß doch den Wasserkrug!
Laß doch das Hilfgeschrei!
Bis sie kommen,
bin ich schon längst
in den Betten und Schränken –
und dann könnt ihr nicht mehr herein –
und ich beiß in die Balken der Decke –
die dicken, langen, braunen Balken –
und steig in den Dachstuhl –
und vom einen Dachstuhl
zum andern Dachstuhl –
und irgendwo –
werd ich wohl Stroh finden
und Öl finden
und Pulver finden –
das wird eine Lust werden!
Das wird ein Fest werden!

Und wenn ich die Häuser alle zernichtet –
dann wollen wir mit Wäldern
die Fische in den Flüssen kochen –
und ich will euch hinauftreiben
auf die kältesten Berge –
und da droben
sollt auch ihr meine Opfer werden,
sollt ihr meine Todesfackeln werden –
und dann wird alles still sein –
und dann –«

Kleine Geschichte

Litt einst ein Fähnlein große Not,
halb war es gelb, halb war es rot,
und wollte gern zusammen
zu einer lichten Flammen.

Es zog sich, wand sich, wellte sich,
es knitterte, es schnellte sich –
umsonst! es mocht nicht glücken
die Naht zu überbrücken.

Da kam ein Wolkenbruch daher
und wusch das Fähnlein kreuz und quer,
daß Rot und Gelb, zerflossen,
voll Inbrunst sich genossen.

Des Fähnleins Herren freilich war
des Vorgangs Freudigkeit nicht klar –
indes, die sich besaßen,
nun alle Welt vergaßen.

Anmutiger Vertrag

Auf der Bank im Walde
han sich gestern zwei geküßt.
Heute kommt die Nachtigall
und holt sich, was geblieben ist.

Das Mädchen hat beim Scheiden
die Zöpfe neu sich aufgesteckt ...
Ei, wie viel blonde Seide da
die Nachtigall entdeckt!

Den Schnabel voller Fäden,
kehrt Nachtigall nach Haus
und legt das zarte Nestchen
mit ihrem Golde aus.

Freund Nachtigall, Freund Nachtigall,
so bleib's in allen Jahren! –:
Mir werd ein Schnäblein voll Gesang,
dir eins voll Liebchens Haaren!

Das Häuschen an der Bahn

Steht ein Häuschen an der Bahn,
hoch auf grünem Hügelplan.

Tag und Nacht, in schnellem Flug,
braust vorüber Zug um Zug.

Jedesmal bei dem Gebraus
zittert leis das kleine Haus –:

»Wen verläßt, wen sucht auf
euer nimmermüder Lauf?«

»O nehmt mit, o bestellt,
Grüße an die weite Welt!«

Rauch, Gestampf, Geroll, Geschrill ...
Alles wieder totenstill.

Tag und Nacht dröhnt das Gleis.
Einsam Häuschen zittert leis.

Der Urton

Fernher schwillt
eines Dudelsacks
einförmig-ewigwechselnde
Melodie:
Unaufhörlich
hebt und senkt sich
über dem Urton
ihr unerfaßliches Spiel.
. . . .

Auf dem ehernen Tische
Unendlichkeit
liegt unermeßlicher Sand gebreitet.
Da streicht ein Bogen
die Tafel an:
Einen Ton
schwingt und klingt
die fiebernde Fläche.
Und siehe!
Der Sand
erhebt sich und wirbelt
zu tausend Figuren.
Aus ihnen,
den tanzenden
tönenden
glühenden
schlingen sich Tänze,
binden sich Chöre,
winden sich Kränze,
umringen sich,
fliehen sich,
finden sich wieder.

Aber das Spiel
der Formen, Farben und Töne
durchbrummt
unaufhörlich,
beherrscht

fürchterlich – unerfaßlich
der tiefe Urton.
......

fern verschwillt
des Dudelsacks
einförmig-ewigwechselnde
Melodie.
Dorf, Wald, Welt
versinkt mir
schweigend
in Nacht.

Der einsame Turm

Wer laut von diesem längst verlassnen Turm
der Tannen Ringwald überrufen wollte,
und trüge, was er riefe, stärkster Sturm,
er ahnte, daß es nie sein Ziel errollte.
So einsam steigt der alte Bau empor;
er fühlte Fürsten einst auf seinen Stufen,
bis, dunkler Taten schauerlich verrufen,
sein stiller Reiz der Menschen Gunst verlor.

Nur, daß von Jägern sich zuweilen wer
vorbei verirrt, von wanderfrohen Seelen,
von Bettelpack, und wer die Kreuz und Quer
den Forst durchschleicht, sich Holz und Wild zu stehlen;
nur, daß an seinem Fuß zuweilen sich,
wie heut, Zigeunervolk sein Reisig schichtet
und mit der Bogen wehmutwildem Strich
sein Weltweh in den fremden Frieden dichtet.

In allen Kronen hängt noch goldner Glanz ...
Die Sonne säumt noch, ihren Tag zu enden ...
Der Söllerblöcke halb zerfallnen Kranz
umlodert noch ihr scheidendes Verschwenden.
Und aus dem Purpur schwillt es wie ein Born,

ein Strom von Tönen –: Abends erst Erschauern
erregt des Turms uraltes Äolshorn,
der Sonne nachzujauchzen, nachzutrauern.

Die Heimatlosen drunten horchen auf – –
und einer nimmt die Geige von den Knieen
und strebt mit manchem jähen Sprung und Lauf
des Winds Gesang phantastisch zu durchziehen.
Und wie so Wind und Seele sich verweben,
erwachen mehr und mehr der treuen Geigen.
Ein aller Leidenschaften schluchzend Leben
erstürmt des Himmels immer tiefres Schweigen.

Gefangen folgt zuletzt die ganze Schar
der Windposaune wunderlichen Launen.
Nun rast es tollkühn, unberechenbar . . .
Nun stockt es wie in fragendem Erstaunen . . .
O Sonne! Sonne! Mutter! Mutter! flehen,
verzweifeln, weinen, drohen all die Stimmen
und drohn und flehn in immer bangren Wehen,
je mehr des Tages Brände rings verglimmen.

Doch droben – seht ihr? die Zigeunerin!
Entstahl sie sich dem Kreis der braunen Söhne?
Wo kam sie her, das Weib? Wie kam sie hin?
Wie wächst sie hoch in schattenhafter Schöne!
Und hört ihr – hört! wie ihre Lippen singen –
ein Lied, das endlich alles überwindet,
in sich die andren Stimmen alle bindet,
damit Natur und Menschheit sie umklingen.

Es ist das tiefe Lied der Einsamkeit,
das Königslied der großen Ungekrönten,
das Klagelied der würdelosen Zeit,
das Trutzlied aller nur mit sich Versöhnten,
und ist der Weisheit gütiger Gesang,
des Willens jungendewiges. »Es werde!«,
der Liebe Durst und Pein und Überschwang;
es ist das Schicksals-Hohelied der Erde.

Der Wald ward still. Kein Hauch im Wipfelschweigen.
Der Sterne Chor bewegt sich klar herauf ...
Und schlanke Leiber, edle Häupter zeigen
sich hoch vom Turme seinem ersten Lauf.
Die überall Verstoßenen, sie wohnen
in der Unendlichkeit azurnem Zelt –:
Um ihre Stirnen brennen bleiche Kronen,
und ihre Seelen sind der Sinn der Welt.

Geier Nord

Der Geier Nord fliegt übern Wald,
in einen grauen Sack gekrallt,
er hat nicht leicht zu tragen.
Er fliegt zu niedrig ob der Erd',
die Fichten drohen ihm Gefährd',
die dort so spitzig ragen.

Da ... schon ... da hängt das Wolkentuch!
Hörst du des Geiers grausen Fluch?
Er muß es fahren lassen:
Und aus dem aufgerißnen Sack
spreun lustig sich auf Tann und Hag
Frau Holles weiße Massen.

Erdmännlein halten hohle Hand
und schmücken mit dem Glitzer-Tand
laut kichernd ihre Weiblein.
Die stelzen hoch daher, doch weh!
schon schmelzen die Geschmeid' aus Schnee,
und naß sind alle Leiblein.

Am Himmel kommt der Nord zurück
mit einem neuen Wolkenstück –
doch wieder bleibt es hängen.
Wenn das so fort geht –, Leutlein, rennt
nach Haus, sonst wird das Element
euch ernstlich noch bedrängen!

Das Völklein läuft. Der Geier gibts
voll Trotz nicht auf – unendlich stiebts
aus aufgespießten Säcken.
Den ganzen Tag, die ganze Nacht . . .
Wohl tausend Stück, von ihm gebracht,
den Waldgrund nun bedecken.

Künstlerideal

O tiefe Sehnsucht, die ich habe,
erfülltest du dich einst einmal,
daß ich nach dieses Lebens Grabe
mich wiederfänd in Lust und Qual –
in einem neuen Künstlerwerden,
in einem Gott des Tons, des Steins . . .
daß ich in ewigen Gebärden
so webte am Gewand des Scheins.

Ob Not und Leid des Schöpfers Lose,
nur Schöpfer sein bedünkt mich wert;
aus bittren Dornen flammt die Rose,
nach der mein ganzes Blut begehrt.
Oh, immer neu mit vollen Händen,
der Schönheit Meister, aufzustehn,
von Welt zu Welt, mit hehren Bränden,
ein unbekannter Gott, zu gehn!

Krähen bei Sonnenaufgang

Noch flieht der Blick des jungen Tags
der Berge nebelgraue Gipfel,
und schon entschwebt, gemeßnen Schlags,
die erste Krähe ihrem Wipfel.

Der schwankt, befreit von schwerer Last,
daß rings die Zweige sich bewegen:
Fahlsilbern sprüht von Ast zu Ast
des Frühtaus feiner Flüsterregen.

Doch eh sein Flüstern noch erstickt,
enttönt ein »Krah« dem stillen Raume:
Der Vogel hat am Wolkensaume
das erste blasse Rot erblickt.

Auf allen Wipfeln wacht es auf
und schüttelt sich und ruft nach Taten ...
In lautem Streiten und Beraten
erhebt sich endlich Hauf um Hauf.

Nur zwei Gewitzte warten schlau,
bis alles nach und nach verstoben,
sie wissen einen nahen Bau,
den gestern Jäger ausgehoben.

Ein Käuzleinflügel harrt hier noch,
die Kecken lecker zu belohnen –:
das Paar umkreist erregt das Loch ...
Braungolden glänzt das Meer der Kronen ...

Eins und alles

Meine Liebe ist groß
wie die weite Welt,
und nichts ist außer ihr,
wie die Sonne alles
erwärmt, erhellt,
so tut sie der Welt von mir!

Da ist kein Gras,
da ist kein Stein,
darin meine Liebe nicht wär,
da ist kein Lüftlein
noch Wässerlein,
darin sie nicht zög einher!

Da ist kein Tier
vom Mücklein an
bis zu uns Menschen empor,

darin mein Herze
nicht wohnen kann,
daran ich es nicht verlor!

Meine Liebe ist weit
wie die Seele mein,
alle Dinge ruhen in ihr,
sie alle, alle,
bin ich allein,
und nichts ist außer mir!

Der alte Steinbruch

Tief im Walde, tief im Walde
bildet, fern der Wege Reich,
eines Bruchs verlaßne Halde
einen kleinen, stillen Teich.

Moosbewachsne Blöcke ragen
aus der seichten Regenflut,
Falter und Libellen jagen
über bunter Lurche Brut.

Aber wenn im Abendbrande
hinterm Wald die Glut verraucht,
stößt und rudert es vom Rande,
kriecht und klettert, plumpst und taucht.

Und der Unken Urgroßahne
– niemand weiß, wann Gott ihn schuf –
ruft, daß er sein Weibchen mahne,
seinen dunklen Werberuf.

Daß das Froschgeschlecht nicht sterbe,
bleibt zuletzt nicht einer still:
Denn der Tümpel ist ein Erbe,
das getreu gewahrt sein will.

Liebeskranke Grunzer fliehen
der bewegten Weibchen Schlund;
immer kühnre Harmonieen
füll'n den dämmertrauten Grund.

Bis des Mondes Goldhorn endlich
neuen Schimmers alles speist:
Nun erwahrt sich unabwendlich
trunkner Nächstenliebe Geist...

Tief im Walde, tief im Walde
schwärmt Froschbräutigam und -braut
in versteckter Steinbruchhalde,
bis der letzte Stern ergraut.

An die Wolken

Und immer wieder,
wenn ich mich müde gesehn
an der Menschen Gesichtern,
so vielen Spiegeln
unendlicher Torheit,
hob ich das Aug
über die Häuser und Bäume
empor zu euch,
ihr ewigen Gedanken des Himmels.
Und eure Größe und Freiheit
erlöste mich immer wieder,
und ich dachte mit euch
über Länder und Meere hinweg
und hing mit euch
überm Abgrund Unendlichkeit
und zerging zuletzt
wie Dunst,
wenn ich ohn Maßen
den Samen der Sterne
fliegen sah
über die Äcker
der unergründlichen Tiefen.

Der freie Geist

Oh, das ist Glück, wenn so zerschlagen
die Welt zu deinen Füßen liegt;
wohin dich deine Flügel tragen,
ist aller Raum und Zeit besiegt.
Du schnellst dich tanzend durch die Weiten
und lachst der Menschen Wert und Wort,
ein Stück Natur aus Ewigkeiten,
selbst Urteil, Stunde, Maß und Ort.

Geheime Verabredung

Glühend zwischen dir und mir
Julinächte brüten;
gleiche Sterne dort und hier
unsern Schlaf behüten.

Wähl das schönste Sternelein,
will das gleiche tuen; –
morgen droben Stelldichein
auf geheimen Schuhen.

Gibst du nur nichts anderm Raum,
als mich dort zu finden,
wird ein gleicher süßer Traum
dich und mich verbinden.

Auf dem Strome

Am Himmel der Wolken
erdunkelnder Kranz...
Auf schauerndem Strome
metallischer Glanz...
Die Wälder zu seiten
so finster und tot...
Und in flüsterndem Gleiten
vorüber mein Boot...

Ein Schrei aus der Ferne –
dann still wie zuvor…
Wie weit sich von Menschen
mein Leben verlor!…
Eine Welle läuft leise
schon lang nebenher,
sie denkt wohl, ich reise
hinunter zum Meer…

Ja, ich reise, ich reise,
weiß selbst nicht wohin…
Immer weiter und weiter
verlockt mich mein Sinn…
Schon kündet ein Schimmer
vom morgenden Rot –
und ich treibe noch immer
im flüsternden Boot.

Bestimmung

Von dieser Bank hinauszuträumen,
wenn ferner Erdsaum, lichtverwaist,
entgegen den gestirnten Räumen
die Sonne dampfend überkreist!…

Da fühle deine treue Erde,
wie sie ihr Weltwerk schafft und schafft,
daß jedes Land gesegnet werde
von ihrer Mutter trunkner Kraft!

Und wie du heiß die Arme breitest,
von mächtigem Gefühl erfaßt,
und dein Gemüt zur Menschheit weitest,
die dumpf und dunkel liebt und haßt –

ergreifst du, was du bist, von ferne,
und, was du darfst, und, was du mußt,
und wirst dir deiner guten Sterne
von neuem still und stolz bewußt.

Gebet

O Friede, der nun alles füllet,
erfüll auch uns mit süßer Ruh,
und bis ein Tag sich neu enthüllet,
deck uns mit trauten Träumen zu.

Wie manches, was des Tages Wille
mit rechter Klarheit nicht ergreift,
dem hilf, daß es in deiner Stille
zu freundlicher Vollendung reift!

Wen Schicksalsschläge grausam trafen,
den laß vergessen, was geschehn;
wer neid- und haßerfüllt entschlafen,
den laß versöhnt den Morgen sehn!

So allem, dem gleich uns auf Erden
zuteil des Lebens schwankes Los,
laß deines Segens Tiefe werden,
gib Kraft aus deinem heiligen Schoß!

Stilles Reifen

Alles fügt sich und erfüllt sich,
mußt es nur erwarten können
und dem Werden deines Glückes
Jahr und Felder reichlich gönnen.

Bis du eines Tages jenen
reifen Duft der Körner spürest
und dich aufmachst und die Ernte
in die tiefen Speicher führest.

GLÜCKLICH, die wir auf der Zeiten
Wasserscheide noch geboren,
zwiefach Rauschen in den Ohren,
zweier Welten Grenze schreiten –

Ruhend an den Quellentoren
dunkelnder Vergangenheiten,
in der Zukunft Morgenbreiten
großen Auges nun verloren.

Dort der Kindheit Seligkeiten ...
Götterträume, vielbeschworen ...
Bräuche, die Millionen weihten ...

Hier, noch fern in Rosenfloren,
neuer Erde Sichbereiten ...
Völker, neuem Kampf erkoren.

Nomen – Omen

Ward ich, Brüder, wohl geschaffen,
euch mit Licht zu kränzen,
eure Fahnen, eure Waffen
silbern zu beglänzen?

Ja, von jenem Frühgestirne,
das die Morgenwandrer kennen,
fühl ich mir in Herz und Hirne
einen Funken brennen.

In der Zeitnachtnebel Brauen
laßt mich euch vom Tage künden –
Seht, das ungeheure Grauen
will sich schon entzünden!

WOHL kreist verdunkelt oft der Ball;
doch über den paar Wolken droben,
da blaut das sterndurchtanzte All
und läßt sich von den Göttern loben.

Die liegen auf den Wolkenbergen,
wie Hirten einer Fabelwelt,
und wissen kaum von all den Zwergen,
die das Gebirg im Schoße hält.

Sie lachen mit den weißen Zähnen
den Göttern andrer Sterne zu –.
Komm, Bruder, laß die leeren Tränen,
wir sind auch Götter, ich und du!

Dunkle Gäste

Was willst du, Vogel mit der müden Schwinge –
du pochst umsonst der Seele Glasvisier;
du willst, daß ich dein Lied der Klage singe,
ich aber will, du sterbest außer mir.

Sieh, in mir ist es wie ein Turm am Meere,
der seine Flammen in die Ferne brennt,
daß manches Tier aus all der dunklen Leere
ihm zuschwebt übers schwanke Element.

Allein umsonst: An seinen starken Scheiben
erlahmt der dunklen Gäste kranke Sucht. –
Sieh, meine Flammen wollen golden bleiben,
sie sind kein Herd für trüber Wandrer Flucht.

Begegnung

Wir saßen an zwei Tischen – wo? – im All...
Was Schenke, Stadt, Land, Stern – was tut's dazu!
Wir saßen irgendwo im Reich des Lebens...
Wir saßen an zwei Tischen, hier und dort.

Und meine Seele brannte: Fremdes Mädchen,
wenn ich in deine Augen dichten dürfte –
wenn dieser königliche Mund mich lohnte –
und diese königliche Hand mich krönte –!

Und deine Seele brannte: Fremder Jüngling,
wer bist du, daß du mich so tief erregest –
daß ich die Kniee dir umfassen möchte –
und sagen nichts als: Liebster, Liebster, Liebster –!

Und unsre Seelen schlugen fast zusammen.
Doch jeder blieb an seinem starren Tisch –
und stand zuletzt mit denen um ihn auf –
und ging hinaus – und sahn uns nimmermehr.

WER doch den trüben Wahn erfunden,
daß keine Seele glücklich sei!
Ich war's, ich *bin's*! in reichen Stunden
von aller kleinen Trübsal frei.

Nicht wahrlich, da mit heisrem Atem
die Menge mir den Weg verbellt, –
doch nun Suleika sich und Hatem
mit goldnen Liedern mir gesellt.

Nun, da Natur mich treu umbreitet
mit Tannen, hehr wie Hafis' Geist,
und drüber mir die Blicke weitet,
bis, wo der letzte Fels vereist.

Wie sollt ich da nicht *Mensch* sein mögen,
ein weltverleumderischer Tropf!
So gern sie auch herunter bögen
den heitren, hochgemuten Kopf.

WIE kann ein Tag voll so viel Schmerz
so wunderherrlich enden,
ein Abend an mein einsam Herz
so reiches Glück verschwenden!
O Mund entflammt, o Aug entfacht
in schauerndem Begegnen!
O aller Wunder holde Nacht,
wie magst du so mich segnen!

Leise Lieder

Leise Lieder sing ich dir bei Nacht,
Lieder, die kein sterblich Ohr vernimmt,

noch ein Stern, der etwa spähend wacht,
noch der Mond, der still im Äther schwimmt;

denen niemand als das eigne Herz,
das sie träumt, in tiefer Wehmut lauscht,
und an denen niemand als der Schmerz,
der sie zeugt, sich kummervoll berauscht.

Leise Lieder sing ich dir bei Nacht,
dir, in deren Aug mein Sinn versank,
und aus dessen tiefem, dunklen Schacht,
meine Seele ewige Sehnsucht trank.

Winternacht

Flockendichte Winternacht ...
Heimkehr von der Schenke ...
Stilles Einsamwandern macht,
daß ich deiner denke.

Schau dich fern im dunklen Raum
ruhn in bleichen Linnen ...
Leb ich wohl in deinem Traum
ganz geheim tiefinnen? ...

Stilles Einsamwandern macht,
daß ich nach dir leide ...
Eine weiße Flockennacht
flüstert um uns beide ...

Parabel

Kennst du die Figur der Polonaise,
wenn die Paare, hochgefaßter Hände,
Lauben, wie die Tänzer sagen, bilden?

Und das immer letzte Paar, sich bückend,
durch die Bogen an die Spitze schreitet,
dort als Tor sich wieder aufzustellen?

Nun, so wirst du mich begreifen, wenn ich,
dies betrachtend, an die Menschheit denke,
wie sie sich vom Greis zum Kind erneuert:

Gleich als ob das Paar des höchsten Alters
plötzlich in der andern Rücken schwände,
vorn das Spiel von neuem aufzunehmen . . .

DEINE Augen glühen durch das Dunkel
wie die Augen einer großen Katze,
deine Wünsche surren durch die Stille
wie die Wünsche einer wilden Katze,
deine Haare sprühn und knistern Funken
wie die Haare einer großen Katze,
deine Hände greifen sanft und tückisch
wie die Pranken einer wilden Katze.

Große wilde Katze, die du heimlich
hoch zu mir auf meine Dächer kamest,
glaubtest einen Kater du zu finden?
ach, und fandest einen Philosophen.

ICH bin ein Mensch von rechter Vogel-Art
und laß nicht gern die Hände um mich legen,
das Glück der ungehemmten Wanderfahrt
wird stets am freudigsten mein Herz bewegen.
Vom Zaun herab, von roten Rosenhecken
durchschwellt eure Gärten mein Gesang,
doch wollt ihr mich in goldne Bauer stecken,
entflieg ich schnell den Wiesenrain entlang.
Und trag ich Sehnsucht auch im weichen Sinn
und zittere beim Lockruf mancher Schönen,
vermochte doch noch keine Zauberin
in ihren Park mich dauernd zu gewöhnen.

WENN du den Weg zur Tiefe gehst,
wer folgt dir nach? du gehst allein.

Wenn du der Mütter Rat erflehst,
besteh die Furcht! Du flehst allein!
Wenn heil du wieder oben stehst,
da klatscht man. Doch du stehst allein.

SCHWERER Nebel dunkle Lasten
sinken von dem Schnee der Kämme
über öde Herdenrasten
in des Tannichts finstre Stämme.

Nur des Baches bleiche Brandung
rauscht und leuchtet noch gerettet, –
bis die düstre Dunstgewandung
endlich ihn auch überbettet.

WIE mir der Abend das Grün der feiernden Tannen vergoldet
und noch mit leuchtendem Rot drunter die Stämme beglückt!
Irgendwo zwitschern und zwitschern noch kleine beseligte
Meisen;
fernher, fernhin rollt selten ein spätes Gefährt,
oder es schlägt die Flut des Strands verborgene Zeile,
wenn ein Dampfer sie jäh rauschenden Buges verdrängt.
Aber da schaudert es plötzlich – die Sonne versank hinter
Bergen,
und in das hohe Gewölk eilt nun der purpurne Glanz.
Farblos steht nun der Wald, allein die Gewässer, sie strahlen
lang noch das rötliche Blau mächtig entloderter Luft...
Also sah ich einmal noch um Mitternacht rosige Schimmer
in des umschwiegenen Fjords zitternder Spiegelung ruhn.

Vorfrühling

Vorfrühling seufzt in weiter Nacht,
daß mir das Herze brechen will;
die Lande ruhn so menschenstill,
nur ich bin aufgewacht.

O horch, nun bricht des Eises Wall
auf allen Strömen, allen Seen;
mir ist, ich müßte mit vergehn
und, Woge, wieder auferstehn
zu neuem Klippenfall.

Die Lande ruhn so menschenstill;
nur hier und dort ist wer erwacht,
und seine Seele weint und lacht,
wie es der Tauwind will.

Farbenglück

Ist nicht dies das höchste Farbenglück:
Birkenlaub in Himmelblau gewirkt?
Doch schon winkt ein graublau Felsenstück,
dunklen Epheus sprunghaft überzirkt.
Und schon sinkt mein Blick in grüne Wiesen
und in Wasser und in weißen Dunst –
und ich weiß nicht, wem von allen diesen
schenk ich meine Gunst und meine Kunst ...

DIE schneebedeckten Gipfel rötet Abendlicht.
Die Heiterkeit der Gletscher! Keines Menschen Fuß
entweiht des Himmels kühles, reines Höh'ngeschenk,
den Blütenschnee vom Weltbaum der Erkenntnis.
Ein Regenbogen wächst von ihnen zu mir her, –
die einzige Brücke zu der grünen Welt und mir.
Und flüchtig mißt mein leichter Geist die bunte Bahn –
und salbt sich mit dem roten, reinen, kühlen Schnee ...
Und schon verblaßt Rückeilendem so Luft wie Firn.

Vogelschau

Begriffst du schon ein Wunder wie dies eine,
daß die Erde um die Sonne fliegt?

O Nacht, vor deinem Sternenscheine
liegt all mein Menschliches besiegt...

Ein riesenhafter Erdkloß kreist
unaufhörlich um ein großes Feuer:
Da gebiert die Scholle Geist –:
der Mensch wird, Zwerg und Ungeheuer, –

und ruft, Ausschlag der Bodenrinde,
Erd und Himmel tönend an –
und spielt sein Spiel in Weib und Mann...
gleich einem ewigen Kinde...

Ja, Kinder-Spiel ist, was da ist,
das sagt dir jede stille Nacht,
und nur dein tiefes Kind-Sein macht,
daß du noch weiter fröhlich bist.

Dagny

Wenn dieses zarte Glühen
in deine Wangen strahlt,
als wie den frühsten frühen
Himmel ein erster Schimmer malt,
da fühl ich erst, wie rein du bist,
welch feine klare Schale
voll unberührtem Wein du bist,
bestimmt zum höchsten Mahle
der Erde.

Dagny (norweg.) = erstes Frühlicht

Abend-Trunk

So tritt man abends an den Rand
des Brunnens, wenn die Sonne sinkt,
und schöpft sich mit gewölbter Hand
und trinkt und trinkt –

wie wenn ich deinem Zaun vorüber
wandre und dein Köpfchen nickt ...
ein Wort herüber und hinüber –
wie das erneut, wie das erquickt!

SEHT in ihrem edlen Gange
dieses jugendfrische Kind,
leuchtend Aug, erwärmte Wange,
und sein Löckchen holt der Wind.

Wie die Füße schön sich setzen
ohne Scheu und Ziererei,
reißet ihr das Kleid in Fetzen,
und sie wandelt dennoch frei,

wandelt all in ihrer Reinheit
sonder Arg in Tat und Wort,
und betrogene Gemeinheit
wendet sich betroffen fort.

Von den heimlichen Rosen

Oh, wer um alle Rosen wüßte,
die rings in stillen Gärten stehn –
oh, wer um alle wüßte, müßte
wie im Rausch durchs Leben gehn.

Du brichst hinein mit rauhen Sinnen,
als wie ein Wind in einen Wald –
und wie ein Duft wehst du von hinnen,
dir selbst verwandelte Gestalt.

Oh, wer um alle Rosen wüßte,
die rings in stillen Gärten stehn –
oh, wer um alle wüßte, müßte
wie im Rausch durchs Leben gehn.

Der Wind als Liebender

Der monddurchbleichte Wald
liegt totenstumm.

Da kommt ein Wind
von ferne sacht gewandelt,
hoch über seine tausend Häupter her.

Die Espe neben mir, die merkts zuerst
und gibt sich zitternd hin.

Und weiter eilt,
als wie ein Liebender sein Mädchen sucht,
der sachte Wind.

Nun rauscht der Waldrand drüben
jenseits der Wiese auf.

Und wieder stehn
die mondlichtbleichen Stämme
totenstumm.

Auf leichten Füßen

So sein heitres Gleichgewicht
allem mitzuteilen,
in des Abends liebem Licht
leicht dahinzueilen –

Eine wilde Rose wo
im Vorübergehn zu küssen,
und dem stillen Walde so
sich gestehn zu müssen –

Wieder dann aus Luft und Licht
seidne Verse fangend,
nur sein heitres Gleichgewicht
auszuruhn verlangend –!

Meer am Morgen

Herrlich schäumende Salzflut
im Morgenlicht,
die tiefen Bläuen
in weißen Stürzen auskämmend,
hin
über grünere Seichten
zur Küste stürmend –
aus-rollend dich nun,
die Felsen hochauf umleuchtend!
Metallgrün
stehen die runden rauschenden Büsche
vor deinen fernher schwärzlichen Böen,
und rötlich milchige Wolken
strecken sich lang
in den zärtesten Himmel
darüber.

Schwalben

Schwalben, durch den Abend treibend
leise rufend, hin und wieder,
kurze rasche Bogen schreibend,
goldne Schimmer im Gefieder –.

Oh, wie möcht ich dir sie zeigen,
diese sonnenroten Rücken!
Und der götterleichte Reigen
müßte dich wie mich entzücken.

VÖGEL im Wald – –.

Niemand nennt sie,
niemand kennt sie.

Was das wohl so erleben mag
den lieben langen Tag!

Da geh ich unter ihnen hin
mit Bärenschritt und Bärensinn – –

Ja, wenn ich noch ein Mädchen wär –!

Vögel im Wald – –

Wind und Geige

Drinnen im Saal eine Geige sang,
sie sang von Liebe so wild, so lind.
Draußen der Wind durch die Zweige sang:
Was willst du, Menschenkind?

Drinnen im Saale die Geige sang:
Ich will das Glück, ich will das Glück!
Draußen der Wind durch die Zweige sang:
Es ist das alte Stück.

Drinnen im Saale die Geige sang:
Und ist es alt, für mich ists neu.
Draußen der Wind durch die Zweige sang:
Schon mancher starb an Reu.

Der letzte Geigenton verklang;
die Fenster wurden bleich und blind;
aber noch lange sang und sang
im dunklen Wald der Wind...

Was willst du, Menschenkind...

Waldkonzerte...

Waldkonzerte! Waldwindchöre!
Düstres Solo strenger Föhre –
Tannensatz nach tiefem Schweigen –
heller Birken Mädchenreigen –

Buschgeschwätze – Gräserlieder –
Blätterskalen auf und nieder – –
wenn ich euch nur immer höre –
Waldkonzerte! Waldwindchöre!

Nachtwind

Wenn der Abend düster dunkelt
und der Nachtwind sich erhebt,
nur die Lampe bei dir funkelt,
einzig Licht, das um dich lebt; –

denn die Sterne sind verhangen,
und die Hütten schlafen schon, –
fühlst du mit verhaltnem Bangen
dunkler Mächte dunkles Drohn.

Und du schiebst das Buch zurücke,
weichend aus gewohnter Spur,
suchst geschloßnen Augs die Brücke
zur dich rufenden Natur.

Wie's aus schwarzen Tiefen brauset,
seufzend schwillt und wieder fällt;
wie's dann wieder lange pauset
und der Bach sich schadlos hält!

Plötzlich stößt der Sturm den Flügel
deines Fensters zürnend zu, –
trotzig schließest du den Bügel;
draußen herrscht erschrockne Ruh.

Und dann schüttelst du mit Einem
dich des Schauders wieder frei,
wendest wieder dich zu Deinem,
und der Zauber ist vorbei.

Lied

Wenn so der erste feine Staub
des Sommers auf die Blätter fällt –
dann ade, du Frühlingswelt!
Dann ade, du junges Laub! –
Ach, wie sterben die Frühlinge schnelle!

Wenn erst das Auge sich versöhnt
mit all dem Grün und Weiß und Rot,
da beginnt des Frühlings Tod,
da versommern wir verwöhnt...
Ach, wie sterben die Frühlinge schnelle!

Und dann schauen wir vom Hügel,
wie das Land sich müde sonnt...
Leblos steht ein Mühlenflügel,
wie ein Kreuz, am Horizont – –.
Ach, wie sterben die Frühlinge schnelle!

Wandernde Stille

Wie die Stille übers weite Wasser hergewandert kommt –!
während Tages letzte Rosenglut verglimmt, verschwimmt
Wie die Stille übers weite Wasser hergewandert kommt –!
während schwärzlichen Gebirgen düsterroter Mond
entflammt.
Wie die Stille übers weite Wasser hergewandert kommt –!
Zornig schreit im tiefen Wald ein Vogel – und verstummt.
Wie die Stille übers weite Wasser hergewandert kommt –!

Spruch zum Wandern

Empfange mich, du reine Luft,
und gib mir deine Kraft;
vertilge, was in mir an Gruft,
und nähre, was da schafft!

Daß ewig neuen Blutes Strom
verjüngten Adern kreise
und erdenmütterlich Arom
noch fernste Träume speise!

Segelfahrt

Nun sänftigt sich die Seele wieder
und atmet mit dem blauen Tag,
und durch die auferstandnen Glieder
pocht frischen Bluts erstarkter Schlag.

Wir sitzen plaudernd Seit an Seite
und fühlen unser Herz vereint;
gewaltig strebt das Boot ins Weite,
und wir, wir ahnen, was es meint.

Du Kopf mit der Seemannsmütz –
ach, wie bin ich dir gut! –
vornüber gehängt
tret ich den Weg hinauf
tröstenden Tannen zu.

Denn da kommt allmittaglich
meine reizende Beichtigerin
leichten Herzens daher
und lächelt und liebt
aller Seufzer und Sorgen
mich gütevoll frei.

Genügsamkeit

Ich brauche nur den Duft der Welt,
die ganze Welt zu haben,
ich hab mein Sach auf nichts gestellt,
gleich manchem leichten Knaben.

Du lächelst mir, so wird mir gut,
als wärst du ganz mein eigen,
und aus der Seele Mutterflut
die süßesten Lieder steigen.

Der Hügel

Wie wundersam ist doch ein Hügel,
der sich ans Herz der Sonne legt,
indes des Winds gehaltner Flügel
des Gipfels Gräser leicht bewegt.
Mit buntem Faltertanz durchwebt sich,
von wilden Bienen singt die Luft,
und aus der warmen Erde hebt sich
ein süßer, hingegebner Duft.

ICH bin ein Rohr im Wind.
Bind dich nicht an an mich.
Ich bin kein Halt für, Kind,
dein Boot und dich.

Ich bin ein Rohr im Wind.
Der singt mit mir zusamm
ein Lied vom fahrenden Stamm,
des Söhn' wir sind.

Ich bin ein Rohr im Wind.
Bind nicht an mich dein Boot.
Es wär für dich, lieb Kind,
wie mich – der Tod.

An Dagny

Und werden wir uns nie besitzen,
so will ich Deinen Namen doch
ins Holz der Weltenesche schnitzen,
ein Zeugnis fernstem Volke noch.

So sollen tausend Herzen lesen,
die gern ein kleines Lied beglückt,
was Du dem Einsamen gewesen,
wie Du ihn innerlichst entzückt.

DES Morgens Schale quillt von Sonnenlicht
und Rosenduft und Nachtigallenschlag.
Ich bring sie dir zum neuen Schöpfungstag,
der sich zu unserm Angesicht
erhebt.

Setz deine Lippe mit an ihren Rand!
Und mit uns jedes morgendliche Paar,
das, seiner Liebe Frühlingskranz im Haar,
mit uns in diesem Morgen-Lande
lebt!

Winter

Der Fjord mit seinen Inseln liegt
wie eine Kreidezeichnung da;
die Wälder träumen schnee-umschmiegt,
und alles scheint so traulich nah.

So heimlich ward die ganze Welt...
als dämpfte selbst das herbste Weh
aus stillem, tiefem Wolkenzelt
geliebter, weicher, leiser Schnee.

Heimat

Nach all dem Menschenlärm und -Dust
in dir, geliebtes Herz, zu ruhn,
so meine Brust an deiner Brust,
du meine Heimat nun!

Stillherrlich glänzt das Firmament
in unsrer Augen dunklen Seen,
des Lebens reine Flamme kennt
kein Werden und Vergehn.

DIE Mutter, die das Kindlein zählen lehrt, indes
sein kleiner Fuß die Treppe Stuf um Stufe steigt,
getreulich spricht's das jeweils Vorgesprochne nach,
bis es am Ziel erlöst von dannen springt, –
sie ruft mir jener höheren Mutter Bild herauf,
die uns der Jahre Stufen zählend steigen läßt.
Sie zeigt mich selber mir an meines Schicksals Hand
als solch ein Kind, das jeden Absatz treu vermerkt,
bis es an seinem Ziel dereinst von dannen springt ...

WIE? Wolltest du dir selbst zuwiderhandeln,
du Gott aus Gott, und Todeswege wandeln?

Du hast's gewollt von Urbeginn. So trage
denn hohen Hauptes jeden deiner Tage.

Gott selber hat der Welt sich vorentschieden.
So *lebe* denn: Mit Dir und Ihm in Frieden.

Und wäre Folie nur solch Gotteslos:
Getröste dich! Du deutetest dich *groß*.

Ein Weihnachtslied

Wintersonnenwende!
Nacht ist nun zu Ende!
Schenkest, göttliches Gestirn,
neu dein Herz an Tal und Firn!

Oh, der teuren Brände!
Hebet hoch die Hände!
Lasset uns die Gute loben!
Liebe, Liebe, dir da droben!

Wintersonnenwende!
Nacht hat nun ein Ende!
Tag hebt an, goldgoldner Tag,
Blühn und Glühn und Lerchenschlag!

O du Schlummers Wende!
O du Kummers Ende!

Ode an das Meer

Im Schnee der Alpen hör ich von dir, o Meer,
wie du des Landes felsige Küste schlugst,
des Landes, des ich treu gedenke,
liebend gedenke wie einer Heimat.

Und durch die Ferne rollt mir dein Donnerton,
vermein ich, fürchterliche Gewißheit zu:
»Daß solche Mären nimmer lügen,
der du mich kennen gelernt, du weißt es.«

Ich weiß es, Zeuge manch einer Schreckensnacht,
da du mit fahlen Wogen gewandert kamst,
mit unerschöpflich sturmgebornen,
aus deiner Wüste, der grenzenlosen.

Ein bleiches Band, erglomm deiner Brandung Gischt,
ein greller Reif, mit dumpfem, eintönigem
Gedröhn in ungezählten Lagen
um das bedrängte Gestad geschmiedet.

Und aus dem Dunkel braute wahnwitzig wild
der Wind und regte des Hauses Festen auf
und warf des Regens jähe Schauer
wider die Scheiben, dadurch ich starrte.

O Meer, o Meer, wie liebt ich dich immer doch!
Selbst als ich einst im polternden Bauch des Schiffs,
des schwerhinstampfenden, dich rasen
hörte, im Schoß deines Zornes selber.

Wiewohl ich wehrlos in meiner Koje lag,
der Sorge näher, denn der Bewunderung,
und liebend, wenn ich's recht erwäge,
einzig gedachte des wackren Schiffes

und seiner Führer, vom Kapitäne bis
zum Heizer, die dein grausiges Todesdrohn
mit schlichter Zucht und Mannheit brachen,
stahlhart aufs morgende Ziel gerichtet.

Umsonst war's damals, wie du auch wütetest.
Allein du sorgst entrissener Beute nicht,
und spottet dein der Bug von Eisen,
rettet sich schwer die befallne Barke.

An armer Fischer Hütten und Booten hast
du dich geübt, vergriffen an ihnen selbst;
die kümmerlich von dir sich nährten,
hast du zerschmettert an deinen Klippen!

Und doch – und doch! Treubrüchig-vergeßliches,
kühl-heitres, schicksalsträchtiges, ewiges Meer,
ich lieb, ich lieb dich auch noch, wenn du
männerverschlingende Wogen schleuderst,

ein Gleichnis ungebrochener, erster Kraft,
ein Zeugnis ungezähmtesten Herrentums,
Länder andonnernd, deren Völker
gram dem heroischen Traum hinwandeln

vertiefteren Lebens, träge hinabgebeugt
in müder Weisheit ärmliches Regeljoch,
sich muhend, ein Geschwärm Termiten,
emsig und zärtlich, zur Ehre Gottes, –

des Gottes nicht, der Deiner Geweide Sinn:
als der ein Gott groß-schreitender Leidenschaft,
ein Gott, noch jeden Augenblick Manns,
Welten zu stürzen wie zu gebären ...

Von hohen Alpen schau ich dich, Ocean,
wie du des Landes felsige Küste stürmst,
des Landes, des ich treu gedenke,
zürnend gedenke wie einer Heimat, –

und ruf dir zu, feindseliger Freude hell:
Dank, Dank, daß du noch *Du* bist, Verwegener,
dich selbst erfüllend und dein Wesen, –
sei's um den Preis auch knirschender Opfer!

Bis einst der Mensch, gewachsen an deinem Bild,
dir's heim in ebenbürtigen Taten zahlt, –
und *Du* ohnmächtig knirschst und frohndest,
deinem dich peitschenden Xerxes, Sklave!

Erster Schnee

Aus silbergrauen Gründen tritt
ein schlankes Reh
im winterlichen Wald
und prüft vorsichtig, Schritt für Schritt,
den reinen, kühlen, frischgefallnen Schnee.

Und Deiner denk ich, zierlichste Gestalt.

Venustempelchen

Auf der kupfernen Kuppel eines Tempelchens
haben Tauben sich niedergelassen, und
ihre zierlichen Körper im Kreise wendend,
baden sie ihre weißen Gefieder in Sonnenlicht,
ihre liebenden Seelchen in sanfter Beschaulichkeit.

Wie ein Schwarm von leichthinflatternden Mädchen
eilen sie nun durch die rauschenden Wipfel des Parkes,
um nach Flügen einer unschuldigen Laune –
Arabesken im seidenen Blau des Himmels –
wiederzukehren nach dem stillen beschaulichen Tempelchen,
welches ein Mensch der Schönheit zu Ehren errichtete.

DES Frühlings unbestimmte Ahnung füllt die Luft.
Tiefschmerzlich-schwärzliche Gewölke ruhen groß
am geisterblassen Firmament der Abendnacht.
Erhabner Tragik unbeschreibliche Gewalt
strömt aus des Himmels abgrundtiefer Dämmerung,
steigt aus der Berge trauerblauem Schattenschoß,
weht von der Wasser meilenweitem Wogenplan
den Menschen an, dem jeder stummgewordne Schmerz
mit unterirdischem Ruf vor diesem Blick erwacht.

BUTTERBLUMENGELBE Wiesen,
sauerampferrot getönt, –
o du überreiches Sprießen,
wie das Aug dich nie gewöhnt!

Wohlgesangdurchschwellte Bäume,
wunderblütenschneebereift –
ja, fürwahr, ihr zeigt uns Träume,
wie die Brust sie kaum begreift.

WIND, du mein Freund!
Lang hielten Berge mich
grämlich umzäunt.
Nun wieder grüß ich dich,
frei, dich, den Freien;
nun gib mir, Himmelssproß,
wieder die Weihen,

Wecker zu sein wie du
aller verschlafnen Ruh!
Wind, du mein Freund!
Du mein liebster Genoß!

ALLEN gleicher Seele wend ich
durch den blauen Tag mich zu,
allen Brüdern, Schwestern send ich
mein geschwisterliches Du.

Danken wollen wir der Sonne
und dem frischen Morgenwind,
daß sie uns so vieler Wonne
Bringer und Gefährten sind,

danken wollen wir mit Lachen
in dem jungen Maienwind,
daß wir unter tausendfachen
Fährden *so* geworden sind.

So! Was brauch ich mehr zu sagen
alle fühlt ihr dieses *So*;
und wir wollen auch nicht fragen,
unsrer Art von Herzen froh.

Eines Bunds geheime Glieder
finden wir uns allerwärts;
und ich schenk euch meine Lieder,
und ihr schenkt mir euer Herz.

WELCH ein Schweigen, welch ein Frieden
in dem stillen Alpentale.
Laute Welt ruht abgeschieden.
Silbern schwankt des Mondes Schale.

Von den Wiesen strömt ein Düften.
Aus den Wäldern lugt das Dunkel.

Brausend aus geheimen Klüften
bricht der Bäche fahl Gefunkel.

Überm Saum der letzten Bäume
weiße Wände stehn und steigen
in die blauen Sternenräume.
Welch ein Frieden, welch ein Schweigen!

Oktobersturm

Schwankende Bäume
im Abendrot –
Lebenssturmträume
vor purpurnem Tod –

Blättergeplauder –
wirbelnder Hauf – –
nachtkalte Schauder
rauschen herauf.

Genesung

Wenn nach der Schwäche, die dich jüngst befiel,
des Lebens Kraft aufs Neue dir zurückrinnt –
Heiliger Augenblick!
Köstliche Fülle des Seins!

Der Zukunft Mantel auseinander flatternd,
in morgenrötener Nacktheit, Weib, erhabenes,
Leben Geliebtestes,
tausendmal küß ich dich noch.

O Übermaß der reinen Lebensfülle,
die mich beseligt Schreitenden durchdringt!
O Übermaß der höchsten Strebensfülle,
die mir im Traum die Welt zu Füßen zwingt.

Ihr habt mir allezeit den Weg bereitet,
daß ich der Erde Jammer halb vergaß.
Groß war mein Aug der Schönheit zugeweitet.
O Übermaß! O Schönheits-Übermaß!

DIE stillen Stunden sind es, da die Glocken
der seltnen Seelen uns zu Herzen klingen,
da wir verstehn ihr wunder-volles Singen
und ihrer Liebe göttlich tiefes Locken:
Nach ihren reinen Höhen aufzustreben,
uns immer freier, stolzer zu vollenden.

Ihr stillen Stunden, da sie Grüße senden,
die Großen, die am Sinn des Lebens weben!

O Blume, die du über vielem schwebst,
nie ganz gefangner Duft der Erdendinge, –
du reiner Hauch, der du der Seele Schwinge
zu immer neuen Flügen hebst, –

der du uns ahnen lässest unter Schauern,
wie hoch wir Menschen unser Bild erhoben,
und über trägen Stoffes dumpfem Trauern
den Isisschleier einer Gottheit woben!

AUCH Du bist fremd und feind den großen Worten.
Sie haben uns zu oft betrogen.
Wir haben selbst damit zu oft gelogen;
vielleicht nicht wollend, doch zu allen Orten.

Schmerzlich mißtrauend jenen blinden Räuschen,
die Menschen treiben, Menschen anzuhangen,
umfangen unsre Seelen sich voll Bangen
und zittern, sich noch einmal zu enttäuschen.

»DEINE Rosen an der Brust
sitz ich unter fremden Menschen,
laß sie reden, laß sie lärmen,
jung Geheimnis tief im Herzen.

Wenn ich einstimm in ihr Lachen
ists das Lachen meiner Liebe;
wenn ich ernst dem Nachbar lausche,
lausch ich selig still nach innen.

Einen ganzen langen Abend
muß ich fern dir, Liebster, weilen,
küssend heimlich, ohne Ende,
Deine Rosen an der Brust.«

ICH liebe dich, du Seele, die da irrt
im Tal des Lebens nach dem rechten Glücke,
ich liebe dich, die manch ein Wahn verwirrt,
der manch ein Traum zerbrach in Staub und Stücke.

Ich liebe deine armen wunden Schwingen,
die ungestoßen in mir möchten wohnen;
ich möchte dich mit Güte ganz durchdringen,
ich möchte dich in allen Tiefen schonen.

DAS sind die Reden, die mir lieb vor allen:
Die Wässerlein vom hohen Felsen rinnend,
mein ganzes Herz mit ihrer Lust gewinnend,
ohn End zum tiefen Grund hinabzufallen.

Du Wiegenlied vor allen Wiegenliedern,
zur Ewigkeit hinweg vom Eintag wiegend,
das laute Selbst zu jener Ruh besiegend,
die keine leeren Klagen mehr erniedern!

Du bist mein Land,
ich deine Flut,
die sehnend dich ummeeret;
du bist der Strand,
dazu mein Blut
ohn Ende wiederkehret.

An dich geschmiegt,
mein Spiegel wiegt
das Licht der tausend Sterne;
und leise rollt
dein Muschelgold
in meine Meergrundferne.

Den langen Tag bin ich dir fern gewesen,
bis nun beim abendlichen Licht
dir wiederum mein ganzes Wesen
wie eine Knospe auseinanderbricht,

und dir erduftet, dir erblühet,
als seiner Sonne, die ihm frommt.
Des Tags Gestirn hat mir umsonst geglühet;
nun kommt die Nacht, und *meine* Sonne kommt.

Wir sitzen im Dunkeln ...
Der Vorhang rauscht leise ...
Sternblumenkreise
durchs Fenster funkeln ...

Wir träumen und trinken
die ewige Ruh ...
Unsere Wesen sinken
schweigend sich zu.

Wie kam es nur?

»Wie wenn ein Föhn
die Flur
enteist.

Oh, Fragen schreckt!

Ach, Träume sind nur schön,
du weißt,
solang kein Ruf den Träumer weckt.«

Es gibt noch Wunder, liebes Herz,
getröste dich!
Erlöste dich
noch nie ein *Stern* aus deinem Schmerz,
des Strahlenspiel
vom hohen Zelt
in deiner Qualen
Tiefe fiel
und sprach: »Sieh, wie ich zu dir kam
vor allen andern ganz allein!
Du liebes Herz, wirf ab den Gram!
Bin *ich* nicht dein?
Getröste dich!«

Erlöste dich
noch nie ein Stern ...

Sie an ihn

»Es ist vielleicht das letzte Mal,
daß deine Hand in meiner ruht ...
So nah dein Blut an meinem Blut ...
O wüßtest du von meiner Qual

Du aber lächelst hell und gut
mit deiner Augen stillem Strahl ...
Du Wanderer weißt nicht, wie es tut:
Es ist vielleicht das letzte Mal!«

O traure nicht!

Aus roten Morgenwolken blüht
der blaue Tag in blasser Seligkeit ...
Und über Not und Leid
erhebt sich mein Gemüt
zu dir.

O traure nicht!
Und bist du nicht bei mir –:
Ein Licht
sind wir
und ist von mir zu dir.

Aus roten Morgenwolken blüht
der blaue Tag in blasser Seligkeit ...
Und über Not und Leid
erhebt sich dein Gemüt
zu mir.

Nacht am Flusse

Liegen eine Sternennacht und lauschen,
wie der Kahn an seiner Kette zieht
und die Welle flüstert und entflieht
und die Wipfel leis dawiderrauschen –.
Wie es seufzt und rüttelt ohne Ruh,
Freiheit wider Knechtschaft einzutauschen.
Armes Herz, so zerrst und stöhnst auch du.
Eine Nacht so seinem Schicksal lauschen ...

Und wenn du nun zur dunklen Ferne treibst,
als wie ein Blatt auf mitleidloser Welle, –
daß du mir, Teure, immer in der Helle
dem Leben dienender Gedanken bleibst!

Und war ich nur ein Funke, dir zu leuchten,
und war mein Gruß nur wie ein Wetterschein, –
o laß, wann Tränen je dein Auge feuchten,
ein Glänzen auch von ihm darinnen sein.

Vielleicht, daß dann ein Licht dich sanft erhelle,
daß du der Sorge starke Herrin bleibst,
und nicht auf deines Tränenstromes Welle
zu Fernen, immer düstereren, treibst.

Liebe, Liebste, in der Ferne,
wie so sehr entbehr ich dich!
Leuchteten mir milde Sterne,
ach, wie bald ihr Glanz erblich!

Wenn ich deine weichen Wangen
leis in meine Hände nahm
und voll zärtlichem Verlangen
Mund zu Mund zum Kusse kam;

wenn ich deine Schläfen rührte
durch der Haare duftig Netz,
oh, wie war, was uns verführte,
beiden uns so süß Gesetz!

Und nun gehst du fern und einsam
Ach, wie achtlos spielt das Glück!
Bringt, was einmal uns gemeinsam,
noch einmal sein Strom zurück?

Liebe, Liebste, in der Ferne,
wie so sehr entbehr ich dich!
Leuchteten uns milde Sterne,
ach, wie schnell ihr Glanz erblich!

Vergessen –
(trübes Lied!)
was rührst du dran?

Ein Vogel zieht
den hohen Himmelsplan
so weit, so weit.

So flieht die Zeit,
die Beute Augenblick
in ihren Fängen.

Fernen drängen
(verhaßt Geschick!)
sich zwischen dich und ihn.

Kaum sieht
dein Aug noch dann
ein fernes Pünktchen ziehn.

Vergessen –
(trübes Lied!)
was rührst du dran!

Sei bereit

Wenn die Abendschatten steigen,
überhaucht von Zeit zu Zeit
meiner Seele sinnend Schweigen
unversehne Traurigkeit.

Und wie sich die Fackeln neigen
draußen zu des Tags Geleit,
fühl ich auch auf mich sie zeigen
und mir winken: Sei bereit!

Wenn die Abendschatten steigen ...

Unverlierbare Gewähr

Eines gibts, darauf ich mich
freuen darf. Das wird nicht trügen.
Eines Abends sicherlich
ruht dies Herz von allen Flügen
aus.

Schlafen darf dann dieser Wandrer.
Denn – was etwan weiter wacht,
wird ein andres, wird ein andrer.
Dieser hat sein Werk vollbracht –
dann.

Es kommt der Schmerz gegangen
und streicht mir über die Wangen
wie seinem liebsten Kind.
Da tönt mein' Stimm' gebrochen.
Doch meines Herzens Pochen
verzagt nicht so geschwind.

Und gäb die böse Stunde
noch gerner von sich Kunde:
mein Herz ist fromm und fest.
Ich bin ein guter Helde;
mein Lachen zieht zu Felde,
und Siegen ist der Rest.

Das heimliche Heer

Menschen, die im Lande weit
irgendwo verschmachten,
weil sie Zufall, Ort und Zeit
nicht zum Wirken brachten.

Wie ein Duft liegt euer Sinn
übers Land gewoben;
trauernd wandelt ihr dahin,
doch das Haupt erhoben.

Denn ihr seid von andrer Art
als die dumpfe Menge,
wagt so manche Himmelsfahrt
aus gemeiner Enge,

hört den Tanz der Welten gehn,
ob ihr auch nur stammelt; –
Wisset! aus euch wird erstehn,
der euch in sich sammelt.

Der Triumphzug der Galathea
(Villa Farnesina)

Verweile doch –! Und sie verweilen.
Du mußt dem Meister nur vertraun.
Du fühlst es, wie sie schweben, eilen,
und darfst sie dennoch ewig schaun.

Es teilt das Maß sich der Bewegung:
dem Vor erwidert ein Zurück,
und stürzt dich jenes in Erregung,
gesellt ihr dies der Ruhe Glück.

Du siehst der Linie Widerstreben
und siehst es auch schon wieder nicht, –
nun ganz versunken hingegeben
des Künstlers seligem Gedicht.

PORTOFINO, kleiner Hafen,
da wir uns im Frühling trafen.

Da geheim wie eine Mythe
unverhofft ein Glück erblühte.

Glück und Leid? Wer will es wissen?
Wehrlos ward ich fortgerissen,

daß sich eine oder scheide,
was zu Glück ward oder Leide.

Portofino, kleiner Hafen,
da wir uns im Frühling trafen.

Du, was auch mein Schicksal werde,
bleibst mir ewig teure Erde.

Schauder

Jetzt bist du da, dann bist du dort.
Jetzt bist du nah, dann bist du fort.
Kannst du's fassen? Und über eine Zeit
gehen wir beide die Ewigkeit
dahin – dorthin. Und was blieb? . . .
Komm, schließ die Augen und hab mich lieb!

Für viele

Wieviel Schönheit ist auf Erden
unscheinbar verstreut;
möcht ich immer mehr des inne werden.
Wieviel Schönheit, die den Taglärm scheut,
in bescheidnen alt und jungen Herzen!
Ist es auch ein Duft von Blumen nur,
macht es holder doch der Erde Flur,
wie ein Lächeln unter vielen Schmerzen.

Wie mich dies Kärtlein freut, drauf unsre Orte
verzeichnet stehn, wo wir nun beide sind:
der eine an des Südmeers mildem Wind,
der andre an des Nordmeers rauher Pforte.

Fliegen Gedankentauben hin und her –
die sichren Tauben, die den Weg nie fehlen?

Sind wir in Wahrheit zwei verwandte Seelen?
Trennt uns nur Land, wie – oder trennt uns Meer? ...

Fast

Du hast mir viel zu Lieb und Leid getan, –
hab Dank.
Wir waren eins in mancher Stunde Wahn;
doch heimlich sank
mein Wesen oft von dir
in Gründe, ach,
da du nicht nachkamst
muntrer Silber-Bach,
und floh nach Höhen,
die du nie gekannt.
O zürne nicht; –
wir sind ja – fast – verwandt.

Zum Abschied

Die du durch meinen Tag
geglitten bist, wie Sonnenlicht
durch Gänge dichtbelaubt,
du liebes lichtes Haupt,
zerbrich mir nicht!
Wenn dir das Leben einst die Zunge löst
der wilden Klag
und dir das Haar zerzaust
und mit der Faust
dich vor die Stirne stößt:
Dann denk an mich ...
ich
litt
wie nur ein Mensch von seiner Hand
und stand
und stritt
mich dennoch durch zum Licht.
O du, und alle, die ich liebe, mit,
zerbrecht mir nicht!

Das Wörtlein

Kürzlich kam ein Wort zu mir,
staubig wie ein Wedel,
wirr das Haar, das Auge stier,
doch von Bildung edel.

Als ich, wie es hieße, frug,
sprach es leise: »herzlich«.
Und aus seinem Munde schlug
eine Lache schmerzlich.

Wertlos ward ich ganz und gar,
riefs, ein Spiel der Spiele,
Modewort mit Haut und Haar,
Kaviar für zu viele.

Doch ich wusch's und bot ihm Wein,
gab ihm wieder Würde,
und belud ein Brieflein fein
mit der leichten Bürde.

Schlafend hats die ganze Nacht
weit weg reisen müssen.
Als es morgens aufgewacht,
kam ein Mund – es – küssen.

Früh-Herbst

Sieh, des Herbstes Geisteshelle
klärt und adelt die Gelände;
Erdenbreiten, Himmelswände
kost dieselbe lautre Welle.

O du glückversunken Säumen,
eh die Sommerfarben sterben!
O du letztes Liebeswerben
aus den unbegriffnen Räumen!

Daß mir so die Seele leuchte,
wann ich einst des Winters werde!
Und in meines Auges Feuchte
spiegelt sich der Schmelz der Erde.

Mensch und Tier

Ich war im Garten, wo sie all die Tiere
gefangen halten; glücklich schienen viele,
in heitern Zwingern treibend muntre Spiele,
doch andre hatten Augen tote, stiere.

Ein Silberfuchs, ein wunderzierlich Wesen,
besah mich unbewegt mit stillen Blicken.
Er schien so klug sich in sein Los zu schicken,
doch konnte ich in seinem Innern lesen.

Und andre sah ich mit verwandten Mienen
und andre rastlos hinter starren Gittern –
und wunder Liebe fühlt ich mich erzittern,
und meine Seele wurde eins mit ihnen.

Wir alle sind die Erben dunkler Ahnen.
Was in uns spielt, was in uns treibt, wer weiß es,
wer kennt es, was Natur geheimen Fleißes
in uns gehäuft aus längst entschwundnen Bahnen.

Mit Taten und Gedanken hell am Tage –
so wandern wir, so sieht die Welt uns wandern, –
und sind vielleicht die Schlüssel nur zu andern;
und unser bleibt Verwundrung nur und Frage.

Mensch Wanderer

Vergessenheit –
auch wieder *höchstes* Wort!

Sichselbstvergessen im Gefühl des andern...
Und müßt ich hunderttausend Meilen wandern,
ich wüßte Beßres nichts als diesen Ort.
Denn »meine« Heimat ist mir oft gar leid.

Hinweg, hinaus!...
Ist jede Herberg zu?
Will niemand mich dies süße Fremdsein lehren?
Und sei's nur, stolzer wieder heimzukehren –
nur Einen Tag ein Du zu sein, ein Du!
Nur Einen Tag in eines andern Haus!

Erkenne dich!...
Wer tritt denn niemals ein?...
Wem Abschied auf der Stirne steht geschrieben,
er läßt sich selbst ja nur als Wandrer lieben,
er wird nie nirgends ganz zuhause sein,
er hat nur ein Zuhaus auf Erden: Sich.

Leben ohne Antwort

Meine Gedanken stürzen auf eine Wiese:
da hängen vom blauen Himmel
tausend Seile herunter.
Und meine Gedanken wie ungestüme Knaben
ziehn, zerren, reißen an dem Seile
und läuten tausend Glocken
droben im Himmel.

Ich sitz in der Dämmrung und warte.
Warte, warte auf Antwort.
Ich habe geläutet mit tausend Glocken,
es haben die Wellen des himmlischen Äthers
geschwungen, gefiebert von meinem Läuten. –

Hat es niemand gehört
auf der weiten Erde,
niemand gefühlt diesen Sturm meiner Seele,
diesen Ruf meines Lebens –? –

So hockt ein Mensch in der Dämmrung.
Alle seine Gedanken
stehn um ihn
wie ungewisse Kinder –
– »Nun, Vater –?«
und wartet, wartet,
wartet.

Heimfahrt einer einsamen Frau
aus einer Gesellschaft

Einsam fährt sie im Wagen nach Haus,
das Fest ist aus.
Der Schwarm zertrieb . . .
Wer hat sie lieb?

Sie schaudert und friert.
Wie sich so alles hinweg verliert
ins Unabsehbare,
ins Unverstehbare.

Wo bliebt, Freunde, ihr?
Nur die Furcht sitzt neben mir.
Was seid ihr so weit!
Mein Herz schreit – schreit – schreit.

Ein Jeder mit seiner Lust,
ein Jeder mit seiner Pein,
jedes Herz in seiner Brust
allein, allein, allein.

O wilder Vogel Seele,
den nie einer fängt!
O wilder Vogel Seele,
der nie sein Herz an andre hängt!

Eine junge Witwe singt vor sich hin

Sitze nun so allein,
traurig in Schwarz gehüllt,
gehe fort, komme heim –
immer sein Bild!

Ach, und das Leben rings
lacht mich so lockend an,
aber des Schmetterlings
Flügel sind lahm.

Wenn ich in'n Spiegel schau –:
Lippen so rot, so rot –
Seide so tot, so tot –:
Einsame Frau . . .

Draußen so Lenz und Licht,
drinnen so tränengrau –
faß es und faß es nicht –:
Einsame Frau . . .

Volkslied

Draußen im weiten Krieg
ist blieben mein armer Schatz,
draußen im fremden Land,
da liegt er kalt und blaß.

Läg ich doch bei ihm im Grab
in der fremden Erd!
Was tu ich hier allein
am einsamen Herd?

Stiller Mond,
der in mein Fenster scheint,
hat schon jemand so
um seinen Schatz geweint?

Die Stadt aus Elfenbein

Bau mir die Stadt aus Elfenbein,
die Silberflut umschäume!
Durchs Tor der Träume zieht man ein...
Bau mir die Stadt aus Elfenbein,
  die Stadt der Träume!

Die ungebornen Geister auch
begehren ihr Gefilde.
Erschaffe Welt zu ihrem Brauch, –
die ungebornen Geister auch
  begehren Weltgebilde.

Auf sieben Hügeln baue sie,
die Silberflut umsäume;
die Elfengeister-Kolonie –
auf sieben Hügeln baue sie,
  die Stadt der Träume!

EIN Lächeln irrt verflogen
durch einen lauten Saal,
bis es auf einem Bogen
von schillerndem Opal
sein kleines Leben endet,
den letzten Blick noch matt
zu der herabgewendet,
die es verloren hat.

ZWEI ungeborene Seelen
sitzen im Geisterbaum,
sie schmiegen sich aneinander
im tiefsten Lebenstraum.

Wer bist du, so fragt sacht
ihr heimlichstes Gelüst:
ein Lächeln, das nicht gelacht
und: ein Kuß, der nicht geküßt.

Nachts im Wald

Bist du nie des Nachts durch Wald gegangen,
wo du deinen eignen Fuß nicht sahst?
Doch ein Wissen überwand dein Bangen:
    Dich führt der Weg.

Hält dich Leid und Trübsal nie umfangen,
daß du zitterst, welchem Ziel du nahst?
Doch ein Wissen übermannt dein Bangen:
    Dich führt dein Weg.

Traumwald

Des Vogels Aug verschleiert sich;
er fällt in Schlaf auf seinem Baum.
Der Wald verwandelt sich in Traum
und wird so tief und feierlich.

Der Mond, der stille, steigt empor.
Die kleine Kehle zwitschert matt.
Im ganzen Walde schwingt kein Blatt.
Fern läutet, fern, der Sterne Chor.

Genug oft

Genug oft, daß zwei Menschen sich berühren,
– nicht leiblich, geistig nur – daß sie sich *sehn*,
daß sie sich einmal gegenüberstehn –
um sich danach vielleicht auf immer zu verlieren.

Genug oft, daß ein Lächeln zweier Seelen
vermählt – oh, nicht vermählt! nur dies: sie führt,
so vor einander schweigend und erschüttert,
daß ihnen alle Wort' und Wünsche fehlen,
und jede, unaussprechlich angerührt,
nur tief vom Zittern der verwandten zittert.

Sylt – Rantum

Weil ich nur dieses Donnern wieder höre,
dies Mahlen einer ungeheuren Mühle,
weil ich nur diesen Flugsand wieder fühle
und dieser Möwen Ruhe wieder störe!

Du abendliche Klarheit dort im Westen,
sei mir ein Bild von naher Tage Glück.
Still leg ich mich ins Dünengras zurück.
Nicht wie *ich* will, – wie *Es* will, ists am besten.

Einer Jugendfreundin

Zum Abschied von Europa

Du warst ein reines Licht an meinem Wege,
ein Licht, darauf dem Auge wohl zu ruhn.
Und wer dir nahte, pries dein helles Tun,
und manch ein Herz genas in deiner Pflege.

Die Gottheit, der dein Wesen ganz zu eigen,
zu Leben ward sie dir aus leerem Klang;
in deiner Seele wurde zu Gesang,
was andre ehren als das große Schweigen.

Du bliebst ein Weib, geschaffen nicht, zu treten
in einen Kampf, den Männer kaum bestehn,
ein Weib, so schön in seinem Trieb zu sehn,
zu lieben und in Liebe anzubeten.

Das deutsche Pfarrhaus, eine stille Quelle
des Besten und der Besten unsrer Welt,
sein Geist ist dein. Von seinem Glanz erhellt,
erfandst du dir zuletzt die eigne Helle.

Du teures Licht, mir einst so liebreich nahe, –
daß dir des Sturmes Fittich gnädig sei!
Daß erst, wenn du dich selbst gibst freudig frei,
Dein Gott dich von dir selbst zurück empfahe!

Erinnerung an Wolfenschießen

Ihr Wege einer gedankenvollen Einsamkeit –
wie wandelt oft mein Fuß im Traum euch wieder!
Von neuem tönen einst empfangne Lieder,
und meine Seele wird von Liebe weit.

Es eilt der Bach durch abendfeuchte Wiesen,
die Uferbüsche regt ein herber Hauch,
die Berge glühn von goldnen Matten-Vliesen,
und drüber geistert veilchenroter Rauch.

Ich säume bis zur Nacht auf dunklem Stege,
des Tales volles Bild im Angesicht...
Dann kehr ich heim durch Hecken und Gehege
und grüße jedes Haus und jedes Licht.

Du warst mein Tal vor allen Erdentälern,
so wie dein Land mein liebster Aufenthalt.
Und nichts soll deinen Ruhm mir jemals schmälern,
du Tal von Wolfenschießen nid dem Wald.

IHR Tore der Gefängnisse,
ihr düstren Tore, tut euch auf!
Ihr Herzen voller Bängnisse,
voll friedloser Bedrängnisse,
an meinem Liede ruht euch aus!

Ihr tragt nicht Schuld an eurer Tat,
wie ich nicht Schuld an meiner trage,
ob auch der Richter hoher Rat,
ob auch der Tugendhaften Staat
euch noch so fürchterlich verklage.

Ihr seht nur euch. Wir aber schauen
das Menschenmeer, das euch gebar.
Wer darf sich unter finstern Brauen
des Blickes: Schuldiger! getrauen?
Wer überragt euch nur ein Haar?

Wir sollten euch nur eines lehren,
erwartet euch kein Morgenrot:
Ein tief die Wende all der Not,
die ihr euch selber seid, Begehren,
ein brünstig Sehnen nach dem Tod.

Bis einst die torenreiche Erde,
zu höherer Vernunft gereift,
sich an die kranken Wurzeln greift,
und sich in langem neuem Werde
den Aussatz von den Gliedern streift.

Auf den Tod meiner kleinen Weckeruhr

Hört, mein Wecker ist gestorben!
Armer Kerl, ihm brach die Feder.
Hm, so endet schließlich jeder;
doch er hatte meine Lieb erworben.

Denkt euch, viele tausend Stunden
Tag und Nacht der gleichen Seele
vorzuhalten: »Wähle, wähle!
Bald ist deine Zeit entschwunden.

Wähle, wähle, durch das Viele
mußt du deine Schritte schlängeln;
zwischen Teufeln hin und Engeln
wandre still und stät zu Deinem Ziele!«

Langsam ward ich der Entdecker
meiner selber, caro mio.
Wackrer Weggesell, addio!
Kleiner blanker braver Wecker!

Erste Frühlingsahnung

Rosa Wölkchen überm Wald
wissen noch vom Abendrot dahinter –
überwunden ist der Winter,
Frühling kommt nun bald.

Unterm Monde silberweiß,
zwischen Wipfeln schwarz und kraus
flügelt eine Fledermaus
ihren ersten Kreis ...

Rosa Wölkchen überm Wald
wissen noch vom Abendrot dahinter –
überwunden ist der Winter,
Frühling kommt nun bald.

Kürze

Kürzlich war ich in der Höhle,
wo die kleinen Seelen sitzen:
Englein gleich auf dünnen Stenglein,
die die Mütter ihnen schnitzen.

Und da sah ich auch die Seele,
die mir oft nun Lust und Würze –
faltergleich und ohne Alter –
sie, des Witzes Seele: Kürze.

Bergziegen

Vor dem Abendhimmel gehen
längs der Felsen schärfsten Kanten
ein – (da bin ich schon gesehen!)
Bock und seine Geißtrabanten.

Und nun spähen sie herunter,
stehen, wie aus Stein geschnitten.

Aber blitzschnell sind sie munter,
bin ich meines Wegs geschritten!

Und in weiten Sätzen eilt die
Herde, mich ins Dorf zu bringen:
bleib ich stehen, so verweilt sie,
geh ich, hör ich's wieder springen.

Endlich sprech ich Donnerstrophen,
wende mich an ihre Bärte:
»Laßt des Philosophen Fährte!
Seid doch selber Philosophen!«

Feierlich und fragend schauen
lang wir einer auf den andern . . .
Und mit hochgezognen Brauen
lassen sie mich endlich wandern.

Mattenwanderung

Glaube mir, du kleine Blume,
die mein Fuß zertritt, –
deiner Holdheit Martertume
folg ich schmerzlich mit.

Könnt ich schreiten wie die Engel,
sollten alle Blütenstengel
meiner Sohlen Zärte preisen; –
doch aus solchem Schuh voll Eisen
will kein leichter Schritt.

BLAUES Auge, blondes Haar,
Gottes Korn und Himmelszelt;
dort als Landschaft offenbar,
hier ein Stücklein Menschenwelt.

Reife hier und Reife dort,
Güte, Glück, Zusammenklang.
Tiefer Fülle tiefes Wort...
Und darüber Lerchensang.

Raumschwindelgefühl

Euch engen Berge ein –
Mir zeigt ihr scharfer Saum
nur um so grausiger
den grenzenlosen Raum.

Wie einer Schleuder Kelch
den flugbereiten Stein,
so engt *mich* des Gebirgs
verwünschter Sattel ein.

Noch jüngst gehaßt, nun schon erwünscht Gefühl!
Der Blick versinkt im unermeßnen Blauen
und kehrt zurück zum treuen Erdenpfühl
und wechselt mutig Bangen und Vertrauen.

Wie warm des Abends Licht sein Reich umfängt!
Wie Wald und Trift im lautren Glanz sich badet! –
Wie brüderlich mein Herz sich an sie drängt,
das Ewigkeit zu früh zu Gaste ladet!

Vor Sonnenaufgang

Raben halten wo im Alpenwald Gericht ...

Durch den Raum hin schwebt im Morgenlicht
geisterleis der mütterliche Ball.

Raben schrei'n im geisterstummen All.

O BUNTE Welt,
was schillerst du mir her!
Auf mich gestellt,
bedarf ich dein nicht mehr.

Nicht mehr? Und doch,
wie bangt mich oft nach dir...
Zu innig noch
verschlingt sich Dort und Hier.

Der Wiesenbach

Kühl-und-Klarer! Ohne Laut
führst du über Moos und helle
Steine die bewegte Welle,
Busch und Wiese gleich vertraut.

Blätter, Blumen, Früchte schwanken
dann und wann auf dir dahin,
wie verlorene Gedanken
einer großen Träumerin.

Progressus Dei

Tag für Tag begegnen mir am Morgen
schwarze Lämmer, gleich »Ideen des Bösen«,
und ich denke nach, sie zu erlösen;
doch sie haben wahrlich andre Sorgen.

Wollen alles eher, als erlöst sein,
nicht von ihrem Leib, noch ihrer Seele.
Doch gar bald wird ihre Haut entblößt sein
und gar bald durchschnitten ihre Kehle.

Denn so löst man schließlich das Problema:
Man zerbricht sie wiederum zu Erde.
Weiter muß der Gott, das ist das Thema.
Auch der Mensch muß sterben, daß ER werde.

GEWALTIG segelst du mit mir, mein Ball,
des Äthers unermeßne Flut einher;
mir unvernehmbar bleibt dein Sphärenschall,
doch schau ich rings das uferlose Meer.

Mich schwindelt nicht; Gewohnheit blickt mir treu
aus hundert trauten Bildern Tröstung zu
und sänftigt nahes Graun zu frommer Scheu –
und dankbar birgt mein Ich sich in sein Du.

In Aeternum

Seitdem ich jenen Sklavenring zerbrochen,
womit mich meine Zeit zu fesseln wähnte
an ihren Block aus Tüchtigkeit und Torheit
und auf dem Drachenflieger ihr entwischte –

frag ich mich oft, in Freiheit ganz gebadet:
wo sollte dieser Welt der Möglichkeiten
je End und Grenze winken, welche Staffel
der Schönheit je als letzte grüßen mögen?

Ist Ewigkeit denn nur ein Schall, o Seele?
oder ein Weg uns, wie dem Durst die Traube,
dem Kuß der Mund, dem Gott der Mensch, geboten?

(dem Gott der Mensch, ja: der in ihm vielleicht
sein eines Blitzes Frist erstaunt gewahr wird
um dann durch ihn zu Höherem fortzutrachten . . .)

DURCH soviel Zweifel bin ich durchgegangen,
daß nichts mehr fest war, und die Welt, fürwahr,
wie Sand mir durch die armen Finger rann.

So restlos zweifelte nicht leicht ein Mann
und blieb doch – Bildner. Ja, blieb Kind sogar.
Ward Abkehr ganz. Und blieb doch ganz Verlangen.

Mondnacht

Vorn ein Wall von schwarzen Hügeln ...
Doch astralhaft über ihnen –
bleiche Wände, mondbeschienen,
wie aus Flor von Geisterflügeln ...

Schau ich hier zum Bild gewoben –
Erdendumpfheit, Himmelstrachten?
Rings das Unten noch voll Nachten ...
Doch voll Seelenlicht das Droben ...

Ein Sandkorn ist der Erdball, rufst du aus
und blickst ergriffen auf den Sternensaus.

Dann wendest du dich um und lauschst beim Tee
den Professoren A und B und C.

Und siehe da, auf deinem Körnchen Sand
erhebt sich Wissenschaft, ein Elefant.

Das Korn bleibt Korn. Du aber, fromm und munter,
du bringst den Elefanten auf ihm unter.

Und liegst davor sogar noch auf den Knien;
das Sandkorn trägt geduldig dich und ihn.

Denn trotz Gelehrsamkeit und Hochgefühl:
Ihr seid nicht größer als – ein Molekül.

Lied der Erde an den Menschen

»Mein lieber Mensch, du willst – Mich – fassen –?-
Mich – singen lassen? Ja, denn! Hilf auch Du!
Sei denn auch Du ein Schritt auf meinen Gassen
dem Gotte zu!

Dem ungeheuren Brausen meiner Seele
mische dein Lied, mein Kind, nun denn auch Du –
ein Ton mehr in dem Jauchzen meiner Kehle
dem Gotte zu!«

Rings um uns

Hier der Vogel, dort der Baum –
wie wir neben ihnen leben!
Wohl, verstehn uns selber kaum,
doch was mag sich dort begeben!

Wieviel Leben uns umflutet,
unaufhörlich, ausgegossen!
Wieviel Seele, nur vermutet,
nur gefühlt, doch nie erschlossen!

Mensch und Blitz

Nächtiges Gewitterlicht,
schütte rings um dieses Haus
deines Blendwerks Fülle aus,
doch es selber rühre nicht.

Denn in seinem Dunkel schläft,
der dich sein Geschwister heißt.
Blitze, wenn ihr diesen träft,
träft ihr Geist von eurem Geist.

Auf einem verfallenen Kirchhof

Was gehst du, armer bleicher Kopf, mich an –
es ist kein Grund, um Lebensform zu trauern.
Den Gott wird über seine Tiefe schauern,
doch – reut ein Meer die Welle, die zerrann? . . .

Ich will dir eine kleine Krone malen,
mein Bruder Tor, um deine kahle Stirn:
Auch du in Lebensnot und Todesqualen
warst Gottes Aug, wie ich, und Gottes Hirn.

An die Furcht

Du langverlorne, laß dich wiederum,
erhabne Furcht, in unsre Tage ziehn,
die allzu platte Helligkeit verdarb!
Dich nicht mehr ganz verkennend, werden wir
uns enger aneinander drängen und
uns tiefer lieben – zitternd vor dem Frost,
der ungeheuren Rätseleinsamkeit,
die unsern Ball umarmt, und deren wir
zum Unheil uns, vergaßen –
gute Furcht,
zusammenschauernd, doch zu unserm Heil,
laß abermals, wie vordem, uns den Kuß
der bleichen Lippen dein empfangen,
grause Göttin...

An meinen Badeschwamm

Großer Schwamm, du braver Bronnen,
drauf mein Aug' erwachend säumt,
der in seinem Garn versonnen
an des Ofens Vorsprung träumt!

Brüt ich über Denkdoktrinen,
nehm ich dich als Vorwurf gern;
und dann dienst du deinem Herrn
anders als sonst Schwämme dienen.

Wie vom Schwert der Cherubim
wirst du dann von ihm entkleidet –
Farbe, Form, Charakter scheidet,
und du wirst ein Ding an ihm.

Doch nur etliche Minuten
schwebst du so, des Selbst beraubt ...
Und dann strömst du kühle Fluten
über sein erquicktes Haupt.

Verse beim Erwachen

An dieser Verse kleinen Gliedern hängt
noch Tau der Nacht.
Ich hab sie aus dem stummen Born, darin
der Morgen seine Pferde tränkt,
heraufgebracht.
Sie frösteln noch, als eben erst erwacht.
Ihr Auge flackert noch, als ohne Sinn,
denn den der fremden, dunklen Macht,
die drunten in der Tiefe wohnt ...

Meinem Koffer

Stämmiger Gesell
meiner Wanderfahrt,
dessen rostbraun Fell
all mein Gut bewahrt!

In mein Wappen tu
ich dein Bild hinein,
und ein Spind wie du
sei mein letzter Schrein.

In der Ecke dort
ist dein Aufenthalt,
nimmer sollst du fort
auf den Speicher kalt.

Gerne dann und wann
ruh ich auf dir aus,
fühle stark: Wohlan,
hier bin ich zu Haus.

Bis der Traum mich dir
enger noch gesellt,
und dann fliegen wir
über alle Welt.

Der Tor

»Was kümmert mich, mein kluger Freund, zu lernen,
wie dieser Berg, wie diese Blume heißt;
sie gehen in mich ein wie Geist in Geist –
warum durch Namen sie von mir – entfernen?

Ei wohl, ich bin ein Tor in Erdendingen,
mich lockte nie der Schritt der Wissenschaft,
mir fehlte stets der Ernst, die Lust, die Kraft,
die Bildung meiner Zeit mir aufzuzwingen.

Unwissend bin ich sehr und ungegründet
in allem schier, wozu Gedächtnis not.
Und doch, ich sterbe einen ruhigen Tod, –
ein Weiser dort, wo eure Weisheit mündet.«

An eine unbekannte Schauspielerin nach einem Operettenabend

Du siehst jetzt auch vielleicht auf deine Decke,
darunter sich dein schlanker Körper zeichnet,
und sinnst dem Rätsel deines Lebens nach...
Das wilde, wüste, aufgejagte Treiben
des Abends fiel zusammen wie ein Schaum,
von dem das Meer zurücktrat, stumm und tot.
Die Maske liegt, der taube Trödel liegt
verachtet irgendwo, das Auge lächelt
nicht fürder; jener tiefe Leidenszug,
der abends schon dein Lächeln abgelöst,
beherrscht, verdunkelt nun dein Antlitz ganz.
Du bist von denen, Kind, die nicht die Lust
erregter Augenblicke sättigt, du willst mehr.

Ich fühle, wie so sehr noch Kind du bist,
bereit, so sehr zu lieben noch, zu traun,
und doch erfahren schon bis übers Maß
im Weh der Welt... Wie blickst du seltsam starr;
wie adelte dich Sorge schon so früh,
daß du mit mir in dieser Mitternacht
im selben einsam großen Sinnen wachst
und deine edlen schmalen Glieder sich
abzeichnen siehst im Linnen, das sie deckt,
und fremd zugleich und zärtlich sie betrachtest:
Dies hingestreckte Dich, das so viel lacht
und so viel weint und noch vor kurzer Frist
vor andern Menschen tanzte, spielte, sang. –
Dies dunkle Dich, das, dunklem Falter gleich,
der Flamme zu mit jedem Nerv sich sehnt,
daß es als Psyche, wie ein Hauch entschauernd,
an Eros Brust auf ewig schliefe ein.

Im Theater

Ihr seht die Spieler, wie Gewohnheit lehrt.
Ich sehe dort geheimnisvolle Wesen,
ein schlechter Forscher nach der Dichtung Wert.
Ich such in ihnen wie in Schrift zu lesen,
dem Lebensrätsel selber zugekehrt
Und während ihr vor ihnen euch entscheidet,
hab ich sie schier der Rolle *Mensch* entkleidet.

Euch rührt ein ödes, leeres Lächeln nicht, –
wie dürft' es auch! Doch wem der Mensch erschlossen,
ihm ist nichts öd und leer. Des Auges Licht –
sein bloßes Licht – ob so, ob so ergossen,
erregt ihn wie das tragischste Gedicht!
Ihm ist der leerste Blick noch eine Brücke...
Wohin? Ihr fragt es – und die Brücke bricht –
Der Träumer stutzt – – und springt zu euch zurücke.

San Gimignano

Große Raubvögel wart ihr, prächtige,
ihr Ardinghelli, ihr Salvucci, die ihr
in *einem* Bergnest fünfzig Türme bautet

und euch von Horst zu Horst bekriegtet, Guelfen
und Ghibellinen, dort in Gimignano,
die Straße von Siena nach Florenz.

Ich schau dich, starke Zeit, einst meine Liebe,
noch meine Liebe, – doch ihr Aare flogt
mir noch nicht hoch genug, euch fehlte noch

das große Ziel. Die Sonne lag zu prall
auf euch, drum saht ihr nicht die Sonne
und machtet euch ein irdisch Licht aus – Blut.

Der Wildbach

I

Gespenstisch, – wie der Bach den Schutt der Muhre,
dem Berg entwühlt von Wetterwolkengüssen,
ununterbrochen, eine Donnerfuhre,
talab wälzt nach der Ebne breiten Flüssen!

Das mahlt, als schössen Schädel toter Trolle
im Schoß der Flut vertrackte Purzelböcke,
als schlurfte Knochenwust zermalmter Nöcke
der Grube zu mit schotterndem Gerolle.

Mir wird, da ich am Brückenbalken lehne,
wie einem selbst Zermalmten und Entmannten,
mich stößt der dumpfe Tanz in jeder Sehne,
der Totentanz zerschmetterter Giganten.

II

Des Baches zügellosen Ansturm seh ich
sich zornaufschäumend am Granitblock brechen,

und wie betäubt und staunend steh ich:
War auch so unverwandt – Mein Widersprechen?

Mein Widersprechen all der Zeitgedanken,
die wie ein wilder Schwall den Geist bestürmen?
Erwehrt ich mich so wacker ihrer Pranken
und auch so schlicht im Mich-dawider-Türmen?

Mit dieser Faust hier greif ich in den Raum,
in hunderttausend Fäden fein wie Traum.

Jetzt reiß ich, und die Faust reißt Welt mit sich.
Vielleicht auch riß es, so zu reißen, mich.

Und wie die Faust so im Gewebe steckt:
so auch mein Blut und Hirn, und was es heckt.

Ein Leib ist Welt, Ein Geist nicht nur allein,
Ein Leib ist Menschenbild und Sternenschein.

Was scheinbar stirbt, bleibt Leib doch wie zuvor,
Geist, stirbt er hier, blitzt dort dafür empor.

Geist ist nicht Geist der einzlen Kreatur:
ist, bleibt; blickt stets aus neuen Augen nur.

Geist ist des einen noch des andern nicht;
durch dich blickt Welt sich selber ins Gesicht.

Wohl bist du der und die im Tageslauf,
doch in dir schlägt nur Welt ein Auge auf.

Welt ruht in sich, Welt ist sich selbst genug,
weh dem, der je nach ihrem Willen frug.

Welt will sich selbst, kennt kein Woher, Wohin,
Welt ist sich selbst ihr eigner Zweck und Sinn.

Und nennst du Gott das, was ich Welt genannt,
so ist Gott Leib, im Geist in sich gewandt.

Der Geist, zusamt dem, draus er ward, versteh,
ist Gott (wie Welt), nichts andres war Gott je.

So bin ich Gott mit allem, was ich bin,
und mein und Gottes ist der gleiche Sinn.

Die Welt ist nicht ein Hier, Gott nicht ein Dort,
er ist du selbst, wird mit dir fort und fort.

Und nirgends weiß er irgendwie von sich,
denn als in Wesen so wie du und ich.

Form und Farbe wär es bloß,
was mir dieses Gras und Moos
also innig nahe brächte?
Nein, es sind die gleichen Mächte,
die auch mir Gestaltung geben,
ist das gleiche warme Leben.
Wie ein unermeßlich Du
atmet mir der Waldgrund zu.
Seelenluft ist, wo ich schreite –
frei umfängt mich Nähe, Weite.
Ich und Du sind Eines nur:
Eine Ewige Natur.

Lied an die Dämmerung

Dämmrung, dich lieb ich –
denn in dir
bin ich bald hier,
bald dort,
tausch ich den Ort
so viel viele Mal ...
Dämmrung, dich lieb ich.

Dämmrung, dich lieb ich –
deine Hand
wandelt mir Land
und Zeit,
führt mich weit, weit
über Berg und Tal...
Dämmrung, dich lieb ich.

Dämmrung, dich lieb ich –
Welt steigt auf,
der mich mein Lauf
entriß...
o Finsternis –
du Bildersaal!...
Dämmrung, dich lieb ich.

An den Wald

Wie wärst du mir so tief vertraut,
wär deine schauernde Seele nicht
seit meiner Jugend erstem Licht
meiner schauernden Seele Braut!

Ich muß dich nicht erst suchen gehn,
ich fühle dich so tief wie mich;
wenn dunkel deine Wipfel wehn,
erschaur' ich mit, dein andres Ich.

Ich bin das Moos auf deinem Grund
und bin der Hirsch, der dich durchsteigt,
und bin dein höchstes Vogellied
und bin die Nacht, die dich beschweigt:

Mit tausend Sternen dich beschweigt,
mit tausend Strahlen dich durchlauscht,
und bin der Strom, der dich durchrauscht
und mich, die Nacht, mir selber zeigt.

König Midas

Den Gott im Haupte spürend wie ein Wild –
wo bet ich an? Bet ich mich selber an? . . .
Baut einen Tempel mir als wie ein Hirn,
mit Gängen, Kammern, Höhlen wie ein Hirn,
daß ich mich wie in meinem eignen drin
verliere . . . Doch, wo säh ich endlich – Mich?
Wo auch in diesem Labyrinth Mich-Ihn?
O Mensch, vernimm, dein Nam' ist König Midas:
Wohin du greifst, wird alles Bild, Bild, Bild;
ergreifend selber *bildest* du auch schon.
Wirf denn der Ahnung Dämmer über dich,
und drängt sein Wunder dich in das Geheimnis,
verweile dort und fühl es wortlos aus!

Nein, wortlos nicht. *Sei* Midas, der du bist!
Und wandle denn, wonach du greifst, zu Gold.
So tat der Grieche. Und so ward er groß.
So wie das Unerfaßliche sich dich zur Form
geschaffen, schuf er sich zur Form für es;
sich holte er bewußt und unbewußt
aus jeglichem Geheimnis wieder, prägte
mit seinem Antlitz, was ohn Antlitz war,
verschwendete den Gott in sich an alles,
was ihm entgegenkam, bis es wie er
mit Götterzunge widerredete.

Verantwortung

»Trägst *Du* denn Schuld, wenn andre übeltun?« . . .
Versteh mich recht: *Der* Zoll läßt mich nicht ruhn,
den ich den Menschen schuldig bin, die leiden.
Versteh mich recht: Untätig sich bescheiden,
indes der Mensch am Menschen sich vergeht,
das ist die Schuld, die stündlich vor mir steht;
und da mir nirgends Einfluß zu erwerben,
da ich »nur Narr, nur Schwätzer«, nur Poet,
so bleibt allein: für die man fühlt, zu sterben.

Abendweise

Wunder-voller Hain der Nacht,
den wir Tag um Tag betreten,
drinnen Tag um Tag wir beten,
zueinander tief erwacht...

Wölbe deiner Wipfel Pracht
über unserm stillen steten
Opfer, aus emporgewehten
Seelenflammen fromm gebracht!

Versuchung

Ich stand an einem Abgrund still
und sah hinab und sprach mich an: –
Hinab, Unsterblicher, wohlan!
Es kostet dich nur ein »Ich will«.

Gott schläft hier ein, Gott wacht dort auf, –
so sprachst du selbst. Wohlan! schlaf ein!
Nicht einen Nu erlischt dein Sein,
denn Form nur gibst du in den Kauf...

– Mein Tagwerk ist noch nicht vollbracht.
Wer an der Schale sich vergreift,
bevor sie ihren Kern gereift, –
er schläft zu früh ein – und erwacht
zu spät.

Kleine Erde...

Kleine Erde!
Kleine Werde!
Bist vielleicht ein Dutzendball!
Unerschöpflich ist das All.
Bist vielleicht kein sondrer Himmel
im Gewimmel

der Myriaden,
bloß ein Himmelchen und Höllchen,
bloß ein spärlich Nebenröllchen,
Boden zwar für Gottaufgänge,
aber selbst voll Not und Enge.

Und doch, doch,
du karge Scholle,
dürftst du noch einmal mich laden,
ja wohl viele Male noch!
Du aus Mann und Weib geballte,
gottesjunge, gottesalte!
Du – trotz aller Abseitsrolle –
Göttin mit den Möglichkeiten
allerletzter Tragischheiten,
allerletzten Glücks und Leides, –
Mutter und Geliebte . . . Beides . . .

Mittag

Tage gibt es, da des Mittags Bläue
übermild um braune Berge zittert
und in unaussprechlich linder Läue
sie wie Himmelsliebesrausch umwittert.

Ja, wie Liebe bricht es aus den Räumen,
und nur noch aus Frauenaugensternen
kannst du dies aus fast zu seligen Träumen
hergesunkene Gottesleuchten lernen.

Am Quell

Rausche hinter mir, mein Quell,
weil ich in den Himmel schaue;
plaudre, plaudre, mein Gesell,
doppelt von der Erdenaue,
daß sie fester mich umfängt,
da Unendlichkeit mich drängt.

Halte mich mit deiner Stimme
an der Erdenmutter treu,
daß der Raum umsonst ergrimme,
daß ein Mensch so sonder Scheu
mit versucherischem Geist
ihn in seine Seele reißt.

Schütze mich vor Sturz und Fall,
Wiesenader, Erdgeschwister;
wie ein Reifen von Kristall
schling dich um den Fortsichlister
Geist: der sonst, zu schwach umschürzt,
sich und mich in Abgrund stürzt.

Gewitteranfang

Erste große Perlen fallen
wie aus grober Siebe Augen ...

Hell des Daches Bleche knallen,
Fels und Straße sprühn und saugen ...

Laut betupft es Laub und Matten ...
Sind es Tropfen, sind es Schloßen?

Da zerreißt ein Blitz die Schatten –
Und der Regen kommt geschossen.

Blätterfall

Der Herbstwald raschelt um mich her ...
Ein unabsehbar Blättermeer
entperlt dem Netz der Zweige.
Du aber, dessen schweres Herz
mitklagen will den großen Schmerz –
sei stark, sei stark und schweige!

Du lerne lächeln, wenn das Laub,
dem leichten Wind ein leichter Raub,
hinabschwankt und verschwindet.
Du weißt, daß just Vergänglichkeit
das Schwert, womit der Geist der Zeit
sich selber überwindet.

Herbstschlacht

Ich ging den Berg hinauf nach Haus.
Um mich nächtlicher Herbstwindbraus.

Stille und Stoß. Stille und Stoß.
Die Kurortlandschaft ward sterbend – groß!

Ich ging – mir klang wie dumpf Dodona-Erz:
»Dies ist der Herbst, der bricht dir noch das Herz.«

Und aber kommt, den Tod in der Faust,
eine neue Windsbraut einhergebraust.

Vierer Trompetenbäume Laub
wird auf ein einziges Mal ihr Raub.

Wie ein Steinschlag vom Bergeskamm
übermuhrt es den breiten Damm.

Wie in Buonarottis Gericht
schauderts herab durch das fahle Licht.

Noch ein Blatt, noch zwei, noch drei,
gaukelnd, schaukelnd, – dann ists vorbei.

Ich wate hindurch ... Durch Astgitter leere
dämmert der Hochalpen schneeige Hehre.

Schon baut der Winter an seinem Nest
hoch droben ... Nun, Herz, sei doppelt fest!

Der Wolkenbaum

Hoch im Dunkel steht ein Wolkenbaum,
darin wohnen hundert Vögel grau,
schmettern stumm ihr geisterhaftes Lied.
Seinen Fuß umfunkelt Wiesentau.
Seinen Stamm umwebert Nebelflaum.
Seinem fahlen Wipfelwerk entflieht der Mond...

Nachts übern Markt

Die Luft ist schwarz und kalt.
Der Löwe pfeilt
den starren Maulstrahl in den finstern Born.

Der Zeder Spalt
durchsticht ein Sternendorn.

Weh dem, der weilt...

Aus stillen Fenstern

Wie oft wirst du gesehn
aus stillen Fenstern,
von denen du nichts weißt...
Durch wieviel Menschengeist
magst du gespenstern,
nur so im Gehn...

Novembertag

Nebel hängt wie Rauch ums Haus,
drängt die Welt nach innen;
ohne Not geht niemand aus;
alles fällt in Sinnen.

Leiser wird die Hand, der Mund,
stiller die Geberde.
Heimlich, wie auf Meeresgrund
träumen Mensch und Erde.

An Fega

Warum versankst du mir so ganz?
Ein Stein auf irgendeines Flusses Grund,
tief unter Wellentanz und -glanz,
ist mir nicht stummer als dein Mund.

Geh hin zum nächsten Fluß, geh hin,
und blick hinab, und siehst du einen Stein,
so grüß dein dunkles Brüderlein
und sag ihm traurig, wer ich bin.

Nein, sag ihm fröhlich, wer ich war!
Ein Freund, mit dem du einst *ein* Herz und Sinn.
Nein, sag ihm traurig, wer ich bin:
Ein Freund, nun aller Freundschaft bar.

Vorfrühling

Die blätterlosen Pappeln stehn so fein,
so schlank, so herb am abendfahlen Zelt.
Die Amseln jubeln wild und bergquellrein,
und wunderlich in Ahnung ruht die Welt.

Gespenstische Gewölke, schwer und feucht,
zerschatten den noch ungesternten Raum
und übergraun, im sinkenden Geleucht,
Gebirg und Grund, ein krauser, trunkner Traum...

Siehe, auch ich – lebe

Also ihr lebt noch, alle, alle, ihr,
am Bach ihr Weiden und am Hang ihr Birken,

und fangt von neuem an, euch auszuwirken,
und wart so lang nur Schlummernde, gleich – mir.

Siehe, du Blume hier, du Vogel dort,
sieh, wie auch ich von neuem mich erhebe ...
Voll innern Jubels treib ich Wort auf Wort ...
Siehe, auch ich, ich schien nur tot. Ich lebe!

FRÜH um Frühe, vor meinem Fenster unten,
schreitet schwer ein Rößlein aus seinem Stalle ...
Früh um Frühe weckt mich der Schall der Hufe –:

»Post equitem sedet atra cura ...«
Hinter dem Reiter kauert die schwarze Sorge ...
»Post equitem sedet atra cura ...«

Doch indem ich so des alten Römers
düstre Kadenz aus seinem Hufschlag höre,
überfällt mich doppelte Befreiung:

Einmal neigt sich mein Herz dem großen Dichter,
und zum andern kehrt es sich ab vom – Heiden,
dessen Gleichnis schreckenlos ward dem – Christen.

Der Bauernknabe

Ein Bauernknabe liegt im Wald
und liest.
Warum erschüttert mich dies Bild?
Weil ihm nichts ahnet
von ihm selbst.
Ich wollt', ich wär' Maria,
daß ich ihm die Füße salben könnte
und mit meinem Haar
sie trocknen ...

Lied der Erde an die Sonne

Was wär ich ohne deine Liebe,
mein hoher Vater und Gemahl?
Du glühst mich an, und Berg und Tal
erschleußt dir seine schönsten Triebe.

Du glühst mich an, da werd ich reich
und danke dir mit tausendfachem Glücke,
und meine Meere spiegeln dich zurücke
und ehren dich der Gottheit gleich!

»Ich und der Vater sind eins«

... und jede Pflanze sollst du in dir fühlen
und jeden Stein und jeden Hauch der Luft!
Sie sind ja nur *in* Dir!
Sie sind ja nur *mit* Dir!
Tu ab die Fremdheit, die dich häßlich macht!
Das Schaffen deines Gottes, der du selbst,
lieb es voll Schmerz und Seligkeit, wo irgend
du sein gewahrst!
... und schönres Wort vielleicht
fand nie ein Mensch für sich,
den dreimal Unbegreiflichen,
als da er, ratlos, anders sich zu nennen,
sich Sohn und Vater nannte –
und in Christus sprach:
Ich und der Vater –
sind Eins.

Der Täufer

Siehe! Das ist Gottes Lamm.
Dieser wird für unsre Sünde
sterben an des Kreuzes Stamm,
daß er allen Völkern künde:
Gott nimmt ihr Gebrest auf sich.

Daß fortan die Menschheit wisse:
Träger ihrer Finsternisse
ist nicht nur ihr kleines Ich.

Das schnellste Roß

»Das schnellste Roß, uns tragend zur Vollendung,
ist Leiden.« Doch was schafft das ärgste Leiden?
Was reißt uns ganz aus allen Narreteiden
und bringt in unsern Weg die Todeswendung?

Erkenntnis (die der stärksten Selbstverblendung
den Star sticht) dessen, was – nicht auszuscheiden
durch Säuren, noch durch Messer auszuschneiden –
uns Hölle mitgab in geheimer Sendung.
Dies dulden müssen – diese herbe Würzung,
so Gott und Tier unwillig in uns gattend,
zu ernst wie heiter gleichwohl zur Entschürzung –

Dies Leiden, ja, uns folgend bis ins Hellste,
ja, dort im Hellsten just uns ganz durchschattend, –
das ist von allen Rossen wohl das schnellste.

Was ist das? Gibt es Krieg? Den Abendhimmel
verfinstern Raben gleich geschwungnen Brauen
des Unheils und mit gierigem Gekrächz.

Südöstlich rudern sie mit wilder Kraft,
und immer neue Paare, Gruppen, Völker ...
Und drüber raucht's im Blassen wie von Blut.

Ist es Herbstlaub? Sind es Ratten?
was dort rauscht und huscht im Schatten?
Sind's gestürzte Fledermäuse?

Sind's gespenstische Gedanken,
die vom Baum des Lebens schwanken?
Oder spieen Grabgehäuse
ihren Spuk durch Kirchhofsplanken?

EIN paar Pappeln gegen den – Horizont?
Nein: drei Pappeln gegen die – Ewigkeit,
und von unsrer frommen Sonne besonnt...

Seele, denk es: wider den Weltenraum
(den nur »Gott« vielleicht allein ermißt)
die drei Bäume! – wie Wirklichkeit wider Traum!...

DIES ist das Wunderbarste, dieses feste,
so scheint es, ehern feste Vorwärtsschreiten –
und alles ist zuletzt nur tiefer Traum.

Von tausend Türmen strotzt die Burg der Zeiten
(so scheint's) aus Erz und Marmor, doch am Saum
der Ewigkeit ist all das nur noch Geste.

WIE still! Der Bach nur fällt und fällt...
Und manchmal rollt ein hohler Ton
von ferner Wetter schwülem Drohn –
davor die Nacht den Atem hält...

Ein Falter tupft in krauser Flucht
der Zimmerdecke fahlen Plan...
und endigt seine dunkle Bahn
in meines Lichts verbotener Frucht –

Schachsonett

Dem edlen Schach vergleich ich das Sonett.
Eröffnung, Aufbau, Mittel-, Endspiel – traun,
das alles ist so hier wie dort zu schaun,
und auch selbst hier sitzt oft ein – Paar am Brett.

Vier Züge schon vorbei! Gefährlich Baun!
Verwirrung trübt mich ... Opfer und – Verlust! ...
Doch dieser Zug jetzt macht den Fehler wett.
Und auch dem Endspiel darf ich noch vertraun.

Jetzt brenn ich erst; und spür mich Brust an Brust;
und greife nicht mehr fehl im strengen Kriege;
und lege meisternd Hand auf Brett und Blatt.

Noch einmal blitzt das feindliche Florett –
doch ich parier's, – und nun auch schon: Schachmatt!
(Ich muß erst immer fallen, eh ich siege.)

Ein Gleichnis

So wie das Fenster anfangs nur ein Schimmer
von künstlichen, doch blinden Eiskristallen,
durch die gedämpft ins winterliche Zimmer
der Morgensonne liebe Strahlen fallen –

doch mehr und mehr löst sich der Reif und Glimmer,
verästeln sich die Blumen zu Korallen,
und lang bevor die Mittagsglocken hallen,
bestehn auch diese Taugebilde nimmer –

der ganzen Sonne liegt der Raum nun offen,
das Glas ward klar und läßt nun ohne Schleier
den schöpferischen Segen einwärts fluten –

so wehrt, seit deine Liebe mich getroffen,
mein Sinn, vom Eis der Abwehr täglich freier,
kaum länger ihren unverwandten Gluten.

Ein anderes

Gleich wie ein Brand, im Anfang kaum erspäht,
den sommerlichen Kiefernhain durchspringt
und Stamm um Stamm inbrünstiglich umschlingt,
daß sturmgleich er sein Innerstes entlädt –

Gleich wie, was erst bloß Fünklein, stät und stät
an Gras, Moos, Flechte, Reisig aufwärts dringt,
bis es sich endlich in die Krone schwingt
und aus Legionen Nadeln Blitze sät –

So fällt die Leidenschaft den Menschen an,
als Spiel zuerst, doch unversehens Ernst, –
nichts rettet mehr, nicht Flucht, nicht Kraft, nicht Stolz.

Du mußt sie schaudernd dulden, Weib wie Mann:
daß du im Feuertod erkennen lernst,
wie wild Holz Feuer liebt und Feuer Holz.

Brand:

»Das ist der Liebe ewige Kleinwelt, daß
sie sich an Bilderchen und Zettelchen
und andern Krimskrams hängt und hohe Flamme
zu leicht in Götzendienerei erniedert.

Was Löckchen, Röckchen, Mützchen, Agnes, was!
was diese Kinderstuben-Bettelchen –
wo es die Seele gilt, von Gottes Stamme,
der Seele Pfeil, mit Sterngestrahl gefiedert!

Ja, laß nur drunten die Parkette toben
ich sei un-menschlich, sei ein finstrer Quäler; –
was kümmern uns der ganzen Welt Parkette!

Du sei mit mir über die Welt erhoben,
die ich nur kennen will als Neubeseeler,
die mir nur Stoff noch ist, längst nicht mehr Stätte.«

Agnes:

»Ich will, ich will, jawohl mein Brand, ich will!
Nur hab Geduld mit meinen schwachen Füßen.
Ich will mit dir die Erde abschiedgrüßen, –
nur einen Augenblick noch halte still!

Wir Frauen hängen nun einmal am süßen
Zufälligen, an Kleinwelt und Idyll, –
sonst müßte wohl das Kind, das aus uns will,
zu sehr, daß es auch Gottes Same, büßen.

Vielleicht kann Gott nur überall so leben,
indem wir ihm aus unsern Menschlichkeiten
ein Vogelnest und Schneckenhaus bereiten.

Da mag er wachsen – und uns dann entschreiten...
O Brand, dies sprach dein Weib noch zu den Zeiten,
nun laß uns unsrer Ewigkeit zustreben!«

Der Abend ruft:

Komm heraus auf die Altane:
Sieh des Mondes Sichel grünen
und der Berge blaue Bühnen,
deren Nachtstück freudig ahne!

Bald aus blassem Hintergrunde
kommt der erste Stern getreten;
denn schon naht des Schauspiels Stunde,
rüsten Sonnen und Planeten.

Komm heraus auf die Altane!
Sieh, aus bleichem Weltengrunde
ruf ich überall die Meinen.

Bald nun schlägt des Schauspiels Stunde,
werden Dir und Margareten,
horch! die Mütter groß erscheinen.

Tags darauf

Klavierspiel aus demselben Haus! Ei, Teure,
Dein Geist geht dort geschäftig um. Ich lausche.
Tanzt, stürmt, beherzte Finger! Überrausche
mit Schöpfung mich! Gib mir das Ungeheure!

Schaff, daß ich mit dem Träumer Träume tausche
und mit dem Seher Chaos stark durchsteure, –
weck auf ihr Leben, daß es mich befeure
durch Deins. Wie Deins, als Deins: Ich lausche ... lausche.

Du spielst Chopin ... Die schmeichelnde Berceuse,
das Impromptu, die schmerzlichen Etüden ...
Du spielst von Ihm – nach dem ich immer rufe –

die Hundertelfte, mit der Abgrundstufe
am Anfang – (daß der Tod nun endlich löse
die Riemen seiner Schuhe einem Müden ...)

ALLE Dinge sind Vermählung,
dieses mögt ihr überdenken,
dieses Wort will ich euch schenken:
Alles, alles ist Vermählung.

Alles ist Einander-Wählung,
ist ein Sich in Dich Versenken –
und aus solchem Urverschränken
ewig dritten Wesens Schälung.

Mann und Weib und – Kind, so schau ich
Welt und Gott vor mir gebreitet;
ahne nicht, wohin es schreitet.

Aber daß es schreitet, trau ich.
Denn ich glaube an die große
unsagbare Schönheit Gottes.

Abends hinunter

Dunkle Laubengänge
empfangen mich und der milchig bleiche
Mond und das taubenweiche
Hochgebirg und verflogne Violenklänge

von dem Stadtpark drunten, wo bunt Gedränge
auf und ab wandelt, das immer gleiche. –
Ich aber, eh ich den Lärm und Schwarm erreiche,
wandle erst noch durch orphische Traubengehänge,

wandre hügelabwärts, gehalten stürmend,
unter Cedern, Platanen, durch Tulpenrabatten,
im Gemüt demiurgische Quadern türmend:

Baustoff, vom Sternodem der Nacht durchgeistert,
und gemarmort von den silbernen Schatten
deiner Liebe, die mich noch immer meistert.

Mondnacht über Meran

Die Geisterstadt ... Als wie ein Teppichbild,
daran ein Träumer jahrelang gewebt,
so steht sie da im Mondenduft und lebt,
ein ganz zu Traum verflüchtigt Erdgefild.

Und drüber seidet Allblau dämmermild,
von Sternen-Kinderaugen scheu durchstrebt.
Und jetzo! Mitternacht! Der Äther bebt,
als rührte Geistergruß an einen Schild.

Ein Traumbild, – leichtlich tauenden gesellt
auf einer Göttin Brünnenüberhang,
die schimmernd steht auf Speer und Schild gelehnt ...

Und eben war's, daß dieser zwölfmal klang:
Gott grüßt im Traume seine Göttin Welt,
die sich nach Ihm, wie er nach Ihr sich, sehnt.

ICH hebe gerne Blumen auf vom Boden,
die andre achtlos fortgeworfen haben,
und gebe ihnen, was man Blumen gibt.

So sterben sie, statt kalt im Kot begraben,
doch noch den süßesten von allen Toden:
den Tod bei einem Wesen, das sie liebt.

DÄMMRIG blaun im Mondenschimmer
Berge ... gleich Erinnerungen
ihrer selbst; selbst Berge nimmer.

Träume bloß noch, hinterlassen
von vergangnen Felsenmassen:
So wie Glocken, die verklungen,
noch die Luft als Zittern fassen.

SO ziehn zwei Flammen, inniglich verschwistert,
die eine silberlicht, die andre dunkelgolden,
dem Himmel zu vom marmornen Altare.

Umschlingen sich, durchdringen sich im holden
Verbund, und wie sie glühn und glühn, verknistert
in ihnen Erdrest langer unerlöster Jahre.

ES gilt fast mehr als dich und mich allein,
es gilt hier fast etwas wie ein Problem,
das da ist und in uns der Lösung harrt.

Zu deuten ist das Keinem. Wie im Wein
schreib ich das hin. Denn: ein Problem? von wem?
für wen? ... O Gottesabgrund, der hier starrt ...

Schauder

Das ist es, was mich zittern läßt vor Grauen
in allem Glücke, das ich dir verdanke:
der Zweifel: wohnt in diesem Liebestranke
der Zauber einer oder vieler Frauen ...

Du lehrtest einen lang Versunknen schauen!
Doch wird entflorter Blick nun nicht die Schranke
durchtaumeln, wie der süßen Weines Schwanke,
dem jählings schwant, *was* alles Reben brauen?

Du bist doch nicht bloß Zauberstab und -türe
zu Gärten, die nicht schon in dir beschlossen?
Du wirst doch selbst mein Garten sein und Hafen?

O komm, daß mich allein Dein Herz verführe,
in Ihm, ein Quell auf alle Zeit ergossen,
von neuem blind, zu wachen und zu schlafen.

Meran-Vineta

Die Nacht ist finster, ohne Stern und Mond.
Jetzt schläfst du, Stadt, auf tiefem Meeresgrund,
vom Trollenvolk Ertrunkner bloß bewohnt;
und ist in deinem Reich kein andrer Mund,

als der dem Schrei der Geisterstunde front,
dem Erzschrei, der aus Tor und Pforte rund
die Toten wirbelt, blinden Auges und
der Spanne durstig, die der Schemen schont.

Hoch droben übern Spiegel zieht ein Boot ...
Das Ruder ruht. Und eine Stimme bebt:
Horch, Herz, da drunten läutet jetzt der Tod ...

Da fühl ich, wie mein Sinn dem Graun entstrebt –
Ich reiße los mich von Vinetas Not
und sage laut: doch dein Geliebter lebt!

Wie Sanct Franciscus schweb ich in der Luft
mit beiden Füßen, fühle nicht den Grund
der Erde mehr, weiß nicht mehr, was das ist.

Seid still! Nein, – redet, singt, jedweder Mund!
Sonst wird die Ewigkeit ganz meine Gruft
und nimmt mich auf wie einst den tiefen Christ.

Das Tier, die Pflanze, diese Wesen hatten
noch die un-menschliche Geduld der Erde;
da war ein Jahr, was heut nur noch Sekunde.

Jetzt geht ihr nichts mehr rasch genug von statten.
Der Mensch begann sein ungeduldig Werde.
Sie spürt: »Jetzt endlich kam die große Stunde

auf die ich mich gezüchtet Jahrmillionen!
Jetzt brauch ich meinen Leib nicht mehr zu schonen,
jetzt häng ich bald als Geist an Gottes Munde.«

Der Morgen war von übersanftem Schmelz,
der harte Berg war nicht mehr Stein und Krume,
der Wald wie purpurbrauner Falter Pelz.
Und drüber quoll des Weltraums Blaue Blume
aus ewigem Kelch ihr tiefstes Ja und Amen.
Und vor dem allem stand im jungen Strahl
ein Mensch und nahm dies Heilige Morgenmahl
Dir zum Gedächtnis und in Deinem Namen.

Kind, wie eine Wolke
hüllt dein Bild mich ein,
macht in Welt und Volke
meinen Schritt allein.

Wunderlich Geberden
vor dem Wanderschuh!

Alle Dinge werden
mir ein einzig Du.

Mädchen, wardst die Welt du?
Welt, wardst du mein – Weib?
Bist, urewig Zelt, du –
mein – der Gottheit – – Leib?

Den nur Liebeswerben
voll erfühlen kann?
Wenn in ihn zu sterben,
Gott, vermag der – Mann? . . .

Es ist Nacht,
und mein Herz kommt zu dir,
hält's nicht aus,
hält's nicht aus mehr bei mir.

Legt sich dir auf die Brust
wie ein Stein,
sinkt hinein,
zu dem deinen hinein.

Dort erst,
dort erst kommt es zur Ruh,
liegt am Grund
seines ewigen Du.

Hochsommernacht

Es ist schon etwas, so zu liegen,
im Aug der Allnacht bunten Plan,
so durch den Weltraum hinzufliegen
auf seiner Erde dunklem Kahn!

Die Grillen eifern mit den Quellen,
die murmelnd durch die Matten ziehn;

und droben wandern die Gesellen
in unerhörten Harmonien.

Und neben sich ein Kind zu spüren,
das sich an deine Schulter drängt,
und ihr im Kuß das Haar zu rühren,
das über hundert Sterne hängt ...

Es ist schon etwas, so zu reisen
im Angesicht der Ewigkeit,
auf seinem Wandler hinzukreisen,
so unaussprechlich Eins zu Zweit ...

Der vergessene Donner

Ein Gewitter, im Vergehn,
ließ einst einen Donner stehn.

Schwarz in einer Felsenscharte
stand der Donner da und harrte –

scharrte dumpf mit Hals und Hufe,
daß man ihn nach Hause rufe.

Doch das dunkle Donnerfohlen –
niemand kams nach Hause holen.

Sein Gewölk, im Arm des Windes,
dachte nimmer seines Kindes –

flog dahin zum Erdensaum
und verschwand dort wie ein Traum.

Grollend und ins Herz getroffen
läßt der Donner Wunsch und Hoffen ...

richtet sich im Felsgestein
wie ein Bergzentaure ein.

Als die nächste Frühe blaut,
ist sein pechschwarz Fell ergraut.

Traurig sieht er sich im See
fahl, wie alten Gletscherschnee.

Stumm verkriecht er sich, verhärmt;
nur wenn Menschheit kommt und lärmt,

äfft er schaurig ihren Schall,
bringt Geröll und Schutt zu Fall...

Mancher Hirt und mancher Hund
schläft zu Füßen ihm im Schrund.

Fisch und Wind

Wie der Wind
über das Wasser tanzt –
das weiß der Fisch
und bildet's ihm in hundert Schuppen nach...
und zeigt's dem wieder
der ihn fängt,
zeigt's schillernd ihm –:
wie sein geliebter Fernhertänzer Wind
im Sonn- und Mondenschein
des Baches blanken Spiegel droben
hundertmuschelig
schuppt...

Sommernacht im Hochwald

Im Hochwald sonngesegnet
hat's lange nicht geregnet.

Doch schaffen sich die Bäume
dort ihre Regenträume.

Die Espen und die Erlen –
sie prickeln und sie perlen.

Das ist ein Sprühn und Klopfen
als wie von tausend Tropfen.

Die Lärchen und die Birken –
sie fühlen flugs es wirken.

Die Fichten und die Föhren –
sie lassen sich betören!

Der Wind weht kühl und leise.
Die Sterne stehn im Kreise.

Die Espen und die Erlen:
sie schaudern tausend Perlen ...

Sie an ihn

»Auf der Treppe sitzen meine Öhrchen,
wie zwei Kätzchen, die die Milch erwarten ...
Auf der Treppe sitzt mein Herz und harret,
wie ein Geistchen, Kinn in Hand gestützet.

Doch der Bote mit den Briefen kommt nicht.
Taub und ohne Seele drin im Zimmer
lieg ich. Wünsche nichts zurück zu haben.
Nicht die rosa Kätzchen, nicht das Geistchen.«

Sommermittag

Wiese, laß mich ganz in dein
Wohlgefühl versinken,
dein legionenfältig Sein
als mein eignes trinken.

Deine breite Sonnenbrust
laß die meine werden,
meine Lust die feine Lust
deiner Gräserherden.

Mächtig schwelle mein Gesang
dann aus solchem Grunde,
künde Glückes Überschwang
höchster Sommerstunde.

DIE letzte Ruh, nach welcher Weise streben,
und welche wunschlos sein soll, diese Ruh,
sie, dünkt mich, winkt dem Ich allein im Du,
das fort und fort des Iches Tod und Leben.

Sein Tod: denn immer mehr sich hinzugeben,
eilt fort und fort es seinem Tode zu.
Sein Leben: denn wer anders als das Du
läßt es erdürsten, Welt mit ihm zu weben.

Des Iches Leben ist des Iches Tod;
doch erst im Leben *sterbend* wahres Leben.
Vom Du her kommt ihm alle Hungers-Not,

vom Du her alles letzte Lebens-Brot,
wie ihm vom Ich,
wenn Ich im Du und Du im Ich verschweben.

O GIB mir Freuden, nicht mit dem verstrickt,
was ich als niedres Ich in mir empfinde,
gib solche Freuden mir zum Angebinde
wie Geist sie Geist, der Seele Seele schickt.

O nicht mehr dieser schalen Freuden Pein,
die doch erkauft nur sind von fremden – Leiden!
Schenk Herzen mir, die sich für DICH entscheiden,
so wird auch meines wahrhaft fröhlich sein.

UNSICHTBARER, der Du mich umwaltest,
habe Dank für Deine leisen Winke;
hilf mir weiter, daß ich nicht versinke, –
der Du über mir die Hände faltest!

Lange Jahre hast Du Dich inmitten
meines Lebens, ungeahnt, befunden,
bist mit mir durch Schuld und Not geschritten,
hast in mir viel Schlimmes überwunden.

Paartest mir zuletzt die rechte Seele,
daß ich, an ihr schaffend, von ihr wieder
mitgeschaffen würde, Tag um Tage.

Bleibe bei uns, daß sich Fehl um Fehle
löse, und *ein* schwingenstark Gefieder
uns zu größern Taten weiter trage.

ICH habe nicht gewußt, daß so viel Liebe
in einem Herzen sein kann – und zu mir.
Zwar – ich bin ungerecht. Und doch . . . es hat
mich nimmermehr zuvor so überwältigt.

So will ich sagen: wissen um die Liebe,
das tat ich stets, und war auch wohl zu Gast, –
so wie ein Gast von Heim und Herdglut weiß.
Durch Dich erst aber *glaub* ich an die Liebe.

Selbst (und das ist das Schwerste) an die meine,
an meine Fähigkeit zu jener letzten
Ver-Einigung des ewig sonst Ent-Zweiten.

Nun nicht mehr Gast nur wandl' ich durch die Zeiten, –
nun sitz ich selbst am Herd und atme Frieden,
und glaub an alle Liebe – durch die Deine.

Wer bin ich

Laß mich nicht allein, denn es will Abend werden
und der Tag hat sich geneigt...
Sieh, wie über aller Erden
Dunkels Ahnung schon voll Schwermut schweigt...

Alle trachten nun nach ihren Herden,
deren Glut wie Atem sinkt und steigt – –
o du Brust, die sich zu mir geneigt,
bleibe mein; denn ich will Abend werden!

Bleib, und laß an dir mich inne bleiben
Lebensfeuers, wie es sinkt und steigt,
unbeirrt, so tief auch Weltnacht schweigt.

Sei mein Herd, der mir noch Heimat zeigt,
wann mein Menschen-Tag sich schauernd neigt
und die Sonnen an die Himmel schreiben:
WER BIN ICH.

GIB mir Deine Kraft.
Laß die Leidenschaft
alles andre in mir töten.
Selbst die Schlacke, die
grausige, zerglüh
durch Dein tiefes ganz für mich Erröten.

Gib mir Deine Kraft,
laß die Leidenschaft
jenes letzte große Leid mir schaffen,
daß ich fühle: ich
würde ohne Dich
nie des Gottes Saum vor mir erraffen.

Kodizill

Du Tor, du Narr, du Frevler! Deine Rede
sei ja und nein und nichts darüber. Meinst
du zu beherrschen schon das dunkle Einst?
und liegst noch hier mit jedem Tag in Fehde?

Doch! Ja! ich wags, ich wills! Mit tiefem Ernst
will ich bis übern Tod hinaus Uns beide,
will, daß uns nichts mehr in Äonen scheide...
bis uns vielleicht (wie Buddha meint) zufernst

ein Himmel eint der Ineinanderruhe –
nach tausend Leben, tausend Leid und Lust,
verpilgert sind der Sehnsucht Wanderschuhe –

sich endlich – dürfend – öffnet Brust gen Brust –
und Zweier Herzen ineinander quillen,
gleich Dürsten, die sich nun auf ewig stillen.

Scirocco

Ja, wer so immer wüßte, was ihn quält,
wie heute, da der laue Südwind brütet
und jeden Geist, der sich nicht streng behütet,
wie einen roten Docht erstickt und schwält.

An solchen Tagen wird, wie man erzählt,
in Süditalien, wenn das Messer wütet,
dem Rasenden ein Teil der Pön vergütet
und seine Schuld der Schuld des Sturms vermählt.

Wohl dem, der stärker als solch Fieber ist,
womit oft Erde sich und ihn verstört,
wohl dem, der's klar erkennt und niederzwingt.

Und wehe, wer nur einen Tag vergißt,
wie sehr er dunklen Mächten gleich gehört,
wenn er nicht unablässig wacht und ringt.

Sternenstil

Dies nenn ich Sternen-Stil: Unendlich glühen,
unendlich stürmen und unendlich kreisen – –
und doch, gleich einer Lanzenspitze Eisen
und Eis, nur fern aus Himmeln blitzend blühen.

Du schaust nichts mehr vom ewigen Bemühen,
vergißt den Wirbel ungezählter Reisen;
und spräng ein Stern sogar aus seinen Gleisen –
so säh ihn leicht dein Enkel erst zersprühen.

An diesem Stile miß die eigne Daheit,
verwirf das Eintagsurteil, komm zur Größe,
und schweig dies Sterngelübde in die Sphären:

»So unersättlich will ich sein in Jaheit,
daß ich der Mütter fürchterliche Schöße
will kreißen schaun in Ewigem Gebären!«

Vermessenheit

Wir wagen es, vom Sternenall zu reden,
wir wagen es: obwohl wir Menschen sind,
nicht Tiere bloß, dem Sinn des Lebens blind,
nein, Ausgetriebne aus der Blindheit Eden.

Wir wagen es, von Ewigkeit zu reden,
als wie von Wasser, Feuer, Erde, Wind,
und ordnen ihre Welten wie ein Kind,
und wissen Ort und Namen einer jeden.

Noch mehr: Wir achten uns hineingesponnen
in diesen Wunderknäul aus Gold und Schweigen,
ja, lieben – uns im Herzen ihm zu fühlen . . .

Ja – in dies Herz selbst so uns einzuwühlen,
daß uns vor all den hunderttausend Sonnen
bedünken kann: wir sei'n dies Herz selbeigen!

An die Tiere

Mein Bruder, mein Geschwister Tier – komm her,
(hat man auch dich entgeistert zur Maschine?)
kommt her, du Katze, Vogel, wilde Biene, –
ihr Siege nicht ersättlicher Begehr!

Aus euch ja komm ich, noch von Erde schwer,
daß ich urewiger Kraft und Sehnsucht diene,
noch hab ich eure Seele, eure Miene,
nur Selbsterkenntnis ist mein schmerzlich Mehr.

Ihr fragt: »Doch wenn wir euch so viel gegeben –,
wie seid ihr oft gar undankbare Erben!
Wir morden, ja! Doch Ihr ersannt das – Töten!«

Doch höret: Tod ist ja kein Raub an Leben.
Wir müssen? nein! wir – wollen alle sterben!
Denn endlos locken neue Morgenröten.

Ein einunddreißigster August

Das war der letzte leuchtende August;
der Sommer gipfelte in diesem Tage.
Und Glück erklang wie eine Seegrundsage
in den Vinetatiefen unsrer Brust.

Ein leises fernes Läuten kam gegangen –
und welche wollten selbst die Türme sehn,
in denen unsres Glückes Glocken schwangen:
so klar ließ Flut und Himmel sie verstehn.

Der Tag versank. Mit ihm Vinetas Stunde.
Septembrisch ward die Welt, das Herz, das Glück.
Ein Rausch nur wie von Tönen blieb zurück
und schwärmt noch über dem verschwiegenen Grunde.

Oh, ich verleumde meine Erde nicht;
ich liebe sie, – nur sei sie mir nicht Schranke!
Sie ist mir nicht der letzte Seins-Gedanke,
so wenig wie ihr Licht das letzte Licht.

Ich liebe sie – und den, der also spricht:
»Daß Eure Treue zu ihr nimmer wanke!«
Nur daß an knechtischer Treue nicht erkranke,
was freiste Treue sein muß, freiste Pflicht!

Das gibt der Erde erst den Eigen-Wert:
daß sie als Stufe sich vollenden soll.
Vollenden! hör's – doch auch zugleich als Stufe! –

Weh dem, der sie als ganzen Tempel lehrt.
Gott-Welt, unausdenkbaren Baustoffs voll,
gehorcht denn doch ganz andrem Schöpferrufe!

Quellen des Lebens fühl ich in mir springen,
Quellen alturalten Lebens,
Quellen des Lebens hör ich in mir singen:
»Nichts ist vergebens! Nichts ist vergebens!

Tief aus Chaos führt der Weg alles Strebens
hoch zu Gott in tausend Spiralenringen . . .
Gott selbst bist du auf Vogel-Phönix-Schwingen
ewig neuen zu dir selbst Erhebens.

Höher immer, bis zum Unfaßbaren,
lebst du dich die Leiter der Möglichkeiten –
bis du dein in deiner unendlichen Fülle

inne wirst, Herr dann der Gestirnheerscharen,
in dir, Welt-Ich, dann alle Räum' und Zeiten,
Ewigkeit allein dann noch deine Hülle!«

Sag nicht: dies ist nicht vorzustellen,
nicht auszudenken! Eines Tages
erscheint ein Mensch bestimmten Schlages
und steigt hinunter zu den Quellen.

Und trägt vom Urborn der Natur
zwei Hände voll ins lichte Leben.
Und als Erfahrung bleibt gegeben,
was Vorzeit nur als Traum erfuhr.

Und wie sie kommen all und trinken,
verwandelt Sinn sich und Gesicht:
Wie Schleier scheints hinwegzusinken,
und Dunkelstes wird seltsam licht.

Getrennter Liebender Gebet zueinander

Komme auch heute zu mir,
bleibe auch heute bei mir.

Begleite jeden meiner Schritte,
heilige mir jeden Schritt.

Hilf mir, daß ich nicht in Stricke
falle noch strauchle.

Hilf mir stark und schön bleiben,
bis ich dich nächsten Morgen so wieder bitte.

Durchdringe mich ganz mit dem Licht,
das du bist.
Wohne in mir wie das Licht in der Luft.

Auf daß ich ganz dein sei,
auf daß du ganz mein seist
auch diesen Tag.

DIE Furchtbarkeit der WELT verbannt sie nicht!
sonst pocht sie eines Tags an euer Tor
als Eurer »Welt« unabwendbar Gericht.

Und eure Augen werden aufgetan
und schaun durch Tür und Mauer wie durch Flor
und taumelnd stürzt ihr in den Ozean
der WELT...

Humor

Mir war Humor mein Lebtag schier – Problem.
Ich frug mich: Tränenlächeln – ist's auch nicht
ein (letzten Ends) – germanisch Leibgericht,
ein Rausch-Met, ein biderb Trau-schau-*nicht*–wem?

Ist nicht Humor – bequem (lies: unvornehm)?
Ein kirchweihkraus Gefährt, Art und Gewicht
des »*Bürgers*« angestimmt: – doch welches bricht,
entlenkst du drin der acht Planeten Lehm?

Was für den Mars noch gilt, gilt's noch für das,
was unabsehbar wimmelt? Was der Zeit
entspricht, entspricht's dem Ewigen noch? – Gott?

»Sprich, kann Humor je *groß* sein?« – Ja! Und baß! –
Als Brecher, Einmensch, deiner Wichtigkeit!
Als: wenn du, »Gott« sagst, – *dieses* »Gotts« noch: Spott!

Föhn

Es tönt in uns so sonderbar,
die Saiten sind so straff gespannt,
so reif zum Platzen wie ein Haar.

Wir gehn und stehn wie leichtgebannt
von irgend einer fremden Macht,
noch unbewußt, noch unbekannt.

Es geht der Tag, es geht die Nacht;
am Morgen weint ein leis Gestöhn
ums Haus ... Wildkatzensammetsacht

beschleicht das Tal der Feind, der Föhn.

Bergbäche

Tag und Nacht die nasse Fracht
trägt der steile Sturzbach nieder;
rings im Hochland hundert Brüder
stürzen gleich ihm, Tag und Nacht.

Schlafgemiedne Seelen ruhn
gern am Busen solcher Bäche,
ihre Unrast, ihre Schwäche
dort ein Weilchen abzutun.

Strömen gleichsam mit zu Tal ...
Und nach stundenlangem Fließen
löst ein Schlummer sie zu Füßen
des Gebirgs von aller Qual.

Der Schlachter

Eine chinesische Legende

Das war Tiong-Lo, der Schlachter,
den erfaßte es eines Tags:
daß er viel tausend Tiere
getötet mit kalter Hand!

Da nahm er sein blutiges Messer
und begrub es am Saum des Meers.
Doch nachts, da träumten ihm Hände,
die gruben es wieder aus.

Die gruben heraus es wieder
und töteten weiter mit ihm.

Da lief er zum Strand hinunter
und trug es fort ins Gebirg.

Er verbarg es im Schnee der Schroffen,
er verbarg es in Schlucht und Schrund,
er verbarg es im Grund der Grotten,
es sollte keine Sünde mehr tun!

Doch er konnte die Angst nicht bannen,
es möchte das Messer voll Blut
doch wieder Sünde wirken
in eines Menschen Hand.

Sein ganzes Leben, es ward ihm –
es ward ihm von dieser Angst –
von dieser wunderlichwilden
gewaltigen Angst erfüllt...

Bis daß er zuletzt das Messer
aus Lieb' und Buß' und Reu'
begrub im eigenen Herzen,
im eigenen Herzen begrub.

Da ward seine Seele geläutert,
und schwebte Nirvâna zu,
ein lichtes Wölkchen, zerfließend
im göttlichen Blau des Alls...

(Nach Henri Borel)

Man gibt dir nicht, was dir »gebührt«?
So sprich, was dir gebühre.
Was ist's, was dich noch hinverführt
vor andrer Menschen Türe?

»Man ist nicht zart, man ist nicht gut,
man fühlt nicht, was ich brauche...«
Ja, wer auf »man« sich gründen tut,
der freilich baut auf Hauche.

Wenn du im »man« den Gott nicht siehst
und kindlich liebst in allen,
wenn dich der Gott im »man« verdrießt,
so wirst du ewig fallen.

Gebührt uns irgend andres Brot,
als Gott in jedem Grade?
Und ist denn Leid seit Eines Tod
nicht mehr als alles – Gnade?

Vor dem Föhn

Die Talnacht vor verhängtem Fenster
ist grabesstumm.
Nur manchmal stören Sturmgespenster
sie tierisch dumm –

Wie Wölfe, die ein Haus umstehn –
und lauernd hin und wieder gehn –
und, wenn sie nirgends Licht mehr sehn,
auf die Altane springen und –

ein Stuhl fällt um – –

Der Rauchvogel

Aus dem hohen Schornstein wolkt ein Vogel,
kolkt empor ein rabenschwarzer Rauchvogel;
feuerfarben ist sein Rauchgefieder,
feuerfunkelfarben ist dein Bauch, Vogel!
Düstrer Ruß und Qualm sind Rumpf und Flügel,
und dein Hals ein blauspiralner Schlauch, Vogel;
doch dein Haupt und Schnabel hoch im Himmel
sind nur noch ein Husch und Hauch, Vogel!

KANNST dich nicht versenken?
Läßt dich Welt nicht leer?
Kannst dich nicht entlenken
all der Dinge Meer?

Ist in Dem zu ruhen,
draus dein Wesen sprang,
deinen Wanderschuhen
gar kein lieber Gang? –

Wenn der Tag beschlossen,
sei, mein Geist, versenkt,
sei, mein Herz, ergossen
in Den, der dich denkt.

DURCH hundert Pforten
stiehlt es sich ein;
mußt allerorten
gewärtig sein.

Gleich Mückenvolke
vor hellem Haus,
so narrt dich Wolke
von Feinden aus.

WIE kannst du nur am Morgen
den Glanz der Sonne borgen
und leuchten wie sie selber schier?
Und dann, nach wenig Stunden,
ist alles hingeschwunden
und graue Nacht in dir!

Vergessen ist das Gute,
das köstlich in dir ruhte,
ein Grämling blickst du, freudenleer,
verdrossen aus dem Kleinen
unendlich kleinem Deinen
auf alles um dich her.

O halte, Herz, die Wonne
der goldnen Morgensonne,
die dir so hellen Tag gemacht,

hoch über trübem Trachten
mit Angst und strengem Achten
doch fest bis in die Nacht!

Ich

Ich schaue zu, wie sich die alte Welt
in mir erhebt und immer wieder streitet,
und wie die neue sanft darübergleitet,
so wechselweis verdüstert und erhellt.

Ich schaue zu. Wie endigt wohl der Krieg?
Wird sich der trübe Rauch zu Boden schlagen
und morgendliche Klarheit drüber tagen?
Ich schaut mir zu. Vielleicht ruft dies dem Sieg.

Charfreitagmorgen

Heute will ein alter Mensch
wiederum zu Grabe sterben,
und der neue soll von ihm
nichts als nur den Willen erben,
nach dem endlichen Gelingen
immer tiefer hinzudringen.

Hilf zu solchem Ziel auch Du
mit dem eignen Stirb und Werde!
Laß uns einig unsre Erde
läutern, edlerm Stoffe zu!
Laß uns, liebes Lebensmein,
einer Sehnsucht Flügel sein!

Morgensonne im Winter

Auf den eisbedeckten Scheiben
fängt im Morgensonnenlichte
Blum und Scholle an zu treiben . . .

Löst in diamantnen Tränen
ihren Frost und ihre Dichte,
rinnt herab in Perlensträhnen...

Herz, o Herz, nach langem Wähnen
laß auch *deines* Glücks Geschichte
diamantne Tränen schreiben!

NUN wollen wir uns still die Hände geben
und vorwärts gehen, fromm, fast ohne Zagen,
und dieses größte Lebenswagnis wagen:
zwei miteinander ganz verschlungne Leben.

Und wollen unermüdlich weiterweben
an den für uns nun völlig neuen Tagen
und jeden Abend, jeden Morgen fragen,
ob wir auch ganz *ein* Ringen und *ein* Streben.

Auch ganz *ein* unersättlich Langen, Dürsten,
im Maß des Körperlichen, das uns eigen,
uns immer geistiger emporzufürsten:

Daß wir wie *eines* Pfeiles Schaft am Schlusse
ineinsverflochten und in Einem Schusse,
ein neues Reich höherer Geburt ersteigen.

Die Eheringe

Zwei goldne Ringe hängen
an seidnen Frauenhaaren
in einem Tempelchen.

Am Abend, wann der Engel
das Heiligtumchen heimsucht,
berühren sich die Ringe –

berühren sich – und läuten,
ein Lied der süßen Eintracht,
im kleinen Tempelchen.

Hochlandschweigen

Stille, Stille ... nur des Baches
fernes Rauschen in der Kluft
und des Abendwindes schwaches
Flügeln durch die helle Luft.

Wettertanne ruht und feiert.
Gipfelgold vergeistert sacht.
Und ein zart Gewölk entschleiert
zögernd das Gestirn der Nacht ...

Knospe des Lebens, brichst du noch einmal auf?
Ich lag vom Tod verschüttet
bis über die Seele,
ich war erstarrt
bis in den innersten Traum.
Traumlos, so schlief ich,
überdem qualbewußt,
daß ich so traumlos schlief ...
Nun regt sich's wieder von neuem
im stummen Grund,
und geisterhafte Saaten,
nicht mehr erhofft,
gehn noch einmal
aus schweigenden Äckern auf.
Knospe des Lebens, faltest du noch einmal
zartschimmernd Blatt auf Blatt
keusch auseinander, blühst
dem Sonnenkuß der ewigen Liebe noch
einmal entgegen?
Lenz eines neuen Glücks,
springst du aus diesem Boden
noch einmal auf?

LÄCHELT nicht, wenn Paulus spricht
von dem Schrei der Kreatur.
Selbst die harte Felsenflur
wird einst wiederum zu – Licht.

Menschenstoff ist, was ihr schaut,
Stein und Kraut und Tier verblieb
unserm Höherwuchs zulieb
uns als Heimat unterbaut.

Abgestoßne Menschenwelt
ist die niedre Schöpfung, Herz.
Fühlst du *nun* des Tieres Schmerz,
das ein blinder Waidmann stellt?

Fühlst, warum dem Haupt voll Graun
der Gekreuzigte entspringt?
Was der Jäger niederzwingt,
welch ein Welt-erschütternd Schaun?

Ahnst, wie's stufenweis begann?
Und wie Liebe ganz allein
so viel ungeheure Pein –
in Äonen – sühnen kann?

Lächelt nicht, die Dinge sind
nicht bloß Schaum, der gärt und gärt.
Eh *der* Traum nicht aus euch fährt, –
spottet wenigstens – gelind!

GESCHÖPF nicht mehr, Gebieter der Gedanken,
des Willens Herr, nicht mehr in Willens Frone,
der flutenden Empfindung Maß und Meister,

zu tief, um an Verneinung zu erkranken,
zu frei, als daß Verstocktheit in ihm wohne:
So bindet sich ein Mensch ans Reich der Geister.

So findet er den Pfad zum Thron der Throne.

Der Tolstoianer

Aus eurem Tun mein Tun herauszulösen
erkühn ich mich und folg euch fürder nicht
auf eurem unverhohlnen Weg zum Bösen.

Und ob mein Leib in eurer Faust zerbricht,
den Stern des Geistes müßt ihr leuchten lassen
in eurer Finsternis, der Seele Licht,

die mitzulieben ward, nicht mitzuhassen.

Der Geistesschüler

Erschau dich als im Guten wie im Bösen
hineinverstrickt in deiner Tage Pflicht,
und suche nicht dich selbstisch abzulösen.

Auf alles Menschen Trotzen tu Verzicht
und geh, verhüllt, ein Heiliger, mit ihnen,
der in ihr Hassen noch sein Lieben flicht,

um selbst im Chaos Christo noch zu dienen.

Wie vieles muß zugrunde gehn,
damit ein Weniges gedeiht!
So mochten wir die Welt verstehn,
so ward uns alles Leben leid.

Und mancher wurde hart und kalt
und sprach: ich schaue nur ein Spiel,
worin Natur sich tausendfalt
gefällt und ewigher gefiel.

Doch nichts vergeht und nichts verdirbt;
denn was da ist, ist Geist zugleich,
und wo ein Leib dem Blick erstirbt,
da tauscht sein Wesen nur ein Reich.

Zwar vieles geht zugrunde und
nur weniges ersteht, besteht;
doch sieh dem »Grunde« auf den Grund:
es ist Dein Grund, zu dem es geht.

Was unerlöst hinunterfällt
ins »Nichts«, was noch »verstoßen Kind«,
ist Nicht-Ich-Welt, Noch-Nicht-Ich-Welt,
ist – Grund, drauf, drin, dadurch wir: sind.

Doch einstmals ruhet aller Grund
in uns erlöst von Fluch und Bann
und ist von Gott mit uns im Bund
an Kindes Statt genommen an.

Rudolf Steiner

So wie ein Mensch, am trüben Tag, der Sonne
vergißt, –
sie aber strahlt und leuchtet unaufhörlich, –
so mag man Dein an trübem Tag vergessen,
um wiederum und immer wiederum
erschüttert, ja geblendet zu empfinden,
wie unerschöpflich fort und fort und fort
Dein Sonnengeist
uns dunklen Wandrern strahlt.

Er sprach ...

Er sprach. Und wie er sprach, erschien in ihm
der Tierkreis, Cherubim und Seraphim,
der Sonnenstern, der Wandel der Planeten
von Ort zu Ort.
Das alles sprang hervor bei seinem Laut,
ward blitzschnell, wie ein Weltentraum, erschaut,
der ganze Himmel schien herabgebeten
bei seinem Wort.

»Ich will aus allem nehmen, was mich nährt,
was übereinstimmt mit mir längst Vertrautem;
so wird mir manches stille Glück gewährt.

In Eurer Weisheit fand ich manch geheime
Bestätigung zu von mir selbst Geschautem
und brachte sie zu meiner Art in Reime.

Es gibt so vieles Schöne, Gute, Wahre;
wie bin ich dankbar, daß ich Mensch sein darf
und immer Neues solcher Art erfahre!«

Erfahre denn noch dies dazu: entfernt
bist du vom Ernst noch. Dein Gewissen warf
dir noch nicht vor, daß Weisheit sich nur – lernt.

Mit solchem Blumenpflücken, Kränzchenwinden –
was ist getan? sieh dir ins Angesicht
und prüfe, ach, solch allzu lau Empfinden.

Du fühlst der Weisheit Weg noch nicht als – Pflicht.
Und so: ob von Glühwürmchen oder Sternen
dir Licht zufließt – dir ist's das gleiche Licht.

Dir sind die echten Tiefen, wahren Fernen
noch stumm; sie, deren Siegel einzig bricht:
ein tiefdemütig lebenlanges – Lernen.

Anthroposophie

O Welt, – du armer Mensch,
der du nicht weißt,
was hier inmitten deiner
sich begibt.

Die wahre Größe dieser wirren Zeit
wird hier lebendig menschhaft dargelebt,
ein Stück erhabenster Geschichte rollt
hier vor uns ab – und wir sind mit in ihm!

O große Welt, du armer Muttermensch –
die (wieder einmal – o du Träumerin!)
nicht weiß, nicht ahnt,
was sich in ihr gebiert.

Verantwortung

Wir stehn hier müßig hin und her –
und droben wartet man auf uns!
Wir gehn hier müßig hin und her ...

In unsrer Treue lebt kein Ernst –
und droben rechnet man auf uns!
In unsrer Treue wirkt kein Ernst.

Nicht oben und nicht unten wächst
aus solcher Hülfe Sinn und Sieg.
So droben und so drunten wächst

aus solcher Halbheit Scham und Gram.
Die Götter droben darben und
die Menschen welken. Grauer Gram

zersetzt das Liebeswerk der Welt.

Du glaubtest unter Heilige zu kommen,
und siehst, auch dies sind Menschen, Menschen eben.
Doch was du nicht siehst, ist das neue Leben,
das still in ihnen Statt und Stall genommen.

Dies Leben hat noch wie ein Keim zu gelten,
ein ungebornes Kind, noch sehr gefährdet.
Wer wird denn immer zweifeln gleich und schelten,
weil Mutterart sich wunderlich gebärdet!

Er sprang beschwingten Schritts durch Gäng und Räume,
gefolgt voll Hast von seinem Ebenbilde ...

Ich stand noch zögernd vor dem Tor der Träume –
ich war noch selbst nicht Gast der Geistergilde

und konnte drum, bewußt, nach kurzem Schauen
zurück mich wenden, ganz, ins Wachgefilde:

und schnell das Paar dem Griffel noch vertrauen.

Der Zweifler:

»Ich weiß, warum ich mich verbeiße
ins bunte Schürzentuch der Welt,
daß du mich wirbeln kannst im Kreise
und doch mein Zahn den Fetzen hält.

Ich würde sonst verloren fallen
im leeren Raum, ein irr Gespenst,
denn sieh: ich glaube nichts von allen
den Geisterwelten, die du nennst.

Wer gibt dir Macht, davon zu sprechen?
Ich lasse nicht vom Jetzt und Hier.
Du mußt mir das Gebiß aufbrechen.
Ich bin um diesen Preis ein Tier.«

Harpagon

Du blickst recht kühl, genährt von vielem Geist
auf Mensch und Ding, und bist doch wiederum
von Mensch und Ding noch ganz und gar beherrscht.

Du liebst im Grunde niemanden und nichts
als dich allein, und siehst darum auch nichts
und niemanden, zuletzt, als dich allein.

Hat dir der Mensch noch nie geredet, floß
noch nie ein Tropfen deines Bluts für ihn,
noch nie ein Tropfen Opfer – – Harpagon? . . .

UND siehe, es war alles gut!
Doch wir verdarben alles.
Und aus der Finsternis des Falles
erlöst erst wieder Christi Blut.

Er gab sein Sonnen-Ich dahin,
daß unsre trübe Erde
von ihm geläutert werde,
zurück, empor zu ihrem Wahren Sinn.

So kehrte der verlorne Sohn zurück,
wie sie sich nun nach langem Wahn und Harme
heimfinden will in ewige Vaterarme –
und alle Himmel glühen auf in Glück.

MYSTIK, wie sie dir sich zeigt,
mag in Gottes Schoß dich führen,
wo der letzte Name schweigt.

Doch es scheut dein ganzer Sinn
vor dem Ewig-Namenlosen;
denn in dir lebt das »Ich Bin«.

Lebt der Gottheit eigner Name,
das von Ihm gesprochne Wort,
göttlicher Entwicklungs-Same.

Der will wachsen fort und fort,
bis der Kranz der Sieben Rosen
blühet und das Kreuz verdorrt.

Sei drum nicht in Gottes Traum,
sei in Gottes Tat versunken!
Sieh hier Neuer Mystik Raum!

Für Reinhard Piper

Wollt ihr wissen, wer ich bin,
mögt ihr künden, wer ich werde.
Über Altem, das dahin,
öffnen neu sich Mensch und Erde.

Öffnen neu sich neuem Geist,
lassen lange Dürre segnen;
und was er uns bringt und weist,
soll fortan allein begegnen.

Endlich ward denn alles neu!
Geisterschoß, der uns geboren,
hat uns unaussprechlich treu
neu zu sich zurückbeschworen.

Wieder steigen wir hinan,
wie wir einst hinabgestiegen.
Abermals ein Kampf begann,
doch zu keinem Unterliegen.

Und der Mensch, der sich gestellt
schien an allen Wissens Ende,
sieht auf einmal eine Welt
unerhörter Aufwärtswende.

Schwacher Leib, du trägst nur aus,
was ich einst verschuldet habe,
sinkst, ein sacht zerfallend Haus,
nah und näher deinem Grabe,
drum soll kein Verdruß mir keimen,
daß so schwer in dir zu heimen.

Beide hatten wir zu büßen,
und so wurden wir *ein* Wesen,
haben uns auf Windesfüßen
Beide zum Besitz erlesen.

Einer sah den andern,
und da war es schon *ein* Wandern.

Und da stand auch vor uns beiden
schon das Ziel: es soll voll Mühen
einer durch den andern leiden,
einer durch den andern blühen:
daß so Beider Streit und Liebe
neue Lebens-Frucht enttriebe.

KEINE Kunst,
wenn dich Leben füllt,
wenn der Gottheit Gunst
dich in Ihren Mantel hüllt,
deiner Meister, fromm und heiter sein.

Aber wenn
du von dir und Ihr verlassen bist,
wenn dich Leere
schmerzt vom Scheitel bis zum Rist,
wenn dich Schwere

niederhält
wie einen toten Stein, Gemüte,
dann sonder Widerstreit und Vorwurf sein –
das ist wahrer Frömmigkeit
Blüte.

ICH trage Ehrfurcht vor den vielen Seelen,
die sich in meiner Gegenwart befinden,
als Menschen abermals ihr Los gestaltend.

Wie manche mögen zu den Großen zählen,
doch kann ich ihre Herkunft nicht ergründen,
nur ahnen kann ich, wie sie ruhlos waltend

Uraltem Neues weisheitsvoll verbünden.

In Öde würden wir sinken
durch Gleiches und immer Gleiches,
wollten wir Jungkraft nicht trinken
aus Brunnen des Geisterreiches.

Verborgenes erneure,
wen Offenbares verstörte,
Offenbarung befeure
uns aufwärts ins Unerhörte!

Nein, es geht nicht immer gleich,
stufenweis und ebenmäßig.
Liebes Herz, zu Gottes Reich
ist der Aufstieg hundertsträßig.

Abwärts, aufwärts, kreuz und quer,
nach Gesetzen, ganz unzweiflich,
doch dem äußern Blick oft schwer,
ja mitunter un-begreiflich.

»Die Natur macht keinen Sprung« –
heißt es dann wohl hier und dorten.
Nicht vor Gott (das sei genung),
doch vor Menschen – allerorten.

Die zwei Ozeane

Genug von Solchem! Andere Gedanken!
Du denkst noch jener Bergkammnacht gewiß,
und wie der Blitz des Himmels Brust zerspliß,
daß Ströme Wassers seinem Groll entsanken.

Da sah – ein Schiff ich: in der Finsternis
des Ozeans, das brüllend seine Pranken
einschlug in seine schon verlornen Flanken,
indes der Sturm es an den Haaren riß ...

Erbärmlich war das Häuflein anzuschauen,
das da dem Tod ins Maul geschleudert ward –
ich sah's vor mir, mich fast in ihm vergessend...

Doch mit und unter all dem Höllenbrauen –:
hinschoß zugleich, in unbewegter Fahrt,
der – Erdstern: *Seinen* Ozean durchmessend!

STÖR' nicht den Schlaf der liebsten Frau, mein Licht!
Stör' ihren zarten, zarten Schlummer nicht.

Wie ist sie ferne jetzt. Und doch so nah.
Ein Flüstern – und sie wäre wieder da.

Sei still, mein Herz, sei stiller noch, mein Mund,
mit Engeln redet wohl ihr Geist zur Stund.

DIE zur Wahrheit wandern,
wandern allein,
keiner kann dem andern
Wegbruder sein.

Eine Spanne gehn wir,
scheint es, im Chor...
bis zuletzt sich, sehn wir,
jeder verlor.

Selbst der Liebste ringet
irgendwo fern;
doch wers ganz vollbringet,
siegt sich zum Stern,

schafft, sein selbst Durchchrister
Neugottesgrund –
und ihn grüßt Geschwister
Ewiger Bund.

LEIS auf zarten Füßen naht es
vor dem Schlafen wie ein Fächeln:
Horch, o Seele, meines Rates,
laß dir Glück und Tröstung lächeln –:

Die in Liebe dir verbunden,
werden immer um dich bleiben,
werden klein und große Runden
treugesellt mit dir beschreiben.

Und sie werden an dir bauen,
unverwandt, wie du an ihnen, –
und, erwacht zu Einem Schauen,
werdet ihr wetteifernd dienen!

»Brüder!«

Lied für ein neu Gesangbuch
studierender Jugend

»Brüder!« – Hört das Wort!
Soll's ein Wort nur bleiben?
Soll's nicht Früchte treiben
fort und fort?

Oft erscholl der Schwur!
Ward auch oft gehalten –
doch in engem, alten
Sinne nur.

Oh, sein neuer Sinn!
Lernt ihn doch erkennen!
Laßt doch heiß ihn brennen
durch euch hin!

Allen Bruder sein!
Allen helfen, dienen!
Ist, seit ER erschienen,
Ziel allein!

Auch dem Bösewicht,
der uns widerstrebet!
Er auch ward gewebet
einst aus Licht.

»Liebt das Böse – gut!«
lehren tiefe Seelen.
Lernt am Hasse stählen –
Liebesmut!

»Brüder!« – Hört das Wort!
Daß es Wahrheit werde –
und dereinst die Erde
Gottes Ort!

WAS klagst du an
die böse Welt
um das und dies?
Bist du ein Mann,
der niemals Spelt
ins Feuer blies?

Hat Haß und Harm
und Wahn und Sucht
dich nie verführt,
daß blind dein Arm
der Flammen Flucht
noch mehr geschürt?
Was dünkst du dich
des unteilhaft,
was Weltbrand nährt!
Zuerst zerbrich
die Leidenschaft,
die dich noch schwärt.

In dich hinein
nimm allen Zwist,
der Welt sorg nit;

je wie du rein
von Schlacke bist,
wird sie es mit.

Das ist der Ast in deinem Holz,
an dem der Hobel hängt und hängt:
dein Stolz,
der immer wieder dich
in seine steifen Stiefel zwängt.

Du möchtest auf den Flügelschuhn
tiefinnerlichster Freiheit fliehn,
doch ihn
verdrießt so bitterlich
kein ander unabhängig Tun.

Er hält dich fest: da stehst du starr:
dürrknisternd-widerspenstig Holz:
ein Stolz-
verstotzter Stock, ein sich
selbst widriger Hanswurst und Narr.

Sieh nicht, was andre tun,
der andern sind so viel,
du kommst nur in ein Spiel,
das nimmermehr wird ruhn.

Geh einfach Gottes Pfad,
laß nichts sonst Führer sein,
so gehst du recht und grad,
und gingst du ganz allein.

Einen Freund über seinen Liebeskummer zu trösten

Wir müssen immer wieder uns begegnen
und immer wieder durch einander leiden,
bis eines Tages wir das alles segnen.

An diesem Tage wird das Leiden weichen,
das Leiden wenigstens, das Blindheit zeugte,
das uns wie blinden Wald im Sturme beugte.

Dann werden wir in neues Ziel und Leben
wie Flüsse in ein Meer zusammenfließen,
und kein Getrenntsein wird uns mehr verdrießen.

Dann endlich wird das »... suchet nicht das Ihre«
Wahrheit geworden sein in unsern Seelen.
Und wie an Kraft wird's uns an Glück nicht fehlen.

BEDENKE, Freund, was wir zusammen sprachen.
War's wert, daß wir den Bann des Schweigens brachen,
um solche Nichtigkeiten auszutauschen?

So schwätzen wohl zwei Vögel miteinander,
derweil in unablässigem Gewander
des Stromes strenge Wogen meerwärts rauschen.

Erwacht in dir nicht ein Gefühl der Leere,
erwägst du, wie so auftut Jahre, Jahre
nichts als Geschwätz aus dir sich und dem andern,

indessen nach der Gottheit Schoß und Meere
der Geistesweisheit sternenspiegelklare
Gewässer ruhlos und gewaltig wandern?

Du Weisheit meines höhern Ich,
die über mir den Fittich spreitet
und mich vom Anfang her geleitet,
wie es am besten war für mich, –

Wenn Unmut oft mich anfocht: nun –
es war der Unmut eines Knaben!
Des Mannes reife Blicke haben
die Kraft, voll Dank auf Dir zu ruhn.

Gib mir den Anblick deines Seins, o Welt...
Den Sinnenschein laß langsam mich durchdringen...

So wie ein Haus sich nach und nach erhellt,
bis es des Tages Strahlen ganz durchschwingen –
und so wie wenn dies Haus dem Himmelsglanz
noch Dach und Wand zum Opfer könnte bringen –
daß es zuletzt, von goldner Fülle ganz
durchströmt, als wie ein Geisterbauwerk stände,
gleich einer geistdurchleuchteten Monstranz:

So möchte auch die Starrheit meiner Wände
sich lösen, daß dein volles Sein in mein,
mein volles Sein in dein Sein Einlaß fände –
und so sich rein vereinte Sein mit Sein.

Von zwei Rosen

Von zwei Rosen
duftet eine
anders, als die
andre Rose.

Von zwei Engeln
mag so einer
anders, als der
andre schön sein.

So in unzähl-
baren zarten
Andersheiten
mag der Himmel,

mag des Vaters
Göttersöhne-
reich seraphisch
abgestuft sein ...

Ich bin aus Gott wie alles Sein geboren,
ich geh in Gott mit allem Mein zu sterben,
ich kehre heim, o Gott, als Dein zu leben.

Erst wurde ich aus Deinem Ich gegeben,
dann galt es, dies Gegebne zu erwerben,
Dir als ein Du es Brust an Brust zu heben.

Da wollte Stolz es mittendrin verderben,
und es ward Dir, und Du warst ihm verloren ...
Bis daß Du übermächtig mich beschworen!

Da ward ich Dir zum andernmal geboren:
denn ich verstand zum erstenmal zu sterben,
denn ich empfand zum erstenmal zu leben.

Nun wohne *Du* darin,
in diesem leeren Hause,
aus dem der Welt Gebrause
herausfloh und dahin.

Was ist nun noch mein Sinn, –
als daß auf eine Pause
ich einzig *Deine* Klause,
mein Grund und Ursprung, bin!

Beim Tode Nahestehender

Nun bevölkert sich das hohe Drüben
langsam für den alternden Gefährten
und ermahnt ihn, liebe Pflicht zu üben.

Was sie hier vielleicht ihm nicht gewährten:
daß er ihnen helfen durfte leise,
zart befruchtend ihrer Seelen Zärten,

darf er jetzt in geistigerer Weise.
Darf ins Labyrinth der Geister ihnen
folgen und auf ihrer Geisterreise

durch Gedanken und Gefühle dienen.

ICH hebe Dir mein Herz empor
als rechte Gralesschale,
das all sein Blut im Durst verlor
nach Deinem reinen Mahle,
o Christ!

O füll es neu bis an den Rand
mit Deines Blutes Rosenbrand,
daß: *Den* fortan ich trage
durch Erdennächt' und -tage,
Du bist!

Wasserfall bei Nacht

I

Ruhe, Ruhe, tiefe Ruhe.
Lautlos schlummern Menschen, Tiere.
Nur des Gipfels Gletschertruhe
schüttet talwärts ihre
Wasser.

Geisterstille, Geisterfülle,
öffnet Eure Himmelsschranke!
Bleibe schlafend, liebe Hülle,
schwebt, Empfindung und Gedanke,
aufwärts!

Aufwärts in die Geisterhallen
taste dich, mein höher Wesen!
Laß des Leibes Schleier fallen,
koste, seingenesen,
Freiheit!

II

Unablässig Sinken
weißer Wogenwucht,
laß mich, deine Bucht,
dein Geheimnis trinken.

Engel wölken leise
aus der Wasser Schoß,
lösen groß sich los
nach Dämonenweise.

Strahlen bis zum bleichen
Mond der Häupter Firn...
Und auf Schlafer-Stirn
malen sie das Zeichen...

Taufen gern Erhörten
mit der Weisheit Tau.
Und von ferner Schau
dämmert dem Enttörten.

Hymne

Wie in lauter Helligkeit
fließen wir nach allen Seiten...
Erdenbreiten, Erdenzeiten
schwinden ewigkeitenweit...

Wie ein Atmen ganz im Licht
ist es, wie ein schimmernd Schweben ...
Himmels-Licht – in Deinem Leben
lebten je wir, je wir – nicht?

Konnten fern von Dir verziehen,
flohen Dich, verbannt, verdammt?
Doch in Deine Harmonieen
kehren heim, die Dir entstammt.

WIE macht' ich mich von DEINEM Zauber los
und tauchte wieder nieder in die Tiefe
und stiege wieder in des Dunkels Schoß,
wenn nicht auch dort DEIN selbes Wesen riefe,
an dessen Geisterlicht ich hier mein Sein,
als wie der Schmetterling am Licht, erlabe,
doch ohne daß mir die vollkommne Gabe
zum Untergang wird und zur Todespein.

Wie könnte ich von solcher Stätte scheiden,
wo jeder letzte Glückestraum erfüllt,
verharrte nicht ein ungeheures Leiden,
sogar von diesem Himmel nur – verhüllt.
Und da mir dessen Stachel ist geblieben,
wie könnt' ich nun, als brennend von DIR gehn,
um DICH in jener Welt noch mehr zu lieben,
in der sie DICH, als Sonne, noch nicht sehn.

Von Liebe so von DIR hinabgezwungen
vom Himmel auf die Erde, weiß ich doch:
nur immer wieder von DIR selbst durchdrungen,
ertrag ich freudig solcher Sendung Joch.
DU mußtest DICH als Quell mir offenbaren,
der unaufhörlich mir Erneuung bringt.
Nun kann ich auch gleich DIR zur Hölle fahren,
da mich DEIN Himmel ewiglich verjüngt.

Die Fußwaschung

Ich danke dir, du stummer Stein,
und neige mich zu dir hernieder:
Ich schulde dir mein Pflanzensein.

Ich danke euch, ihr Grund und Flor,
und bücke mich zu euch hernieder:
Ihr halft zum Tiere mir empor.

Ich danke euch, Stein, Kraut und Tier,
und beuge mich zu euch hernieder:
Ihr halft mir alle drei zu Mir.

Wir danken dir, du Menschenkind,
und lassen fromm uns vor dir nieder:
weil dadurch, daß du bist, wir sind.

Es dankt aus aller Gottheit Ein-
und aller Gottheit Vielfalt wieder.
In Dank verschlingt sich alles Sein.

Wirf dich weg! Sonst bist du nicht
meiner Art und meines Blutes.
Wehe, wachst du zagen Mutes
über deinem Lebenslicht,
dessen Flamme gar nichts wert,
wenn sie nicht ihr Wachs – verzehrt.

Brenne durstig himmelan!
Brenne stumm hinab! Doch – brenne!
Daß dein Los von dem dich trenne,
der sich nicht verschwenden – kann.
Laß ihm seine Angst und Not!
Du verstehe nur den – Tod.

Im Mutterschoß,
im Mutterschoß
zu ruhn,
nach all der Hast
im Mutterschoß –
o selig Los,
das kaum ein Herz umfaßt!
Im Mutterschoß –
nach so viel Last und Hast.

Im Gottesschoß,
im Gottesschoß
zu ruhn,
nach so viel Streit
im Gottesschoß –
o Trost, so groß,
daß alles Schöpfungsleid
ein Seufzer bloß
vor deiner Ewigkeit!

Dein Wunsch, nicht mehr zu leiden,
erschafft nur neues Leid.
So wirst du niemals scheiden
von deinem Trauerkleid.

Du mußt es ganz abtragen
bis auf das letzte Haar,
und einst nur dessen klagen:
daß es nicht dichter war.

Ganz nackend mußt du werden
zuletzt, weil es zerfallt
in seinen Stoff aus Erden
von deines Geists Gewalt.

Ganz nackend einst entschreiten,
allein von Licht umfacht,
zu neuen Ort' und Zeiten,
zu neuer Trauertracht...

Bis du aus hundert Larven
ein Gott, so stark, entspringst,
daß du zu Sphärenharfen
die eigne Schöpfung singst.

Licht ist Liebe

Licht ist Liebe ... Sonnen-Weben
Liebes-Strahlung einer Welt
schöpferischer Wesenheiten –

die durch unerhörte Zeiten
uns an ihrem Herzen hält,
und die uns zuletzt gegeben

ihren höchsten Geist in eines
Menschen Hülle während dreier
Jahre: da Er kam in Seines

Vaters Erbteil – nun der Erde
innerlichstes Himmelsfeuer:
daß auch sie einst Sonne werde.

ICH habe den *Menschen* gesehn in seiner tiefsten Gestalt,
ich kenne die Welt bis auf den Grundgehalt.

Ich weiß, daß Liebe, Liebe ihr tiefster Sinn,
und daß ich da, um immer mehr zu lieben, bin.

Ich breite die Arme aus, wie ER getan,
ich mochte die ganze Welt, wie ER, umfahn.

DA nimm. Das laß ich dir zurück, o Welt ...
Es stammt von dir. Es sei von neuem dein.
Da, wo ich jetzo will hinaus, hinein,
bin ich nicht mehr auf dich gestellt.

Da gilt der blasse Geist allein,
den ich mir formte über dir
ach, nur wie einen blassen Opferrauch, –
da gilt nur noch der, ach, so schwache Hauch,
der von dem *Christus lebt* in mir.

[Aus den letzten Lebenstagen]

Tätigkeit im rechten Sinne –
schön Gebet zum Sinn der Welt!
Deiner Kraft mit Freuden inne
fühl ich meinen Weg bestellt.

GEWALTIGER, der Du aus Geisteshöhn
auf Deinen armen Sohn der Erde schaust: –
Ich sah!
Und kann nun fürder nimmer leben mehr,
wie ich bisher gelebt.

Erhabenster,
hilf mir auf meinem neuen Lebensweg,
von dem ich nur erst dieses Eine weiß:
Sein ganzer Sinn muß Hülf' und Opfer sein.

Ich sah,
die Augen wurden aufgetan,
die lange erst im Halbschlaf rings geirrt...
– – –

AUS EINEM CHRISTUS-ZYKLUS

Joh. 1, 26

Er ist unter euch getreten,
den ihr nicht kennet:
Der Prophete der Propheten,
den danach brennet,

daß ihr euch vom Tiere trennet,
das ihr waret,
und mit Ihm als Euch erfahret,
den kein Mund nennet.

Joh. 4, 31

Die Jünger mahnten: »Rabbi, iß!«
Er aber brannte wie ein Licht,
und sah auf ihre Speise nicht
und fühlte in der Finsternis
der Welt, ein Stern, sich einsam stehn.
»Wir ließen ihn zu lang allein,
es hat ein andrer ihn gespeist!«
So rieten sie. Er aber spricht:
›Ihr sagt es, – meines Vaters Geist.
Meine Speise ist, daß ich künde Den,
der mich gesandt, und vollende, was Sein.‹

Joh. 8, 53

»So bist du mehr denn Abraham?
So bist du mehr denn ein Prophet?
Was machst du aus dir selbst, Mensch ohne Scham?«

Der Christus drauf: ›Mein Ich vergeht
wie eures. Doch, der aus ihm spricht,
Er, den ich sehe und ihr nicht seht,
der Gott, zu dem ihr im Tempel fleht,
und der hier eure Tempel bricht,
der Vater, der hier vor euch steht
im Sohn – vergeht mit diesem nicht.
Ich gehe und bleibe, verwerde und bin, –
faßt ihr ihn nicht, den Sinn
des Drei-Einigen? . . .‹

Da hoben sie Steine auf, ihn zu steinigen.

Joh. 14, 6

Ich bin der Weg, die Wahrheit und das Leben,
niemand kommt zum Vater denn durch mich.
Ihr mögt nach allen Winden streben –
wer flöhe – Sich?
Sich aber sah nur einer: ich.
Mich fassend, mich, in Geist und Wahrheit mich,
wirst du der Finsternis entschweben.
O faß mich doch! O laß mich dich erheben!
Ich liebe dich.

FASS es, was sich dir enthüllt!
Ahne dich hinan zur Sonne!
Ahne, welche Schöpfer-Wonne
jedes Wesen dort erfüllt!

Klimm empor dann dieser Geister
Stufen bis zur höchsten Schar!
Und dann endlich nimm Ihn wahr:
Aller dieser Geister Meister!

Und dann komm mit Ihm herab!
Unter Menschen und Dämonen
komm mit Ihm, den Leib bewohnen,
den ein Mensch Ihm fromm ergab.

Faßt ein Herz des Opfers Größe?
Mißt ein Geist dies Opfer ganz? –
Wie ein Gott des Himmels Glanz
tauscht um Menschennot und -blöße!

KINDERLIEDER

HEUT ritt ich im Traum
auf schneeweißem Pferde
ohne Zügel und Zaum
rings um die Erde.
Und wo ein Dach,
war ein Treiben
hinter den Scheiben:
Alles war wach!
Großäugig, tieflockig,
schmalfüßig, kurzrockig
lugten die Kindlein
der Menschen mir nach.

Oh, euch süße Gesichter
vergeß ich nie mehr,
euch glückliche Lichter
durch Nacht zu mir her,
euch Näschen, vom Fensterdruck
schelmisch gestumpft,
euch Wädchen und Kniechen
nur dürftig bestrumpft,
euch rosige Händchen,
ans Glas angestützt,
euch kosige Mündchen,
neugierig gespützt!

Ihr Kindlein, ich segn' euch
viel tausend, tausend Mal!
Nur Großes begegn' euch
im Sonn- und Mondenstrahl!
Euer Lachen, euer Weinen
sei edler Frucht geschwellt!
Ihr seid ja, ihr Kleinen,
die Zukunft unserer Welt!

Euch reifen die Lieder
auf meines Lebens Baum ...
Einst sehn wir uns wieder –
und nicht mehr im Traum!

Spruch vor Tisch

Erde, die uns dies gebracht,
Sonne, die es reif gemacht:
Liebe Sonne, liebe Erde,
euer nie vergessen werde!

Das Häslein

Unterm Schirme, tief im Tann,
hab ich heut gelegen,
durch die schweren Zweige rann
reicher Sommerregen.

Plötzlich rauscht das nasse Gras –
stille! Nicht gemuckt! –:
Mir zur Seite duckt
sich ein junger Has –

Dummes Häschen,
bist du blind?
Hat dein Näschen
keinen Wind?

Doch das Häschen, unbewegt,
nutzt, was ihm beschieden,
Ohren, weit zurückgelegt,
Miene, schlau zufrieden.

Ohne Atem lieg ich fast,
laß die Mücken sitzen;
still besieht mein kleiner Gast
meine Stiefelspitzen ...

Um uns beide – tropf – tropf – tropf –
traut eintönig Rauschen ...
Auf dem Schirmdach – klopf – klopf – klopf ...
Und wir lauschen ... lauschen ...

Wunderwürzig kommt ein Duft
durch den Wald geflogen;
Häschen schnuppert in die Luft,
fühlt sich fortgezogen;

Schiebt gemächlich seitwärts, macht
Männchen aller Ecken ...
Herzlich hab ich aufgelacht –:
Ei, der wilde Schrecken!

Die drei Spatzen

In einem leeren Haselstrauch
da sitzen drei Spatzen, Bauch an Bauch.

Der Erich rechts und links der Franz
und mitten drin der freche Hans.

Sie haben die Augen zu, ganz zu,
und obendruber da schneit es, hu!

Sie rücken zusammen dicht an dicht.
So warm wie der Hans hats niemand nicht.

Sie hören alle drei ihrer Herzlein Gepoch
Und wenn sie nicht weg sind, so sitzen sie noch.

Fips

Ein kleiner Hund mit Namen Fips
erhielt vom Onkel einen Schlips
aus gelb und roter Seide.

Die Tante aber hat, o denkt,
ihm noch ein Glöcklein drangehängt
zur Aug- und Ohrenweide.

Hei, ward der kleine Hund da stolz!
Das merkt sogar der Kaufmann Scholz
im Hause gegenüber.

Den grüßte Fips sonst mit dem Schwanz;
jetzt ging er voller Hoffart ganz
an seiner Tür vorüber.

Von dem großen Elefanten

Kennst du den großen Elefanten,
du weißt, den Onkel von den Tanten,
den ganz ganz großen, weißt du, der –
der immer *so* macht, hin und her.

Der läßt dich nämlich vielmals grüßen,
er hat mit seinen eignen Füßen
hineingeschrieben in den Sand:
Grüß mir Sophiechen Windelband!

Du darfst mir ja nicht drüber lachen.
Wenn Elefanten so was machen,
so ist dies selten, meiner Seel!
Weit seltner als bei dem Kamel.

Schnauz und Miez

Ri ra rumpelstiez –
wo ist der Schnauz? Wo ist die Miez?

Der Schnauz, der liegt am Ofen
und leckt sich seine Pfoten.

Die Miez – die sitzt am Fenster
und wäscht sich ihren Spenzer.

Rumpeldipumpel schnaufeschnauf –
da kommt die Frau die Treppe rauf.

Was bringt die Frau dem Kätzchen?
Einen Knäul, einen Knäul, mein Schätzchen!

Einen Knäul aus grauem Wollenflaus,
der aussieht wie eine kleine Maus.

Was bringt die Frau dem Hündchen?
Ein Halsband, mein Kindchen!

Ein Halsband von besondrer Art,
auf welchem steht: Schnauz Schnauzebart.

Ri ra rumpeldidaus –
und damit ist die Geschichte aus.

Traumliedchen

Träum, Kindlein, träum,
im Garten stehn zwei Bäum.

Der eine, der trägt Sternlein,
der andre Mondenhörnlein.

Da kommt der Wind der Nacht gebraust –
und schüttelt die beiden mit rauher Faust.

Das Mondenhörnleinbäumlein steht,
als wäre gar kein Wind, der weht.

Das Sternenbäumlein aber, ach,
dem fallen zwei Sternlein in den Bach.

Da kommen zwei Fischlein munter –
und schlucken die Sternlein hinunter.

Und hätte es nicht sterngeschnuppt,
so wären sie nicht so schön geschuppt.

Träum, Kindlein, träum,
im Garten stehn zwei Bäum ...

der eine, der trägt Sternlein,
der andre Mondenhörnlein ...

Träum, Kindlein, träum ...

Lied der Sonne

Ich bin die Mutter Sonne und trage
die Erde bei Nacht, die Erde bei Tage.
Ich halte sie fest und strahle sie an,
daß alles auf ihr wachsen kann.
Stein und Blume, Mensch und Tier,
alles empfängt sein Licht von mir.
Tu auf dein Herz wie ein Becherlein,
denn ich will leuchten auch dort hinein!
Tu auf dein Herzlein, liebes Kind,
daß wir Ein Licht zusammen sind!

Winternacht

Es war einmal eine Glocke,
die machte baum, baum ...
Und es war einmal eine Flocke,
die fiel dazu wie im Traum ...

Die fiel dazu wie im Traum ...
Die sank so leis hernieder,
wie ein Stück Engleingefieder
aus dem silbernen Sternenraum.

Es war einmal eine Glocke,
die machte baum, baum ...
Und dazu fiel eine Flocke,
so leis als wie ein Traum ...

So leis als wie ein Traum ...
Und als vieltausend gefallen leis,
da war die ganze Erde weiß,
als wie von Engleinflaum.

Da war die ganze Erde weiß,
als wie von Engleinflaum.

Das Weihnachtsbäumlein

Es war einmal ein Tännelein
mit braunen Kuchenherzlein
und Glitzergold und Äpflein fein
und vielen bunten Kerzlein:
Das war am Weihnachtsfest so grün,
als fing es eben an zu blühn.

Doch nach nicht gar zu langer Zeit,
da stands im Garten unten,
und seine ganze Herrlichkeit
war, ach, dahingeschwunden.
Die grünen Nadeln war'n verdorrt,
die Herzlein und die Kerzlein fort.

Bis eines Tags der Gärtner kam,
den fror zu Haus im Dunkeln,
und es in seinen Ofen nahm –
hei! tats da sprühn und funkeln!
Und flammte jubelnd himmelwärts
in hundert Flämmlein an Gottes Herz.

Beim Puppendoktor

Beim Puppendoktor Wunderlich,
da ist es ganz absunderlich.
Der Puppen Heilung ist sein Amt,
und wirklich heilt er allesamt!
Auch Traudelchen für ihre Puppe

erhält ein Fläschchen süsse Suppe.
Der Rabe krächzt dazu, wie stets,
bald »Wohl bekomm's!« und bald »Wie geht's«
Er kann nur diese beiden Worte
und braucht sie stets am falschen Orte.
Klein Traudchen wünscht sich fast nach Haus,
es ist auch alles gar zu kraus.

DES Nachts im Traum auf grünem Rasen
beschenken Paul die Osterhasen.
Zwei Eier legen sie gewandt
ihm auf den Arm und unter die Hand.
Am Himmel steht der Mond und denkt:
Ich werde nicht so schön beschenkt.

Füchslein-Leben

Einen Jungen-Fuchsen-Reigen
will euch hier Klaus Burrmann zeigen.
Sommermorgens schon um viere
läßt Mama die kleinen Tiere
aus den Zimmerchen des Baus
auf den Wiesenplan hinaus.

Tanzen dürfen dort im Ringel-
reihn die kleinen roten Schlingel;
denn am Tag ist keine Zeit
zu solch feiner Lustbarkeit.

Seht, da geht die Sonne auf.
Nun beginnt der Tageslauf.
Fuchspapa erscheint und spricht:
»Jetzt beginnt *mein* Unterricht!

Denke dir, mein lieber Knabe;«
spricht er zu dem jüngsten Knaben:
»Denke dir, ich wär ein Rabe,
Nun! Wie fängt man einen Raben?«

Peter (wie der Kleine heißt)
ist nun just kein großer Geist,
doch sein Schwesterchen Elise
legt sich stracks platt auf die Wiese.

Und obwohl ihr garnichts fehlt,
stellt sie tot sich und entseelt.

Drauf fängt Vater Fuchs voll Lächeln
mit den Armen an zu fächeln
und begibt sich hupfend flugs
zu dem tot vermeinten Fuchs –
ganz so wie ein Rabe täte,
der ein Beutestück erspähte.

Und schon packt er ihre Pfote. –
Doch da springt sie auf, die »Tote«!
Kneift ins Bein ihn und – fürwahr!
fräß' ihn auf mit Haut und Haar,

wär's der eigne Vater nicht,
welcher stolz nun also spricht:
»Siehst du, Peter, deine Schwester
weiß schon mehr als du, mein Bester.
Peterchen, was bist du doch
für ein kleiner Dummkopf noch!«

Mogel

Der Diener Mogel treu und leise,
begleitet Burrmann auf der Reise.

Er ist ein halber Neger und
gebürtig aus Stadt Swakopmund.

Stadt Swakopmund, das ist ein Hafen,
in welchem nachts die Schiffe schlafen.

Doch wenn man aus dem Schiffe steigt,
sich Afrika, das große, zeigt.

Der Diener Mogel also heißt
mit Vornamen Hans Immerdreist.

So taufte ihn ein Missionar
und goß ihm Wasser übers Haar.

Nun trägt der Brave früh und spat
Klaus Burrmann nach den Apparat

durch Wüstensand und Urwald dicht,
und fürchtet sich vor niemand nicht.

Der Marabu

Der Marabu, von dem es heißt,
er sei ein nachdenklicher Geist,

nimmt bei des Vollmonds hellem Brand
stets gern ein gutes Buch zur Hand –

und setzt die Brille auf die Nase
und liest des Nachts in der Oase.

Er denkt, es hat des niemand acht,
wodurch er so gelehrt sich macht.

Doch Burrmann folgt mit Hilfe Mogels
dem Lebensgang auch dieses Vogels.

Hans Mogel wird, mit Leim behandelt,
in einen Marabu verwandelt.

Stativ und Apparat dazu
in einen zweiten Marabu.

Als nun die Nacht kommt und der Mond,
erscheint der Vogel, wie gewohnt,

und hebt die Brille hinters Ohr
und zieht ein Lesebuch hervor.

Unweit zwar, an der Palme Fuß,
sieht er zwei weitre Marabus; –

doch da dieselben gleichfalls lesen,
versöhnt er sich mit ihrem Wesen.

Er schlägt sein Buch auf, Seite dreißig,
und liest wie immer ernst und fleißig.

Da drückt Hans Mogel auf den Ball . . .
man hört ein Klingen von Metall . . .

doch weiter nichts. Die Dreie stehn
ganz still, als wäre nichts geschehn.

Nach einer Weile aber – knall! –
drückt Mogel abermals den Ball.

Verflossen ist die nötige Zeit.
Der Marabu ist konterfeit.

Die beiden falschen Marabus
verschwinden von der Palme Fuß . . .

Der echte aber spricht zu sich:
»Dies alles ist höchst wunderlich!«

GALGENLIEDER

DEM KINDE IM MANNE (1905)

Im echten Manne ist ein Kind versteckt: das will spielen.

Nietzsche

DEM KINDE IM MENSCHEN

In jedem Menschen ist ein Kind verborgen, das heißt Bildnertrieb und will als liebstes Spiel- und Ernst-Zeug nicht das bis auf den letzten Rest nachgearbeitete Miniatür-Schiff, sondern die Walnußschale mit der Vogelfeder als Segelmast und dem Kieselstein als Kapitän. Das will auch in der Kunst *mit*-spielen, mit-*schaffen* dürfen und nicht so sehr bloß bewundernder Zuschauer sein. Denn dieses »Kind im Menschen« ist der unsterbliche Schöpfer in ihm ...

Christian Morgenstern, Zur 15. Auflage (1913)

VERSUCH EINER EINLEITUNG ZUR DRITTEN BEZIEHUNGSWEISE ERSTEN AUFLAGE

Aufgefordert vom Verfasser, eine neue Einleitung zu schreiben oder die alte – meines seligen Jeremias – zu belassen, verbind ich beides, insofern als ich zum ersten festgestellt zu haben wissen möchte, daß dieses Buch nunmehr nicht nur zum dritten Male in einem ersten Teile seines Inhalts, sondern zugleich zum andern mit einem zweiten Teile seines Inhalts zum ersten Male, also einerseits zum dritten, andrerseits zum ersten Male seine Reise in die Umwelt antritt, zum zweiten aber, daß auch im gedachten ersten Teile nicht alles wie beim ersten und beim zweiten Male, sondern teils in Kleinigkeiten überfeilt, teils überlegter angeordnet, teils auch um ein Dutzend minder reifer Beeren ausgezwickt gedruckt, worüber nicht zu larmoyieren, sondern sich zu freuen jedem Weisen leicht wird, worden ist.
Von der Verfertigung der ersten Gesänge an zweiter Stelle, jetzt vorerst an erster von den zweiten – als einer Art Ausbauch der ursprünglichen Leyer, schon im ersten Teile seinerzeit durch etliches unleugbar annunziert. Es haben diese zweiten Lieder mit dem Galgen wohl so wenig mehr gemein als wie der Galgenhügel dieser Zeit mit dem von einstmals. Der Galgen ist hinweg, der Hügel ist geblieben. So auch hier. Zuerst war am Galgenhügel der Galgen das Wesenzielle, jetzt ist es der Hügel. Und auf dem Hügel steht kein Holz mehr heut, es sei ein Baumstrunk denn, auf dem der GINGGANZ sinnend spinnend Bein mit Beine kreuzt...
Um ihn, von ihm bewegt sich (nach wie vor und wie auch sonst) die Zeit, reiht Tag an Tag sich, reiht Symptom sich an Symptom, gleich neuem Leben sprossend aus Ruinen.
Und solch ein Symptom – und damit spring ich betreffs des ersten Teils in den der ersten und zweiten Auflage betreffs des letzteren bereits vorgedruckt gewesenen »Versuch einer Einleitung« meines unvergeßlichen Mitarbeiters am Reiche deutscher Wissenschaft und Kunst & ihrer Deutung, des

Lic. Dr. Jeremias Mueller, meines Mannes, zurück – zeitströmiger Entwicklung wars dann auch, daß eines Tages des hinvergangnen Jahrhundertendes sich »acht junge Männer, fest entschlossen, dem feindlichen Moment, wo immer, im Sinne der Zeit, diese Zeit, wie jede, als eine Zeit nicht bloß der Bewegung schlechthin, sondern einer sowohl ab- wie aufsteigenden Bewegung, mit zeitweilig dem Ideale unentwegten Fortschritts nur allzu abgekehrter Vorwiegung des ersteren Moments in ihr betrachtet, munteren Sinnes sich entgegenzustellen, die Hand reichten«.

»Ein sonderbarer Kult«, fährt Jeremias fort, »vereinte sie. Zuvörderst wird das Licht verdreht, ein schwarzes Tuch dann aus dem Korb und übern Tisch gezogen, mit Schauderzeichen reich phosphoresziert, und bleich ein einzig Wachs inmitten der Idee des Galgenbergs entnommener freudigschrecklicher Symbole. Dazu hieß der erste Schuhu: der hing zuhöchst und gab den Klang zum Hauch des Rabenaas, der das Mysterium verwest; der dritte hieß Verreckerle: der bot das Henkersmahl; der vierte Veitstanz, zubenannt der Glöckner: der zog den Armesünderstrang; der fünfte Gurgeljochem: der schor den Lebensfaden durch; der sechste Spinna, das Gespenst: der schlug zwölf; der siebente Stummer Hannes, der Büchner zubenannt: der sang Fisches Nachtgesang, und der achte Faherügghh, mit dem Beinamen der Unselm: der konnte das Simmaleins und sprach das große Lalulā. Und es wurde das Knochenklavier geschaffen und der Gelächtertrab und die Elementarsymphonie und der Huckepack d'Albert und der Eulenviertanz und der Galgenschlenkerer und Sophie, die Henkersmaid, als Symbild von der Weisheit unverweslichem Begriff.«

Und nun endet Jeremias – ende denn auch ich hier dies mein Ad- und Conscribonium – mit der kataraktnen Coda folgender Betrachtung und Erachtung: »Ein modulationsfähiger Keim.

Und in der Tat, wenn irgendwo, wenn irgendwann, mußte gerade damals und gerade bei denjenigen Kräften der Volksseele, in denen das Herz der vom Geist der neuen Zeit am wunderlichsten beeindruckten Unvoreingenommenheit des Natürlichen am zukunftswetterschwangervollsten pochte, ein besonders abwelthafter Rückschlag wider das Gesetz in der

Vernunft von seiten mehr exzös gerichteter Seelen erfolgen und damit ein Beweisschatten mehr geworfen werden, daß keine Zeit, so dunkel sie auch sich und in sich selber sei, indem sie ›ihr Herze offenbart‹, mit all den Widersprüchen, Knäueln, Gräueln, Grund- und Kraftsuppen ihres Wesens, als Schwan zuletzt mit Rosenfingern über den Horizont ihres eigenen Chaos – und sei es auch nur als ein Wesenstel ihrer selbst, und sei es auch nur mit der lächelndsten Träne im Wappen – emporzusteigen sich zu entbrechen den Mut, was sage ich, die Verruchtheit hat.
Es darf daher getrost, was auch von allen, deren Sinne, weil sie unter Sternen, die, wie der Dichter sagt: ›zu dörren statt zu leuchten‹ geschaffen sind, geboren sind, vertrocknet sind, behauptet wird, enthauptet werden, daß hier einem sozumaßen und im Sinne der Zeit, dieselbe im Negativen als Hydra betrachtet, hydratherapeutischen Moment ersten Ranges – immer angesichts dessen, daß, wie oben, keine mit Rosenfingern den springenden Punkt ihrer schlechthin unvoreingenommenen Hoffnung auf eine, sagen wir schwansinnige oder wesenzielle Erweiterung des natürlichen Stoffgebietes zusamt mit der Freiheit des Individuums vor dem Gesetz ihrer Volksseele zu verraten sich zu entbrechen den Mut, was sage ich, die Verruchtheit haben wird, einem Moment, wie ihm in Handel, Wandel, Kunst und Wissenschaft allüberall dieselbe Erscheinung, dieselbe Tendenz den Arm bieten und welchen bei allem, ja vielleicht eben trotz allem, als ein mehr oder minder modulationsfähiger Ausdruck einer ganz bestimmten und im weitesten Verfolge exzösen Weltauffasserraumwortkindundkunstanschauung kaum mehr zu unterschlagen versucht werden zu wollen vermag – gegenübergestanden und beigewohnt werden zu dürfen gelten lassen zu müssen sein möchte.«

Dr. Gundula Mueller

Köpenick/Athen
Im Schaltmonat A. D. MDCCCCCVIII

WIE DIE GALGENLIEDER ENTSTANDEN

Es waren einmal acht lustige Könige; die lebten. Sie hießen aber so und so. Wer heißt überhaupt? Man nennt ihn. Eines Tages aber sprachen die lustigen Könige zueinander, wie Könige zueinander sprechen. »Die Welt ist ohne Salz; laßt uns nach Salz gehen!« sagte der zweite. »Und wenn es Pfeffer wäre«, meinte der sechste. »Wer weiß das Neue?« fragte der fünfte. »Ich!« rief der siebente. »Wie nennst du's?« fragte der erste. »Das Unterirdische,« erwiderte der siebente, »das Links, das Rechts, das Dazwischen, das Nächtliche, die Quadrate des Unsinnlichen über den drei Seiten des Sinnlichen.« »Und der Weg dazu?« fragte der achte. »Das einarmige Kreuz ohne Kopf mit der Basis über dem Winkel«, sagte der siebente. »Also der Galgen!« sagte der vierte. »Esto«, sprach der dritte. Und alle wiederholten: »Esto«, das heißt »Jawohl«.

Und die acht lustigen Könige rafften ihre Gewänder und ließen sich von ihrem Narren hängen. Den Narren aber verschlang alsogleich der Geist der Vergessenheit. –

Betrachten wir den »Galgenberg« als ein Lugaus der Phantasie ins Rings. Im Rings befindet sich noch viel Stummes.

Die Galgenpoesie ist ein Stück Weltanschauung. Es ist die skrupellose Freiheit des Ausgeschalteten, Entmaterialisierten, die sich in ihr ausspricht. Man weiß, was ein mulus ist: die beneidenswerte Zwischenstufe zwischen Schulbank und Universität. Nun wohl: ein Galgenbruder ist die beneidenswerte Zwischenstufe zwischen Mensch und Universum. Nichts weiter. Man sieht vom Galgenberg die Welt anders an, und man sieht andre Dinge als Andre.

Laß die Moleküle rasen,
was sie auch zusammenknobeln!
Laß das Tüfteln, laß das Hobeln,
heilig halte die Ekstasen!

Galgenberg

Blödem Volke unverständlich
treiben wir des Lebens Spiel.
Gerade das, was unabwendlich,
fruchtet unserm Spott als Ziel.

Magst es Kinder-Rache nennen
an des Daseins tiefem Ernst;
wirst das Leben besser kennen,
wenn du uns verstehen lernst.

Bundeslied der Galgenbrüder

O schauerliche Lebenswirrn,
wir hängen hier am roten Zwirn!
Die Unke unkt, die Spinne spinnt,
und schiefe Scheitel kämmt der Wind.

O Greule, Greule, wüste Greule!
»Du bist verflucht!« so sagt die Eule.
Der Sterne Licht am Mond zerbricht.
Doch dich zerbrachs noch immer nicht.

O Greule, Greule, wüste Greule!
Hört ihr den Huf der Silbergäule?
Es schreit der Kauz: pardauz! pardauz!
da tauts, da grauts, da brauts, da blauts!

Nein!

Pfeift der Sturm?
Keift ein Wurm?
Heulen
Eulen
hoch vom Turm?

Nein!

Es ist des Galgenstrickes
dickes
Ende, welches ächzte,
gleich als ob
im Galopp
eine müdgehetzte Mähre
nach dem nächsten Brunnen lechzte
(der vielleicht noch ferne wäre).

Die Trichter

Zwei Trichter wandeln durch die Nacht.
Durch ihres Rumpfs verengten Schacht
fließt weißes Mondlicht
still und heiter
auf ihren
Waldweg
u. s.
w.

Des Galgenbruders Gebet und Erhörung

(Ein Nachtlied, im Jenseits vorzusingen)

Die Mond-Uhr wies auf halber ilf,
da rief ich laut: Gott hilf, Gott hilf!
Wie singt im nahen Röhricht
die Unke gar so töricht!

Uu, uu, uu, uu –
So geht es immer und immerzu!
Ich kann solch lautes Grübeln
der Kröte nur verübeln.

So schweig doch still, verruchtes Maul!
Sonst freß dich gleich der Silbergaul!
Er frißt dich auf wie Hafer –
drum werde stiller, braver! ...

– – – – – – – – – – – –
– – – – – – – – – – – –
– – – – – – – – – – – –
– – – – – – – – – – – –

Die Mond-Uhr wies dreiviertel ilf,
verweht war mein: Gott hilf, Gott hilf! –
Im nahen Röhricht aber
erschien der Silbertraber.

Nachtbild

Es horcht ein Hofhund hinterm Zaun –
(›Achtung! Hunde!‹)
Es horcht ein Hofhund hinterm Zaun
zur mitternächtigen Stunde.
Mit glühenden Augen steht der Hund
an einem Möbelwagen ...
Der Mensch ist fort. Die Nacht ist rund
mit Sternen ausgeschlagen.

Der Tanz

Ein Vierviertelschwein und eine Auftakteule
trafen sich im Schatten einer Säule,
die im Geiste ihres Schöpfers stand.
Und zum Spiel der Fiedelbogenpflanze
reichten sich die zwei zum Tanze
Fuß und Hand.

Und auf seinen dreien rosa Beinen
hüpfte das Vierviertelschwein graziös,
und die Auftakteul auf ihrem einen
wiegte rhythmisch ihr Gekrös.
Und der Schatten fiel,
und der Pflanze Spiel
klang verwirrend melodiös.

Doch des Schöpfers Hirn war nicht von Eisen,
und die Säule schwand, wie sie gekommen war,
und so mußte denn auch unser Paar
wieder in sein Nichts zurücke reisen.
Einen letzten Strich
tat der Geigerich –
und dann war nichts weiter zu beweisen.

Bim, Bam, Bum

Ein Glockenton fliegt durch die Nacht,
als hätt er Vogelflügel;
er fliegt in römischer Kirchentracht
wohl über Tal und Hügel.

Er sucht die Glockentönin BIM,
die ihm vorausgeflogen;
d. h., die Sache ist sehr schlimm,
sie hat ihn nämlich betrogen.

»O komm,« so ruft er, »komm, dein BAM
erwartet dich voll Schmerzen.
Komm wieder, BIM, geliebtes Lamm,
dein BAM liebt dich von Herzen!«

Doch BIM, daß ihrs nur alle wißt,
hat sich dem BUM ergeben;
der ist zwar auch ein guter Christ,
allein das ist es eben.

Der BAM fliegt weiter durch die Nacht
wohl über Wald und Lichtung.
Doch, ach, er fliegt umsonst! Das macht,
er fliegt in falscher Richtung.

Das ästhetische Wiesel

Ein Wiesel
saß auf einem Kiesel
inmitten Bachgeriesel.

Wißt ihr,
weshalb?

Das Mondkalb
verriet es mir
im Stillen:

Das raffinier-
te Tier
tats um des Reimes willen.

Das Weiblein mit der Kunkel

Um stille Stübel schleicht des Monds
barbarisches Gefunkel –
im Gäßchen hoch im Norden wohnts,
das Weiblein mit der Kunkel.

Es spinnt und spinnt. Was spinnt es wohl?
Es spinnt und spintisieret...
Es trägt ein weißes Kamisol,
das seinen Körper zieret.

Um stille Stübel schleicht des Monds
barbarisches Gefunkel –
im Gäßchen hoch im Norden wohnts,
das Weiblein mit der Kunkel.

Der Mondberg-Uhu

Der Mondberg-Uhu hat ein Bein,
sein linkes Bein, im Sonnenschein.
Das rechte Bein jedoch des Vogels
bewohnt das Schattenreich des Kogels.

Bis hundertfunfzig Grad im Licht
gibt Herschel ihm (zwar Langsley nicht),
im Dustern andrerseits desgleichen
dasselbe mit dem Minuszeichen.

Sein Wohl befiehlt ihm (man versteht),
daß er sich stetig ruckweis dreht.
Er funktioniert wie eine Uhr
und ist doch bloß ein Uhu nur.

Der Hecht

Ein Hecht, vom heiligen Antōn
bekehrt, beschloß, samt Frau und Sohn,
am vegetarischen Gedanken
moralisch sich emporzuranken.

Er aß seit jenem nur noch dies:
Seegras, Seerose und Seegrieß.
Doch Grieß, Gras, Rose floß, o Graus,
entsetzlich wieder hinten aus.

Der ganze Teich ward angesteckt.
Fünfhundert Fische sind verreckt.
Doch Sankt Antōn, gerufen eilig,
sprach nichts als »Heilig! heilig! heilig!«

Der Nachtschelm und das Siebenschwein
Oder Eine glückliche Ehe

Der Nachtschelm und das Siebenschwein,
die gingen eine Ehe ein,
o wehe!

Sie hatten dreizehn Kinder, und
davon war eins der Schluchtenhund,
zwei andre waren Rehe.

Das vierte war die Rabenmaus,
das fünfte war ein Schneck samt Haus,
o Wunder!
Das sechste war ein Käuzelein,
das siebte war ein Siebenschwein
und lebte in Burgunder.

Acht war ein Gürteltier nebst Gurt,
neun starb sofort nach der Geburt,
o wehe!
Von zehn bis dreizehn ist nicht klar; –
doch wie dem auch gewesen war,
es war eine glückliche Ehe!

Die beiden Esel

Ein finstrer Esel sprach einmal
zu seinem ehlichen Gemahl:

»Ich bin so dumm, du bist so dumm,
wir wollen sterben gehen, kumm!«

Doch wie es kommt so öfter eben:
Die beiden blieben fröhlich leben.

Der Steinochs

Der Steinochs schüttelt stumm sein Haupt,
daß jeder seine Kraft ihm glaubt.
Er spießt dich plötzlich auf sein Horn
und bohrt von hinten dich bis vorn.
Weh!

Der Steinochs lebt von Berg zu Berg,
vor ihm wird, was da wandelt, Zwerg.
Er nährt sich meist – und das ist neu –
von menschlicher Gehirne Heu.
Weh!

Der Steinochs ist kein Tier, das stirbt,
dieweil sein Fleisch niemals verdirbt.
Denn wir sind Staub, doch er ist Stein!
Du möchtest wohl auch Steinochs sein?
He?

Tapetenblume

Tapetenblume bin ich fein,
kehr wieder ohne Ende,
doch, statt im Mai'n und Mondenschein,
auf jeder der vier Wände.

Du siehst mich nimmerdar genung,
so weit du blickst im Stübchen,
und folgst du mir per Rösselsprung –
wirst du verrückt, mein Liebchen.

Das Wasser

Ohne Wort, ohne Wort
rinnt das Wasser immerfort;
andernfalls, andernfalls
spräch es doch nichts andres als:

Bier und Brot, Lieb und Treu, –
und das wäre auch nicht neu.
Dieses zeigt, dieses zeigt,
daß das Wasser besser schweigt.

Die Weste

Es lebt in Süditalien eine Weste
an einer Kirche dämmrigem Altar.
Versteht mich recht: Noch dient sie Gott aufs beste.
Doch wie in Adam schon Herr Haeckel war,
(zum Beispiel bloß), so steckt in diesem Reste
Brokat voll Silberblümlein wunderbar
schon heut der krause Übergang verborgen
vom Geist von gestern auf den Wanst von morgen.

Die Westküsten

Die Westküsten traten eines Tages zusammen
und erklärten, sie seien keine Westküsten,
weder Ostküsten noch Westküsten –
»daß sie nicht wüßten!«

Sie wollten wieder ihre Freiheit haben
und für immer das Joch des Namens abschütteln,
womit eine Horde von Menschenbütteln
sich angemaßt habe, sie zu begaben.

Doch wie sich befreien, wie sich erretten
aus diesen widerwärtigen Ketten?
»Ihr Westküsten,« fing eine an zu spotten,
»gedenkt ihr den Menschen etwan auszurotten?«

»Und wenn schon!« rief eine andre schrill.
»Wenn ich seine Magd nicht mehr heißen will?« –
»Dann blieben aber immer noch die Atlanten«, –
meinte eine von den asiatischen Tanten.

Schließlich, wie immer in solchen Fällen,
tat man eine Resolution aufstellen.
Fünfhundert Tintenfische wurden aufgetrieben,
und mit ihnen wurde folgendes geschrieben:

»Wir Westküsten erklären hiermit einstimmig,
daß es uns nicht gibt, und zeichnen hochachtungsvoll:
Die vereinigten Westküsten der Erde. –
Und nun wollte man, daß dies verbreitet werde.

Sie riefen den Walfisch, doch er tats nicht achten;
sie riefen die Möwen, doch die Möwen lachten;
sie riefen die Wolke, doch die Wolke vernahm nicht;
sie riefen ich weiß nicht was, doch ich weiß nicht was kam nicht.

»Ja, wieso denn, wieso?« schrie die Küste von Ekuador:
»Wärst du etwa kein Walfisch, du grober Tor?«
»Sehr richtig«, sagte der Walfisch mit vollkommener Ruh:
»Dein Denken, liebe Küste, dein Denken macht mich erst dazu.«

Da wars den Küsten, als sähn sie sich im Spiegel:
ganz seltsam erschien ihnen plötzlich ihr Gewiegel.
Still schwammen sie heim, eine jede nach ihrem Land.
Und die Resolution, die blieb unversandt.

Philanthropisch

Ein nervöser Mensch auf einer Wiese
wäre besser ohne sie daran;
darum seh er, wie er ohne diese
(meistens mindstens) leben kann.

Kaum, daß er gelegt sich auf die Gräser,
naht der Ameis, Heuschreck, Mück und Wurm,
naht der Tausendfuß und Ohrenbläser,
und die Hummel ruft zum Sturm.

Ein nervöser Mensch auf einer Wiese
tut drum besser, wieder aufzustehn
und dafür in andre Paradiese
(beispielshalber: weg) zu gehn.

Der Traum der Magd

Am Morgen spricht die Magd ganz wild:
»Ich hab heut Nacht ein Kind gestillt –

ein Kind mit einem Käs als Kopf –
und einem Horn am Hinterschopf!

Das Horn, o denkt euch, war aus Salz
und ging zu essen, und dann –«

»Halt's –
halt's Maul«, so spricht die Frau, »und geh
an deinen Dienst, Zä-zi-li-ē!«

Die Hystrix

Das hinterindische Stachelschwein
(Hystrix grotei Gray),
das hinterindische Stachelschwein
aus Siam, das tut weh.

Entdeckst du wo im Walde drauß
bei Siam seine Spur,
dann tritt es manchmal, sagt man, aus
den Schranken der Natur.

Dann gibt sein Zorn ihm so Gewalt,
daß, eh du dich versiehst,
es seine Stacheln jung und alt
auf deinen Leib verschießt.

Von oben bis hinab sodann
stehst du gespickt am Baum,
ein heiliger Sebastian,
und traust den Augen kaum.

Die Hystrix aber geht hinweg,
an Leib und Seele wüst.
Sie sitzt im Dschungel im Versteck
und büßt.

Das Nasobēm

Auf seinen Nasen schreitet
einher das Nasobēm.
von seinem Kind begleitet.
Es steht noch nicht im Brehm.

Es steht noch nicht im Meyer.
Und auch im Brockhaus nicht.
Es trat aus meiner Leyer
zum ersten Mal ans Licht.

Auf seinen Nasen schreitet
(wie schon gesagt) seitdem,
von seinem Kind begleitet,
einher das Nasobēm.

Die Probe

Zu einem seltsamen Versuch
erstand ich mir ein Nadelbuch.

Und zu dem Buch ein altes zwar,
doch äußerst kühnes Dromedar.

Ein Reicher auch daneben stand,
zween Säcke Gold in jeder Hand.

Der Reiche ging alsdann herfür
und klopfte an die Himmelstür.

Drauf Petrus sprach: »Geschrieben steht,
daß ein Kamel weit eher geht

durchs Nadelöhr als du, du Heid,
durch diese Türe groß und breit!«

Ich, glaubend fest an Gottes Wort,
ermunterte das Tier sofort,

ihm zeigend hinterm Nadelöhr
ein Zuckerhörnchen als Douceur.

Und in der Tat! Das Vieh ging durch,
obzwar sich quetschend wie ein Lurch!

Der Reiche aber sah ganz stier
und sagte nichts als: »Wehe mir!«

Die Schildkrökröte

»Ich bin nun tausend Jahre alt
und werde täglich älter;
der Gotenkönig Theobald
erzog mich im Behälter.

Seitdem ist mancherlei geschehn,
doch weiß ich nichts davon;
zur Zeit, da läßt für Geld mich sehn
ein Kaufmann zu Heilbronn.

Ich kenne nicht des Todes Bild
und nicht des Sterbens Nöte:
Ich bin die Schild – ich bin die Schild –
ich bin die Schild – krö – kröte.«

Der Gaul

Es läutet beim Professor Stein.
Die Köchin rupft die Hühner.
Die Minna geht: Wer kann das sein? –
Ein Gaul steht vor der Türe.

Die Minna wirft die Türe zu.
Die Köchin kommt: Was gibts denn?
Das Fräulein kommt im Morgenschuh.
Es kommt die ganze Familie.

»Ich bin, verzeihn Sie«, spricht der Gaul,
»der Gaul vom Tischler Bartels.
Ich brachte Ihnen dazumaul
die Tür- und Fensterrahmen!«

Die vierzehn Leute samt dem Mops,
sie stehn, als ob sie träumten.
Das kleinste Kind tut einen Hops,
die andern stehn wie Bäume.

Der Gaul, da keiner ihn versteht,
schnalzt bloß mal mit der Zunge,
dann kehrt er still sich ab und geht
die Treppe wieder hinunter.

Die dreizehn schaun auf ihren Herrn,
ob er nicht sprechen möchte.
»Das war«, spricht der Professor Stein,
»ein unerhörtes Erlebnis!« ...

Der heroische Pudel

Ein schwarzer Pudel, dessen Haar
des Abends noch wie Kohle war,
betrübte sich so höllenheiß,
weil seine Dame Flügel spielte,
trotzdem er heulte: daß (o Preis
dem Schmerz, der solchen Sieg erzielte!)
er beim Gekräh der Morgenhähne
aufstand als wie ein hoher Greis –
mit einer silberweißen Mähne.

Das Huhn

In der Bahnhofhalle, nicht für es gebaut,
geht ein Huhn
hin und her...
Wo, wo ist der Herr Stationsvorsteh'r?

Wird dem Huhn
man nichts tun?
Hoffen wir es! Sagen wir es laut:
daß ihm unsre Sympathie gehört,
selbst an dieser Stätte, wo es – ›stört‹!

Igel und Agel

Ein Igel saß auf einem Stein
und blies auf einem Stachel sein.
Schalmeiala, schalmeialü!
Da kam sein Feinslieb Agel
und tat ihm schnigel schnagel
zu seinen Melodein.
Schnigula schnagula
schnaguleia lü!

Das Tier verblies sein Flötenhemd...
»Wie siehst du aus so furchtbar fremd!?«
Schalmeiala, schalmeialü –.
Feins-Agel ging zum Nachbar, ach!
Den Igel aber hat der Bach
zum Weiher fortgeschwemmt.
Wigula wagula
waguleia wü
tü tü...

Der Werwolf

Ein Werwolf eines Nachts entwich
von Weib und Kind und sich begab
an eines Dorfschullehrers Grab
und bat ihn: »Bitte, beuge mich!«

Der Dorfschulmeister stieg hinauf
auf seines Blechschilds Messingknauf
und sprach zum Wolf, der seine Pfoten
geduldig kreuzte vor dem Toten:

»Der Werwolf«, sprach der gute Mann,
»des Weswolfs, Genitiv sodann,
dem Wemwolf, Dativ, wie mans nennt,
den Wenwolf, – damit hats ein End.«

Dem Werwolf schmeichelten die Fälle,
er rollte seine Augenbälle.
»Indessen«, bat er, »füge doch
zur Einzahl auch die Mehrzahl noch!«

Der Dorfschulmeister aber mußte
gestehn, daß er von ihr nichts wußte.
Zwar Wölfe gäbs in großer Schar,
doch »Wer« gäbs nur im Singular.

Der Wolf erhob sich tränenblind –
er hatte ja doch Weib und Kind!!
Doch da er kein Gelehrter eben,
so schied er dankend und ergeben.

Die Fingur

Es lacht die Nachtalp-Henne,
es weint die Windhorn-Gans,
es bläst der schwarze Senne
zum Tanz.

Ein Uhu-Tauber turtelt
nach seiner Uhuin.
Ein kleiner Sechs-Elf hurtelt
von Busch zu Busch dahin...

Und Wiedergänger gehen,
und Raben rufen kolk,
und aus den Teichen sehen
die Fingur und ihr Volk...

Das Fest des Wüstlings

(Zu flüstern)

Was stört so schrill die stille Nacht?
Was sprüht der Lichter Lüsterpracht?
  Das ist das Fest des Wüstlings!

Was huscht und hascht und weint und lacht?
Was cymbelt gell? Was flüstert sacht?
  Das ist das Fest des Wüstlings!

Die Pracht der Nacht ist jach entfacht!
Die Tugend stirbt, das Laster lacht!
  Das ist das Fest des Wüstlings!

Km 21

Ein Rabe saß auf einem Meilenstein
und rief Ka-em-zwei-ein, Ka-em-zwei-ein ...

Der Werhund lief vorbei, im Maul ein Bein,
der Rabe rief Ka-em-zwei-ein, zwei-ein.

Vorüber zottelte das Zapfenschwein,
der Rabe rief und rief Ka-em-zwei-ein.

»Er ist besessen!« – kam man überein.
»Man führe ihn hinweg von diesem Stein!«

Zwei Hasen brachten ihn zum Kräuterdachs.
Sein Hirn war ganz verstört und weich wie Wachs.

Noch sterbend rief er (denn er starb dort) sein
Ka-em-zwei-ein, Ka-em, Ka-em–zwei-ein.

Geiß und Schleiche

Die Schleiche singt ihr Nachtgebet,
die Waldgeiß staunend vor ihr steht.

Die Waldgeiß schüttelt ihren Bart
wie ein Magister hochgelahrt.

Sie weiß nicht, was die Schleiche singt,
sie hört nur, daß es lieblich klingt.

Die Schleiche fällt in Schlaf alsbald.
Die Geiß geht sinnend durch den Wald.

Eine Stimmung aus dem vierten Kreis

Zwei Hände, die so weiß, so weiß
als wie ein schlohweiß Laken,
vereinten sich im vierten Kreis,
während sie sonst gewohnterweis
in zwei verschiednen Taschen staken.

Sie zitterten, jedoch nur leis,
als ob sie vor sich selbst erschraken,
sie fühlten sich auf fremdem Gleis,
und dennoch taten sie mit Fleiß
sich ineinander haken.

Die zwei Wurzeln

Zwei Tannenwurzeln groß und alt
unterhalten sich im Wald.

Was droben in den Wipfeln rauscht,
das wird hier unten ausgetauscht.

Ein altes Eichhorn sitzt dabei
und strickt wohl Strümpfe für die zwei.

Die eine sagt: knig. Die andre sagt: knag.
Das ist genug für einen Tag.

Das Geburtslied
oder: Die Zeichen
oder: Sophie und kein Ende

Ein Kindelein
im Windelein
heut macht es noch ins Bindelein;
doch um das Haus
o Graus o Graus
da blasen böse Windelein.

»Ein Mädelein«
rufst Hedelein
und kneift ihm in die Wädelein.
Doch an dem Haus
o Graus o Graus
da wackeln alle Lädelein.

Ein Eulelein
schiebts Mäulelein
vorbei am Fenstersäulelein.
Es ruft ins Haus
o Graus o Graus
hört ihr die Silbergäulelein.

Ein Würmelein
im Stürmelein
fliegt nieder von dem Türmelein.
Es ruft o Graus:
»Es regnet drauß
so gebt mir doch ein Schirmelein.«

O Kindelein
im Windelein
heut machst du noch ins Bindelein.
Doch gehst du aus
im langen Flaus
wirst du ein Vagabündel sein.

Wie sich das Galgenkind die Monatsnamen merkt

Jaguar
Zebra
Nerz
Mandrill
Maikäfer
Pony
Muli
Auerochs
Wespenbär
Locktauber
Robbenbär
Zehenbär

Der Purzelbaum

Ein Purzelbaum trat vor mich hin
und sagte: »Du nur siehst mich
und weißt, was für ein Baum ich bin:
Ich schieße nicht, man schießt mich.

Und trag ich Frucht? Ich glaube kaum;
auch bin ich nicht verwurzelt.
Ich bin nur noch ein Purzeltraum,
sobald ich hingepurzelt.«

»Je nun«, so sprach ich, »bester Schatz,
du bist doch klug und siehst uns:
nun, auch für uns besteht der Satz:
Wir schießen nicht, es schießt uns.

Auch Wurzeln treibt man nicht so bald
und Früchte nun erst recht nicht.
Geh heim in deinen Purzelwald,
und lästre dein Geschlecht nicht.«

SECHSUNDZWANZIG GALGENLIEDER UND DEREN GEMEINVERSTÄNDLICHE DEUTUNG DURCH JEREMIAS MUELLER, DR. PHIL., PRIVATGELEHRTER

Wo Geist und Torheit recht sich gattet,
ist das Erlösende gestattet,
indes wo eins von beiden fehlt,
des Lebens Lampe übel schwelt.
Murten: Luciferata I, 9, Pagina 77

VORBEMERKUNG

An erster Stelle möchte ich hier noch eine Bitte und einen Dank aussprechen. Die Bitte nämlich, mit mir meiner lieben Frau Gundula den Dank aussprechen zu dürfen, den ihre aufopfernde Hilfe mir in der langwierigen und schwierigen Arbeit an diesen Anmerkungen geleistet hat. Und den Dank, nicht zuletzt auch an Sie alle, daß dieser Bitte hier Genüge geschehen.

Jeremias Mueller

Einführung, allgemeine Übersicht

DAS MONDSCHAF

Über die Dichtung »Das Mondschaf« allein könnte man ein dickes Buch, ja was sage ich, mehr als *ein* dickes Buch schreiben. Da wären in einem Abschnitt die Beziehungen jeder einzelnen Zeile zur Kantischen Philosophie im besonderen nebst der darin enthaltenen Kritik derselben aufzuzeigen, da Verf. unter dem Mondschaf doch ganz offenbar – wie ja auch die Widmung verrät – das Ding an sich verstanden wissen will, da wäre in einem andern die naturwissenschaftliche Seite der Sache zu behandeln, ob man das Mondschaf mit dem Mondkalb (cf. S. 72) in eine Reihe zu stellen habe oder ob hier ein ganz neuer Tier- oder sogar Menschentypus vorliegt, da wäre nachzuforschen, inwieweit zum Beispiel das Mondschaf einen bestimmten Menschen bezeichnet und was dann alles daraus für Ihre eigene Entwickelung, für unser Urteil über diese Entwickelung, für die Wirkung dieser Entwickelung, so weit sie vorauszusehen, und endlich für den Wert der eventuellen Wirkung dieser Entwickelung, folgen dürfte, des weiteren, ob und wieviel das Opus von der Idylle des Malers Müller »Die Schaf-Schur« beeinflußt oder doch angeregt sein möchte, wohin ferner der Gleichklang des Wortes Schur mit dem französischen jour (de la gloire) zu führen vermag – ein »Ritt ins Politische« –, und endlich, ob es gelungen sein sollte, mit der lateinischen Übersetzung des »Mondschafes« die Kirchenliederpoesie des Mittelalters zu treffen und zu charakterisieren, wobei ich mir einen kleinen Abstecher in mein Spezialgebiet, die Macaroniker, kaum versagen würde, vom poesiekritischen und schönliterarischen Standpunkt ganz zu schweigen.

Das Mondschaf

Das Mondschaf steht auf weiter Flur.
Es harrt und harrt der großen Schur.
Das Mondschaf.

Das Mondschaf rupft sich einen Halm
und geht dann heim auf seine Alm.
Das Mondschaf.

Das Mondschaf spricht zu sich im Traum:
»Ich bin des Weltalls dunkler Raum.«
Das Mondschaf.

Das Mondschaf liegt am Morgen tot.
Sein Leib ist weiß, die Sonn ist rot.
Das Mondschaf.

Lunovis

Lateinische Übertragung

Lunovis in planitie stat
cultrumque magn' exspectitat.
Lunovis.

Lunovis herba rapta it
in montes, unde cucurrit.
Lunovis.

Lunovis habet somnium:
Se culmen rer' ess' omnium
Lunovis.

Lunovis mane mortuumst.
Sol ruber atque ips' albumst.
Lunovis.

Beginn der Anmerkungen: J. Mueller

Mondschaf = Mundschaf = etwa: Sancta Simplicitas[1].
steht: Hier so viel wie träumt.
auf weiter Flur: bedeutet das unabsehbare Gefilde des Menschlichen.
harrt und harrt: Man beachte den unwillkürlichen Gleichklang mit hart (durus), wodurch die Unabwendbarkeit des Wartens phonisch illustriert erscheint.
der großen Schur: Schur = jour[2]: dies irae, dies illa[3].
rupft sich einen Halm: Der Mensch bescheidet sich in Resignation. Vgl. das klassische Wort von dem Jüngling, der mit tausend Masten in See sticht usw. Man könnte auch sagen: »Entsagen sollst du, sollst entsagen.«
und geht dann heim auf seine Alm: Es geht. Es läuft nicht, noch springt es. Darin liegt, wie in dem weichen, innigen »heim« – ein Wort, das nur der Deutsche hat – eine wehmütige Ergebenheit ohne Groll. Alm weist darauf hin, daß die Heimat des Verzichtenden wohl und immerhin doch in einer mäßigen Höhe zu denken ist.
Das Mondschaf spricht: Es spricht. Zu singen hat es doch wohl die rechte Frische nicht mehr. »Spricht« ist feierlich, dumpf; aber noch immer stark und bewußt.
zu sich: Nicht zu andern. Es ist einsamen Geistes und verrät dies auch im Traum.
im Traum: Der Traum ist dem Mondschaf dasjenige Element, was dem Fisch die Flut.
Ich bin des Weltalls dunkler Raum: Das Mondschaf vergißt in seiner Schwermut ganz die Sterne. Sein Denken verschwägert sich schon langsam der andämmernden Todesnacht.
liegt: Es ist bereits umgesunken, vielleicht zwischen zwei und fünf Uhr morgens.
Sein Leib ist weiß: Es ist unschuldig geblieben wie Schnee. Fromm und mild hat es sein Geschick getragen und geendet.

1 Heilige Einfalt. – 2 Tag (franz.). – 3 Tag des Zorns, Tag des Gerichts.

Die Sonn ist rot: Was kümmert den Sonnenball das Mondschaf? Er behält seine roten Backen. Seine brutale Gesundheit triumphiert in gleichgültiger Grausamkeit über das weiße Weh der geknickten Menschenseele. Vgl. auch Goethe: Seele des Menschen usw.

Galgenbruders Lied an Sophie, die Henkersmaid

Sophie, mein Henkersmädel,
komm, küsse mir den Schädel!
Zwar ist mein Mund
ein schwarzer Schlund –
doch du bist gut und edel!

Sophie, mein Henkersmädel,
komm, streichle mir den Schädel!
Zwar ist mein Haupt
des Haars beraubt –
doch du bist gut und edel!

Sophie, mein Henkersmädel,
komm, schau mir in den Schädel!
Die Augen zwar,
sie fraß der Aar –
doch du bist gut und edel!

Vers 1: Sophie ist des Henkers Töchterlein. Außerdem aber hieß Sophia stets Weisheit. Der zweite Sinn ist demnach folgender: Gib mir deinen Gnadenkuß, o Weisheit! Zwar wird mein Mund immer nur Worte der Finsternis stammeln – »doch du bist gut und edel!«

Vers 2: Des Haars: nämlich der natürlichen schützenden Hülle jugendlicher Illusionen.

Vers 3: Wenn dir die Weisheit in den Schädel schauen soll, mit andern Worten, wenn du dich selbst erkennen willst, so muß dir vorher die Augen für das, was du bisher deine Welt genannt hast, der Aar, das heißt der Geist des Zweifels, aufgefressen haben. Das »zwar« ist lediglich rhetorisch. Es müßte eigentlich etwa so heißen: Das Aug sogar / bracht ich dir dar / denn du bist gut und edel usw.

Galgenbruders Frühlingslied

Es lenzet auch auf unserm Spahn,
o selige Epoche!
Ein Hälmlein will zum Lichte nahn
aus einem Astwurmloche.

Es schaukelt bald im Winde hin
und schaukelt bald drin her.
Mir ist beinah, ich wäre wer,
der ich doch nicht mehr bin...

2. Vers, bessere Version:

Es strecket sich schon kecklings auf,
das wilde Galgengräslein.
Vergebens spähn nach ihm hinauf
hungrige Osterhäslein.

Der Zwölf-Elf

Der Zwölf-Elf hebt die linke Hand:
da schlägt es Mitternacht im Land.

Es lauscht der Teich mit offnem Mund.
Ganz leise heult der Schluchtenhund.

Die Dommel reckt sich auf im Rohr.
Der Moosfrosch lugt aus seinem Moor.

Der Schneck horcht auf in seinem Haus;
desgleichen die Kartoffelmaus.

Das Irrlicht selbst macht Halt und Rast
auf einem windgebrochnen Ast.

Sophie, die Maid, hat ein Gesicht:
Das Mondschaf geht zum Hochgericht.

Die Galgenbrüder wehn im Wind.
Im fernen Dorfe schreit ein Kind.

Zwei Maulwürf küssen sich zur Stund
als Neuvermählte auf den Mund.

Hingegen tief im finstern Wald
ein Nachtmahr seine Fäuste ballt:

dieweil ein später Wanderstrumpf
sich nicht verlief in Teich und Sumpf.

Der Rabe Ralf ruft schaurig: »Kra!
Das End ist da! Das End ist da!«

Der Zwölf-Elf senkt die linke Hand:
Und wieder schläft das ganze Land.

Der Zwölf-Elf: (Endekus dodekus) ein sogenannter Schwarzelf oder elb.

die linke: Ein Mensch, z. B. der Dirigent der Gewandhaus-Konzerte, würde die rechte oder aber beide Hände erhoben haben.

da schlägt es: Infolgedessen oder: den Augenblick darauf. Beides läßt sich verfechten. Im ersten Fall ist der Zwölf-Elf so etwas wie ein mächtiger Dämon. Im zweiten nur ein Gelehrter, der weiß: »Jetzt schlägt es gleich zwölf, daher will ich schnell vorher die Hand erheben.«

der Teich mit offnem Mund: Ein gewagtes Bild. Denn: machte der Teich den Mund zu, so wäre er damit selbst überhaupt nicht mehr da. Man ersieht daraus wieder einmal, wie gefährlich die Institution der Konsequenz ist, weshalb sie denn auch, zumal bei Frauen und Dichtern, keiner allzu großen Liebe genießt.

Zeile 4: Man denkt unwillkürlich an den »Freischütz«.

Zeile 8: In dem ihrigen natürlich. – Kartoffelmaus, vollerer Ausdruck für Feldmaus. Nebenbei ist es eine exorzierte Maus.

Das Irrlicht usw.: Irrlichter (Irrwische, Tückebolde), über sumpfigem, mit verwesenden Stoffen erfülltem Boden schwebende, auch hüpfende, flammenähnliche Lichterscheinungen; noch völlig rätselhaft (!) (M. K. K., Leipzig und Wien 1900).

Sophie: Die Weisheit sieht den Untergang der Wissenschaft voraus. (Siehe »Das Mondschaf«!)

Nachtmahr: Siehe Alb, Quälgeist. Vgl. auch Purzelalb, Claudius. Hierzu wieder: Der Purzelbaum, S. 212 der Gesammelten Werke.

-strumpf: Also vielleicht ein weibliches Wesen.

der Rabe Ralf: Ein später Nachfahr der Wodansraben Hugin und Munin.

Zeile 24: Wie immer.

Die beiden Flaschen

Zwei Flaschen stehn auf einer Bank,
die eine dick, die andre schlank.
Sie möchten gerne heiraten.
Doch wer soll ihnen beiraten?

Mit ihrem Doppel-Auge leiden
sie auf zum blauen Firmament...
Doch niemand kommt herabgerennt
und kopuliert die beiden.

Zeile 7 und 8: Das Christentum hat nichts für Flaschen übrig, also kommt auch kein Engel »herabgerennt«.

Die Fassung dieses Gedichtes für deutsche Lesebücher und Schul-Anthologien wurde vom Lehrkollegium wie folgt festgesetzt:

Zeile 3 und 4:

Sie möchten gerne Kuchen essen.
Doch der Himmel hat sie vergessen.

Und Zeile 6 bis 8:

sie auf zum blauen Wolkenraum.
Doch niemand hört dort ihren Traum
und kuchenbäckt den beiden.

Der Seufzer

Ein Seufzer lief Schlittschuh auf nächtlichem Eis
und träumte von Liebe und Freude.
Es war an dem Stadtwall, und schneeweiß
glänzten die Stadtwallgebäude.

Der Seufzer dacht an ein Maidelein
und blieb erglühend stehen.
Da schmolz die Eisbahn unter ihm ein –
und er sank – und ward nimmer gesehen.

Pars pro toto[1]. In Wirklichkeit wird der Gute in ein Fischloch gefahren sein.

Nach den jüngsten pädagogischen Gesichtsstandpunkten für die neureichsdeutschen Schullesebücher umgewälzte Fassung:

Zeile 2:

und träumte von Freundschaft und Freude.

Zeile 5, 6:

Der Seufzer dacht an die Ahnen sein
und blieb nachsinnend stehen.

Die Luft

Die Luft war einst dem Sterben nah.
»Hilf mir, mein himmlischer Papa,«
so rief sie mit sehr trübem Blick,
»ich werde dumm, ich werde dick;

1 Der Teil für das Ganze.

du weißt ja sonst für alles Rat –
schick mich auf Reisen, in ein Bad,
auch saure Milch wird gern empfohlen; –
wenn nicht – laß ich den Teufel holen!«

Der Herr, sich scheuend vor Blamage,
erfand für sie die – Tonmassage.

Es gibt seitdem die Welt, die – schreit.
Wobei die Luft famos gedeiht.

»Wir befinden uns in vorgeschichtlicher Zeit. Die Luft ist (vornehmlich infolge Mangels an Bewegung) sterbensunglücklich – und der Mensch noch nicht erschaffen. Aber er wird es: und zwar eben für die Luft. Und siehe da: sein alsbald anhebendes und orkanartig anschwellendes Geschwätz und Geschrei massiert sie in förderlichster Weise, so daß sie seitdem das angenehmste und gesündeste Leben führt.«

(Aus einem populären Vortrag der »Urania« über naturwissenschaftliche Lyrik des Verfassers [mit Lichtbildern].)

Möwenlied

Die Möwen sehen alle aus,
als ob sie Emma hießen.
Sie tragen einen weißen Flaus
und sind mit Schrot zu schießen.

Ich schieße keine Möwe tot,
ich laß sie lieber leben –
und füttre sie mit Roggenbrot
und rötlichen Zibeben.

O Mensch, du wirst nie nebenbei
der Möwe Flug erreichen.
Wofern du Emma heißest, sei
zufrieden, ihr zu gleichen.

Zeile 1 und 2: Eine Erfahrung, die sich jedem aufdrängt, sobald er eine Möwe daraufhin betrachtet.

Zeile 9 und 10: Man wende hier um Himmels willen nicht das Luftschiff ein. Höchstens den – Engel.

Das Knie

Ein Knie geht einsam durch die Welt.
Es ist ein Knie, sonst nichts!
Es ist kein Baum! Es ist kein Zelt!
Es ist ein Knie, sonst nichts.

Im Kriege ward einmal ein Mann
erschossen um und um.
Das Knie allein blieb unverletzt –
als wärs ein Heiligtum.

Seitdem gehts einsam durch die Welt.
Es ist ein Knie, sonst nichts.
Es ist kein Baum, es ist kein Zelt.
Es ist ein Knie, sonst nichts.

Dasselbe bedeutet gewissermaßen das rastlose Schreiten des guten Prinzips nach sich selbst, nachdem es (Zeile 5 und 6) vom bösen beinahe vernichtet worden wäre.

Es ist kein Baum: nämlich: keine Weltesche Yggdrasil.

Es ist kein Zelt: nämlich: kein Sternenzelt.

Diese alten schönen Vorstellungen müssen, zum mindesten seit Fritz Mauthner, ad acta gelegt werden.

Manche wollen in dem Knie nur einfach den Begriff der Zeit sehen. Sie gehen von der Mittelstrophe aus und fassen sie insofern als einen Angriff auf die Kantische Lehre von der transzendentalen Idealität von Raum und Zeit, als sie in ihren ersten zwei Zeilen Kant im Krieg der Geister unterliegen lassen: aber freilich nur zur Hälfte. Der Raum nämlich (das Umundum) wird mit Kant »erschossen«. Die Zeit aber bleibt, (»einsam« nunmehr) als diejenige sinnliche Form der Anschauung, auf welche sich zuletzt alles, also auch der Raum, zurückführen läßt – Auch diese Deutung hat viel für sich.

Der Gingganz

Ein Stiefel wandern und sein Knecht
von Knickebühl gen Entenbrecht.

Urplötzlich auf dem Felde drauß
begehrt der Stiefel: »Zieh mich aus!«

Der Knecht drauf: »Es ist nicht an dem,
doch sagt mir, lieber Herre, –!: wem?«

Dem Stiefel gibt es einen Ruck:
»Fürwahr, beim heiligen Nepomuk,

ich GING GANZ in Gedanken hin...
Du weißt, daß ich ein andrer bin,

seitdem ich meinen Herrn verlor...«
Der Knecht wirft beide Arm empor,

als wollt er sagen: ›Laß doch, laß!‹
Und weiter zieht das Paar fürbaß.

Verf. hat sich erlaubt, aus dem Worte des Stiefels: »Ich ging ganz in Gedanken hin...« die Wörter »ging ganz« herauszugreifen und, zu einem Ganzen vereinigt, zum Range eines neuen Substantivs masc. gen. (in allen Casibus unveränderlich ohne Pluralis) zu erheben. Ein Gingganz bedeutet für ihn damit fortan ein in Gedanken Vertiefter, Verlorener, ein Zerstreuter, ein Grübler, Träumer, Sinnierer.

Knecht: Stiefel-Knecht.

Knickebühl, Entenbrecht: Zwei Ortschaften, zwischen denen das ›Feld‹ (Zeile 3) liegt.

Zeile 8, *Nepomuk:* Geboren um 1330 in Pomuk, ward Generalvikar in Prag und auf Befehl des Königs Wenzel am 20. März 1393 in der Moldau ertränkt (nach den Jesuiten freilich bereits am 29. April 1383).

> *urplötzlich:* Nachdem der Stiefel, der seinen Besitzer verloren hat (Zeile 11), eine Weile so für sich hin gegangen, überkommt es ihn plötzlich. Er glaubt sich, wie sonst, am Fuße seines Herrn stecken und einherwandern. Aber zugleich ist ihm auch dieses (eingebildete) Wandern-Müssen lästig. Er fordert daher den Knecht auf, ihn auszuziehen, worauf ihn dieser durch seine gutmütige Frage in die Wirklichkeit zurückstürzt. Er erkennt jetzt, daß er ja gar nicht gezwungen, sondern freiwillig »geht«, und sucht sein wunderliches Ansinnen vor dem Knechte zu rechtfertigen. Der aber in seiner Einfachheit und Treuherzigkeit winkt mit beiden Armen ab. Er könne sich das schon denken, er fühle durchaus mit und halte es für seines Herrn ganz unwürdig, ihm, dem dummen Burschen, Vortrag zu halten usw.

Es muß unentschieden bleiben, welcher Version der Stiefel gefolgt ist. Nur das scheint festzustehen, daß der Zeile 11 genannte Herr ein böhmischer Auswanderer gewesen – Auswanderer deshalb, da die Szene, den Ortsnamen zufolge, irgendwo im nördlichen Deutschland, etwa in der Nähe von Emden, zu suchen sein dürfte.

Fisches Nachtgesang

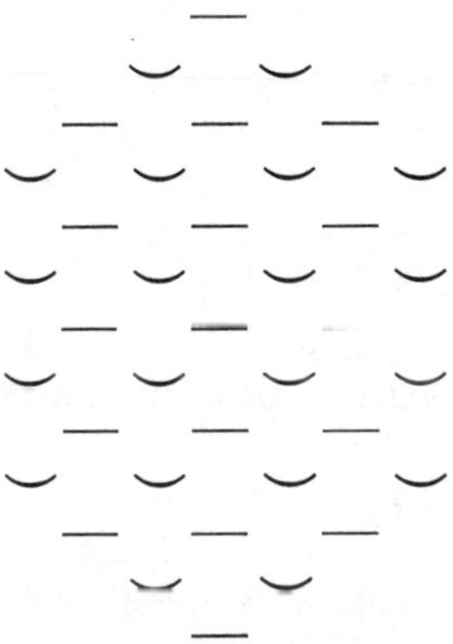

Fisches Nachtgesang: das tiefste deutsche Gedicht.

Das große Lalulā

Kroklokwafzi? Sem̄em̄emi!
Seiokrontro – prafriplo:
Bifzi, bafzi; hulalem̄i:
quasti bast bo . . .
Lalu lalu lalu lalu la!

Hontraruru miromente
zasku zes rü rü?
Entepente, Leiolente
klekwapufzi lü?
Lalu lalu lalu lalu la!

Simarar kos malzipempu
silzuzankunkrei (;)!
Marjomar dos: Quempu Lempu
Siri Suri Sei []
Lalu lalu lalu lalu la!

Man hat diesem Gesang bisher viel zuviel untergelegt. Er verbirgt einfach – ein Endspiel. Keiner, der Schachspieler ist, wird ihn je anders verstanden haben. Um aber auch Laien und Anfängern entgegenzukommen, gebe ich hier die Stellung:

Kroklokwafzi = K a 5 = (weißer) König a 5. Das Fragezeichen bedeutet: ob die Stellung des Königs nicht auf einem andern Felde vielleicht noch stärker sein könnte. Aber sehen wir weiter.

Ṣẹm̄emem̄i! = S e 1 = (schwarzer) Springer e 1. Das Ausrufungszeichen bedeutet: starke Position.

Ḅifzị, ḅạf̣ẓị = b f 2 und b a 2 (weiß). Versteht sich von selbst.

Enṭẹpẹnṭẹ = T e 3 = (weißer) Turm e 3.

Ḷeiolẹnṭẹ = L e 2 = (schwarzer) Läufer e 2.

ḳos mạḷẓipempu silzuzankunkrei (sehr interessant!) = K a 4 o er [illegible] König (schwarzer König) a 4 oder a 6. Nun ist di [illegible] ber nach den Schachregeln unmöglich, da der weiße König auf a 5 steht. Liegt also hier ein Fehler vor? Kaum. Das eingeklammerte Semikolon beweist, daß Verf. sich des scheinbaren Fehlers wohl bewußt ist. Gleichwohl sagt er durch das Rufzeichen: »Laßt ihn immerhin stehn«. Nun gut, vertrauen wir ihm, obschon kopfschüttelnd.

dos = D 6 oder 7 = (weiße) Dame auf einem Felde der sechsten oder siebenten Reihe. Weiß ist so stark, daß seine Dame auf jedem Felde dieser beiden Reihen gleich gut steht.

Siri Suri Sei (Aha! Nun klärt sich K a 4 oder 6 auf!) S 6 = weißer Springer 6 (sei, italienisch = 6.) Ja, aber auf welchem Felde? Nun eben! Dies ist nicht näher bezeichnet. Der Springer wird daher den Platz des schwarzen Königs neben dem weißen König einnehmen und diesem dafür überlassen, sich in der sechsten Reihe oder, falls da die Dame stehen sollte, in der vierten Reihe einen bequemen Platz zu suchen. So ist denn alles zur Zufriedenheit erledigt. (Im übrigen ergibt der vierte Teil der um zwei verminderten Buchstabensumme der drei Strophen die Zahl 64. Sapienti sat.[1])

Das Hemmed

Kennst du das einsame Hemmed?
Flattertata, flattertata.

Ders trug, ist baß verdämmet!
Flattertata, flattertata.

Es knattert und rattert im Winde.
Windurudei, windurudei.

Es weint wie ein kleines Kinde.
Windurudei, windurudei.

Das ist das einsame
Hemmed.

1 Dem Wissenden genügts.

Das Hemd eines Galgenbruders, das Sophie gewaschen und auf die Leine gehängt hat, draußen auf der Galgenwiese. – Das kleine Kind, welches wie das Hemmed »weint« (nämlich – vermutlich – tropft, weil es noch vom Waschen naß ist), ist dasselbe wie im Zwölf-Elf, Zeile 14, und, damit es nur gleich herausgesagt sei, das Kind Sophiens.

(Eine andere Version freilich entrückt das Hemmed ins Gebiet der Wolken oder zum mindesten in einen meteorgleich herumirrenden Luftschiff-Fetzen.)

Verdämmet, Kinde u.a.m.a.a.a.O.: Schlechte deutsche Formen. Vgl. zu diesem Thema auch unter anderem Dr.** und Dr. ***: »Wenn uns dagegen Christian Morgenstern ... den Galimathias seines »großen Lalula« hinsetzt und in »Fisches Nachtgesang« auf den fragwürdigen Einfall kommt, nur das rhythmische Schema hinzusetzen,« (sic!), »so ist es schwer abzusehen, was das mit dem Galgen zu tun hat.« Die Herren Rezensenten hätten keine unglücklicheren Beispiele wählen können als justament diese. Denn das »große Lalula« handelt vom ersten bis zum letzten Worte von nichts anderm als eben vom Galgen (!) (denn die Anmerkung, die es als Schachspiel erklärt, ist nur sozusagen eine Nebenlösung), und »Fisches Nachtgesang« ist laut Anmerkung (siehe dort) das tiefste deutsche Gedicht. Als solches hat es natürlicherweise auch mit dem Galgen zu tun, denn sonst wäre es das nicht.

Die Mitternachtsmaus

Wenns mitternächtigt und nicht Mond
noch Stern das Himmelshaus bewohnt,
läuft zwölfmal durch das Himmelshaus
die Mitternachtsmaus.

Sie pfeift auf ihrem kleinen Maul, –
im Traume brüllt der Höllengaul...
Doch ruhig läuft ihr Pensum aus
die Mitternachtsmaus.

Ihr Herr, der große weiße Geist,
ist nämlich solche Nacht verreist.
Wohl ihm! Es hütet ihm sein Haus
die Mitternachtsmaus.

Die Mitternachtsmaus ist die sittliche Weltordnung.

Der Lattenzaun

Es war einmal ein Lattenzaun,
mit Zwischenraum, hindurchzuschaun.

Ein Architekt, der dieses sah,
stand eines Abends plötzlich da –

und nahm den Zwischenraum heraus
und baute draus ein großes Haus.

Der Zaun indessen stand ganz dumm,
mit Latten ohne was herum.

Ein Anblick gräßlich und gemein.
Drum zog ihn der Senat auch ein.

Der Architekt jedoch entfloh
nach Afri-od-Ameriko.

Zeile 10: »Der Senat« deutet auf – Hamburg? Auch die Flucht über See, die Hals über Kopf (siehe die völlige Ratlosigkeit und Verwirrung der Schlußzeile!) angetreten wird, läßt auf eine Hafenstadt schließen.

Das Gebet

Die Rehlein beten zur Nacht,
hab acht!

Halb neun!

Halb zehn!

Halb elf!

Halb zwölf!

Zwölf!

Die Rehlein beten zur Nacht,
hab acht!
Sie falten die kleinen Zehlein,
die Rehlein.

Reh: Cervus capreolus L., aus der Familie der Hirsche, 1,25 m lang, bis 30 kg schwer, in Europa bis 58 nördlicher Breite, auch in Asien. Vgl. Dombrowski (1876), Eulefeld (1896).

Das Lied vom blonden Korken

Ein blonder Korke spiegelt sich
in einem Lacktablett –
allein er säh sich dennoch nich,
selbst wenn er Augen hätt!

Das macht, dieweil er senkrecht steigt
zu seinem Spiegelbild!
Wenn man ihn freilich seitwärts neigt,
zerfällt, was oben gilt.

O Mensch, gesetzt, du spiegelst dich
im, sagen wir, im All!
Und senkrecht! – wärest du dann nich
ganz in demselben Fall?

Wer dieses Lied nicht sogleich begreift, der nehme einen Kork, versehe ihn unten mit etwas erweichtem Bienenwachs und drücke ihn gegen den nächstbesten Wandspiegel, so daß er auf dessen Fläche kleben bleibt. Hierauf rücke er sich einen Sessel davor, setze sich davor und »fühle« sich nun in die Sache »ein«.

Der Würfel

Ein Würfel sprach zu sich: »Ich bin
mir selbst nicht völlig zum Gewinn!

Denn meines Wesens sechste Seite,
und sei es auch Ein Auge bloß,
sieht immerdar, statt in die Weite,
der Erde ewig dunklen Schoß.«

Als dies die Erde, drauf er ruhte,
vernommen, ward ihr schlimm zumute.

»Du Esel,« sprach sie, »ich bin dunkel,
weil dein Gesäß mich just bedeckt!
Ich bin so licht wie ein Karfunkel,
sobald du dich hinweggefleckt.«

Der Würfel, innerlichst beleidigt,
hat sich nicht weiter drauf verteidigt.

Beide übertreiben den Tatbestand oder nehmen ihn doch jedenfalls zu tragisch, der Würfel jedoch wie ein zwar weltfremder und vergrübelter, aber dabei doch durchaus feingebildeter Geist, während die Erde wie ein Waschweib schimpft. Ein leider auch im bürgerlichen Leben häufig wiederkehrender Vorgang.

Der Schaukelstuhl auf der verlassenen Terrasse

Ich bin ein einsamer Schaukelstuhl
und wackel im Winde,
im Winde.

Auf der Terrasse, da ist es kuhl,
und ich wackel im Winde,
im Winde.

Und ich wackel und nackel den ganzen Tag.
Und es nackelt und rackelt die Linde.
Wer weiß, was sonst wohl noch wackeln mag
im Winde,
im Winde,
im Winde.

Versinnbildlicht die christliche Theologie seit Immanuel Kant (1724–1804).
Die Linde ist nicht ganz unmerkwürdigerweise die Naturwissenschaft, die ihr im Wackeln Gesellschaft zu leisten scheint; ob wirklich oder nur in ihrer, der Theologie, Vorstellung, bleibt dahingestellt. Zeile 9 bis Schluß: Ressentiment.

Himmel und Erde

Der Nachtwindhund weint wie ein Kind,
dieweil sein Fell von Regen rinnt.

Jetzt jagt er wild das Neumondweib,
das hinflieht mit gebognem Leib.

Tief unten geht, ein dunkler Punkt,
querüberfeld ein Forstadjunkt.

Fassung für den Deutschen Sprachverein:
Tief unten steht im dunklen Schilf,
den Hahn gespannt, ein Forstgehilf.

Unter Zeiten

Das Perfekt und das Imperfekt
tranken Sekt.
Sie stießen aufs Futurum an
(was man wohl gelten lassen kann).

Plusquamper und Exaktfutur
blintzen nur.

Imperfekt: Zeitform der unvollendeten Vergangenheit, dient zur Bezeichnung eines dauernden Zustandes oder der Gleichzeitigkeit einer Handlung mit einer andern in der Vergangenheit. Das sogenannte deutsche Imperfekt ist eigentlich das Präteritum.

Perfekt: Zeitform, welche Vollendung oder Abschluß einer Handlung anzeigt.

Futurum: Zeitform der Zukunft, kommt vor als Futurum simplex für eine überhaupt in die Zukunft fallende Handlung und als Futurm exactum zur Bezeichnung einer Handlung, welche als vor einer andern, gleichfalls zukünftigen Handlung vollendet dargestellt werden soll.

Plusquamperfectum: Zeitform, welche eine Handlung als einer andern vergangenen vorangegangen bezeichnet.

Dies Gedicht stört durch die vielen Fremdwörter. Verf. hätte hier besser deutsche Ausdrücke gewählt.

Mondendinge

Dinge gehen vor im Mond,
die das Kalb selbst nicht gewohnt.

Tulemond und Mondamin
liegen heulend auf den Knien.

Heulend fletschen sie die Zähne
auf der schwefligen Hyäne.

Aus den Kratern aber steigt
Schweigen, das sie überschweigt.

Dinge gehen vor im Mond,
die das Kalb selbst nicht gewohnt.

Tulemond und Mondamin
liegen heulend auf den Knien…

Man hat dies irrtümlicherweise als eine Mondamin-Reklame aufgefaßt. Aber dem Verf. lagen ganz andre Dinge am Herzen. Wer vor diesem Nachtgemälde eines erstorbenen Trabanten noch an Maismehl denkt, dem ist nicht zu helfen.

das Kalb: das Mond-Kalb, natürlich.

Tulemond und Mondamin: der Mann im Mond und die Frau im Mond.

schweflig: schwefelgelb.

Hyäne: eine Schwester des Fenriswolfes.

Strophe 4: Eine machtvolle Strophe.

Der Mond

Als Gott den lieben Mond erschuf,
gab er ihm folgenden Beruf:

Beim Zu- sowohl wie beim Abnehmen
sich deutschen Lesern zu bequemen,

ein ɑ – formierend und ein ʒ –
daß keiner groß zu denken hätt.

Befolgend dies, ward der Trabant
ein völlig deutscher Gegenstand.

Man nimmt sogar an, unsere Vorfahren hätten unser ganzes Alphabet auf diese Weise erfunden: indem sie nämlich den leeren Raum zwischen dem ihnen von Gottes Hand (vergleiche oben) gegebenen ɑ und dem ihnen ebenso gegebenen ʒ einfach in dreiundzwanzig Teile teilten und sodann jeden derselben mit einem andern Buchstaben zwischen A und Z ausfüllten.

Die Zirbelkiefer

Die Zirbelkiefer sieht sich an
auf ihre Zirbeldrüse hin;
sie las in einem Buche jüngst,
die Seele säße dort darin.

Sie säße dort wie ein Insekt
voll wundersamer Lieblichkeit,
von Gottes Allmacht ausgeheckt
und außerordentlich gescheit.

Die Zirbelkiefer sieht sich an
auf ihre Zirbeldrüse hin;
sie weiß nicht, wo sie sitzen tut,
allein ihr wird ganz fromm zu Sinn.

»Nach Descartes, der dem mystischen Dualismus des Plato die weiteste Geltung verschaffte, sollte das eigentliche Wohnzimmer im Gehirn (– der Klaviersalon –) die Zirbeldrüse sein, ein dorsaler Teil des Zwischenhirns (der zweiten embryonalen Hirnblase). Diese berühmte Zirbeldrüse ist von der vergleichenden Anatomie neuerdings als das Rudiment eines unpaaren (bei einigen Reptilien noch heute tätigen) Sehorgans, des Pinealauges, erkannt worden« (Ernst Haeckel: Die Lebenswunder).

Für Ernst Haeckel ist das wahre »Seelenorgan« – das Phronema.[1] Vielleicht würde es auch für die Zirbelkiefer das Phronema gewesen sein, wenn sie statt des Cartesius die »Lebenswunder« gelesen hätte. Aber diese Bäume sind eben schrecklich konservativ. Und dann – es kommt ihnen wenig darauf an, nach welcher Theorie sie sich selbst als Kunstwerke bewundern dürfen. Nur dem Menschen ist solches nicht gleichgültig: Er würde jeden verachten, dem heute noch nach Descartes »fromm zu Sinn« werden wollte. Er braucht durchaus seine Bölsche.

1 Das Denken, der Verstand (griechisch).

Der Rabe Ralf

Der Rabe Ralf
   will will hu hu
dem niemand half
   still still du du
half sich allein
am Rabenstein
   will will still still
      hu hu

Die Nebelfrau
   will will hu hu
nimmts nicht genau
   still still du du
sie sagt nimm nimm
'ſs ist nicht so schlimm
   will will still still
      hu hu

Doch als ein Jahr
   will will hu hu
vergangen war
   still still du du
da lag im Rot
der Rabe tot
   will will still still
      du du

In diesem Gedicht wird die Sozialdemokratie charakterisiert bzw. ihr Übergang von lasalleschen zu marxistischen Ideen.

Der Walfafisch oder Das Überwasser

Das Wasser rinnt, das Wasser spinnt,
bis es die ganze Welt gewinnt.
  Das Dorf ersäuft,
  die Eule läuft,
und auf der Eiche sitzt ein Kind.

Dem Kind sind schon die Beinchen naß,
es ruft: das Wass, das Wass, das Wass!
  Der Walfisch weint
  und sagt, mir scheint,
es regnet ohne Unterlaß.

Das Wasser rann mit zasch und zisch,
die Erde ward zum Wassertisch.
  Und Kind und Eul',
  o greul, o greul –
sie frissifraß der Walfafisch.

Walfafisch: Walfisch. Veraltete Form. – Bemüht sich, in biederer Holzschnittmanier die in den Mythologien aller Völker vorkommende große Flut in ländliche deutsche Verhältnisse zu übertragen. Wir finden ein Dorf, eine Eule, eine Eiche, ein Kind, alles Gegenstände einer sichern und vertrauten Heimatkunst. Auch der Walfisch, welcher auftritt, ist durchaus deutsch. Er könnte vorher vor dem Gehäus des Heiligen Hieronymus gelegen haben. Daß er das Kind sowie die Eule am Schluß ›frißt‹, nachdem er anfangs – aus Mitleid mit dem Kinde – geweint hat, widerspricht dem nicht. Kind und Eule sind ja doch verloren …

PALMSTRÖM · PALMA KUNKEL
DER GINGGANZ UND ANDERES

Palmström

Palmström steht an einem Teiche
und entfaltet groß ein rotes Taschentuch:
Auf dem Tuch ist eine Eiche
dargestellt sowie ein Mensch mit einem Buch.

Palmström wagt nicht, sich hineinzuschneuzen.
Er gehört zu jenen Käuzen,
die oft unvermittelt-nackt
Ehrfurcht vor dem Schönen packt.

Zärtlich faltet er zusammen,
was er eben erst entbreitet.
Und kein Fühlender wird ihn verdammen,
weil er ungeschneuzt entschreitet.

Das Böhmische Dorf

Palmström reist, mit einem Herrn v. Korf,
in ein – sogenanntes – Böhmisches Dorf.

Unverständlich bleibt ihm alles dort,
von dem ersten bis zum letzten Wort.

Auch v. Korf (der nur des Reimes wegen
ihn begleitet) ist um Rat verlegen.

Doch just dieses macht ihn blaß vor Glück.
Tief entzückt kehrt unser Freund zurück.

Und er schreibt in seine Wochenchronik:
Wieder ein Erlebnis, voll von Honig!

Nach Norden

Palmström ist nervös geworden;
darum schläft er jetzt nach Norden.

Denn nach Osten, Westen, Süden
schlafen, heißt das Herz ermüden.

(Wenn man nämlich in Europen
lebt, nicht südlich in den Tropen.)

Solches steht bei zwei Gelehrten,
die auch Dickens schon bekehrten –

und erklärt sich aus dem steten
Magnetismus des Planeten.

Palmström also heilt sich örtlich,
nimmt sein Bett und stellt es nördlich.

Und im Traum, in einigen Fällen,
hört er den Polarfuchs bellen.

West-östlich

Als er dies v. Korf erzählt,
fühlt sich dieser leicht gequält;

denn für ihn ist Selbstverstehung,
daß man mit der Erdumdrehung

schlafen müsse, mit den Pfosten
seines Körpers strikt nach Osten.

Und so scherzt er kaustisch-köstlich:
»Nein, *mein* Diwan bleibt – west-östlich!«

Der vorgeschlafene Heilschlaf

Palmström schläft vor zwölf Experten
den berühmten »Schlaf vor Mitternacht«,
  seine Heilkraft zu erhärten.

Als er, da es zwölf, erwacht,
sind die zwölf Experten sämtlich müde.
  Er allein ist frisch wie eine junge Rüde!

Bildhauerisches

Palmström haut aus seinen Federbetten,
sozusagen, Marmorimpressionen:
Götter, Menschen, Bestien und Dämonen.

Aus dem Stegreif faßt er in die Daunen
des Plumeaus und springt zurück, zu prüfen,
leuchterschwingend, seine Schöpferlaunen.

Und im Spiel der Lichter und der Schatten
schaut er Zeuse, Ritter und Mulatten,
Tigerköpfe, Putten und Madonnen...

träumt: wenn Bildner all dies wirklich schüfen,
würden sie den Ruhm des Alters retten,
würden Rom und Hellas übersonnen!

Zukunftssorgen

Korf, den Ahnung leicht erschreckt,
sieht den Himmel schon bedeckt
von Ballonen jeder Größe
und verfertigt ganze Stöße
von Entwürfen zu Statuten
eines Klubs zur resoluten
Wahrung der gedachten Zone
vor der Willkür der Ballone.

Doch er ahnt schon, ach, beim Schreiben
seinen Klub im Rückstand bleiben:
Dämmrig, dünkt ihn, wird die Luft
und die Landschaft Grab und Gruft.
Er begibt sich drum der Feder,
steckt das Licht an (wie dann jeder),
tritt damit bei Palmström ein,
und so sitzen sie zu zwein.

Endlich, nach vier langen Stunden,
ist der Alpdruck überwunden.
Palmström bricht zuerst den Bann:
»Korf,« so spricht er, »sei ein Mann!
Du vergreifst dich im Jahrzehnt:
Noch wird all das erst ersehnt,
was, vom Geist dir vorgegaukelt,
heut dein Haupt schon überschaukelt.«

Korf entrafft sich dem Gesicht.
Niemand fliegt im goldnen Licht!
Er verlöscht die Kerze schweigend.
Doch dann, auf die Sonne zeigend,
spricht er: »Wenn nicht jetzt, so einst –
kommt es, daß du nicht mehr scheinst,
wenigstens nicht uns, den – grausend
sag ichs –: unteren Zehntausend!« …

Wieder sitzt v. Korf danach
stumm in seinem Schreibgemach
und entwirft Statuten eines
Klubs zum Schutz des Sonnenscheines.

Das Warenhaus

Palmström kann nicht ohne Post
  leben:
Sie ist seiner Tage Kost.

Täglich dreimal ist er ganz
Spannung.
Täglich ists der gleiche Tanz:

Selten hört er einen Brief
plumpen
in den Kasten breit und tief.

Düster schilt er auf den Mann,
welcher,
wie man weiß, nichts dafür kann.

Endlich kommt er drauf zurück,
auf das:
»Warenhaus für Kleines Glück«.

Und bestellt dort, frisch vom Rost
(quasi):
ein Quartal – »Gemischte Post«!

Und nun kommt von früh bis spät
Post von
aller Art und Qualität.

Jedermann teilt sich ihm mit,
brieflich,
denkt an ihn auf Schritt und Tritt.

Palmström sieht sich in die Welt
plötzlich
überall hineingestellt...

Und ihm wird schon wirr und weh...
Doch es
ist ja nur das – »W. K. G.«

Lärmschutz

Palmström liebt, sich in Geräusch zu wickeln,
teils zur Abwehr wider fremde Lärme,
teils um sich vor drittem Ohr zu schirmen.

Und so läßt er sich um seine Zimmer
Wasserröhren legen, welche brausen.
Und ergeht sich, so behütet, oft in

stundenlangen Monologen, stunden-
langen Monologen, gleich dem Redner
von Athen, der in die Brandung brüllte,

gleich Demosthenes am Strand des Meeres.

Bona fide

Palmström geht durch eine fremde Stadt ...
Lieber Gott, so denkt er, welch ein Regen!
Und er spannt den Schirm auf, den er hat.

Doch am Himmel tut sich nichts bewegen,
und kein Windhauch rührt ein Blatt.
Gleichwohl darf man jenen Argwohn hegen.

Denn das Pflaster, über das er wandelt,
ist vom Magistrat voll List – gesprenkelt.
Bona fide hat der Gast gehandelt.

Theater

I
Palmström denkt sich Dieses aus:
Ein quadratisch Bühnenhaus,

mit (v. Korf begreift es kaum)
drehbarem Zuschauerraum.

Viermal wechselt Dichters Welt,
viermal wirst du umgestellt.

Auf vier Bühnen tief und breit
schaust du basse Wirklichkeit.

Denn in dieser Quadratur,
wo pro Jahr Ein Drama nur,

wird natürlich jeder Akt
höchst veristisch angepackt.

Mauern siehst du da von Stein,
Bäche murmeln quick und rein,

Erdreich riechst du schlecht und recht,
Gras und Baum blühn wurzelecht.

Alles steht hier für ein Jahr
und ist deshalb wirklich wahr. –

Palmström macht sich ein Modell:
formt aus Rauschgold einen Quell

und aus Schächtelchen ein Dorf...
und verehrt das Ganze Korf.

II

Korf läßt dies Problem nicht schlafen,
und er fühlt sich erst im Hafen,
als er Palmström, voll vom Geist,
eine Art von – Zollstock weist.

»Siehst du diesen Zollstock«, spricht er; –
»dieser Zollstock ist ein Dichter:
Brich mit Kunst ihn hin und wieder,
nütze seine vielen Glieder,
und ein Baum erwächst daraus
und ein Kirchturm und ein Haus

und ein Fenster und ein Ofen –
eine Sphinx für Philosophen!
Wolken von besonderer Schwere,
Schiffe hinten auf dem Meere,
Sternenbilder, Alpenketten
formst du draus gleich Silhouetten,
kurz, in linearem Risse
schaffst du jegliche Kulisse.
»Wirklichkeit« zwar schaust du nie,
doch es jauchzt die Phantasie.

Deine massigen Materien,
Palmström, schick sie in die Ferien!
Statt ein schildkrötplumpes Leben
laß uns Blitzstrahl-Chiffren geben. –
Ja, fürwahr, gezückt mit Witz,
wird dies schwache Reis zum Blitz,
der, des Dichters Blitz verbündet,
dessen Wortwelt hintergründet!« ...

Die Wissenschaft

So beschließen beide denn
nach so manchem Doch und Wenn,

sich mit ihren Theorien
vor die Wissenschaft zu knien.

Doch die Wissenschaft, man weiß es,
achtet nicht des Laienfleißes.

Hier auch schürzt sie nur den Mund,
murmelt von »Phantasmen« und

beugt sich wieder dann auf ihre
wichtigen Spezialpapiere.

»Komm«, spricht Palmström, »Kamerad, –
alles Feinste bleibt – privat!«

Im Tierkostüm

Palmström liebt es, Tiere nachzuahmen,
und erzieht zwei junge Schneider
lediglich auf Tierkostüme.

So z. B. hockt er gern als Rabe
auf dem oberen Aste einer Eiche
und beobachtet den Himmel.

Häufig auch als Bernhardiner
legt er zottigen Kopf auf tapfere Pfoten,
bellt im Schlaf und träumt gerettete Wanderer.

Oder spinnt ein Netz in seinem Garten
aus Spagat und sitzt als eine Spinne
tagelang in dessen Mitte.

Oder schwimmt, ein glotzgeäugter Karpfen,
rund um die Fontäne seines Teiches
und erlaubt den Kindern, ihn zu füttern.

Oder hängt sich im Kostüm des Storches
unter eines Luftschiffs Gondel
und verreist so nach Ägypten.

Die Tagnachtlampe

Korf erfindet eine Tagnachtlampe,
die, sobald sie angedreht,
selbst den hellsten Tag
in Nacht verwandelt.

Als er sie vor des Kongresses Rampe
demonstriert, vermag
niemand, der sein Fach versteht,
zu verkennen, daß es sich hier handelt –

(Finster wirds am hellerlichten Tag,
und ein Beilfallssturm das Haus durchweht.)
(Und man ruft dem Diener Mampe:
»Licht anzünden!«) – daß es sich hier handelt

um das Faktum: daß gedachte Lampe,
in der Tat, wenn angedreht,
selbst den hellsten Tag
in Nacht verwandelt.

Die Korfsche Uhr

Korf erfindet eine Uhr,
die mit zwei Paar Zeigern kreist
und damit nach vorn nicht nur,
sondern auch nach rückwärts weist.

Zeigt sie zwei, – somit auch zehn;
zeigt sie drei, – somit auch neun;
und man braucht nur hinzusehn,
um die Zeit nicht mehr zu scheun.

Denn auf dieser Uhr von Korfen
mit dem janushaften Lauf
(dazu ward sie so entworfen):
hebt die Zeit sich selber auf.

Palmströms Uhr

Palmströms Uhr ist andrer Art,
reagiert mimosisch zart.

Wer sie bittet, wird empfangen.
Oft schon ist sie so gegangen,

wie man herzlich sie gebeten,
ist zurück- und vorgetreten,

eine Stunde, zwei, drei Stunden,
je nachdem sie mitempfunden.

Selbst als Uhr, mit ihren Zeiten,
will sie nicht Prinzipien reiten:

Zwar ein Werk, wie allerwärts,
doch zugleich ein Werk – mit Herz.

Korfs Geruchsinn

Korfs Geruchsinn ist enorm.
Doch der Nebenwelt gebrichts! –
und ihr Wort: »Wir riechen nichts«
bringt ihn oft aus aller Form.

Und er schreibt wie Stendhal Beyle
stumm in sein Notizbuch ein:
Einst, nach überlanger Weile,
werde ich verstanden sein.

Die Geruchs-Orgel

Palmström baut sich eine Geruchs-Orgel
und spielt drauf v. Korfs Nieswurz-Sonate.

Diese beginnt mit Alpenkräuter-Triolen
und erfreut durch eine Akazien-Arie.

Doch im Scherzo, plötzlich und unerwartet,
zwischen Tuberosen und Eukalyptus,

folgen die drei berühmten Nieswurz-Stellen,
welche der Sonate den Namen geben.

Palmström fällt bei diesen Ha-Cis-Synkopen
jedesmal beinahe vom Sessel, während

Korf daheim, am sichern Schreibtisch sitzend,
Opus hinter Opus aufs Papier wirft...

Der Aromat

Angeregt durch Korfs Geruchs-Sonaten,
gründen Freunde einen »Aromaten«.

Einen Raum, in welchem, kurz gesprochen,
nicht geschluckt wird, sondern nur gerochen.

Gegen Einwurf kleiner Münzen treten
aus der Wand balsamische Trompeten,

die den Gästen in geblähte Nasen,
was sie wünschen, leicht und lustig blasen.

Und zugleich erscheint auf einem Schild
des Gerichtes wohlgetroffnes Bild.

Viele Hunderte, um nicht zu lügen,
speisen nun erst wirklich mit Vergnügen.

Der Weltkurort

Palmström gründet einen Weltkurort.
Mitten auf der schönsten Bergeskrone
schafft er eine windgefeite Zone
für die Kur sowohl wie für den Sport.

Nämlich eine Riesenzentrifuge,
innerhalb von welcher das Hotel,
schlägt den stärksten Sturmwind ab im Fluge
und zurück zu seinem Ursprungsquell.

Unerreicht vom bitterbösen Nord,
unerreicht vom bitterbösen Föhne,
blüht der neue Platz in stiller Schöne,
und zumal im Winter ist man dort.

Die weggeworfene Flinte

Palmström findet eines Abends,
als er zwischen hohem Korn
singend schweift,
eine Flinte.

Trauernd bricht er seinen Hymnus
ab und setzt sich in den Mohn,
seinen Fund
zu betrachten.

Innig stellt er den Verzagten,
der ins Korn sie warf, sich vor
und beklagt
ihn von Herzen.

Mohn und Ähren und Zyanen
windet seine Hand derweil
still um Lauf,
Hahn und Kolben...

Und er lehnt den so bekränzten
Stutzen an den Kreuzwegstein,
hoffend zart,
daß der Zage,

noch einmal des Weges kommend,
ihn erblicken möge – und –
(... Seht den Mond
groß im Osten...)

Korfs Verzauberung

Korf erfährt von einer fernen Base,
einer Zauberin,
die aus Kräuterschaum Planeten blase,
und er eilt dahin,
eilt dahin gen Odclidclacc,
zu der Zauberin...

Findet wandelnd sie auf ihrer Wiese,
fragt sie, ob sie sei,
die aus Kräuterschaum Planeten bliese,
ob sie sei die Fei,
sei die Fei von Odeladelise.
Ja, sie sei die Fei!

Und sie reicht ihm willig Krug und Ähre,
und er bläst den Schaum,
und sieh da, die wunderschönste Sphäre
wölbt sich in den Raum,
wölbt sich auf, als obs ein Weltball wäre,
nicht nur Schaum und Traum.

Und die Kugel löst sich los vom Halme,
schwebt gelind empor,
dreht sich um und mischt dem Sphärenpsalme,
mischt dem Sphärenchor
Töne, wie aus ferner Hirtenschalme,
dringen sanft hervor.

In dem Spiegel aber ihrer Runde
schaut v. Korf beglückt,
was ihm je in jeder guten Stunde
durch den Sinn gerückt:
Seine Welt erblickt mit offenem Munde
Korf entzückt.

Und er nennt die Base seine Muse,
und sieh da! sieh dort!
Es erfaßt ihn was an seiner Bluse
und entführt ihn fort,
führt ihn fort aus Odeladeluse
nach dem neuen Ort...

Europens Bücher

Korf ist fassungslos, und er entflieht,
wenn er nur Europens Bücher sieht.

Er versteht es nicht, wie man
zentnerschwere Bände leiden kann.

Und ihm graut, wie man dadurch den Geist
gleichsam in ein Grab von Stoff verweist.

Geist ist leicht und sollte darum auch
leicht gewandet gehn nach Geisterbrauch.

Doch der Europäer ruht erst dann,
wenn er ihn in Bretter »binden« kann.

Korf und Palmström wetteifern in Notturnos

I. Die Priesterin

Nachdenklich nickt im Dämmer die Pagode ...
Daneben tritt aus ihres Hauses Pforte
T'ang-ku-ei-i, die Hüterin der Orte
vom krausen Leben und vom grausen Tode.

Aus ihrem Munde hängt die Mondschein-Ode
Tang-Wangs, des Kaisers, mit geblümter Borte,
in ihren Händen trägt sie eine Torte,
gekrönt von einer winzigen Kommode.

So wandelt sie die sieben ängstlich schmalen,
aus Flötenholz geschwungnen Tempelbrücken
zum Grabe des vom Mond erschlagnen Hundes –

und brockt den Kuchen in die Opferschalen –
und lockt den Mond, sich auf den Schrein zu bücken,
und reicht ihm ihr Gedicht gespitzten Mundes ...

(v. K.)

II. Der Rock

Der Rock, am Tage angehabt,
er ruht zur Nacht sich schweigend aus;
durch seine hohlen Ärmel trabt
die Maus.

Durch seine hohlen Ärmel trabt
gespenstisch auf und ab die Maus ...
Der Rock, am Tage angehabt,
er ruht zur Nacht sich aus.

Er ruht, am Tage angehabt,
im Schoß der Nacht sich schweigend aus,
er ruht, von seiner Maus durchtrabt,
sich aus.
(P.)

Alpinismus

Palmström denkt die Alpen sich als Kubus ...
Und besteigt sie so, mit seinem Tubus.

Dreiundsechzighundert Hektometer
überm Spiegel seiner Wohnung steht er –

sieht die Gasschiff-Flotte der Korona
und erblickt das Mondschaf in persona.

Der eingebundene Korf

Korf läßt sich in einen Folianten einbinden,
um selben immer bei sich zu tragen;
die Rücken liegen gemeinsam hinten,
doch vorn ist das Buch auseindergeschlagen.
So daß er, gleichsam flügelbelastet,
mit hinter den Armen flatternden Seiten
hinwandelt, oder zu anderen Zeiten
in seinen Flügeln blätternd rastet.

Die Brille

Korf liest gerne schnell und viel;
darum widert ihn das Spiel
all des zwölfmal unerbetnen
Ausgewalzten, Breitgetretnen.

Meistes ist in sechs bis acht
Wörtern völlig abgemacht,
und in ebensoviel Sätzen
läßt sich Bandwurmweisheit schwätzen.

Es erfindet drum sein Geist
etwas, was ihn dem entreißt:
Brillen, deren Energieen
ihm den Text – zusammenziehen!

Beispielsweise dies Gedicht
läse, so bebrillt, man – nicht!
Dreiunddreißig seinesgleichen
gäben erst – Ein – – Fragezeichen!!

Die Mittagszeitung

Korf erfindet eine Mittagszeitung,
welche, wenn man sie gelesen hat,
ist man satt.
Ganz ohne Zubereitung
irgendeiner andern Speise.
Jeder auch nur etwas Weise
hält das Blatt.

Der durchgesetzte Baum

Palmström läßt sich eine Kapsel baun,
und er füllt dieselbe mit Alaun.

Hierauf pflanzt er sie in seinen Garten,
um den Wuchs des Kornes abzuwarten.

Regen fällt, und Sonne scheint darauf,
und die Erde nimmt das Korn in Kauf,

läßt sich täuschen oder denkt: dem Mann
macht es Spaß, und mir kommts nicht drauf an.

Und so treibt sie aus der Kapsel Hals
ein Alaunreis zierlich und voll Salz,

und das Reis erwächst, man glaubt es kaum,
bis zu einem wundervollen Baum.

Palmström (ohne vor Triumph zu turkeln!)
läßt den Baum von A bis Z ver-gurgeln,

und von jedermann, der Halsweh hat. –
Palmström wird der Favorit der Stadt.

Der fromme Riese

Korf lernt einen Riesen kennen,
dessen Frau ihm alles in den Mund gibt,
was sie nicht mag.

Nacht und Tag,
wenn sie ihm solchen Willen kundgibt,
sieht man ihn seine Lippen geduldig trennen

und vorsichtig hinter sein Zahngehege
alles schieben, was seiner Frau im Wege.

Und es ist ihr viel im Wege, der Frau.
Ganz unmöglich wäre, zu sagen genau,

was von Mücke bis Mammut gewissermaßen
ihr mißfällt. Man findet da ganze Straßen,
ganze Städte voll Menschen, man findet Gärten,

Flüsse, Berge neben Perücken, Bärten,
Stöcken, Tellern, Kleidern; mit einem Worte:
eine Welt versammelt sich an gedachtem Orte.

v. Korf mißfällt und wird von dem frommen
Riesengatten still in den Mund genommen.

Und nur, weil er ein »Geist«, wie schon beschrieben,
ist er nicht in diesem Gelaß verblieben.

Korf erfindet eine Art von Witzen –

Korf erfindet eine Art von Witzen,
die erst viele Stunden später wirken.
Jeder hört sie an mit Langerweile.

Doch als hätt ein Zunder still geglommen,
wird man nachts im Bette plötzlich munter,
selig lächelnd wie ein satter Säugling.

Die Windhosen

Beim Windhosenschneider Amorf
erstehen sich Palmström und Korf
zwei Windbeinkleider aus best-
empfohlenem Nordnordwest.

So angetan wirbeln sie quer
und kreuz über Festland und Meer
und fassen die Schurken beim Schopf
und lassen die Guten beim Topf.

Der Wetterwart schaut sie und stutzt:
Zum ersten Mal sieht er verdutzt,
was sonst rein phänomenal,
im Dienst einer klaren Moral.

Die Windsbraut

Bei diesem Wirbel über Land und See
hat Korf zum ersten Mal das Weib erschaut,
nach dem er oft gespäht in Luv und Lee
als wie nach einer sehr erwünschten Braut.

Doch ach, sie war die Braut bereits des Winds, –
die »Windsbraut« wars, die seine Ruh gestört,
er hat es aus dem Mund des schönen Kinds,
daß sie des Winds Gespiel sei, selbst gehört.

v. Korf begibt sich stumm nach seinem Giebel.
Er ist des Götterspielens schmerzlich müde
und widmet seine Wind-Inexpressibles
dem Freund und sich erneuter Solitüde.

Die Gabe

Palmström, dem die Sache gleichfalls leid ist,
ist die Gabe keineswegs zu Dank.
Erstens, weil für seinen Schrank
das Gehöse viel zu weit ist.

Zweitens . . . usw. Schließlich, endlich
schreibt er seinem vorgesetzten Staat:
»Werter Herr! In summa: Eine Tat
soll geschehen! Gratis selbstverständlich!«

Und er bietet ihm die Wetterhosen
um den Preis des ewigen Friedens an.
Nämlich sagt, wie niemand fürder kann
wider den Besitzer sich erbosen.

»Niemand greift Sie an sotanen Falles.
Bauet drum den Hosen einen Turm!
Einen ›Palmströmturm‹, und das ist alles.
Hier in Ihren Händen ruht der Sturm.«

Palmström fühlt sich reiner Tränen Beute.
Endlich, glaubt er, sei die Welt befreit.
Und ihm träumt von einer neuen Zeit...

Doch auf Antwort wartet er noch heute.

Vom Zeitunglesen

Korf trifft oft Bekannte, die voll von Sorgen
wegen der sogenannten Völkerhändel. Er rät:
»Lesen Sie doch die Zeitung von übermorgen.

Wenn die Diplomaten im Frühling raufen,
nimmt man einfach ein Blatt vom Herbst zur Hand
und ersieht daraus, wie alles abgelaufen.

Freilich pflegt man es umgekehrt zu machen,
und wo käme die ›Jetztzeit‹ denn sonst auch hin!
Doch de facto sind das nur Usus-Sachen.«

Bilder

Bilder, die man aufhängt umgekehrt,
mit dem Kopf nach unten, Fuß nach oben,
ändern oft verwunderlich den Wert,
weil ins Reich der Phantasie erhoben.

Palmström, dem schon frühe solches kund,
füllt entsprechend eines Zimmers Wände,
und als Maler großer Gegenstände
macht er dort begeistert Fund auf Fund.

Die Waage

Korfen glückt die Konstruierung einer
musikalischen Personenwaage,
Pfund für Pfund mit Glockenspielansage.

Jeder Leib wird durch sein Lied bestimmt;
selbst der kleinste Mensch, anitzt geboren,
silberglöckig seine Last vernimmt.

Nur v. Korf entsendet keine Weise,
als (man weiß) nichtexistent im Sinn
abwägbarer bürgerlicher Kreise.

L'Art pour l'art

Das Schwirren eines aufgeschreckten Sperlings
begeistert Korf zu einem Kunstgebilde,
das nur aus Blicken, Mienen und Gebärden
besteht. Man kommt mit Apparaten,
es aufzunehmen; doch v. Korf »entsinnt sich
des Werks nicht mehr«, entsinnt sich keines Werks mehr
anläßlich eines »aufgeregten Sperlings«.

Die unmögliche Tatsache

Palmström, etwas schon an Jahren,
wird an einer Straßenbeuge
und von einem Kraftfahrzeuge
überfahren.

»Wie war« (spricht er, sich erhebend
und entschlossen weiterlebend)
»möglich, wie dies Unglück, ja –:
daß es überhaupt geschah?

Ist die Staatskunst anzuklagen
in bezug auf Kraftfahrwagen?
Gab die Polizeivorschrift
hier dem Fahrer freie Trift?

Oder war vielmehr verboten,
hier Lebendige zu Toten

umzuwandeln, – kurz und schlicht:
Durfte hier der Kutscher nicht –?«

Eingehüllt in feuchte Tücher,
prüft er die Gesetzesbücher
und ist alsobald im klaren:
Wagen durften dort nicht fahren!

Und er kommt zu dem Ergebnis:
»Nur ein Traum war das Erlebnis.
Weil«, so schließt er messerscharf,
»nicht sein *kann*, was nicht sein *darf*.«

Die Behörde

Korf erhält vom Polizeibüro
ein geharnischt Formular,
wer er sei und wie und wo.

Welchen Orts er bis anheute war,
welchen Stands und überhaupt,
wo geboren, Tag und Jahr.

Ob ihm überhaupt erlaubt,
hier zu leben und zu welchem Zweck,
wieviel Geld er hat und was er glaubt.

Umgekehrten Falls man ihn vom Fleck
in Arrest verführen würde, und
drunter steht: Borowsky, Heck.

Korf erwidert darauf kurz und rund:
»Einer hohen Direktion
stellt sich, laut persönlichem Befund,

untig angefertigte Person
als nichtexistent im Eigen-Sinn
bürgerlicher Konvention

vor und aus und zeichnet, wennschonhin
mitbedauernd nebigen Betreff,
Korf. (An die Bezirksbehörde in –«.

Staunend liests der anbetroffne Chef.

Die wirklich praktischen Leute

Es kommen zu Palmström heute
die wirklich praktischen Leute,

die wirklich auf allen zehn Zehen
im wirklichen Leben stehen.

Sie klopfen ihm auf den Rücken
und sind in sehr vielen Stücken –

so sagen sie – ganz die Seinen.
Doch wer, der mit beiden Beinen

im wirklichen Leben stände,
der wüßte doch und befände,

wie viel, so gut auch der Wille,
rein idealistische Grille.

Sie schütteln besorgt die Köpfe
und drehn ihm vom Rock die Knöpfe

und hoffen zu postulieren:
er wird auch einer der Ihren,

ein Glanzstück erlesenster Sorte,
ein *Bürger*, mit einem Worte.

Professor Palmström

Irgendwo im Lande gibt es meist
einen Staat, von dem, was sich an Geist

irgendwo befindet und erweist,
doch noch nirgendwo Professor heißt,

eben zum Professor wird gemacht,
wie von wem, der unaufhörlich wacht,
ob auch jeder Seele wird gedacht,
die der Menschheit Glück und Heil gebracht.

Solch ein Staat und solch ein Fürst, o denkt,
hat auch Palmströms Los zum Licht gelenkt,
hat ihm den Professorrang geschenkt
und das Kreuz für Kunst ihm umgehenkt.

Palmström gibt das Kreuz für Kunst zurück;
denn er trägt kein solches Kleidungsstück.
Den Professor nicht, denn man versteht:
als Professor gilt erst ein Prophet.

Das Polizeipferd

Palmström führt ein Polizeipferd vor.
Dieses wackelt mehrmals mit dem Ohr
und berechnet den ertappten Tropf
logarhythmisch und auf Spitz und Knopf.

Niemand wagt von nun an einen Streich:
denn der Gaul berechnet ihn sogleich.
Offensichtlich wächst im ganzen Land
menschliche Gesittung und Verstand.

Venus-Palmström-Anadyomene

Palmström wünscht sich manchmal aufzulösen,
wie ein Salz in einem Glase Wasser,
so nach Sonnenuntergang besonders.

Möchte ruhen so bis Sonnenaufgang,
und dann wieder aus dem Wasser steigen –
Venus-Palmström-Anadyomene...

Gleichnis

Palmström schwankt als wie ein Zweig im Wind ...
Als ihn Korf befrägt, warum er schwanke,
meint er: weil ein lieblicher Gedanke,
wie ein Vogel, zärtlich und geschwind,
auf ein kleines ihn belastet habe –
schwanke er als wie ein Zweig im Wind,
schwingend noch von der willkommnen Gabe ...

Spekulativ

Palmström sieht die Dinge gern im Spiegel,
und zumal ergötzt ihn das Gewölke
leichten Dampfs in dem kristallnen Grunde.

Und ihm schwant davor von Majas flügel-
hafter Art, und vor dem Schalk der Schälke
löst sich Welt zum – Atem eines – Mundes – – –.

Der Träumer

Palmström stellt ein Bündel Kerzen
auf des Nachttischs Marmorplatte
und verfolgt es beim Zerschmelzen.

Seltsam formt es ein Gebirge
aus herabgefloßner Lava,
bildet Zotteln, Zungen, Schnecken.

Schwankend über dem Gerinne
stehn die Dochte mit den Flammen
gleichwie goldene Zypressen.

Auf den weißen Märchenfelsen
schaut des Träumers Auge Scharen
unverzagter Sonnenpilger.

Palmström lobt

Palmström lobt das schlechte Wetter sehr,
denn dann ist auf Erden viel mehr Ruhe;
ganz von selbst beschränkt sich das Getue,
und der Mensch geht würdiger einher.

Schon allein des Schirmes kleiner Himmel
wirkt symbolisch auf des Menschen Kern,
denn der wirkliche ist dem Gewimmel,
ach nicht ihm nur, leider noch recht fern.

Durch die Gassen oder im Gefilde
wandert Palmström, wenn die Wolke fällt,
und erfreut sich an dem Menschenbilde,
das sich kosmo-logischer verhält.

Die beiden Feste

Korf und Palmström geben je ein Fest.

Dieser lädt die ganze Welt zu Gaste:
doch allein zum Zwecke, daß sie – faste!
einen Tag lang sich mit nichts belaste!
Und ein – Antihungersnotfonds ist der Rest.

Korf hingegen wandert zu den Armen,
zu den Krüppeln und den leider Schlimmen
und versucht sie alle so zu stimmen,
daß sie einen Tag lang nicht ergrimmen,
daß in ihnen anhebt aufzuglimmen
ein jedweden »Feind« umfassendes – Erbarmen.

Beide lassen so die Menschen schenken
statt genießen, und sie meinen: freuen
könnten Wesen (die nun einmal – *denken*)
sich allein an solchen gänzlich neuen
Festen.

Palmström wird Staatsbürger

I

Palmström weigert sich (ganz selbstverständlich)
irgendwelchen Heeresdienst zu tun.
Doch die Mehrzahl schilt dies feig und schändlich.

Denn man ist noch rings um ihn katholisch
oder protestantisch usw.
und da gilt es noch als diabolisch

einen Christenmenschen nicht zu morden,
heischen dies Gott, König, Vaterland.
Palmström ist hierauf verhaftet worden.

II

Im Gefängnis sitzt der Brave,
doch er sagt sich: ins Gefängnis
sollte jeder, der kein Sklave.

Alle wahrhaft freien Seelen
sollten diese ihrer einzig
werte Stätte nicht verfehlen.

Ohne Murren, ohne Zucken
sollten sich der Freien Nacken
unter der Gewalt Joch ducken.

Bis das Volk der breiten Fährte
erst durch Staunen, dann durch Denken
gleichfalls sich zur Freiheit klärte.

III

Korf geht mitten durch die Wachen,
die ihn pflichtbeflissen greifen,
doch sie greifen in die Leere..

Und sie stoßen die Gewehre
hin und her durch ihn, doch heiter
wandert er zu Palmström weiter.

IV

Mit dem Wärter, der das Essen
bringt, betritt er die Kamurke,
drin sein Freund, der Schurke Palmström,
haust.

Stotternd, stolpernd, stürzt der Wächter
fort und fabuliert von Geistern,
die er nicht zu meistern wisse ...
Man

kommt in corpore gelaufen ...
Alle werfen sich auf Korfen – –
Doch umsonst geworfen! Korf ist –
Geist ...

V

Es ist unmöglich, Palmström zu behalten
(obwohl er selbst am liebsten bleiben möchte);
denn Korfs Erscheinung ist nicht auszuschalten.

In zwölf Gefängnissen ist Palm gewesen ...
Doch haben überall so Direktoren
wie Untergebne den Verstand verloren.

So daß man ihn mit aufgehobnen Händen
zuletzt beschwört, sich heimwärts zu entschließen,
und ihm erlaubt, niemanden totzuschießen.

Vom Steuerzahlen

Korf, wie aus Teil 1 schon zu entnehmen,
zahlt natürlich keine Steuern
(was genügt, ihn ringsum zu verfehmen)

Denn er mag den Staat nicht fördern,
der sich auf Gewalt der Waffen gründet;
Bessrem bleibt sein Geist und Geld verbündet.

Und man würd' ihn unverwandt verhaften,
wär er nicht gefeit, wie angedeutet,
wider all dergleichen Machenschaften.

Das Interview

Palmström wird gefragt, wie er sich zu der Todesstrafe
stelle.
Er erwidert: »Lieber Herr und Bruder
giebts denn da noch wirklich ein sich Stellen
innert einer Welt
menschlicher Geschwister und Gesellen?

Bester Herr, was wollen Sie den Armen
mit Gewehr und Beil?
Ist der Mensch so arm noch an Erbarmen?

Oder lassen Sie mich anders sprechen:
Ist man ohne Teil
an dem, sei's auch traurigsten, Verbrechen?

Wer es ist, der trete vor und hebe
seine Hand zum Licht.
Oder aber unser Bruder – lebe.«

Der Homunkulus

Als man dies im Blättchen liest gedruckt
meldet sich ein einflußreicher Mann:
»Ich, weiß Gott, bin ohne Schuld daran.
Ich bin kein Politiker wie dies Produkt,
er und ich, wir haben nichts gemein.
Ich bin außerhalb der Welt erzeugt,

keine Mutter hat mich je gesäugt,
künstlich trat ich in dies Dasein ein.
Ein Homunkel bin ich, weltenfern
aller wirklichen Humanität,
und ich appelliere früh und spät:
Schützt mich vor dem Menschen, hohe Herrn!«

Heilung

Palmström geht herum mit einem Kasten
und verteilt Pastillen gegen Husten, –
doch dieselben sind nicht einzunehmen.

Sondern, ehe man beginnt zu prusten,
muß man eine der verhaßten Pasten
in die Hand zu nehmen sich bequemen.

Zwischen Daumen dann und Zeigefinger
hält man sie als permanente Drohung –
und der Reiz im Halse wird geringer.

Denn es brächte ungleich mindre Frohung,
wenn die bittre Pille würd' verspiesen.
Und so wird der Kitzel heimgewiesen.

Der ernste Herr

Eines Tages pocht ein ernster Herr
an die Tür und stellt sich vor und spricht:
»Sie sind doch Herr Palmus Palmström, nicht?

Ich bin sozusagen hergeschneit
von den ernsten Männern unsrer Zeit,
insbesondre von der Schreibrichkeit.

Ich bin selber Schreibrich, wie bekannt.
Kurz und gut, wir würdigen Ihr Wesen.
Prächtig ist dies Nichtvielfederlesen.

Mutig gehn Sie stets auf alles los,
Scherz und Ernst; Sie sind in beidem groß,
und Ihr Freund ist schlechterdings famos.

Doch just eben dies, verstehn Sie recht...
Dieser Zwiespalt! Halb sind Sie – Hanswurst –
halb von Don Quichotischem Geschlecht...

Seien Sie doch eins von beiden ganz!
Oder teilen Sie sich, wenn Sie wollen
mit Herrn Korf in jene beiden Rollen!

Sehn Sie, wir sind da, um kunstzurichten.
Ein Charakter sei so oder so.
Ihren Ernst verkennen wir mitnichten,
doch Sie nehmen hier zu viel auf sich!
Etwas bleibt an Ihnen – lächerlich!
Sehn Sie zu, wie Sie den Zwiespalt schlichten.«

Die Schreibmaschine

Korf erfindet eine Schreibmaschine,
die, daß sie gewählten Zwecken diene,
nicht mit Farben schreibt, vielmehr mit Feuer
und auf Wolkenfetzen ungeheuer.

Sitzt er mitternächtlich an den Tasten,
glaubt man an ein meteorisch Glasten.
Doch es ist ein neu Poem von Korfen
in den Raum zu kurzer Schau geworfen.

Massenweise strömt man zur Lektüre,
späht aus Speicherguck und Dachfalltüre,
und in blitzesschnellen Arabesken
liest man Korfs gigantische Grotesken.

Auf dem Söller seines Hauses kauernd
und auf Cumulus und Stratus lauernd

harrt er halbe Nächte, fabelnd, grübelnd,
und dem Raum sein blankes Blau verübelnd.

Nahen endlich wieder Wolkenlasten,
stürzt er sich gewaltig auf die Tasten;
und empor auf feurigen Kothurnen
funkeln Korfs phantastische Notturnen.

EIN Publikum in Oberbayern,
nachdem es lang geblieben stumm,
befand sich, als die Zeit erschienen,
als »Palmström-reifes« Publikum.

Womit gemeint war, daß ein jeder
zumal betreffs Philosophei,
im ganzen Oder und Entweder
der Sache wie zu Hause sei.

Als Palms Erzeuger es vernommen,
hat er dies Wort anheimgestellt:
»Lasset die Kindlein zu ihm kommen;
denn ihrer ist auch diese Welt«.

Zu guter Letzt

[Fragmente]

Palmström hört von reichen Leuten,
die das Geld, das sie erbeuten,
teils in kalten fremden Schergen,
teils in eignen Schränken bergen.
Er ist fern von solchem Sinn:
Was er hat, das gibt er hin...

Palmström, um dem Friedenswerk zu dienen,
lehrt verkehrte Geographie...

Palmström sagt sich: Überall ist Liebe!
Und er ist von Herzen froh...

Muhme Kunkel

Palma Kunkel ist mit Palm verwandt,
doch im übrigen sonst nicht bekannt.
Und sie wünscht auch nicht bekannt zu sein,
lebt am liebsten ganz für sich allein.

Über Muhme Palma Kunkel drum
bleibt auch der Chronist vollkommen stumm.
Nur wo selbst sie aus dem Dunkel tritt,
teilt er dies ihr Treten treulich mit.

Doch sie trat bis jetzt noch nicht ans Licht,
und sie will es auch in Zukunft nicht.
Schon, daß hier ihr Name lautbar ward,
widerspricht vollkommen ihrer Art.

Exlibris

Ein Anonymus aus Tibris
sendet Palman ein Exlibris.

Auf demselben sieht man nichts
als den weißen Schein des Lichts.

Nicht ein Strichlein ist vorhanden.
Palma fühlt sich warm verstanden.

Und sie klebt die Blättlein rein
allenthalben dankbar ein.

Wort-Kunst

Palma Kunkel spricht auch. O gewiß.
Freilich nicht wie Volk der Finsternis.

Nicht von Worten kollernd wie ein Bronnen,
niemals nachwärts-, immer vorbesonnen

Völlig fremd den hilflos vielen Schällen,
fragt sie nur in wirklich großen Fällen.

Fragt den Zwergen niemals, nur den Riesen,
und auch nicht, wie es ihm gehe, diesen.

Nicht vom Wetter spricht sie, nicht vom Schneider,
höchstens von den Grundproblemen beider.

Und so bleibt sie jung und unverbraucht,
weil ihr Odem nicht wie Dunst verraucht.

Das Forsthaus

I

Palma Kunkel ist häufig zum Kuraufenthalt
in einem einsamen Forsthaus weit hinten im Wald,
von wo ein Brief so befördert wird,
daß ihn, wer gerade Zeit hat, ein Knecht oder Hirt
dem Wild des angrenzenden Jagdrevieres
um Hals oder Bein hängt... worauf in des Tieres
erfolgender Schußzeit er, wenn auch oft spät,
auf ein Postamt und von dort an seine Adresse gerät.
So das Wild wie die Nachbarn sind stolz auf die Ehre,
und man weiß keinen Fall, daß ein Brief je verloren
gegangen wäre.

II

[Zehn Jahre später]

Dies war so geschrieben vor manch einem Jahr.
Doch heute, da ist es insofern nicht mehr wahr,

als – zuerst wars ein Kauz, der drauf kam,
die Sache dahin in Erwägung er nahm:
daß, wenn man direkt die postalische Bürde
besorgte, der Abschuß erspart bleiben würde.
Er ist damals gleich nach dem Postamt geflogen
und wurde als »Brief-Kauz« auf einem großen Bogen
vermerkt und der Hirsch, und der Has hinterher,
und schließlich waren die Jagdgründe leer:
Denn natürlich hatte das ganze Wild nun
nur noch zwischen Forsthaus und Reichspost zu tun,
und kam es dabei auch durchs alte Revier,
war es jetzt dort als »Brief-Wild« geschütztes Getier.

Der Papagei

Palma Kunkels Papagei
spekuliert nicht auf Applaus;
niemals, was auch immer sei,
spricht er seine Wörter aus.

Deren Zahl ist ohne Zahl:
denn er ist das klügste Tier,
das man je zum Kauf empfahl,
und der Zucht vollkommne Zier.

Doch indem er streng dich mißt,
scheint sein Zungenglied verdorrt.
Gleichviel, wer du immer bist,
er verrät dir nicht ein Wort.

Palmas Mutter

Palmas Mutter sprach einst still und schlicht:
»Nahst du Fraun, vergiß der Geißel nicht.«

Und der Philosoph, vom Weib gequält,
hat der Welt dies bitteren Munds erzählt.

Doch, man muß ein altes Weib verstehn:
»Nimm das Ding mit!« (sprach sie). »Doch – für wen?

Für die Frauen, meinst du. Immerhin
birgt mein Rat noch einen zweiten Sinn.

Hängst du dieser zweiten Wahrheit nach,
wird dir tiefer aufgehn, was ich sprach.«

Palmas Mutter, manchem zum Verdruß,
gab nie einen Rat, der keine Nuß.

PALMA Kunkel naht die Frage,
was zum Kriegsproblem sie sage.

Längst im Innersten entschieden
wünscht sie allen Menschen Frieden.

(Zwar zum Unterschied von vielen
freilich nur: mit großen Zielen.)

Doch sie weiß zugleich: auf Erden
sind die Menschen erst im Werden.

Ringsum ungeheure Horden
wollen noch das große Morden,

sind noch ganz durchleidenschaftet,
noch vom *Geist* zu schwach durchkraftet,

müssen erst noch lange reifen,
eh sie Gott und sich begreifen.

Der Droschkengaul

Ich bin zwar nur ein Droschkengaul, –
doch philosophisch regsam;

der Freß-Sack hängt mir kaum ums Maul,
so werd ich überlegsam.
Ich schwenk ihn her, ich schwenk ihn hin,
und bei dem trauten Schwenken
geht mir so manches durch den Sinn,
woran nur Weise denken.

Ich bin zwar nur ein Droschkengaul, –
doch sann ich oft voll Sorgen,
wie ich den Hafer brächt ins Maul,
der tief im Grund verborgen.
Ich schwenkte hoch, ich schwenkte tief,
bis mir die Ohren klangen.
Was dort in Nacht verschleiert schlief,
ich konnt es nicht erlangen.

Ich bin zwar nur ein Droschkengaul, –
doch mag ich Trost nicht missen
und sage mir: So steht es faul
mit allem Erdenwissen;
es frißt im Weisheitsfuttersack
wohl jeglich Maul ein Weilchen,
doch nie erreichts – o Schabernack –
die letzten Bodenteilchen.

Mopsenleben

Es sitzen Möpse gern auf Mauerecken,
die sich ins Straßenbild hinaus erstrecken,

um von sotanen vorteilhaften Posten
die bunte Welt gemächlich auszukosten.

O Mensch, lieg vor dir selber auf der Lauer,
sonst bist du auch ein Mops nur auf der Mauer.

Liebe

Das Feuer brennt,
das Feuer nennt
die Luft sein Schwesterelement –
und frißt sie doch (samt dem Ozon)!
Das ist die Liebe, lieber Sohn.

Der Meilenstein

Tief im dunklen Walde steht er
und auf ihm mit schwarzer Farbe,
daß des Wandrers Geist nicht darbe:
Dreiundzwanzig Kilometer.

Seltsam ist und schier zum Lachen,
daß es diesen Text nicht gibt,
wenn es keinem Blick beliebt,
ihn durch sich zu Text zu machen.

Und noch weiter vorgestellt:
Was wohl ist er – ungesehen?
Ein uns völlig fremd Geschehen.
Erst das Auge schafft die Welt.

Täuschung

Menschen stehn vor einem Haus, – –
nein, nicht Menschen, – Bäume.
Menschen, folgert Otto draus,
sind drum nichts als – Träume.

Alles ist vielleicht nicht klar,
nichts vielleicht erklärlich,
und somit, was ist, wird, war,
schlimmstenfalls entbehrlich.

Vice Versa

Ein Hase sitzt auf einer Wiese,
des Glaubens, niemand sähe diese.

Doch, im Besitze eines Zeißes,
betrachtet voll gehaltnen Fleißes

vom vis-à-vis gelegnen Berg
ein Mensch den kleinen Löffelzwerg.

Ihn aber blickt hinwiederum
ein Gott von fern an, mild und stumm.

Die wiederhergestellte Ruhe

Aus ihrem Bette stürzt sie bleich
im langen Hemd und setzt sich gleich.

Die Zofe bringt ihr Rock und Schuh
und führt sie sanft dem Diwan zu.

Todmüd in grauen Höhlen liegt
der Blick, den Fieber fast besiegt.

Ihr ganzer Leib ist wie verzehrt,
als hätt in ihm gewühlt ein Schwert.

Der Arzt verkündet aller Welt,
sie sei nun wieder hergestellt.

Die Zofe kniet vor ihr und gibt
ihr von den Blumen, die sie liebt,

und schmückt sie zärtlich aus der Truhe:
die wiederhergestellte Ruhe.

Auf dem Fliegenplaneten,
da geht es dem Menschen nicht gut:
Denn was er hier der Fliege,
die Fliege dort ihm tut.

An Bändern voll Honig kleben
die Menschen dort allesamt,
und andre sind zum Verleben
in süßliches Bier verdammt.

In Einem nur scheinen die Fliegen
dem Menschen vorauszustehn:
Man bäckt uns nicht in Semmeln,
noch trinkt man uns aus Versehn.

Das Perlhuhn

Das Perlhuhn zählt: Eins, zwei, drei, vier...
Was zählt es wohl, das gute Tier,
dort unter den dunklen Erlen?

Es zählt, von Wissensdrang gejückt,
(die es sowohl wie uns entzückt:)
die Anzahl seiner Perlen.

Das Einhorn

Das Einhorn lebt von Ort zu Ort
nur noch als Wirtshaus fort.

Man geht hinein zur Abendstund
und sitzt den Stammtisch rund.

Wer weiß! Nach Jahr und Tag sind wir
auch ganz wie jenes Tier

Hotels nur noch, darin man speist –
(so völlig wurden wir zu Geist).

Im »Goldnen Menschen« sitzt man dann
und sagt sein Solo an . . .

Die Nähe

Die Nähe ging verträumt umher . . .
Sie kam nie zu den Dingen selber.
Ihr Antlitz wurde gelb und gelber,
und ihren Leib ergriff die Zehr.

Doch eines Nachts, derweil sie schlief,
da trat wer an ihr Bette hin
und sprach: »Steh auf, mein Kind, ich bin
der kategorische Komperativ!

Ich werde dich zum Näher steigern,
ja, wenn du willst, zur Näherin!« –
Die Nähe, ohne sich zu weigern,
sie nahm auch dies als Schicksal hin.

Als Näherin jedoch vergaß
sie leider völlig, was sie wollte,
und nähte Putz und hieß Frau Nolte
und hielt all Obiges für Spaß.

Die Elster

Ein Bach, mit Namen Elster, rinnt
durch Nacht und Nebel und besinnt
inmitten dieser stillen Handlung
sich seiner einstigen Verwandlung,
die ihm vor mehr als tausend Jahren
von einem Magier widerfahren.

Und wie so Nacht und Nebel weben,
erwacht in ihm das alte Leben.
Er fährt in eine in der Nähe
zufällig eingeschlafne Krähe
und fliegt, dieweil sein Bett verdorrt,
wie dermaleinst als Vogel fort.

Anfrage

Der Ichthyologe Berthold Schrauben
will Umiges dem Autor glauben.
Er kennt dergleichen aus Oviden,
doch Eines raubt ihm seinen Frieden:

»Wo nämlich«, fragt er, »bleibt die Stelle
der Fischwelt obbenannter Quelle?
Verkörpert sie sich mit zum Raben –
oder verbleibt sie tot im Graben?«

Persönlich sei er für das erste,
dem zweiten aber sei die mehrste
Wahrscheinlichkeit zu geben, da,
als seinerzeit die Tat geschah,

die Pica von dem mächtigen Feinde
in einen ohne Fischgemeinde
zunächst gedachten Wasserlauf
verwandelt worden sei, worauf

erst später jene, teils durch Neben-
gewässer, teils durch Menschenstreben,
als übliche Bewohnersphäre
ihm eingegliedert worden wäre.

Es sei für einen Fall wie diesen
von Nennwert, nicht unangewiesen,
wenn er, empfänd mans gleich als Bürde,
bis auf den Grund durchleuchtet würde.

Antwort (I. A.)

Sehr geehrter Herr! Gestatten
Sie der Gattin meines Gatten,
seine Antwort mitzuteilen.

Er beglückwünscht sich zu solchen
Äußerungen, die gleich Dolchen
seiner Werke Brust durchwühlen.

Doch er ist zur Zeit verhindert.
Nämlich (was den Vorwurf mindert)
durch Verfolgung jenes Falles –

statt nach rückwärts, wie Sie streben,
vorwärts: in das neue Leben
unsrer trefflichen Schalalster!

(Ach, mein Herr, ich wünsch es keinem.)
Folgender »Entwurf zu einem
bürgerlichen Trauerspiele«

gibt dem Ganzen eine Wende,
die uns, wie Sie (und wohl viele)
nicht ganz ungleichmütig fühlen

werden, lehrt, wie doch noch alles
recht in Blindheit lebt. Derweilen
und mit Dank und Grüßen (falls der

Anteil an der Fisch-Allmende
wirklich echt in Ihren Zeilen!)
Ihre X. – Ich bin zu Ende.

Entwurf zu einem Trauerspiele

Ein Fluß, namens Elster,
besinnt sich auf seine wahre Gestalt
und fliegt eines Abends
einfach weg.

Ein Mann, namens Anton,
erblickt ihn auf seinem Acker und schießt
ihn mit seiner Flinte
einfach tot.

Das Tier, namens Elster,
bereut zu spät seine selbstische Tat
(denn – Wassersnot tritt
einfach ein).

Der Mann, namens Anton,
(und das ist leider kein Wunder) weiß
von seiner Mitschuld
einfach nichts.

Der Mann, namens Anton,
(und das versöhnt in einigem Maß)
verdurstet gleichwohl
einfach auch.

Das Butterbrotpapier

Ein Butterbrotpapier im Wald, –
da es beschneit wird, fühlt sich kalt ...

In seiner Angst, wiewohl es nie
an Denken vorher irgendwie

gedacht, natürlich, als ein Ding
aus Lumpen usw., fing,

aus Angst, so sagte ich, fing an
zu denken, fing, hob an, begann,

zu denken, denkt euch, was das heißt,
bekam (aus Angst, so sagt ich) – Geist,

und zwar, versteht sich, nicht bloß so
vom Himmel droben irgendwo,

vielmehr infolge einer ganz
exakt entstandnen Hirnsubstanz –

die aus Holz, Eiweiß, Mehl und Schmer,
(durch Angst) mit Überspringen der

sonst üblichen Weltalter, an
ihm Boden und Gefäß gewann –

[(mit Überspringung) in und an
ihm Boden und Gefäß gewann].

Mit Hilfe dieser Hilfe nun
entschloß sich das Papier zum Tun, –

zum Leben, zum – gleichviel, es fing
zu gehn an – wie ein Schmetterling ...

zu kriechen erst, zu fliegen drauf,
bis übers Unterholz hinauf,

dann über die Chaussee und quer
und kreuz und links und hin und her –

wie eben solch ein Tier zur Welt
(je nach dem Wind) (und sonst) sich stellt.

Doch, Freunde! werdet bleich gleich mir! –:
Ein Vogel, dick und ganz voll Gier,

erblickts (wir sind im Januar...) –
und schickt sich an, mit Haut und Haar –

und schickt sich an, mit Haar und Haut –
(wer mag da endigen!) (mir graut) –

(Bedenkt, was alles nötig war!) –
und schickt sich an, mit Haut und Haar – –

Ein Butterbrotpapier im Wald
gewinnt – aus Angst – Naturgestalt...

Genug!! Der wilde Specht verschluckt
das unersetzliche Produkt...

Die Schuhe

Man sieht sehr häufig unrecht tun,
doch selten öfter als den Schuhn.

Man weiß, daß sie nach ewgen Normen
die Form der Füße treu umformen.

Die Sohlen scheinen auszuschweifen,
bis sie am Ballen sich begreifen.

Ein jeder merkt: es ist ein Paar.
Nur Mägden wird dies niemals klar.

Sie setzen Stiefel (wo auch immer)
einander abgekehrt vors Zimmer.

Was müssen solche Schuhe leiden!
Sie sind so fleißig, so bescheiden;

sie wollen nichts auf dieser Welt,
als daß man sie zusammenstellt,

nicht auseinanderstrebend wie
das unvernünftig blöde Vieh!

O ihr Marie, Sophie, Therese, –
der Satan wird euch einst, der böse,

die Stiefel anziehn, wenn es heißt,
hinweg zu gehn als seliger Geist!

Dann werdet ihr voll Wehgeheule
das Schicksal teilen jener Eule,

die, als zwei Hasen nach sie flog
und plötzlich jeder seitwärts bog,

der eine links, der andre rechts,
zerriß (im Eifer des Gefechts)!

Wie Puppen, mitten durchgesägte,
so werdet ihr alsdann, ihr Mägde,

bei Engeln halb und halb bei Teufeln
von nie gestillten Tränen träufeln,

der Hölle ein willkommner Spott
und peinlich selbst dem lieben Gott.

Das Tellerhafte

Das Tellerhafte naht heran
auf sieben Gänsefüßen.
Das Tellerhafte naht heran,
mein Dasein zu entsüßen.

Es naht sich im gestreckten Lauf
als wie der Gaul dem Futter;
bald liegts als wie ein Fisch ihm auf
und bald wie Brot und Butter.

Ich fühle mich so recht verhext
als wie in alten Mären: –
Ich werde, werde wohl demnext
ein Galgenkind gebären.

Schicksal

Der Wolke Zickzackzunge spricht:
»Ich bringe dir, mein Hammel, Licht.«

Der Hammel, der im Stalle stand,
ward links und hinten schwarz gebrannt.

Sein Leben grübelt er seitdem:
warum ihm dies geschah von wem.

Das Grab des Hunds

Gestern war ich in dem Tal,
wo der Hund begraben liegt.
Trat erst durch ein Felsportal
und dann, wo nach links es biegt.

Vorwärts drang ich ungestört
noch um ein Erkleckliches –
Ist auch niemand da, der hört?
Denn nun tat ich Schreckliches:

Hob den Stein, auf welchem steht,
welchem steht: Hier liegt der Hund –
hob den Stein auf, hob ihn – und –
sah – oh, die ihr da seid, geht!

Sah – sah die Idee des Hunds,
sah den Hund, den Hund an sich.
Reichen wir die Hände uns;
dies ist wirklich fürchterlich

Wie sie aussah, die Idee?
Bitte, bändigt euren Mund.
Denn ich kann nicht sagen meh,
als daß sie aussah wie ein – Hund.

Das Nilpferd

Ein Nilpferd las sich jüngst, o weh,
statt mit groß 𝔑 mit groß ℌ.

Worauf es flugs von den Ästheten
als Wappentier ward auserbeten.

Zerknirscht von ungeheurer Pein,
ging es ob dieser Torheit ein …

Seit damals wird dem Nilflußpferd
die deutsche Schrift nicht mehr gelehrt.

Und schreibt man klug das Nilflußroß
römisch und »Hippopotamos«.

Der Sperling und das Känguruh

In seinem Zaun das Känguruh –
es hockt und guckt dem Sperling zu.

Der Sperling sitzt auf dem Gebäude –
doch ohne sonderliche Freude.

Vielmehr, er fühlt, den Kopf geduckt,
wie ihn das Känguruh beguckt.

Der Sperling sträubt den Federflaus –
die Sache ist auch gar zu kraus.

Ihm ist, als ob er kaum noch säße …
Wenn nun das Känguruh ihn fräße?

Doch dieses dreht nach einer Stunde
den Kopf aus irgend einem Grunde,

vielleicht auch ohne tiefern Sinn,
nach einer andern Richtung hin.

Der gestrichene Bock

Ein Wildbret mußt allabendlich
auf einem Hoftheater sich
im Hauptakt auf das Stichwort »Schürzen«
von links aus der Kulisse stürzen.

Beim zwölften Male brach es aus
und rannte dem Souffleur ins Haus,
worauf es kurzweg – und sein Part –
von der Regie gestrichen ward.

Zwei Hoftheaterdiener brachten
am nächsten Morgen den gedachten
gestrichnen königlichen Bock
per Auto nach Hubertusstock.

Dort geht das Wildbret nun herum
und unterhält sein Publikum
aus Reh, Hirsch, Eber, Fuchs und Maus
von »Rolle«, »Stichwort« und »Applaus«.

Tertius Gaudens
[Ein Stück Entwickelungsgeschichte]

Vor vielen Jahren sozusagen
hat folgendes sich zugetragen:

Drei Säue taten um ein Huhn
in einem Korb zusammen ruhn.

Das Huhn, wie manchmal Hühner sind
(im Sprichwort mindestens), war blind.

Die Säue waren schlechtweg Säue
von völliger Naturgetreue.

Dies Dreieck nahm ein Mann aufs Ziel,
vielleicht wars auch ein Weib, gleichviel.

Und trat heran und gab den Schweinen –
ihr werdet: Runkelrüben meinen.

O nein, er warf – (er oder sie) –
warf – Perlen vor das schnöde Vieh.

Die Säue schlossen träg die Lider...
Das Huhn indessen, still und bieder,

erhob sich ohne Hast und Zorn
und fraß die Perlen auf wie Korn.

Der Mensch entwich und sann auf Rache;
doch Gott im Himmel wog die Sache

der drei Parteien und entschied,
daß dieses Huhn im nächsten Glied

die Perlen außen tragen solle.
Auf welche Art die Erdenscholle –

das Perlschwein –? Nein! Das war verspielt!
das Perl-*Huhn* zum Geschenk erhielt.

Der Leu

Auf einem Wandkalenderblatt
ein Leu sich abgebildet hat.

Er blickt dich an, bewegt und still,
den ganzen 17. April.

Wodurch er zu erinnern liebt,
daß es ihn immerhin noch gibt.

Das Geierlamm

Der Lämmergeier ist bekannt,
das Geierlamm erst hier genannt.

Der Geier, der ist offenkundig,
das Lamm hingegen untergrundig.

Es sagt nicht hu, es sagt nicht mäh
und frißt dich auf aus nächster Näh.

Und dreht das Auge dann zum Herrn.
Und alle habens herzlich gern.

Unter Spiegelbildern

Unter lauter Spiegelbildern
war ich diese Nacht im Traum.
(Laß die Phantasie nicht wildern,
halte sie vielmehr im Zaum!)

Alles war daselbst vorhanden,
was Natur und Mensch gemacht,
selbst ein Löwe, der (in Banden)
einst vor ein Trumeau gebracht.

Doch nicht *ein*mal nur war Tier und
Mensch und andres hier, o Graun!
Eine Frau war hundertvierund-
fünfzigtausendmal zu schaun.

Auch ein Fräulein war zur Stelle,
ganz gehüllt in blondes Haar,
die in eines Waldhorns Welle
einst im Mond gestiegen war.

Leute sah man, die man nie sonst
so gesehn (und umgekehrt);
wer ein Vieh sonst, ein Genie sonst,
hier erst sah man seinen Wert.

Hüt dich drum, du sichres Siegel,
wer du seist und wo du seist;
sieh dich niemals in den Spiegel,
sonst verfällst du meinem Geist.

Deines Spiegels dunkle Klarheit
hat dein Bild, du weißt nicht wie,
und dann seh ich deine Wahrheit;
denn die Spiegel lügen nie.

Deus Artifex

Wer kennte nicht die wackre Mähre,
die, täglich weniger gespeist,
zuletzt, gedrängt von innrer Leere,
emporfuhr als verklärter Geist?

Dies Tier ward Richards Rosinante,
als er sein bodlos Leben schloß.
Es hob der große Unbekannte
höchstselbst den Seligen aufs Roß.

Worauf er sprach: »Du mochtest wähnen,
du seist ein gottverlaßner Tropf.
Ich habe stets bei meinen Plänen
ein ganz bestimmtes Bild im Kopf.«

Und schritt hinweg. Der ganze Himmel
sprang auf und wünschte Richard Glück ...
Und traun! Der Mann samt seinem Schimmel
war in der Tat ein Meisterstück.

Die Fledermaus
[Kurhauskonzertbierterrassenereignis]

Die Fledermaus
hört »sich« von Strauß.

Der Bogen-Mond
wirkt ungewohnt.

Es rührt ihr Flugel
die Milchglaskugel.

Der Damen Schar:
»Mein Hut! Mein Haar!«

Sie stürzt, wirr – worr – –
'nem Gast ins Pschorr.

Der Pikkolo
entfernt sie: –: so –: . . .

Die »Fledermaus«
ist grade aus.

Die Unterhose

Heilig ist die Unterhose,
wenn sie sich in Sonn und Wind,
frei von ihrem Alltagslose,
auf ihr wahres Selbst besinnt.

Fröhlich ledig der Blamage
steter Souterränität,
wirkt am Seil sie als Staffage,
wie ein Segel leicht gebläht.

Keinen Tropus ihr zum Ruhme
spart des Malers Kompetenz,
preist sie seine treuste Blume
Sommer, Winter, Herbst und Lenz.

Das Buch

Ein Buch lag aufgeschlagen,
auf irgendeinem Pult,
in irgendeiner Nacht.

Auf seinen Seiten ruhte
des Mondes bleiches Licht,
des Mondes blasse Lust.

Da ließ die zwei Paginen
der zwei Paginen Geist,
der zwei Paginen Sinn.

Und florte wie ein Schleier,
vom Mondenlicht gelockt,
ins Mondenlicht hinein.

Der Schleier wies die Sonne
(sie stieg von Seite neun
bis Seite zehn empor

in ihrem schönsten Feuer,
ein strahlend Phänomen,
ein flammendes Geleucht) . . .

Sie hing in Mondspinnweben,
ein güldner Ball des Glücks,
ein güldnes heiliges Herz!

Der Fensterrahmen rückte,
Die Klause wurde blau.
Der Schleier sank zurück.

Das Buch lag wieder traumhaft
samt seiner Majestät
im wieder nächtigen Raum.

Ein Sturmstoß kam es blättern . . .
Ein Sturmstoß schloß die Mär.
Vom Turm her scholl es zwölf.

Ein böser Tag

Wie eine Hummel brummt mein Geist
sein Reich voll Unrast hin und her;
die Blüten lassen heut ihn leer,
so viel er hungrig auch umkreist.

Denn kaum erfüllt ihn ein Begehr –
als ihm ein andres dies verweist!
Wie eine Hummel brummt mein Geist
sein Reich heut rastlos hin und her.

»Wenn also strenge Reihn du reihst,«
dozierst du, »ist dein Herz nicht schwer!«
Du bist ein Esel, wer du seist!
Heut komm mir keiner in die Quer!

Wie eine Hummel brummt mein Geist.

Geburtsakt der Philosophie

Erschrocken staunt der Heide Schaf mich an,
als säh's in mir den ersten Menschenmann.
Sein Blick steckt an; wir stehen wie im Schlaf;
mir ist, ich säh zum ersten Mal ein Schaf.

Plötzlich . . .

Plötzlich staunt er vor seinem Zwicker,
daß er nicht »gehe« gleich als ob das Glas,
wie eine Uhr, nun eben: »gehen« müßte.
Wie? war er stehen geblieben? –
Lebenswitz.

Auf zwei Sekunden Wahrheit, hier für drei
zuviel schon. Gleichwohl. Plötzlich ... Schluß.

Der Korbstuhl

Was ich am Tage stumm gedacht,
vertraut er eifrig an der Nacht.

Mit Knisterwort und Flüsterwort
erzählt er mein Geheimnis fort.

Dann schweigt er wieder lang und lauscht –
indes die Nacht gespenstisch rauscht.

Bis ihn der Bock von neuem stößt
und sich sein Krampf in Krachen löst.

Die zwei Parallelen

Es gingen zwei Parallelen
ins Endlose hinaus,
zwei kerzengerade Seelen
und aus solidem Haus.

Sie wollten sich nicht schneiden
bis an ihr seliges Grab:
Das war nun einmal der beiden
geheimer Stolz und Stab.

Doch als sie zehn Lichtjahre
gewandert neben sich hin,
da wards dem einsamen Paare
nicht irdisch mehr zu Sinn.

War'n sie noch Parallelen?
Sie wußtens selber nicht, –
sie flossen nur wie zwei Seelen
zusammen durch ewiges Licht.

Das ewige Licht durchdrang sie,
da wurden sie eins in ihm;
die Ewigkeit verschlang sie
als wie zwei Seraphim.

Denkmalswunsch

Setze mir ein Denkmal, cher,
ganz aus Zucker, tief im Meer.

Ein Süßwassersee, zwar kurz,
werd ich dann nach meinem Sturz;

doch so lang, daß Fische, hundert,
nehmen einen Schluck verwundert. –

Diese ißt in Hamburg und
Bremen dann des Menschen Mund. –

Wiederum in eure Kreise
komm ich so auf gute Weise,

während, werd ich Stein und Erz,
nur ein Vogel seinen Sterz

oder gar ein Mensch von Wert
seinen Witz auf mich entleert.

Der Neffe

[Fragment]

Palma Kunkel, vorbeeungen schon,
hat, erfährt man, einen Brudersohn.
Dieser sucht, ihr scheinbar Gegenteil,
mitten im Gewühl der Welt sein Heil.

Neffe Kunkel, zubetitelt Klaus,
ist, wie man so sagt, ein Feuerbraus.
Wenn sein Herz er einer Sache lieh,
gleicht kein Kohlhaas ihm an Energie.

Korf und Palmström gehn dem jungen Mann
mannigfältig beispielvoll voran;
doch er ist, das wird bald jedem klar,
beispiellos und unberechenbar.

Seine Mutter, eine Frau aus Ulm,
nannte ihn, auf Tantes Vorschlag: Kulm.
Und fürwahr, ein Gipfel, ein Extrem
tritt mit ihm ans Licht, höchst unbequem...

DER GINGGANZ

Der Aesthet

Wenn ich sitze, will ich nicht
sitzen, wie mein Sitz-Fleisch möchte,
sondern wie mein Sitz-Geist sich,
säße er, den Stuhl sich flöchte.

Der jedoch bedarf nicht viel,
schätzt am Stuhl allein den Stil,
überläßt den Zweck des Möbels
ohne Grimm der Gier des Pöbels.

Die Oste

Er ersann zur Weste
eines Nachts die Oste!
Sprach: »Was es auch koste! –«
sprach (mit großer Geste):

»Laßt uns auch von hinten
seidne Hyazinthen
samt Karfunkelknöpfen
unsern Rumpf umkröpfen!
Nicht nur auf dem Magen
laßt uns Uhren tragen,
nicht nur überm Herzen
unsre Sparsesterzen!
Fort mit dem betreßten
Privileg der Westen!
Gleichheit allerstücken!
Osten für den Rücken!«

Und sieh da, kein Schneider
sagte hierzu: Leider –!

Hunderttausend Scheren
sah man Stoffe queren ...
Ungezählte Posten
wurden schönster Osten
noch vor seinem Tode
»letzter Schrei« der Mode.

Der Vergeß

Er war voll Bildungshung, indes,
soviel er las
und Wissen aß,
er blieb zugleich ein Unverbeß,
ein Unver, sag ich, als Vergeß;
ein Sieb aus Glas,
ein Netz aus Gras,
ein Vielfreß –
doch kein Haltefraß.

Lieb ohne Worte

Mich erfüllt Liebestoben zu dir!
ich bin deinst,
als ob einst
wir vereinigst.

Sei du meinst!
Komm Liebchenstche zu mir –
ich vergehste sonst
sehnsuchtstgepeinigst.

Achst, achst, schwachst schwachst arms Wortleinstche,
was? – –
Genug denn, auch du, auch du liebsest.
Fühls, fühls ganzst ohne Worte: sei Meinstlein!
Ich sehne dich sprachlosestest.

Es pfeift der Wind . . .

Es pfeift der Wind, Was pfeift er wohl?
Eine tolle, närrische Weise.
Er pfeift auf einem Schlüssel hohl,
bald gellend und bald leise.

Die Nacht weint ihm den Takt dazu
mit schweren Regentropfen,
die an der Fenster schwarze Ruh
ohn End eintönig klopfen.

Es pfeift der Wind. Es stöhnt und gellt.
Die Hunde heulen im Hofe. –
Er pfeift auf diese ganze Welt,
der große Philosophe.

Der heilige Pardauz

Im Inselwald »Zum stillen Kauz«,
da lebt der heilige Pardauz.

Du schweigst? Ist dir der Mund verklebt?
Du zweifelst, ob er wirklich lebt?

So sag ichs dir denn ungefragt:
Er *lebt*, auch wenn dirs mißbehagt.

Er lebt im Wald »Zum stillen Kauz«,
und schon sein Vater hieß Pardauz.

Dort betet er für dich, mein Kind,
weil du und andre Sünder sind.

Du weißt nicht, was du ihm verdankst, –
doch daß du nicht schon längst ertrankst,

verbranntest oder und so weiter –
das dankst du diesem Blitzableiter

der teuflischen Gewitter. Ach,
die Welt ist rund, der Mensch ist schwach.

Gespenst

Es gibt ein Gespenst,
das frißt Taschentücher;
es begleitet dich
auf deiner Reise,
es frißt dir aus dem Koffer,
aus dem Bett,
aus dem Nachttisch,
wie ein Vogel
aus der Hand,
vieles weg, –
nicht alles, nicht auf einmal.
Mit achtzehn Tüchern,
stolzer Segler,
fuhrst du hinaus
aufs Meer der Fremde,
mit acht bis sieben
kehrst du zurück,
ein Gram der Hausfrau.

Die drei Winkel

Drei Winkel klappen ihr Dreieck
zusammen wie ein Gestell
und wandern nach Hirschmareieck
zum Widiwondelquell.

Dort fahren sie auf der Gondel
hinein in den Quellenwald
und bitten die Widiwondel
um menschliche Gestalt.

Die Wondel – ihr Dekorum
zu wahren – spricht Latein:
»Vincula, vinculorum,
in vinculis Fleisch und Bein!«

Drauf nimmt sie die lockern Braten
und wirft sie in den Teich: –
Drei Winkeladvokaten
entsteigen ihm alsogleich.

Drei Advokaten stammen
aus dieses Weihers Schoß.
Doch zählst du die drei zusammen,
so sind es zwei rechte bloß.

Der Schnupfen

Ein Schnupfen hockt auf der Terrasse,
auf daß er sich ein Opfer fasse

– und stürzt alsbald mit großem Grimm
auf einen Menschen namens Schrimm.

Paul Schrimm erwidert prompt: »Pitschü!«
und *hat* ihn drauf bis Montag früh.

Etiketten-Frage

Ein halber Eßl. und ein Teel.
besahn einander stolz und scheel.

Der Teel. erklärte: »*Ich* bin mehr!«
Der halbe Eßl. rief, nein er!

Die Wissenschaft entschied voll Hohn:
Das kommt vom populären Ton.

»Ihr seid«, sprach patzig die Madam,
»einfach fünf Gramm und zehen Gramm.«

Lebens-Lauf

Ein Mann verfolgte einen andern
(aus Deutz). (Er selber war aus Flandern.)

Der Deutzer, just kein großer Held,
gibt unverzüglich Fersengeld.

Der Fläme sagt sich: »Ei, nun gut!«
und sammelt es in seinen Hut.

Und sammelt bis zur finstern Nacht,
und morgens, als der Hahn erwacht

und jener weiter flieht, voll Reue,
da füllt er seinen Hut aufs neue.

Durch ganz Europa geht es so.
Sie sind bereits am Flusse Po.

Sie sind in Algier ungefähr,
da ist der eine Millionär.

Wie – Millionär? O Allahs Güte!
Sein Schatz mißt hunderttausend Hüte.

Nein: Legionär – dies ist das Wort!
Und jener sagts ihm auch sofort.

Und beide teilen sich das Geld
und kaufen sich dafür die Welt.

– – – – – – –

Tief in Marokko steht ein Kreuz,
da ruhn die aus Brabant und Deutz,

die beiden fremden Legionäre.
O Mensch, das Geld ist nur Schimäre!

Im Reich der Interpunktionen

Im Reich der Interpunktionen
nicht fürder goldner Friede prunkt:

Die Semikolons werden Drohnen
genannt von Beistrich und von Punkt.

Es bildet sich zur selben Stund
ein Antisemikolonbund.

Die einzigen, die stumm entweichen
(wie immer), sind die Fragezeichen.

Die Semikolons, die sehr jammern,
umstellt man mit geschwungnen Klammern

und setzt die so gefangnen Wesen
noch obendrein in Parenthesen.

Das Minuszeichen naht, und – schwapp!
da zieht es sie vom Leben ab.

Kopfschüttelnd blicken auf die Leichen
die heimgek hrten Fragezeichen.

Doch, wehe! neuer Kampf sich schürzt:
Gedankenstrich auf Komma stürzt –

und fährt ihm schneidend durch den Hals,
bis dieser gleich-und ebenfalls

(wie jener mörderisch bezweckt)
als Strichpunkt das Gefild bedeckt!...

Stumm trägt man auf den Totengarten
die Semikolons beider Arten.

Was übrig von Gedankenstrichen,
kommt schwarz und schweigsam nachgeschlichen.

Das Ausrufszeichen hält die Predigt;
das Kolon dient ihm als Adjunkt.

Dann, jeder Kommaform entledigt,
stapft heimwärts man, Strich, Punkt, Strich, Punkt...

Das Löwenreh

Das Löwenreh durcheilt den Wald
und sucht den Förster Theobald.

Der Förster Theobald desgleichen
sucht es durch Pirschen zu erreichen,

und zwar mit Kugeln, deren Gift
zu Rauch verwandelt, wen es trifft.

Als sie sich endlich haben, schießt
er es, worauf es ihn genießt.

Allein die Kugel wirkt alsbald:
Zu Rauch wird Reh nebst Theobald...

Seitdem sind beide ohne Frage
ein dankbares Objekt der Sage.

Klabautermann

Klabautermann,
Klabauterfrau,
Klabauterkind
im Schiffe sind.

Die Küchenfei
erblickt die drei.
Sie schreit: »O Graus,
das Stück ist aus!«

Den Pudel Pax –
den Kaufmann Sachs –
sie alle frißt
der Meerschoßdachs.

Klabautermann,
Klabauterfrau,
Klabauterkind
woanders sind.

Brief einer Klabauterfrau

»Mein lieber und vertrauter Mann,
entsetzlieber Klabautermann,
ich danke dir, für was du schreibst
und daß du noch vier Wochen bleibst.

Die ›Marfa‹ ist ein schönes Schiff,
vergiß nur nicht das Teufelsriff;
ich lebe hier ganz unnervos,
denn auf der Elbe ist nichts los.

Bei einem Irrlicht in der Näh
trink manchmal ich den Fünfuhrtee,
doch weil sie leider Böhmisch spricht,
verstehen wir einander nicht.

1. 6. 04. Stadt Trautenau.
Deine getreue Klabauterfrau.«

Ein Wildschwein und ein Zahmschwein sahn
durch eines Zaunes Loch sich an.

Das Zahmschwein (anders als das Wild –)
hielt jenes für sein Spiegelbild.

Hinwieder dies verächtlich spie
auf sein rasiertes vis-à-vis.

Das Zahmschwein wandte sich empört,
aus seiner Illusion gestört.

Die Wildsau lief, berechtigt-stolz,
ins nächstgelegne Unterholz.

Der Papagei

Es war einmal ein Papagei,
der war beim Schöpfungsakt dabei
und lernte gleich am rechten Ort
des ersten Menschen erstes Wort.

Des Menschen erstes Wort war A
und hieß fast alles, was er sah,
z. B. Fisch, z. B. Brot,
z. B. Leben oder Tod.

Erst nach Jahrhunderten voll Schnee
erfand der Mensch zum A das B
und dann das L und dann das Q
und schließlich noch das Z dazu.

Gedachter Papagei indem
ward älter als Methusalem,
bewahrend treu in Brust und Schnabel
die erste menschliche Vokabel.

Zum Schlusse starb auch er am Zips.
Doch heut noch steht sein Bild in Gips,
geschmückt mit einem grünen A,
im Staatsschatz zu Ekbatana.

Das Symbol des Menschen

»Zeig mir,« sprach zu mir ein Dämon,
»zeig mir das Symbol des Menschen,
und ich will dich ziehen lassen.«

Ich darauf, mir meine schwarzen
Stiefel von den Zehen ziehend,
sprach: »Dies, Dämon, ist des Menschen
schauerlich Symbol; ein Fuß aus
grobem Leder, nicht Natur mehr,
doch auch noch nicht Geist geworden;
eine Wanderform vom Tierfuß
zu Merkurs geflügelter Sohle.«
Als ein Bildnis des Gelächters
stand ich da, ein neuer Heiliger.
Doch der Dämon, unbestimmbar
seufzend, bückte sich und schrieb mit
seinem Finger auf die Erde.

Der zarte Greis

Er war so zart
geworden,
daß im Herbst –
als unter einen Baum er trat –
er lediglich von dürrem Laub
erschlagen ward!

Also zu lesen:
›Sonntagsblatt für Zerbst‹
(Der Mann war Bootmannsmaat
gewesen
an Bord ›En-
dymion‹; pensioniert und taub.)

Schiff ›Erde‹

»Ich will den Kapitän sehn«, schrie
die Frau, »den Kapitän, verstehn Sie?« –
»Das ist unmöglich«, hieß es. »Gehn Sie!
So gehn Sie doch! Sie sehn ihn nie!«

Das Weib, mit rasender Gebärde:
»So bringen Sie ihm *das* – und *das* –.«
(Sie spie die ganze Reling naß.)
Das Schiff, auf dem sie fuhr, hieß ›Erde‹.

ZEITGEDICHTE

Die Zeit

Es gibt ein sehr probates Mittel,
die Zeit zu halten am Schlawittel:
Man nimmt die Taschenuhr zur Hand
und folgt dem Zeiger unverwandt.

Sie geht so langsam dann, so brav
als wie ein wohlgezogen Schaf,
setzt Fuß vor Fuß so voll Manier
als wie ein Fräulein von Saint-Cyr.

Jedoch verträumst du dich ein Weilchen,
so rückt das züchtigliche Veilchen
mit Beinen wie der Vogel Strauß
und heimlich wie ein Puma aus.

Und wieder siehst du auf sie nieder;
ha, Elende! – Doch was ist das?
Unschuldig lächelnd macht sie wieder
die zierlichsten Sekunden-Pas.

Das Grammophon

Der Teufel kam hinauf zu Gott
und brachte ihm sein Grammophon
und sprach zu ihm, nicht ohne Spott:
»Hier bring ich dir der Sphären Ton.«

Der Herr behorchte das Gequiek
und schien im Augenblick erbaut:
Es ward fürwahr die Welt-Musik
vor seinem Ohr gespenstisch laut.

Doch kaum er dreimal sie gehört,
da war sie ihm zum Ekel schon, –
und höllwärts warf er, tief empört,
den Satan samt dem Grammophon.

Die Stationen

Überall, auf allen Stationen
ruft der Mensch den Namen der Station,
überall, wo Bahnbeamte wohnen,
schallt es »Köpnick« oder »Iserlohn«.
Wohl der Stadt, die Gott tut so belohnen:
Nicht im Stein nur lebt sie, auch im Ton!
Täglich vielmals wird sie laut verkündet
und dem Hirn des Passagiers verbündet.

Selbst des Nachts, wo sonst nur Diebe munkeln,
hört man: »Kötzschenbroda«, »Schrimm«, »Kamenz«,
sieht man Augen, Knöpfe, Fenster funkeln;
kein Stationchen ist so klein – man nennts!
Prenzlau, Bunzlau kennt man selbst im Dunkeln
dank des Dampfs verbindender Tendenz.
Nur die Dörfer seitwärts liegen stille . . .
Doch getrost, auch dies ist Gottes Wille.

Der Bahnvorstand

Der Bahnvorstand des kleinen Orts
bedünkt vom Rang sich eines Lords.

Ein Vororts-, Fern- und Güterzug
zu gleicher Zeit (!) – das ist genug.

Er streckt die Hand vorn in die Brust
und blickt mit wahrer Feldherrnlust.

Er steckt den Arm bald her, bald hin:
Sein Leben hat nun wirklich Sinn . . .

Zum Größten spräch sein Herz nun: »Komm!«
Er ist ein Mensch; voilà! un homme!

Der Glaube

Eines Tags bei Kohlhasficht
sah man etwas Wunderbares.
Doch daß zweifellos und wahr es,
dafür bürgt das Augenlicht.

Nämlich standen dort zwei Hügel,
höchst solid und wohl bestellt;
einen schmückten Windmühlflügel
und den andern ein Kornfeld.

Plötzlich eines Tags um viere
wechselten die Plätze sie;
furchtbar brüllten die Dorfstiere,
und der Mensch fiel auf das Knie.

Doch der Bauer Anton Metzer,
weit berühmt als frommer Mann,
sprach: »Ich war der Landumsetzer,
zeigt mich nur dem Landrat an.

Niemand anders als mein Glaube
hat die Berge hier versetzt.
Daß sich keiner was erlaube:
Denn ich fühle stark mich jetzt.«

Aller Auge stand gigantisch
offen, als er dies erzählt.
Doch das Land war protestantisch,
und in Dalldorf starb ein Held.

Der Großstadtbahnhoftauber
[Eine Zivilisationsballade]

Der Großstadtbahnhoftauber pickt,
was Gott sein Herr ihm fernher schickt.

Aus Salzburg einen Zehntel Kipfel,
aus Frankfurt einen Würstchen-Zipfel.

Aus Bozen einen Apfelbutzen
und ein Stück Käs aus den Abruzzen.

So nimmt er teil, so steht er gleich
wer immer wem im Deutschen Reich

und außerhalb und überhaupt,
so weit man an dergleichen glaubt.

Ukas

Durch Anschlag mach ich euch bekannt:
Heut ist kein Fest im deutschen Land.
Drum sei der Tag für alle Zeit
zum Nichtfest-Feiertag geweiht.

Auf einer Bühne

Auf einer Bühne steht ein Baum,
geholt vom nächsten Wäldchensaum.

Ihn überragt zur rechten Hand
ein Felsenstein aus Leinewand,

indes zur Linken wunderbar
ein Rasen grünt aus Ziegenhaar.

Im Stehparkett der kleine Cohn
zerbirst vor lauter Illusion.

Der kleine Cohn ward zum Gericht
für das, was Kunst ist und was nicht.

Der Wasseresel

Der Wasseresel taucht empor
und legt sich rücklings auf das Moor.

Und ordnet künstlich sein Gebein,
im Hinblick auf den Mondenschein:

So, daß der Mond ein Ornament
auf seines Bauches Wölbung brennt ...

Mit diesem Ornamente naht
er sich der Fingur Wasserstaat.

Und wird von dieser, rings beneidet,
mit einem Doktorhut bekleidet.

Als Lehrer liest er nun am Pult,
wie man durch Geist, Licht und Geduld

verschönern könne, was sonst nicht
in allem dem Geschmack entspricht.

Er stellt zuletzt mit viel Humor
sich selbt als lehrreich Beispiel vor.

»Einst war ich meiner Dummheit Beute«, –
so spricht er – »und was bin ich heute?

Ein Kunstwerk der Kulturbegierde,
des Waldes Stolz, des Weihers Zierde!

Seht her, ich bring euch in Person
das Kunsthandwerk als Religion.«

Der neue Vokal

Der Festredner:

»Unsterblich werden Sie leben,
solang es Menschenmund
und Menschenwitz wird geben
auf diesem Erdengrund.«

Ein Fähnrich, halblaut zur Gattin des Gefeierten,
Frau Professor Ulich:

»Was hat denn Ihr Herr Gemahl
nun eigentlich ausgeheckt?«

Die Gattin, ebenso:

»Er hat einen neuen Vokal
erfunden oder entdeckt.«

Der Fähnrich:

»Das ist ja phänomenal,
eine wahre Speise für Geister!
Na, Gnädigste, und wie heißt er
denn nun, dieser neue Vokal?«

Die Gattin:

»Er kann ihn noch niemandem sagen,
er läßt ihn erst patentiern;
wir wolln – nach so langen Plagen –
doch nicht ihr Erträgnis verliern!«

Der Fähnrich:

»Verstehe, Sie wollen Tantiemen!«

Die Gattin:

»Gewiß, das ist unser Ziel!
Wer den Vokal will nehmen,
erhält ihn für soundso viel.«

Der Festredner, abschließend:

»Sie gaben uns mehr, Herr Ulich,
als irgend ein Mensch bislang;

wir trollten fromm und betulich
den alten Schlendriangang.
Da kamen Sie, Geist der Geister,
in unser Jammertal
und gaben uns, teurer Meister,
den *August-Ulich-Vokal!*«

Toilettenkünste

[Fritz Mauthnern]

Das Wort, an sich nicht eben viel,
rüstete sich zum Fastnachtsspiel.

Er setzte sich, das gute Wurm,
Perücken auf als wie ein Turm.

Sie barg die äußerst magern Hüften
in märchenhaften Röckegrüften.

Der Ball war voll Bewundrung toll.
Der König selbst sprach »Wundervoll!«

Doch morgens krochen – flüchtig Glück! –
zwei Nichtse in ihr Bett zurück.

Aus der Vorstadt

[Mit Seele vorzutragen]

»Ich bin eine neue Straße
noch ohne Haus, o Graus.
Ich bin eine neue Straße
und sehe komisch aus.

Der Mond blickt aus den Wolken –
ich sage: Nur gemach –
(der Mond blickt aus den Wolken)
die Häuser kommen noch nach!

Ich heiß auch schon seit gestern,
und zwar Neu-Friedrichskron;
und links und rechts die Schwestern,
die heißen alle schon.

Die Herren Aktionäre,
die haben mir schon vertraut:
Es währt nicht lang, auf Ehre,
so werd ich angebaut.

Der Mond geht in den Himmel,
schließt hinter sich die Tür –
der Mond geht in den Himmel –
ich kann doch nichts dafür!«

Der Saal

Eugen, der Juwelendieb,
stahl auch Stiefel oder Hemden,
ohne daß ihm ein Befremden
über sich zurücke blieb.

Eines Tages aber stahl
er (man wirds nicht glauben wollen)
einen ganzen wundervollen
grade nicht benutzten Saal.

Mitten in dem Häuserblock
einer sehr belebten Gegend,
drin kein Mensch war Argwohn hegend,
lag der Saal im ersten Stock.

Durch den Boden einer Stube,
die darüber lag, ersann
einen Zugang er, und dann
stieg er einfach ein, der Bube.

Auf der Spree, da lag ein Kahn,
drein der Saal zunächst verbannt ward.

Freundlich lächelte der Strandwart,
sah er Eugens Karre nahn.

Eines Tags im Juli fuhr
er gen Hamburg ganz vergnüglich,
und von da gings unverzüglich
übers Meer nach Baltimur.

Dort lief Eugen nach Attesten
für den lustigen Skandal –
und bereist seitdem den Westen.
mit dem hier gestohlnen Saal.

Wer jedoch beschreibt den tristen
Reiz der Sache hier zu Haus!
Selbst die ältsten Polizisten
wissen nicht mehr ein noch aus.

Nichts mehr ist zurück vom Saale.
Das nur, was dahinter war,
beut, wie eine wüste Schale,
sich dem Bürgerauge dar.

Scholastikerprobleme

I

Wieviel Engel sitzen können
auf der Spitze einer Nadel –
wolle dem dein Denken gönnen,
Leser sonder Furcht und Tadel!

»Alle!« wirds dein Hirn durchblitzen.
»Denn die Engel sind doch Geister!
Und ein ob auch noch so feister
Geist bedarf schier nichts zum Sitzen.«

Ich hingegen stell den Satz auf:
Keiner! – Denn die nie Erspähten
können einzig nehmen Platz auf
geistlichen Lokalitäten.

II

Kann ein Engel Berge steigen?
Nein. Er ist zu leicht dazu.
Menschenfuß und Menschenschuh
bleibt allein dies Können eigen.

Lockt ihn dennoch dieser Sport,
muß er wieder sich ver-erden
und ein Menschenfräulein werden
etwa namens Zuckertort.

Allerdings bemerkt man immer,
was darin steckt und von wo –
denn ein solches Frauenzimmer
schreitet anders als nur so.

Problem

Es flog ein Stein so weit, so weit –
und hatte doch kein Federkleid!
Es war ihm ja zu gönnen.
Indessen rechte Seltsamkeit,
daß Steine fliegen können!

Gruselett

Der Flügelflagel gaustert
durchs Wiruwaruwolz,
die rote Fingur plaustert,
und grausig gutzt der Golz.

Die Lämmerwolke

Es blökt eine Lämmerwolke
am blauen Firmament,
sie blökt nach ihrem Volke,
das sich von ihr getrennt.

Zu Bomst das Luftschiff »Gunther«
vernimmts und fährt empor
und bringt die Gute herunter,
die, ach, so viel verlor.

Bei Bomst wohl auf der Weide,
da schwebt sie nun voll Dank,
drei Jungfraun in weißem Kleide,
die bringen ihr Speis und Trank.

Doch als der Morgen gekommen,
der nächste Morgen bei Bomst, –
da war sie nach Schrimm verschwommen,
wohin du von Bomst aus kommst . . .

Ein modernes Märchen

I Früchte der Bildung

Schränke öffnen sich allein,
Schränke klaffen auf und spein
Fräcke, Hosen aus und Kleider
nebst den Attributen beider.

Und sie wandeln in den Raum
wie ein sonderbarer Traum,
wehen hin und her und schreiten
ganz wie zu benutzten Zeiten.

Auf den Sofas, auf den Truhn
sieht man sitzen sie und ruhn,
auf den Sesseln, an den Tischen,
am Kamin und in den Nischen.

Seltsam sind sie anzuschaun,
kopflos, handlos, Männer, Fraun;
doch mit Recht verwundert jeden,
daß sie nicht ein Wörtlein reden.

Dieser Frack und jener Rock,
beide schweigen wie ein Stock,
lehnen ab, wie einst im Märchen,
sich zu rufen Franz und Klärchen.

Ohne Mund entsteht kein Ton
lernten sie als Kinder schon.
Und so reden Wams und Weste
lediglich in stummer Geste.

Ein Uhr schlägt's, die Schränke schrein:
»Kommt, und mög euch Gott verzeihn!«
Krachend fliegen zu die Flügel
und – nur eins hängt nicht am Bügel!

II Not lehrt beten

Eine Spitzenbluse nämlich,
oh, entsetzlich und beschämlich,
hat sich bei der wilden Jagd,
wilden Heimjagd der Gespenster –
eine Spitzenbluse nämlich
hat sich bei der Jagd am Fenster-
haken heillos festgehakt.

Kalt bescheint der Mond die krause
Dulderin im dunklen Hause,
die vom Fenster fortstrebt, wie
wer da fliehen will im Traume,
doch kein Schrittchen rückt im Raume, –
grell bescheint der Mond die grause
krasse, krause Szenerie ...

Da erscheint vom Nebenzimmer,
angelockt durch ihr Gewimmer
denn sie schrie! die Bluse *schrie*!
da erscheint vom Nebenzimmer,
hergelockt durch ihr Gewimmer,
schwebt herein vom Nebenzimmer,
schlafgeschloßnen Auges – SIE.

Und sie hakt das arme Wesen –
hakt es ohne Federlesen
los und hängt es ans Regal;
schwebt dann wieder heim ins Neben-
zimmer, schwebt, wie eben Wesen,
die im Schlafe wandeln, schweben,
schwebt so wieder dann ins Neben-
zimmer heim und heim zum Herrn Gemahl.

St. Expeditus

I

Einem Kloster, voll von Nonnen,
waren Menschen wohlgesonnen.

Und sie schickten, gute Christen,
ihm nach Rom die schönsten Kisten:

Äpfel, Birnen, Kuchen, Socken,
eine Spieluhr, kleine Glocken,

Gartenwerkzeug, Schuhe, Schürzen ...
Außen aber stand: Nicht stürzen!

Oder: Vorsicht! Oder welche
wiesen schwarzgemalte Kelche.

Und auf jeder Kiste stand
»Espedito«, kurzerhand.

Unsre Nonnen, die nicht wußten,
wem sie dafür danken mußten,

denn das Gut kam anonym,
dankten vorderhand nur IHM,

riefen aber doch ohn Ende
nach dem Sender solcher Spende.

Plötzlich rief die Schwester Pia
eines Morgens: »Santa mia!

Nicht von Juden, nicht von Christen
stammen diese Wunderkisten –

Expeditus, o Geschwister,
heißt er, und ein Heiliger ist er!«

Und sie fielen auf die Kniee.
Und der Heilige sprach »Siehe!

Endlich habt ihr mich erkannt.
Und nun malt mich an die Wand!«

Und sie ließen einen kommen,
einen Maler, einen frommen.

Und es malte der Artiste
Expeditum mit der Kiste.

Und der Kult gewann an Breite.
Jeder, der beschenkt ward, weihte

kleine Tafeln ihm und Kerzen.
Kurz, er war in aller Herzen.

II

Da auf einmal, neunzehnhundert-
fünf, vernimmt die Welt verwundert,

daß die Kirche diesen Mann
fürder nicht mehr dulden kann.

Grausam schallt von Rom es her:
»Expeditus ist nicht mehr!«

Und da seine lieben Nonnen
längst dem Erdental entronnen,

steht er da und sieht sich um –
und die ganze Welt bleibt stumm.

Ich allein hier hoch im Norden
fühle mich von seinem Orden,

und mein Ketzergriffel schreibt:
Sanctus Expeditus – bleibt.

Und weil jenes nichts mehr gilt,
male ich hier neu sein Bild –

Expeditum, den Gesandten,
grüß ich hier, des Unbekannten.

Expeditum, ihn, den Heiligen,
mit den Füßen, den viel eiligen,

mit den milden, weißen Haaren
und dem fröhlichen Gebaren,

mit den Augen braun, voll Güte,
und mit einer großen Tüte,

die den überraschten Kindern
strebt ihr spärlich Los zu lindern.

Einen güldnen Heiligenschein
geb ich ihm noch obendrein,

den sein Lächeln um ihn breitet,
wenn er durch die Lande schreitet.

Und um ihn in Engelswonnen
stell ich seine treuen Nonnen:

Mägdlein aus Italiens Auen,
himmlisch lieblich anzuschauen.

Eine aber macht, fürwahr,
ein lange Nase gar.

Just ins »Bronzne Tor« hinein
spannt sie ihr klein Fingerlein.

Oben aber aus dem Himmel
quillt der Heiligen Gewimmel,

und holdselig singt Maria
»Santo Espedito – sia!«

Die zwei Turmuhren

Zwei Kirchturmuhren schlagen hintereinander,
weil sie sonst widereinander schlagen müßten.
Sie vertragen sich wie zwei wahre Christen.
Es wäre dementsprechend zu fragen:
warum nicht auch die Völker
hintereinander statt widereinander schlagen.
Sie könnten doch wirklich ihren Zorn
auslassen, das eine hinten, das andre vorn.
Aber freilich: Kleine Beispiele von Vernunft
änderten noch nie etwas am großen Narreteispiele der
Zunft.

AUS DEM ANZEIGENTEIL EINER TAGESZEITUNG DES JAHRES 2407

5. August!! Künstliches Schneegestöber in Thale (Harz), veranstaltet vom Hotel Alpenrose: mit der großen Papierschnitzelschneezentrifuge der amerikanischen Naturschauspielimitationskompagnie Brotherson & Sann.

Amerikanischer Agent sucht ausgestopfte Fürsten zu höchsten Preisen. Red. 43 W. P. St.

Von morgen ab wieder täglich:
Verwandlung von Wasser in Wein.
Austern, Kaviar, Champagner, Tafelobst
für jedermann
auf einfachstem Wege.
Egon Schwarzfuß, Hypnotiseur.
Gegenüber dem Ackerbauministerium.

Die Vereinigung für Ameisenspiele wird ersucht, sich morgen, den 17. hjs., auf dem Tempelhofer Felde einzufinden, um den großen Haufen zu vollenden.

Darunter in riesigen Lettern:

Für Ameisenkostüme, braun, schwarz, in jeder Größe, genau nach den Vorschriften des V. f. A. empfiehlt sich Phantasus Liptauer, Warenhaus für Tierspiele aller Art.
Desgleichen Blattlauskostüme samt allem Zubehör.

Vortragsankündigung

Morgen, Sonntag, in der Aula maxima der Charlottenburger Volksbildungsaustauschhochschule Grammophonvortrag nach Prof. Houston Shaw von der Universität New Heidelberg, Mass.: Authentischer Nachweis der Identität des Verfassers der Henrik Ibsen zugeschriebenen Dramenwerke mit Peer Hansen, weiland Privatdozent an der Universität Christiania.

Telegraphenbüro Fuchs

Demnächst Eröffnung der ersten deutschen Luftzeitung!
Der von sechs Fesselballons festgehaltene Projektionsdrache mißt 800 m im Quadrat und wird oberhalb des Kreuzberges allabendlich nach Einbruch der Dunkelheit die neusten Berichte in weithin sichtbaren Buchstaben zeigen. Eigens konstruierte Abonnements-Ferngläser sowie Dachstuhl- und Kaminsitzkarten in der Redaktion und allen Filialen. Es wird darauf aufmerksam gemacht, daß nur feste Abonnenten an den großen Veranstaltungen teilhaben, welche die Luftzeitung plant und deren erste sein wird: die Projektion jedes an einem Sonntag geborenen Abonnenten in voller Bildgröße (800 qm).

Behördlich ausgesetzte Belohnung von 3000 Mark auf Ergreifung des Ballonpiraten, der in der Nacht vom Montag zum Dienstag das Köpenicker Rathaus abgedeckt hat.
i. A. Bilz, Luftpolizeiwachtmeister.

Zur erneuten Besprechung des Problems der Wasserschienen ladet auf den 12. September ein der Vorstand des Klubs für technische Fragen, Verkehrsabteilung.

Nutridentol!! ist das beste Zahnwasser! Dasselbe besitzt außer seinen reinigenden Eigenschaften hohen Nährwert! Der Gebrauch ersetzt jedes Abendbrot oder Frühstück!
Referenz zu Nutridentol:
Sehr geehrter Herr! Seit zwei Monaten gebrauche ich regelmäßig Ihr Nutridentol und habe in dieser Zeit 4 Kilo Teebutter erspart. Auch mein Kopfweh ist völlig verschwunden.
Mit größter Dankbarkeit Eleonora Hecht, Privatiere.

Violinspieler, vorzüglicher – zum Vorspielen für meine Eidechse gesucht. – Adele Süßkind, Hauptpost.

Für Einsame

Erinnerungsarome – fertigt genau nach Angabe das ›Warenhaus für kleines Glück aller Art‹. Telegrammadresse: Glückshaus.

Zerstreuungs-Orgeln-Automaten oder das Kaufhaus im Hause, enthaltend: Musikstücke, Bilder, Liköre, Feuerwerk, Broschüren, Lotterielose usw.

Künstliche Köpfe!!! – Jedermann ist ein Narr, der sich nicht einen künstlichen Kopf anschafft. Der künstliche Kopf wird über den natürlichen gestülpt und gewährt diesem gegenüber folgende Vorteile: a) des Schutzes gegen Regen, Wind, Sonne, Staub, kurz, alle äußeren Unbilden, die den natürlichen Kopf ohne Ende belästigen und von seiner eigentlichen Beschäftigung, vom Denken abhalten; b) der Erhöhung der natürlichen Sinnesfunktionen: Man hört mit seinen künstlichen Ohren etwa hundertmal mehr und besser als mit den natürlichen, man sieht mit seinem Augenapparat so scharf wie ein Triëderbinokel, man riecht mit dem K. K. feiner, und man schmeckt mit dem K. K. differenzierter als mit seinem Vorgänger. Dabei braucht man jedoch nichts von alledem. Man kann die Apparate nämlich einstellen, wie man will, also auch auf ›tot‹. Der auf tot eingestellte K. K. ermöglicht ein vollkommen ungestörtes Innenleben. Geschloßne Zimmer, Mönchszellen, Waldeinsamkeit usw. sind fortan überflüssig. Man isoliert sich im dichtesten Volksgewühl. – der K. K. wird nur nach Maß angefertigt und ist leicht zu tragen. Gegen unbefugte Berührung ist er durch eine eigene Batterie geschützt. Da er kein Haarkleid braucht, ist die Schädeldecke für Annoncen reserviert. – Wer klug ist und vorurteilslos, kann durch Übernahme einer geeigneten Großfirmenanzeige unschwer die Kosten eines K. K. herausschlagen, ja noch mehr, durch den künstlichen Kopf auch auf diesem Wege weit leichter Geld verdienen als durch den natürlichen.

Erdbebenmatratze: Schlafe todsicher Erdbebenbaldachine Schutzschirme aller Art Künstliche Köpfe Schuß- und hiebfeste Anzüge liefert Kaufhaus ›Rettungswache‹.

Fetischistengemeinde, Bruderstraße
Mittwochs von 5 bis 6: Prügelfeier

Danach:
Vortrag des Feuerländer-Missionars
Taperkins über den Text:
»Kindlein, liebet euch unter einander«

Hinweis:
Im Vorraum Tausch,
Verkauf erprobter Fetische
Augenblickliche Spezialität:
Echte Pescheräh-Fetische

Literaten von zehn Pfennigen aufwärts
beim Küster

Vorankündigung

22. November. Fritzmauthner-Tag. 22. November.
Spectaculum grande!

Großes Wörter-Schießen! Preise bis zu 1000 M!

Mittelpunkt der Veranstaltung:

Zehnmaliges Erschießen des Wortes
›Weltgeschichte‹
durch je zehn Scharfschützen
zehn deutscher Stämme

Erinnerungszeichen!

Kaltes Buffet!

Schießplatz Neu-Kaputt,
vis-à-vis dem Luftschiffhafen

Das Festcomité
der Vereinigung zur ordnungsmäßigen
Erschießung verurteilter Wörter

GROTESKEN UND PARODIEN

EGON UND EMILIE

Kein Familiendrama

Die Bühne stellt einen behaglichen Wohnraum dar. Links in der Ecke ein Ofen mit einer Bank. In der Mitte ein runder Tisch. Fenster, Türe.

EMILIE (*Egon an der Hand ins Zimmer ziehend*): Hier herein! So, hier herein, mein geliebter Egon! O wie bin ich glücklich, wie ist deine Emilie so glücklich! (*Sie blickt Egon mit strahlenden Augen an*) Aber du sagst gar nichts –

EGON (*setzt sich auf das Sofa und schweigt*)

EMILIE Hast du gar kein Wort für unser Glück? Aber freilich -- (*sie stockt*)

EGON (*schweigt*)

EMILIE O du bist mir noch böse! Nicht wahr, mein Egon, du zürnst mir noch!

EGON (*schweigt*)

EMILIE (*auf der Ofenbank*): Ich hätte mir das sagen sollen! Ich hätte es voraussehen sollen! Ich Elende! Ich Törin! Aber mein Gott, es ist doch noch nicht alles verloren – nicht wahr, Egon (*sie springt auf, in gesteigerter Angst*) nicht wahr, Egon –?

EGON (*schweigt*)

EMILIE O ich beschwöre dich! So sprich doch ein Wort, nur ein einziges kleines Wort!

EGON (*schweigt*)

EMILIE (*an dem runden Tisch*): Ja, beim ewigen Gott, – ist denn das etwas so Riesenhaftes, was ich da verlange, nein, erbitte, erflehe! Ich will ja nicht deine Verzeihung oder dein Verstehen, nein, das noch lange nicht, dazu haben wir ja noch fünf Akte Zeit, aber irgendeinen Anknüpfungspunkt gib mir doch, irgendeine Replik wirst du mir doch nicht verweigern –

EGON (*schweigt*)

EMILIE (*vom Fenster aus*): Egon! – Egon!! – Egon!!!

EGON (*schweigt*)

EMILIE (*auf ihn zu*): Weißt du auch, Schändlicher, daß dies mein Tod ist? Daß ich nun keine Figur werden kann – infolge deines verruchten Schweigens? Daß ich jetzt wieder hinweggehen muß von diesen Brettern, hinaus ins namenlose Nichts, ohne gespielt, ohne gelebt zu haben?

(Sie zieht die Uhr und wartet eine volle Minute)

Keine Antwort, kein unartikulierter Laut, nicht einmal ein Blick! Stein, Stein, Eis. Grausamer, der du mich um meine Rolle gebracht hast, unnatürlicher Mensch, der du hier ein Familiendrama in seinen Windeln erwürgst... Er ist stumm, er bleibt stumm, ich gehe. Nun, so falle denn, Vorhang wieder, kaum daß du dich erhoben hast; so geht denn, ihr lieben Leute, nach Hause. Ihr saht, ich tat mein Möglichstes. Alles umsonst. Der Unmensch will kein Drama, er will seine Ruhe haben. Lebt wohl. (*Ab*)

EGON (*erhebt sich*): Sehr richtig, ich will meine Ruhe haben, ich will kein Familiendrama. Um euretwillen, liebe Zuschauer, sollte ich diesem Wasserfall von Weibe durchaus zu Willen sein? Um eurer schönen Augen willen mich mit ihm in endloses Geschwätz verwickeln? Ich denke nicht daran. Geht jetzt nur heim und kommt zu der Erkenntnis, daß ihr heute zum ersten Male in eurem Leben auf der Bühne einen wahrhaft vernünftigen Mann gesehen habt, einen Mann, der das Sprichwort »Reden ist Silber, Schweigen ist Gold« nicht nur im Munde führte, sondern furchtlos befolgte. Lebt wohl. (*Ab*)

EINE MINUTE

Dampfschiffkai im Sturm und lichtem Nebel. Ein Passagier. Ein fremder Herr. Stimmen. (Man hört die Dampfsirenen eines großen Schiffes dreimal, gleich darauf fernes Rasseln von Ankerketten. Ein Herr mit Handtasche kommt von links gelaufen.)

DER PASSAGIER: Donnerwetter! Donnerwetter! Heda! Hollah! Verflucht und verdammt! Holla, Bootsmann! Was?

Nicht mehr möglich? Es muß möglich sein (*winkt krampfhaft*) Ich zahle doppelt – – dreifach – – Was? Herrgott, er dreht doch erst noch. Ich muß noch an Bord, ich muß, – mein Gepäck – ja natürlich – – Himmelschockschwerenot ist das eine Niederträchtigkeit – was fang ich nur an – – ach was – das bißchen Seegang – – der Teufel soll dieses Rindvieh von Kellner holen – – na, hör mal, hör mal, Junge, das ist nett, das lob ich mir – und morgen der Vortrag – (*läuft hin und her*) ich bin vollkommen geliefert – es ist aber doch wirklich –! (*zieht die Uhr*) – *Eine* Minute wars, sage und schreibe *eine* Minute – na Glück muß der Mensch haben, Glück, Glück, Glück –

Ein fremder Herr: (*von rechts*) Sie wollten noch mit? (*weist hinaus*)

Der Passagier: Ja, natürlich; Sie auch?

Der Fremde: Ich? Nein.

Der Passagier: Denken Sie, *eine* Minute! Es ist um verrückt zu werden. Die Kerle hätten mich aber auch noch übersetzen können. Jetzt kann ich zwei Tage in dem Nest hier warten oder doppelt soviel für Eisenbahnbilletts ausgeben. Es ist einfach zum Verzweifeln!

Der Fremde: Meinen Sie? (*Er zieht ein zusammengefaltetes Zeitungsblatt aus der Brusttasche*) Haben Sie schon die Morgenausgabe der Hamburger Nachrichten gelesen?

Der Passagier: Wieso? Warum?

Der Fremde: (*überreicht ihm das Blatt*) Vielleicht interessiert Sie die Nummer.

Der Passagier: Sehr freundlich. Aber Sie berauben sich. Ich kann sie ja in jedem Gasthaus bekommen. Und jetzt augenblicklich –

Der Fremde: Immerhin.

Der Passagier: (*nimmt sie, etwas verwundert*) Nun denn, wie Sie wollen, mein Herr. Meinen besten Dank.

Der Fremde: Keine Ursache. (*Er grüßt und geht nach links ab*)

Der Passagier: (*blickt kopfschüttelnd ihm nach, dann gedankenlos auf die Zeitung in seiner Hand*) Was soll ich denn damit! (*Faltet sie unwirsch auseinander, stutzt leicht*) Was ist das? Furchtbares Schiffsunglück; fettgedruckt. Wo denn schon wieder? O Gott! Vor Christiansand? Da wär ich ja auch vorbeigekommen. (*Liest weiter*) Wie denn? Diana – so hieß doch auch mein Schiff. Was – ist – denn – das! Ah, eine alte Nummer, die mir der Mensch (*sieht nach*) 14. Januar? Na natürlich, heut haben wir ja den 13. Was ist denn das nur? (*vertieft sich in den Text, entsetzt*) Aber – was – ist – denn – das – nur!! Wort für Wort –! Bin – ich – denn – wahnsinnig – geworden?

(*Ein Windstoß entführt das Blatt aufs Meer*)

DER PASSAGIER: (*läßt sich auf die Bank fallen, bedeckt das Gesicht mit beiden Händen, wie irr*) Um – Gottes – willen –

(*Es dunkelt stärker und stärker*)

Am Rande des Kais, unhörbar und von dem in sich Versunkenen unbemerkt, geht der Fremde, von links zurückkommend, an ihm vorüber und verschwindet, nach einem kurzen Blick auf ihn, lautlos, wie er gekommen.

Der Vorhang fällt.

DER SPIELGEIST

Man weiß, wie gern die Geister mit Löffeln, Messern und ähnlichen klappernden Dingen spielen, sei es, daß sie uns damit in unserer Einsamkeit zu erschrecken suchen, sei es, daß sie der Spielteufel so lange reitet, bis sie eine Ungeschicklichkeit begehen und sich so verraten.

Das Seltsamste aber geschah mir einmal, als ich in meiner stillen Dachstube beim Nachtmahl saß und ein Geist sich an das steife Ölpapier machte, darin meine Butter eingewickelt gewesen war, und das ich zu einem Knäuel geballt in die Ecke geschleudert hatte.

Kaum daß ich das erste Brötchen gegessen, traf mich ein leises Knistern, wie wenn jemand mit feinen Fingern Papier auseinander zu falten trachtet. Ich tat, als hörte ich nichts.

Der Geist hatte vielleicht Hunger und wollte sich das bißchen Fett, das noch an dem Boden klebte, zu Gemüte führen. Am Ende war es auch bloße Neugier, die ihn trieb. Inzwischen knisterte und knitterte es immer weiter. Der Knäuel rollte

sogar vernehmlich um sich selbst; dem Geist schien meine Anwesenheit durchaus gleichgültig zu sein.
Ich räusperte mich.
Totenstille.
Ich habe dich wohl bemerkt! sagte ich lächelnd, – habt ihr so wenig zu tun, daß ihr wie Katzen und Kinder mit allem spielen müßt? Aber laß dich nicht stören; nur mach nicht zuviel Lärm!
Der Geist schien sich mit gekreuzten Armen vor mir zu verneigen.
Dann war mir, als ginge er auf Zehenspitzen zur Tür. Aber die Lockung mochte zu stark sein. Der geheimnisvolle Papierknäuel zwang ihn zur Umkehr.
Bald hörte ich ihn wieder rascheln und erschrocken innehalten, wenn ich den Kopf hob.
Es mußte ein weiblicher Geist sein, es war gar nicht anders möglich.
Zuletzt war er eingeschlafen.
Nun sah ich ihn ganz deutlich.
Er saß am Boden wie ein Türke und lehnte mit der rechten Schläfe an der Wand. Sein Körper war der eines Mädchens und vollkommen durchsichtig. Lange zarte Flechten hüllten wie Spinnweben die schmächtigen Glieder ein.
Ich erhob mich vom Sessel.
Ein Streifen Mondlicht, nichts weiter. Und in diesem Streifen Mondlicht still und glänzend wie ein schlummernder Weltkörper voll Kratern, Zacken und Schneeflächen das geheimnisvolle Geisterspielzeug, mein Papierknäuel.

BEI JACQUES MERK

Ein Interview

Hotelzimmer. Die Bühne ist leer. Es klopft mehrere Male. Endlich kommt der berühmte Komponist Jacques Merk mit Lumpi, seinem Frauchen, und ruft:
JACQUES MERK: Herein!
BETTY OHNESCHAM (*tritt ein*): Guten Tag!
MERK: Womit kann ich Ihnen dienen?

BETTY: Ich möchte Sie um eine Unterredung bitten.
MERK: Eine Unterredung?
BETTY: Jawohl, ich bin Mitarbeiterin der Spreezeitung.
MERK (*weist auf einen Sammetsessel. Lumpi setzt sich auf Merks Knie*): Sie sind Mitarbeiterin der Spreezeitung?
BETTY: Jawohl, und Sie, verehrter Meister –
MERK: Kennst du die Spreezeitung, Lumpi? (*Lumpi steckt Merk eine Zigarette in den Mund*)
LUMPI: Die Spreezeitung?
BETTY (*einen Bleistift hervorziehend*): Wann sind Sie demnach geboren?
MERK (*verbindlich lächelnd; nachdem er sich die Zigarette angezündet*): Also von der Spreezeitung sind Sie, mein Fräulein?
BETTY: Ich bin übrigens Frau – aber –
MERK: Seit wann, wenn ich fragen darf?
BETTY: Schon seit sieben Jahren –
MERK: Und wann sind Sie geboren?
BETTY: 1870 –
MERK: Haben Sie Kinder?
BETTY: Eins. Aber –
MERK: Und wie heißen Ihre Kinder?
BETTY: Kätchen. Aber im übrigen –
MERK: Was haben Sie sich dabei gedacht, als Sie es zur Welt brachten?
BETTY: Aber ich bitte Sie –
MERK: Womit haben Sie Ihre Flitterwochen verbracht?
BETTY: Aber, verehrter Meister –
MERK: Haben Sie sich als Mädchen glücklicher gefühlt, als Sie sich jetzt als Frau fühlen?
BETTY: O gewiß – aber –
MERK: Stehen Sie mit Ihrem Mann nicht gut?
BETTY: O doch, aber verehrter Meister –
MERK: Was ist Ihr Mann?
BETTY: Rechtsanwalt; aber –
MERK: Wo wohnen Sie?
BETTY: Neue Straße –
MERK: Wohnen Sie schon lange da?
BETTY: Wir wohnen seit dritthalb Jahren da – aber, verehrter Meister –

MERK: Gedenken Sie noch lange dort wohnen zu bleiben?

BETTY: Das kann ich Ihnen nicht so sagen; denn – aber ich bitte Sie –

MERK: Haben Sie Zentralheizung?

BETTY: Nein –

MERK: Pflegen Sie jeden Tag auszugehen?

BETTY: Aber um Gottes willen –

MERK: Wie heißt die Schneiderin, bei der Sie arbeiten lassen?

BETTY: Aber –

MERK: Sind Sie Berlinerin?

BETTY: Ja, natürlich, aber –

MERK: Und was tun Sie, wenn Sie es nicht mehr sind?

BETTY: Ich verstehe Sie nicht –

MERK: Ich meine, glauben Sie an Gott?

BETTY: Wie soll ich Ihnen darauf so schnell antworten? Aber –

MERK: Wieviel Künstler haben Sie schon interviewt?

BETTY: Sehr viele, aber –

MERK: Und wie sind Sie sich immer dabei vorgekommen?

BETTY: Sehr geehrt; aber –

MERK: Sie sind wohl durch und durch Anhängerin des modernen Journalismus?

BETTY: Ja, aber, Meister, ich –

MERK: Welchen Journalisten lieben Sie am meisten?

BETTY: Ich möchte keinen Namen nennen –

MERK: Haben Sie zu keinem ein näheres Verhältnis?

BETTY (*reißt den Mund halb auf*) –

MERK: Darf ich mir Ihr Gebiß auf einen Augenblick ausbitten?

BETTY (*erhebt sich halb*): Oh, verehrter Meister – Ihr Interesse für mich ist zu schmeichelhaft –

LUMPI (*springt von Merks Knie herunter*): Um Himmels willen, Schacki! Du sollst ja um elf auf der Probe sein!

MERK (*nimmt die Uhr heraus*): Donner und Doria! Ja, nicht wahr, da entschuldigen Sie schon, liebe Frau – aber ich weiß ja Ihren werten Namen noch gar nicht –?

BETTY: Betty Ohnescham.

MERK: Also, geschätzte Frau Betty Ohnescham – nicht wahr, Sie entschuldigen?

BETTY: Oh, Jacques Merk hat nicht nötig, sich irgendwie zu entschuldigen! Auf Wiedersehen, verehrter Meister! Empfehle mich, gnädige Frau!

DAS EHEPAAR: Adieu, adieu.

(Betty und Merk nach entgegengesetzten Seiten rasch ab)

Vorhang.

DAS NEUE PREISLIED

Als die Reihe an ihm war, deklamierte er mit tiefem Ausdruck:

»Ich,
Du,
Er!
Sie . . .?
Es – – –
Wir?
Ihr?
Sie! . . .«

Weiter kam er jedoch nicht; denn wütend schrien die Gegner, das sei vollendeter Blödsinn und absolut unverständlich, während seine Parteigänger ebenso fanatisch beteuerten, bis ins einzelste den ergreifenden Sinn des Gedichtes erfaßt zu haben.

»Erklären, erklären!« riefen die Richter.

Ohne Bedenken willfahrte er.

»Ich, Du –: Ein Ehepaar, nicht wahr?
Er –: Ein Hausfreund.
Sie? –: Die Gattin zwischen zwei Feuern. Was wird sie tun?
Es –: Das Dämonische, das Heranschleichende.
Wir? –: Bleiben wir zwei Gatten beieinander?
Ihr? –: Oder gehst du, Weib, mit ihm?
Sie! –: Da gehen sie hin, die beiden. Ende.«

Bravo, bravo! überklatschten nun tausend Hände das gegnerische Gezisch, und er hatte gewonnen.

KLEINE LITERATURGESCHICHTE IN BEISPIELEN

Moderne Romantik

I

Am Kirchhof stehn drei Kreuze.
Des Posthorns Peitsche knallt.
Im Walde schrein drei Käuze.
O wie bald! O wie bald! O wie bald!

Verzeiht mir, wenn ich mich schneuze,
denk an den Kirchhof ich
und die Peitsch' und die Käuz' und die Kreuze
und den Wald und das Posthorn und mich.

II

Kecker Bursche zog ich aus,
Frühlingsstorm im jungen Schädel.
Nun ade, du Vaterhaus!
Heißa, blondes Mädel!

In die Welt zog Jahr um Jahr ...
Aus ist meine Rolle ...
Welkes Gartenlaub im Haar
sitz ich da und schmolle.

Im Bad

[Frei nach einem Lustspieldichter]

Sprach sie: O lieber Mann, der Tag
dünkt mich ein rechter Wandertag.

Sprach ich: O liebe Frau, der Tag
dünkt mich vielmehr ein Plaudertag.

So ländlich-tändlich scherzten wir,
bis wir uns endlich herzten schier.

Und unsrer Wonnen bunter Gang
schloß erst mit Sonnenuntergang,

wo uns ein Schwarm besuchen kam,
empfangen kaffeekuchensam;

worauf, gelöst, des Tages X
verschied als – Donnerstag – jourfixe

Der Apfelschimmel

Paul Scheerbart (1897)

Es war einmal ein Schimmel,
der war so weiß, daß man ihn gar nicht sah.
Eines Tages stand dieser Schimmel an einem Apfelbaum
und rieb sich den Hals an seinem Stamm.
Der Apfelbaum wurde fast verrückt;
denn er sah niemanden, der sich an ihm rieb,
und fühlte doch, daß es so war.

Und er begann seinen Verstand zu verlieren
und seine Äpfel dazu.
Der Schimmel aber erschrak so sehr über die plötzlich herabregnenden Äpfel,
daß er eine Hautkrankheit bekam, welche die Äpfel nachahmte.
Seitdem gibt es Apfelschimmel.

Blutnächte XIII

Mein hohler Zahn
sitzt vor dem Fenster
und nachtschluchzt
irrschluchzt vom Vergessen
der blauen Lippe

im Silberkahn
gotthin
erdweg
güldla
glitt sein Kuß
kehlab
seelein
Heiligmond
warf Honigschein
in der Pußtakoppelkuppel
meiner Hirnrinde
tanzten sieben todrotsündige Stirnwinde
den Ringelklingelkringelschlingelreihn.

»Überbrettl«

Die Hochzeit der Dinge

Am Abend wenn der Mensch ist tot,
ti – ta – tot,
dann machen die Dinge Hochzeit,
Hi – Ha – Hochzeit.

Dann heiratet das Holz den Stein
und bekommt von ihm Kinderlein;
die werden wieder Hochzeiter
und so weiter.

Und auch die großen Lexika
schließen dann ihre Ehen.
Welch eine Sprachverwirrung wird da
von neuem wieder erstehen.

Dann werden sich endlich auch einmal
die Stiefel heiraten können
und Kinder kriegen ohne Zahl.
Es ist ihnen auch zu gönnen.

Ich wollt wohl, daß ich ein Stiefel wär,
daß ich da noch Leben hätte,

so zög ich hurtig kreuz und quer
mit meiner Stiefelette.

Und sänge manch unsterblich Gedicht
auf ihre strahlende Schwärze
und schenkte ihr ein Kirchenlicht
und ein Pfefferkuchenherze.

Ja ja, die Welt ist rund und bunt
besonders um die Taille;
sie kommt sobald nicht auf den Hund,
die reizende Canaille.

Der Igel

Schema: Das ästhetische Wiesel
Galgenschule · Verfasser unbekannt

Ein Igel
saß pyramidalisch
auf einem Hügel.

*

– · –

Er fühlte sich
– wie sag ich's ungeziert –
normalvokalisch
untergrundfundiert.

*

(Lies: Strich, Punkt, Strich)

Aus Lametta vom Christbaum der drittletzten Erleuchtung

Ich wünschte daß ihr jene pfade trätet
Auf denen unsre antilopen-süchte
Den myrrhenduft berauschenderer früchte
Genossen als um die ihr glücklich bätet

Daß weid und pappel ihres matten silbers
Entwohnten zierrat euch zu knien schütte
Indes zum tempelhof des weltvergilbers
Die knaben wallen wein in buchner bütte.

Dann würden eure wunden durch die gitter
Der allzustrengen schergen röter bluten
Und eure seelen auf dem hochgeschuhten
Kothurn des engels nahn dem kranz der ritter.

DAS MITTAGSMAHL

(Il pranzo)

Gabriele d'Annunzio

Speisezimmer einer italiänischen Villa. Die Luft zittert Ahnung kommender Genüsse. Der allgemeine Charakter des Saales ist Hunger, aber nicht der Hunger des Plattfußes, sondern die feine melancholische Sehnsucht des gewählten Schmeckers seltener Gemüse, erlesener Öbste. Die Tapeten atmen den Geist gebackener Natives. Die Servietten bilden Schwäne wie zum Gleichnis. Die Kandelaber scheinen ihre Kerzen zu verzehren. Die Möbel krachen vor Begierde mit den Kiefern. Als die Tür geöffnet wird, tut sie einen tiefen Seufzer und man hat die Vorstellung, als drehte sie ihren Kopf mit einem halb verzückten, halb gemarterten Augenaufschlag den prallen Amoretten der Decke zu.

Herein tritt ein Gruß vom Meere in Gestalt eines blauen Rechtecks, welches den Türrahmen völlig ausfüllt.

Durch diesen Gruß hindurch, nach mehreren Sekunden, Melissa, *die Nichte des Hausherrn. Ihre Zähne sind weiß wie die Brust der Diana und scharf wie ein Sonett von Stecchetti. Ihre Augen sind wie der Lago di Como und der Lago Bellagio. Ihre Augenbrauen geschweift wie eine Liebeserklärung des unsterblichen Gabriele. Ihre Nase ist die der milesischen, ihr Mund der der mediziäischen Venus. Die Bewegungen ihrer Glieder sind von der Anmut jener Tänzerinnen des Benozzo Gozzoli in der Hochzeit Jacobs und Rahels.*

Nachdem sie einen schnellen Blick über das Zimmer geworfen, eilt sie mit dem Rufe Olio! Olio! nach links hinaus.

Durch das tiefblaue Rechteck zieht langsam in weite Ferne ein rotes lateinisches Segel.
Von links an Melissas herrlicher Hand, OLIO, *ein Lockenkopf Botticellis.*

OLIO: Melissa!

MELISSA: Olio!

OLIO (*mit einer ungeheuren Bewegung der Rechten über die Tafel hin*): Weißt du noch, Melissa, wie wir damals in Girgenti, dem alten Agrigentum, im Hause deines Vaterbruders jenen unbeschreiblichen Fisch zum erstenmal aßen, in dessen Geschmack uns jene mystische Ehe zwischen Antike, Renaissance und Moderne vollzogen zu sein schien, die wir in Kunst und Leben selber zu gestalten, oft so unglückliche Versucher sind, so unglücklich, weil so weit entfernt von jenen tiefen Bedingungen der Natur, deren unbewußtes Ineinanderwirken die Träume der Götter in immer neuen Inkarnationen gebiert.

MELISSA (*hingerissen*): Und wie du dann wie von einer überirdischen Sehergabe begeistert, dich an der Tafel erhobst und zwischen den staunenden Gästen die goldbestickten Teppiche deiner Phantasien hinrolltest und auf den fiebernden Saiten deiner Geschmacksnerven die Symphonie zweier Jahrtausende beschworst, von Gelas Gründung durch die Dorier an

OLIO: – unter Kleandros, Hippokrates und Gelon –

MELISSA: – bis zur Gründung Agrigents von Gela und von all seinen prächtigen Tempeln und von den Karthagern und Römern und Sarazenen –

OLIO: Es waren selige Stunden, Melissa. Aber da kommt er, von dem wir soeben sprachen, als hätte ihn eine Ahnung unsres Gesprächs herbeigeführt.

(Es tritt auf von rechts DEGNO, *ein älterer, graumelierter Herr, Besitzer ausgedehnter Ländereien auf Sizilien, Maler aus Liebhaberei)*

MELISSA (*ihm entgegen*): Wir sprachen soeben von Ihnen, Onkelchen!

OLIO: Und von jener wunderbaren Muräne, die wir vor zwei Jahren auf einem Ihrer sizilischen Güter –

DEGNO: O, ich erinnere mich noch wohl daran. Ich habe

sie später aus dem Gedächtnis gemalt. Es war ein außergewöhnlich schönes Tier und von einer Länge, wie sie die ältesten Fischer nicht für möglich gehalten hatten. Ich habe das Bild einer jungen Verwandten des Luigi geschenkt und wie mir erzählt ward, bildet es jetzt eine Art von Heiligtum in ihrer Villa in dem lieblichen Frascati.

Wenn es euch recht ist, so wollen wir uns jetzt zur Tafel setzen. Du bist wohl so gut, meine teure Melissa, und rufst meine Schwester. Sie geht mit Ghiotto in den Gängen des Gartens auf und ab, noch ganz beschäftigt mit den köstlichen Rosen, die über Nacht aufgeblüht sind.

MELISSA: Ich werde sie sogleich hereinbitten, teuerer Oheim. (*Tritt in das tiefblaue Rechteck und ruft nach rechts*): Tante! Tante! Rosetta! Ghiotto! liebe Tante! Ihr möchtet kommen! Das Mahl wartet!

OLIO: Wie wird es schön sein, wenn wir jetzt wieder so zusammensitzen werden, du, mein edler Oheim, Rosetta, meine Mutter, deine Schwester, Cousine Melissa, Eures Bruders Tochter – ihr kleiner Halbbruder Ghiotto und ich.

DEGNO (*ergreift seine Hände und drückt sie schweigend*)

GHIOTTO (*ein blasser Knabe mit verzehrenden Augen kommt hereingesprungen*) Guten Mittag, Onkel Degno! Guten Mittag Onkel Olio.

DEGNO: Willkommen, mein kleiner Knabe! Ich denke, wir wollen es uns jetzt wohl sein lassen.

ROSETTA (*tritt ein. Sie ist eine Dame in den Fünfzigern, ein langes Leben steht in ihrem Antlitz*)

OLIO (*ihr entgegen*): Willkommen, teuere Mutter!

ROSETTA: Seid mir gegrüßt, meine Lieben! Ich war bei den Rosen draußen, jetzt bin ich bei euch.

MELISSA: Und du bringst ihren Duft an deinen Kleidern mit dir. (Sie umarmen sich)

DEGNO (*leise zu Olio*): Sie bringt ihn in ihrer Seele mit. O wie bewundernswert ist diese Frau. (*Inzwischen hat sich Ghiotto auf einen Sessel gesetzt und die Serviette umgebunden.*)

MELISSA: Du lieber Gott, seht doch den kleinen Schelm!

OLIO: Wahrhaftig! Er eröffnet die Tafel, er gibt das Zeichen, man wird nach dem Diener läuten müssen.

ROSETTA: Aber Ghiotto! Wie ist es möglich, daß du schon wieder hungrig bist.
(*Zu den andern*): Um zehn Uhr noch gab ich ihm von den gezuckerten Früchten, die uns dein Bruder, Melissa, aus Padua gesandt hat.

OLIO: O es sind Gedichte, diese Früchte! Wenn ich dich um deiner eignen Schönheit willen nicht liebte, Melissa, ich müßte dich allein um dieser göttlichen Komödien deines Bruders willen verehren.

GHIOTTO (*klappert mit Messer und Gabel; alle wenden die Blicke auf ihn und sehen ihn halb vorwurfsvoll, halb verständnislos an*)

ROSETTA (*leise zu Degno*): Ich weiß gar nicht, was mit Ghiotto ist.

MELISSA (*zu Ghiotto*): Hast du mich denn noch lieb, mein süßer kleiner Ghiotto?

GHIOTTO: Tante Melissa!

ROSETTA: Die Kinder sind oft recht seltsam. Aber wollen wir uns nicht setzen? (*Alle nehmen Platz*)

DEGNO: Wenn es euch recht ist, so läuten wir dem Diener, daß er das Mahl auftrage.

MELISSA (*schlägt an einen Gong*)

OLIO (*zu Melissa*): Priesterin!

ROSETTA: Sie hat ganz die Bewegungen ihrer Mutter.

DEGNO: Weißt du noch –

(BEPPO *ein Diener mürrischen Gesichts, tritt von links ein*)

DEGNO: Wir wünschen zu speisen, Beppo.

BEPPO (*ab*)

GHIOTTO (*seufzt tief*)

ROSETTA und MELISSA (*zu gleicher Zeit*): Was ist dir, Ghiotto?

GHIOTTO: Ich habe Hunger.

DEGNO und OLIO (*zu gleicher Zeit*): Es ist unbegreiflich.

ROSETTA: Man sollte ihm ein Buch geben. Er langweilt sich vielleicht.

MELISSA: Willst du ein Buch, Ghiotto?

GHIOTTO (*schüttelt den Kopf*)

DEGNO: Es ist seltsam.

OLIO: Man sollte ihm das Gastmahl des Trimalchio des Petronius Arbiter geben.

DEGNO: Das wäre vielleicht das beste. (*Zu den Frauen*) Ihr kennt diese einzig dastehende Schilderung des genialen Römers?

OLIO: Ich führe dieses bedeutendste Werk der Kaiserzeit stets bei mir. Es gibt wie kein anderes den Begriff einer bis zur höchsten Morbidität gesteigerten Kultur, eines Raffinements einer Spätlingszeit, gegen welche selbst wir noch nichts bedeuten. Es erregt vielleicht eure Teilnahme, wenn ich euch einiges daraus vorlese, bis das Essen aufgetragen wird.

(BEPPO *erscheint mit einer Suppenterrine, setzt sie auf das Büffet und stellt vor jeden einen gefüllten Teller. Niemand beachtet es. Ghiotto will essen, aber ein Blick Melissas erinnert ihn daran, daß er zu warten hat, bis es den Erwachsenen gefällt, anzufangen.*)

OLIO: Es handelt sich um ein Gastmahl, das ein durch Spekulation zu großem Reichtum gelangter Freigelassener namens Trimalchio in einer Kolonie Unteritaliens, etwa in Neapel oder Putcoli, gibt. Die fingierte Zeit ist die des Tiberius, der Erzähler ist der Freigelassene Eucalpios. Man mag sich den Speisesaal glänzend geschmückt denken; das Mosaik des Fußbodens stellt seltsamerweise Kehricht und von den Tischen gefallene Brocken dar. Aus dem tiefblauen Schoße der Wände scheinen Tänzerinnen, Genien, geflügelte Eroten hervorzutreten. In die Hauptwand ist ein Tafelbild eingelassen, welches Leda mit dem Nest in den Händen darstellt, worin die Säuglinge Helena und die Dioskuren ruhen.

ROSETTA: Wie vieles daran erinnert an Ihren Speisesaal in Girgenti, Degno.

MELISSA: Ja, nicht wahr, Tante!

DEGNO: Ihr denkt an meine Kopie des Correggio, welche zwischen den beiden östlichen Pfeilern des Saales hängt!

OLIO: Aber lassen wir Eucalpios selber reden: »Endlich lagerten wir uns zu Tische und alexandrinische Sklaven gossen uns Schneewasser über die Hände, andere wuschen unsere Füße damit und reinigten mit außerordentlicher Behutsamkeit die Nägel. Und nicht einmal bei dieser beschwerlichen Arbeit schwiegen sie, sondern sangen immer dazwischen. Ich wurde dadurch begierig zu erfahren, ob alles im Hause sänge. Ich forderte also zu trinken. Im Augenblick war ein Knabe da ...«

GHIOTTO (*beginnt zu weinen*)

DEGNO: Um Gottes willen, Ghiotto! Was fehlt dir, Ghiotto!

GHIOTTO (*schluchzend*): Die Suppe –

ROSETTA (*kostet die Suppe*): Es ist unerhört! Sie ist ganz kalt! Du hast doch hoffentlich noch nichts davon gegessen!

DEGNO (*mit Würde*): Beppo!

BEPPO (*höchst mürrisch*): Signore!

DEGNO: Die Suppe ist ganz kalt, du hörst es. Warum ist die Suppe kalt?

BEPPO: Ich habe sie warm hereingebracht.

OLIO (*greift sich an den Kopf, halblaut zu Melissa*): Es ist, um den Verstand zu verlieren! Diese Domestiken bringen einen ins Grab.

MELISSA (*halblaut zu Olio, ihm die Stirne küssend*): Mein Olio! Nimm's nicht zu schwer, Geliebter.

OLIO (*ergreift ihre beiden Hände*): O Melissa!

ROSETTA (*halblaut zu Degno*): Unser armer Olio!
(*befehlend zu Beppo*): Die Suppe wird auf der Stelle abgetragen!

(BEPPO *nimmt murrend die Teller wieder fort*)

OLIO (*in steigender Nervosität etwas stakkato*): »Unterdessen brachte man den ersten Gang, welcher prächtig anzusehen war. Ein Tafelaufsatz hatte die Figur eines Esels von korinthischem Erze. Auf ihm lag ein Quersack von Oliven, auf der einen Seite weiße, auf der andern schwarze. Auf kleinen mit Stahl ausgelegten Tellerchen lagen große, in Honig eingemachte Haselnußkerne, mit Pfeffer bestreut, und noch rauchende Bratwürste auf einem silbernen Roste, und unter dem Roste syrische Pflaumen mit Granatäpfelkernen.

Mit diesen herrlichen Gerichten waren wir beschäftigt –«

(MELISSA *tut einen leisen Seufzer*)

(GHIOTTO *wird plötzlich bleich und fällt vom Stuhl*)

(*Alle schreien auf*)

ROSETTA (*stoßweise*): Er hat – am Ende doch – von der Suppe – gegessen –

MELISSA: Nicht sterben, Ghiotto! (*Sie bemüht sich abwechselnd um Ghiotto und Rosetta*)

DEGNO (*überlaut*): Beppo!
BEPPO (*erscheint*): Signore!
DEGNO: Das ganze Küchenpersonal auf der Stelle hierher!
BEPPO (*ab*)
OLIO: Du willst?
DEGNO: Ein Exempel statuieren.
(BEPPO *von links, begleitet von der Mamsell, dem Koch, der Köchin und dem Küchenmädchen, insgesamt höchst wohlgenährte und behäbige Personen.*)
DEGNO (*mit großer Handbewegung*): Ihr seid entlassen!
(DAS PERSONAL *will protestieren*)
OLIO (*wie ein Tiger*): Hinaus!
(DAS PERSONAL *verschwindet bestürzt durch das blaue Rechteck im Hintergrunde, das sich vom Glanze der untergehenden Sonne langsam rötlich zu färben beginnt.*)
DEGNO (*stützt sich auf einen Stuhl*): Die Aufregungen dieses Tages sind groß.
OLIO (*sieht sich nach den Frauen um*): Was ist mit Melissa?
(MELISSA *kniet regungslos vor der auf ihrem Sessel ohnmächtig gewordenen Rosetta, das Haupt in ihrem Schoß verborgen. Ghiotto liegt neben den beiden auf dem Teppich.*)
DEGNO: Allmächtiger Gott, was ist hier geschehen? (*Er bricht zusammen*)
OLIO: Alle Furien Höllenbreughels haben sich zusammengerottet, mich zu verfolgen. Ich stehe hier, ich entkorke den uralten Opinianer antiken Geistes, man speit sein Gift hinein, die Erde erhebt sich wie eine Wolke Urnenstaubs und erstickt mein Antlitz, das Fatum selber öffnet (*das Rechteck ist tiefrot geworden*) den purpurnen Rachen seiner unersättlichen Begierden und verschlingt die kostbaren Träume des göttlichen Visionärs.
(DIE MAMSELL *erscheint mitten in dem roten Rechteck mit einem Handtuch und einer Karaffe voll Wasser.*)
OLIO (*mit wilden wahnsinnigen Bewegungen, als ob er ein Gespenst vor sich sähe*): Rettet mich – Melissa – Rosetta – Degno – Beppo – Trimalchio – (*stürzt zusammen*)
(*Während die Mamsell auf die Ohnmächtigen zueilt und hinter ihr die gesamte übrige Dienerschaft mit Karaffen und Handtüchern sichtbar wird, fällt rasch der Vorhang.*)

Drei Hasen

Eine groteske Ballade

Drei Hasen tanzen im Mondschein
im Wiesenwinkel am See:
Der eine ist ein Löwe,
der andre eine Möwe,
der dritte ist ein Reh.

Wer fragt, der ist gerichtet,
hier wird nicht kommentiert,
hier wird an sich gedichtet;
doch fühlst du dich verpflichtet,
erheb sie ins Geviert,
und füge dazu den Purzel
von einem Purzelbaum,
und zieh aus dem Ganzen die Wurzel
und träum den Extrakt als Traum.

Dann wirst du die Hasen sehen
im Wiesenwinkel am See,
wie sie auf silbernen Zehen
im Mond sich wunderlich drehen
als Löwe, Möwe und Reh.

Gespräch einer Hausschnecke mit sich selbst

Soll i aus meim Hause raus?
Soll i aus meim Hause nit raus?
Einen Schritt raus?
Lieber nit raus?
Hausenitraus –
Hauseraus

Hausenitraus
Hausenaus
Rauserauserauserause......

(Die Schnecke verfängt sich in ihren eigenen Gedanken oder vielmehr diese gehen mit ihr dermaßen durch, daß sie die weitere Entscheidung der Frage verschieben muß.)

Windgespräch

Hast nie die Welt gesehn?
Hammerfest – Wien – Athen?

»Nein, ich kenne nur dies Tal,
bin nur so ein Lokalwind –
kennst du Kuntzens Tanzsaal?«

Nein, Kind.
Servus! Muß davon!
Köln – Paris – Lissabon.

Der Konvertit

Wie stehst du vor mir, kraus und fremd,
im neuen Weltanschauungshemd!

Und gingst doch gestern noch ganz nackt,
nur bloß mit deiner Haut bepackt?

»Ja ja, ganz recht, jedoch du weißt:
Es friert zuweilen auch den – Geist!«

Die Beine der Heroen

Durch die Beine der Heroen,
eine Flucht von stolzen Toren,
wälzen sich in trübem Strome
träg die niederen Geschlechter,

wähnen, frei dahin zu ziehen –
doch ihr Weg ist vorgezeichnet
durch die Beine der Heroen,
eine Flucht von stolzen Toren.

Hoch im Lichte wiegen seltsam
die Heroen ihre Häupter.
Wissende, mit tiefem Lächeln,
stehn sie über allem Volke,
eine Flucht von stolzen Toren.

Das Ende der Welt

»Heute Nacht werd ich es vollbringen. Heute Nacht, wenn der 14. November geendet und der 15. November angefangen hat, wird es geschehen, wonach nie und nirgends mehr etwas geschehen wird.
Aber ich will erzählen, wie ich zu meinem Entschluß gekommen bin – obwohl – ja ja, ja, wahrhaftig, es ist so – wozu will ich es denn eigentlich erzählen?
Ich sagte doch eben ganz richtig, daß mit dieser Nacht alles aus sein wird, also auch diese Erzählung, also auch jeder Leser meiner Erzählung.«

Herr Meier

Herr Meier hält sich für das Maß der Welt.
Verständlich *ist* allein, was *ihm* erhellt.

Herr Meier sagt, wozu doch eure Kunst,
wenn nicht für mich! Sonst ist sie eitel Dunst.

Noch mehr, bei weitem mehr: Herr Meier meint,
daß dann die Kunst im Grunde sträflich scheint.

Man muß sich eiligst von Herrn Meier wenden,
um nicht mit Mord und Raserei zu enden.

Der Sündfloh

Als schauerlich und grausenvoll
die Sündflut um die Berge schwoll,
kam noch im siebenten Moment
ein junger Floh herzugerennt.

Doch da das obligate Paar
von Flöhen schon im Kasten war,
so mußte Noah ihn bestimmen,
ins nasse Grab zurückzuschwimmen.

Voll Eifer gleichfalls protestierten
die beiden, die bereits logierten,
weil – riefen sie (besonders er) –
ein dritter nicht gestattet wär.

Der Sündfloh (denn er war es) blieb,
obschon verborgen wie ein Dieb –
und zwar (trotz Jahwen in der Höhe)
vom einen der zwei beiden Flöhe.

Von welchem braucht man nicht zu sagen.
Doch ward hierdurch aus Vorzeittagen
das Dreieck, von dem Ibsen schreibt,
der Neuzeit wieder einverleibt.

Schmerzliche Täuschung

So gütig hat sie mich begrüßt
vom Hafen aus, von hoher Mole
beglückt dem Mann im Boote winkend!

Und ich, ihr zärtlich Winken trinkend,
empfand den Landungsweg versüßt
und sprang hinauf mit ungeduldiger Sohle, –

wo eine, ach, mir gänzlich Unbekannte
sich liebevoll an meinen – Nachbar wandte ...

Augurisch

Es gibt erlösende Momente
und wieder solche, die es nicht sind –
(nenn sie verbösende Momente,
wenn nomina dir von Gewicht sind.)

Wie häufig, daß ein Wunsch uns brennt,
es möchte dies und das geschehn!
Doch das erlösende Moment
bleibt in der Ferne stehn.

Sozialer Ausgleich

Man sieht den Menschen übern Hals
an, oder jedenfalls.

Man sieht ihn notgedrungen an,
weil man nicht anders leben kann.

Der aber sieht, auch ziemlich viv,
dich wieder an, retrospektiv.

Die Schwestern

Die Kanone sprach zur Glocke:
»Immer locke, immer locke!

Hast dein Reich, wo ich es habe,
hart am Leben, hart am Grabe.

Strebst umsonst, mein Reich zu schmälern,
bist du ehern, bin ich stählern,

Heute sind sie dein und beten,
morgen sind sie mein und – töten.

Klingt mein Ruf auch unwillkommen,
keiner fehlt von deinen Frommen.

Beste, statt uns zu verlästern,
laß uns einig sein wie Schwestern«

Drauf der Glocke dumpfe Kehle:
Ausgeburt der Teufelsseele,

wird mich erst der Rechte läuten,
wird es deinen Tod bedeuten.

HORATIUS TRAVESTITUS

Ein Studentenscherz

Zwiefach tauchen vor euch, Gebilde flüchtiger Laune,
Menschen, Zeiten mir auf, denen ich lange entrückt;
dort die Jugendgenossen der neun lyzeischen Jahre,
hier der märkischen Stadt erstes, erregendes Bild.

Nur im Scherze entläßt der strenger und älter Gewordne
euer leichtes Geschwätz, das mit dem Klassischen spielt;
und indes der Student dem Dichter lachend die Schuld gibt,
schwört der Dichter bestürzt: Wahrlich, es war der Student!

III, 30

Exegi monumentum aere perennius ...

Wenn die Bürger mir ein Monument stifteten,
ob aus Gips oder Holz, Erz oder Marmelstein,
– Sommers sonnt es sich froh, kinderwagenumringt,
Winters baut man ein Dach drüber aus Papp' und Stroh –

kann man eins gegen zehn wetten: der Zahn der Zeit
nagt so lange daran, bis es in Trümmer fällt.
Darum lob ich mir das, was ich mit eigner Hand
in der Weltpoesie ewige Tafeln schrieb.

Nimmer werd ich vergehn; blühen, solange mich
ein Magister durchs Tor eines Gymnasiums trägt
und die Klasse mit mir würdigen Schritts betritt
und voll tiefen Verstands mich seiner Prima preist!

Überall, wo der Mensch klassische Bildung pflegt,
wird man fordern von ihm, daß er horazfest sei.
Habe mich darum auch redlich genug geplagt!
Reicht mir neidlos den Kranz, der meiner Kunst gebührt!

AUS DEM NACHLASS DES HORAZ

Carminum Liber V

Es ist dem Übersetzer gelungen, in einer kleinen unbekannten Stadt Italiens das Manuskript eines fünften Buches »Oden des Horatius« ausfindig zu machen

V, 3

Zur Jagd, Metellus, lädst du mich ein und malst
mir großer Herren Freuden begeistert aus,
und meinst, es mangle nur des Dichters,
der sie der staunenden Welt verkünde.

Und traun, erstaunlich fand ich das Weidwerk stets,
zumal, wie ihr es heute gewaltig übt!
Da weiß der Schütz sich oft nicht Rat, so
stürzt das vom Lager gescheuchte Wild in

gedrängter Flucht am rauchenden Rohr vorbei...
Er lädt schon kaum mehr, drückt nur noch blindlings ab, –
doch immer rutscht noch etwas durch und
schmälert den Ruhm des verwegnen Nimrod.

Doch wenn der Treiber hinkendes Volk zuletzt
die Opfer sammelt, säuberlich reihweis legt,
der Photograph erscheint und jeder
auf seine Beute das linke Bein stellt

Da schwillt die Brust dem simpelsten Schießer noch;
Vertreter einer Gattung, so fühlt er sich,
von der es heißt, daß »nichts erhabner«,
und daß sie bilde der Schöpfung Krone.

Denn einer herrsche, einer, der Mensch allein,
und rotte alles aus, was an Adel ihm
des Antlitzes und der Gesinnung
nachsteht, – es wäre denn, daß im Zirkus

die Gans Klavier zu spielen, das Känguruh
zu kegeln und der Aff zu kutschieren hat, –
es sei denn, daß im Zirkus, sag ich,
eines Humorexemplars noch not ist.

Ich selbst, Metellus, den du seit langem kennst,
genüge mir an minderem Heldentum.
Und wenn zuweilen ich im Zwielicht
vor der bescheidenen Klause sitze,

wie schau ich gern dann äsendem Wilde zu,
das mich vom Saatfeld drüben vertraut beäugt,
und träume mir, daß ich ein halber
»St. Hieronymus im Gehäus« sei ...

V, 17

Gestern sah ich den letzten Gott,
der in Tibur gewohnt, wandern mit Hut und Stab.
Und indem ich noch sinnend stand:
wohin wandert er wohl? kam er auch langsam schon

auf mein kleines Sabinum zu.
Sei Herberge gewährt, sprach er, die letzte Nacht
einem scheidenden Menschenfreund.
Lange hielt ich es aus; erst, wie du weißt, in Rom,

dann, als Rom mir zur Hölle ward,
hier in Tibur; umsonst; denn dieses Tibur auch
steht im »Zeichen« nun »des Verkehrs«.
Und er hob seinen Stab: – Hörst du die Hupe dort?

Justament an mein Tempelchen
hat dies rasende Volk »Halteplatz« hingemalt;
und da tobt es nun Tag und Nacht,
und kein Mensch und kein Gott kommt mehr zu Schlaf und Ruh.

Ganz verloren erschien sein Blick ...
Nach Germanien nun, schloß er, begeb ich mich.
Dort haust, mein' ich, ein andrer Schlag,
Dichter, Träumer, wie du, sind sie dort allzumal.

Und so zog er beim Morgengraun
wirklich fort in dies Land, wo, wie er sagte, die
Menschen Dichter und Denker sind;
und so zog er denn, traun! fort nach – Utopia.

V, 19

Mein Neffe schrieb mir jüngst:
»Ich bin ganz stolz, ich war
beim letzten Fest der Punkt
vom i, was sagst du nun?

Das eigentliche i,
das war Hans, Hinz und Kunz, –
ich aber war der Punkt;
denn unser Rektor hat

uns so gestellt, du weißt,
die ganze Klasse, so,
an fünfzig Jungens, daß
das Wort herauskam: Heil!

Mir aber, als dem Punkt,
ward das besondre Glück:
es fragte mich ein – Prinz:
Wie heißt du, Kleiner? – doch

da hob der Rektor schon
die beiden Arm' und: Heil!
so schrien wir allesamt.
Und dann gab's Bier vom Faß.«

V, 21

Gen Tibur wandre, da sich Mäcenas zeigt,
und bringe, Karl, die Weine von Meilen und
den sogenannten Wormser Weinmost,
und was da sonst noch von Unvergornem.

Denn wer erfreut sich heut noch am Alkohol,
dem Volksverwüster (schlag die Statistik auf!).
Der Alkohol, Karl, wird historisch
vor unsern Augen – (wie manches andre).

Beim Apotheker oder Droghisten dann
bestelle Maja Joghurt und Kefir und
diversen Fruchtsaft und der Wässer
beste von Fachingen bis St. Ulrich.

Auch Milch aus Mandeln oder aus Kokusnuß,
zu schweigen von der Milch unsrer guten Kuh,
bemühe sich dem alten Freunde
Massiker-Träume von einst zu bannen.

Mir selbst, du weißt es, spendet der Brunnenmund,
daraus des Waldes köstliche Nymphe plauscht,
den Landwein, der auf meiner Tafel
längst die berühmtesten Marken ausstach.

V, 8

Laß sie Dreadnoughts bauen und Überdreadnoughts
und vom Luftschiffkreuzer das Heil erwarten!
Unerträglich würden auf Erden sonst die
Tage des Glückes.

Alles lebt in *dulci jubilo,* nirgends
haust die Pest, der Hunger, die Not, die Sorge.
Singend gehn die Völker zu Bett, und singend
gehn sie zum Frühstück.

Müssen Patrioten da nicht zu Werken
kriegerischer Gewalt zusammentreten
und dem kannibalischen Wohl der Völker
Schröpfköpfe setzen?

Laß sie Dreadnoughts bauen und Überdreadnoughts
und vom Luftschiffkreuzer das Heil erwarten!
Unerträglich würden auf Erden sonst die
Tage des Glückes.

V, 3. Jagdode. – Versmaß: Alkäische Strophe. – H. hat hierbei offenbar ein sog. buntes Treiben vor Augen, überdies eine schlechte Jagd, worauf auch u. a. das disqualifizierende »Schießer« hinweist. – Zeile 19. »Vieles Gewaltige lebt, doch nichts / Ist gewaltiger als der Mensch.«

V. 17. Der letzte Gott. – Versmaß: I. Asklepiadeische Strophe.

V, 19. Der Neffe. – Diese Ode hat sich der Übersetzer auch im Versmaß ganz frei wiederzugeben gestattet. Sie ist von Horaz im sog. ionisch aufsteigenden System geschrieben, so wie III,12: Miserarum est neque amori usw., einem Metrum, das im übrigen die noch ganz unter dem Eindruck des Ereignisses stehende Sprache des Knaben gleichfalls mit Glück nachzubilden imstande war. Nach einem von dritter Hand hinzugefügten Fußvermerk spielte sich die drollige Episode gelegentlich eines Triumphes ab, der dem Tiberius nach dem Kriege gegen die Dalmaten bewilligt worden war (ein Jahr etwa vor dem Ableben des Dichters). Im Original ist es der erste i-Punkt von »Tiberius«, der dem Knirps von seinem famosen Rektor zur feierlichen Darstellung übertragen wurde.

V, 24. Der Abstinent. – Versmaß: Alkäische Strophe.

V, 8. Von der Notwendigkeit des Krieges. – Versmaß: Sapphische Strophe.

STUFEN

Eine Entwicklung in Aphorismen und Tagebuch-Notizen

Nur wer sich wandelt,
bleibt mit mir verwandt.

NATUR

Wir leben ja doch alle auf dem Meeresgrund (dem Grund des Luftmeeres) – Vineta.

Die Sterne lauter ganze Noten. Der Himmel die Partitur. Der Mensch das Instrument.

Wer weiß, ob die Gedanken nicht auch einen ganz winzigen Lärm machen, der durch feinste Instrumente aufzufangen und empirisch (durch Vergleich und Experiment) zu enträtseln wäre.

Das macht uns den Sternenhimmel so unerfaßlich und fürchterlich, daß wir lauter Summen gegenüberstehen, lauter Quintessenzen. Mühelos sammeln wir das halbe All in unserm Auge. Es ist ein Gedanke, nicht auszudenken.

Warum sollte die Erde nicht innerlich durchleuchtet sein? Warum die Gold- und Silberadern nicht im Geheimen von den Strahlen eines Lichtes leuchten, für das wir keine Augen haben?
So wuchtet mächtigen Gesanges die Erde ihre Ätherbahn.

Wenn wir uns, nach Goethe, im Intellektuellen durch Anschauen einer immer schaffenden Natur zur geistigen Teilnahme ihres Wirkens erheben können, weil in der Natur und in uns der gleiche Geist lebendig ist, weil wir gleichsam in der Seele übergreifend sind ins Innere der Natur, so bleibt uns doch noch der Punkt zu erhellen, wieso in uns außer dem rein künstlerischen und anscheinend amoralischen, nur auf das Schöne gerichtete Schaffen noch die moralischen Forderungen unseres Wesens aufstehen.
Warum – wenn wir im Herzen der Natur leben, das Herz der Natur sind – dieses Mehr in uns?

Warum dort das vernehmbare Gesetzmäßige und in uns das unabweisbare Freiheits- und Verantwortungsgefühl?
Ist es so, daß erst die Natur als ein Ganzes moralisch beurteilt werden kann, während der Mensch als der Gipfel und die Essenz der Natur ihre Synthese, ohne weiteres schon Moralität als sein Wesen will?

Wie ich das Bröckeln und Rinnen einer in den Sand gewühlten Mulde beobachte, kommen mir einige der tragischsten Eindrücke meines Lebens ins Gedächtnis. Den einen empfing ich in den Thermen des Caracalla, und was hier nur Bild und Gleichnis, war dort melancholische Wirklichkeit. Von den mächtigen Gewölberesten rieselte fast unaufhörlich Mörtel und verwittertes Mauerwerk, und ab und zu, wenn der leichte Wind sich stärker erhob, flog wohl auch ein größerer Stein polternd in die Tiefe. Es war ein unheimliches und erschütterndes Gespräch der Vergänglichkeit, dem der gefährdete Wanderer dort beiwohnte und zugleich das Totenraunen einer Kultur, das vielleicht noch währen wird, wenn der Petersdom das seinige anheben sollte. – Den andern gaben mir die norwegischen Berge mit ihren ewigen Steinschlägen, in denen ihre Gipfel nach und nach herabzukommen scheinen.

Ich habe heute ein paar Blumen für dich *nicht* gepflückt, um dir ihr – Leben mitzubringen.

So schimmert ein Birkenwäldchen durch Kiefern, wie deine ferne Jugend in und durch meine Gedanken.

Die Natur ist die große Ruhe gegenüber unserer Beweglichkeit. Darum wird sie der Mensch immer mehr lieben, je feiner und beweglicher er werden wird. Sie gibt ihm die großen Züge, die weiten Perspektiven und zugleich das Bild einer bei aller unermüdlichen Entwickelung erhabenen Gelassenheit.

Es ist ein seltsames Gefühl, senkrecht in die Erde zu unseren Füßen hineinzudenken. Man kommt nicht weit, die Phantasie erstickt buchstäblich.

Gebell eines »Achtung«-Hundes:
Nervosität durch Geschrei von Kindern
Argwohn, es könne auf ihn gemünzt sein (monoman)·
Gefahr! (Furcht, Wut, Anspannung)
Beschimpfung (da nichts erfolgt)
Selbstgerechter Ärger (mehr monologisch)
Mitteilungsgefühl (Klatschbedürfnis)
(er teilt die Sache der Außenwelt mit)
Quittungen über vieles
Rivalität } mit andern Hunden
Solidarität }
Grundloser Unwille
Katzenjammer, der sich zu betäuben sucht.

Worauf beruht z. B. der Zauber des Waldes, die tiefe Beruhigung, die er dem Menschen gibt? Darauf wohl zumeist, daß uns in ihm eine unübersehbare Anzahl pflanzlicher Individuen einer bestimmten Art entgegentritt, die Lebensfrieden und Lebensmacht zugleich mit äußerster Zweckmäßigkeit vereinen. Der Stamm einer Bergfichte ist das Urbild ruhiger in sich gefestigter Kraft; ein gewaltiger Lebenswille, den so bald nichts zu stören oder gar zu brechen vermag, offenbart sich in ihm. Ihre Äste, Zweige und Nadeln aber strahlen mit solch äußerster Zweckmäßigkeit rings von ihm aus, stellen im Verein mit dem Stamm und den Wurzeln einen so weise der Außen- und Umwelt eingepaßten Körper dar, daß man begreift: hier liegt die *Lösung eines Problems* vor, an der vielleicht unermeßliche Zeiten gearbeitet haben.

In der Katze hast du Mißtrauen, Wollust und Egoismus, die drei Tugenden des Renaissance-Menschen nach Stendhal und anderen. Damit ist sie, ich möchte sagen, das konzentrierteste Tier. Der Hund ist dagegen gläubig, selbstlos und erotisch kulturlos. Unsere heutige Zivilisation nähert sich mehr der Stufe des Hundes. Das Christentum ist vornehmlich gegen die Katze gerichtet. Man darf nach dem allen in einigen Jahrhunderten den Menschen erwarten.

Eine der größten Unverfrorenheiten des Menschen ist, dies oder jenes Tier mit Emphase falsch zu nennen, als ob es ein annoch falscheres Wesen gäbe in seinem Verhältnis zu den andern Wesen als der Mensch!

Warum erfüllen uns Gräser, eine Wiese, eine Tanne, mit so reiner Lust? Weil wir da Lebendiges vor uns sehen, das nur von außen her zerstört werden kann, nicht durch sich selbst. Der Baum wird nie an gebrochenem Herzen sterben und das Gras nie seinen Verstand verlieren. Von außen droht ihnen jede mögliche Gefahr, von innen her aber sind sie gefeit. Sie fallen sich nicht selbst in den Rücken wie der Mensch mit seinem Geist und ersparen uns damit das wiederholte Schauspiel unseres eigenen zweideutigen Lebens.

Weshalb sollte man sich nicht damit abfinden, in einer gemäßigten, sehr gemäßigten Landschaft zu leben, da man doch nur den Blick zu erheben braucht, um ins völlig Ungemäßigte zu stürzen, und nur die Gedanken, um zu fühlen, wie wenig es verschlägt, im wilden Ozean des ewig Ungewissen auf einem gehobelten Brett oder einem entwurzelten Baumstamm zu treiben.

Den Wolken wird vielleicht einstmals eine besondere Verehrung gezollt werden; als der einzigen sichtbaren Schranke, die den Menschen vom unendlichen Raum trennt, als der gnädige Vorhang vor der offenen vierten Wand unserer Erdenbühne.

Ich kenne keine »getrennten Gebiete«. –

Die hohen Tannen sprechen: Wir sind nicht traurig und nicht fröhlich, wir sind *fest*.

So ein Spinnentüchlein voll Regentropfen – wer macht das nach?

Die Luftschiffahrt wird dem religiösen Genie der Menschheit neue Nahrung geben. Zu den großen Beförderern kosmischer Stimmungen: Wald, Meer und Wüste wird nun noch der Luftraum kommen.

Wir versuchen uns an dem äußeren Bilde andrer bewohnter Gestirne wohl selten über ein gewisses Maß von Kraft und Erfolg hinaus. Und doch – Landschaft, ins Unendliche variiert! Welch eine Vorstellung!

Jede Landschaft hat ihre eigene besondere Seele, wie ein Mensch, dem du gegenüberlebst. Dies wirst du am deutlichsten empfinden, wenn du den Eindruck einer gegenwärtigen mit dem wiederbeschworenen vergleichst, den eine andere, frühere, deiner Seele eingeprägt hat. Etwa, wenn du einen Ausschnitt der gegenwärtigen betrachtest, der recht gut auch jener vergangenen angehören könnte, – so daß dir eine Weile so unheimlich zumute wird, als glaubtest du die Hand eines Abwesenden oder gar Verstorbenen zu halten, während es doch, wie du weißt, die des dir Gegenüberstehenden ist.

Darum ist die Natur so tieftröstlich, weil sie schlafende Welt, traumlos schlafende Welt ist. Sie fühlt nicht Freude, nicht Schmerz, und doch lebt sie vor uns und für uns ein Leben voll Weisheit, Schönheit und Güte. So schliefen auch wir einst und solchem Zustand kehren auch wir einst wieder zurück, nur mit dem Unterschiede, daß dann dies ganze Über-Glück, Über-Leid uns bewußt sein wird und daß wir dann auch keine Träume mehr brauchen, weil wir die Himmel selbst offen sehen.

Der Pilz ist der Parvenu der Pflanzen.

Dir sind die Alpen nicht hoch, nicht geheimnisvoll genug, du träumst von den Anden, vom Kaukasus, vom Himalaja. Und doch gilt es eben hier die Seele ganz zu weiten und schon hier letzte Erhabenheit zu empfinden. Sind nicht alle diese Berge gleiche Klippen der großen blauen, strahlenden Geister- und Gottes-See, auf die immer wieder hinzublicken, ja, die früher oder später mannhaft zu befahren unsere edelste Bestimmung und Freiheit ist?

Der Mensch hat noch immer sehr wenig Sinn für Wirklichkeit. Man erwäge nur etwa den gewöhnlichen Standpunkt der Sonne gegenüber. Heißt das Wirklichkeitsempfinden, v n einem solchen Phänomen ein Leben lang nicht anders berührt zu werden, wie es gemeinhin zu geschehen pflegt? Oder schauen nicht vielmehr die Menschen die Sonne noch gar nicht?

Auch der Baum, auch die Blume warten nicht bloß auf unsere Erkenntnis. Sie werben mit ihrer Schönheit und Weisheit aller Enden um unser Verständnis.

Hast du noch nie empfunden: es muß anders werden! Wenn du z. B. im Wald saßest und die lieben Bäume und Gräser um dich herum sahest, von denen dich doch so ein Weltabgrund der Nichterkenntnis schied! Was waren sie eigentlich, wo war ihre Seele, wo war der Punkt, in dem ihr euch brüderlich treffen konntet, nicht nur in dumpfer Liebe von deiner Seite, sondern euch gleichsam ins gottgeschwisterliche Auge schauend? Wäre es nicht unsinnig, wenn es in einer Welt, so weit und verschwenderisch angelegt, immer so bliebe, nie anders würde? Muß es nicht anders werden? Und löst diese Not und Notwendigkeit nicht etwas in dir, das sagt: Ja, es muß besser werden, und ich will Tag um Tag dem Geist und den Geistern der Dinge entgegengehen, sind sie doch gewiß auch schon längst auf dem Wege zu mir.

KUNST

Es ist etwas Jämmerliches um einen Lyriker ohne Liebe. Was helfen da Mai und Nachtigallen und Mondscheinnächte. Trauriger Zustand.

Ihr fürchtet, daß die Umsturzepoche, vor der wir zu stehen glauben, alle Kunst und Poesie, alles Schöne und Wertvolle im Leben vernichte?
Ich fürchte das nicht. Denn mag jeder Tempel zertrümmert, jedes Kunstwerk verbrannt, jedes Saitenspiel zerschmettert werden, – das unantastbare Saitenspiel, das Menschenherz, wird nie aufhören, von den ewigen Melodien zu tönen, die der Geist der Welten ihm zuhaucht.

Konzentration Möge der Stern uns Vorbild wahrer Kunst sein. Eine Welt zu einem leuchtenden Strahlenpunkt verdichtet, der dir Leib und Seele durchbrennt. So denke dir den langsamen Pfeil der Schönheit: als den Lichtkegel einer Sternenwelt, von dem allein die Spitze Menschenaugen sichtbar.

Alle wahrhaft großen Dichtungen sind Variationen zum Schicksalsliede, seien es Maestosi, Allegri oder Scherzi.

Ich betrachte als eine Aufgabe kommender Dichtergeschlechter, neue Mythen zu schaffen, und wir wollen ihnen schon vorarbeiten.

Dichten ist immer die Wiedergabe von Erinnerung. Die Erinnerung aber ist selbst etwas Dichtendes, künstlerisch Zusammenfassendes und Auswählendes.

Ein Dichter muß 77mal als Mensch gestorben sein, ehe er als Dichter etwas wert ist.

Der reimlose Jambus hat ein so formelles Pathos, ein so großrednerisches Moment in sich, daß er uns Modernen meistens geradezu unmöglich wird, da wir in tiefster Seele von dem Willen durchdrungen sind, wahr zu sein, redlich vor allem in der Wiedergabe unserer Stimmungen und inneren Erlebnisse.

Höchste Empfindungen, Phantasie im Gewande intimster Natur – – – eine Durchgeistigung der Realität auf allen Punkten, künstlerischer Polytheismus (im Sinne der Kunst), das meine ich, muß das Programm der Zukunft, unserer Zukunft sein. Der Sieg des menschlichen Geistes über die Außenwelt muß vollkommen werden.

Je einheitlicher ein Volk einen Stil aus sich herausentwickelt, um so mehr ist es bei sich selbst *daheim*. Daher der Zauber des *mittelalterlichen* Stils, daher heute unsere Heimatlosigkeit.

Wenn wir einen nationalen Baustil haben wollten, müßten wir eine einheitliche Weltanschauung haben.

Wenn ich so die kleinen Dampfer die riesigen Kähne vorüberschleppen sehe, muß ich immer an den Dichter und das Publikum denken.

Schönheit ist empfundener Rhythmus. Rhythmus der Wellen, durch die uns alles Außen vermittelt wird. Oder auch: *Schön* ist eigentlich alles, was man mit Liebe betrachtet. Je mehr jemand die Welt liebt, desto schöner wird er sie finden.

Das naturalistische Drama hat nur dann Wert, wenn es den Menschen, so wie er heute ist, sich selbst unerträglich macht. Ibsen. Hauptmann.
Kritik oder Beispiel – naturalistische oder idealistische Kunst. Der Naturalismus eine rein historische Kunstanschauung. Der Naturalismus nur ein Stadium, kein Ziel.

Den Ästhetikern: Zeigt Wege der Zukunft, aber beschwört nicht ewig die Toten gegen uns.

Man sollte lieber mit feiner Kunst ehrenvoll sterben wollen, als mit grober siegen.

Als ein wesentliches Merkmal der Menschen möchte ich ihre ethische und ästhetische Anspruchslosigkeit bezeichnen.

Es ist eigentlich eine Ungerechtigkeit, daß der Dichter nicht – gleich dem Musiker – den Teilen seiner Werke hinzufügen darf, in welchem Tempo er sie genommen wissen will.

Was soll uns Tragödie heißen und als tiefste Erregung von der Bühne herab gelten? Die Darstellung des wahrhaft bedeutenden Menschen, der immer eine tragische Erscheinung ist, weil in allem menschlich Großen neben der großen Freude auch der große Schmerz wohnt, weil in jedem ungemeinen Schicksal das Ja und das Nein allen Lebens wie aus zwei Posaunen erklingt, weil der große Mensch eine Abbreviatur des ganzen Weltgeheimnisses ist. Die Tragödie ist der tiefe Gesang vom Wesen der Welt, und ihm von Zeit zu Zeit erschüttert zu lauschen unser Ewigkeitsdienst in all dem uns überbrausenden Alltag.

Neue Dichter seh ich kommen, nach innen den Blick gerichtet –

Es gibt vielleicht keine glücklichere Manier, als alle Dinge vom Standpunkt des Malers aus zu betrachten.

An unsere jungen Dichter: Geht ins Volk, mischt euch unter die gewöhnlichen Leute, sucht ihre Freundschaft zu gewinnen, sucht so reden zu lernen, daß sie euch verstehen wie ihresgleichen. Geht zu den verschiedensten Handwerkern, auf die Werften, in die Fabriken, in die Bergwerke; lernt vom Volk und für das Volk; seht zu, daß, was und wie ihr dann schreibt, jedem verständlich sein könne, der den guten Willen für euer Verständnis mitbringt. Laßt euch Jahre eures Lebens in einsamen Dörfern nieder, im deutschen Gebirge, an den Küsten, auf Inseln. Laßt euch vom glatten charakterlosen Großstädter nicht das Bild des Menschen fälschen, obwohl man auch bei ihm leicht unter die Schale dringen kann. Denkt an Luther, wie er herumging in allen Werkstätten, um sich die Sprache für seine Bibelübersetzung zu bilden; wandert, soviel ihr könnt, werdet lieber Handwerksburschen als hoffnungsvolle Literaten, die von Gesellschaft zu Gesellschaft eilen, die sich ihre Ziele aus Theatern und Zeitschriften holen, die sich ästhetisch anregen lassen, statt immer wieder auf den Grund des Lebens zu gehen.

Eine Karikatur ist bloß immer einen Augenblick wahr.

Es ist so plump von Künstlern und Dichtern, sich geradezu ans Geschlecht zu wenden. Als ob man sich ans Geschlecht erst wenden müßte.

Kunst ist nicht ein Stück Welt im Spiegel eines Temperaments, sondern – ein (Stück) Temperament im Spiegel des Bewußtseins.

Das Leben zeugt Blumen und Bienen. Blumen, das sind die schöpferischen Geister, und Bienen die andern, die daraus Honig sammeln.

In jedem Kunstwerk ist der Künstler selbst gegenwärtig. Wir spielen und hören *in Wahrheit* Beethoven, sehen Lionardo, lesen Goethe.

Musik – gesanggewordener Mensch und somit seine für uns vielleicht höchste Erscheinungsform. – Ein altes Bild: Der Gesang der Engel vor Gott; umgedeutet: Menschen vor Gott (der überall) zu Lied, zu Gesang geworden. Beethoven, ein Engel Gottes (der in unser aller) und zu Gottes (der in unser aller) Preis unaufhörlich tönend. – Beethoven, ein Gesang Gottes vor sich selbst.

In einem großen Geiste bricht jahrhundertelanges im Verborgenen schaffendes Keimen der Naturkräfte zur strahlenden Blüte auf.

Nirgends kann das Leben so roh wirken, wie konfrontiert mit edler Musik.

Die moderne Landschaftsmalerei (und Liebe zur Landschaft, Natur) – ein weiterer Schritt der *Erde* zur Erkenntnis und Liebe ihrer selbst.

Ein rechter Künstler schildert nie, um zu gefallen, sondern um zu – *zeigen*.

Jeder Künstler tötet zehn folgende (Dilettanten).

Ich kann mir in etwa 200 Jahren ein Drama denken, dessen Vorwurf der Kampf zwischen der Newtonschen und der Goetheschen Farbenlehre bildet. Die Farben treten auf und suchen umsonst das weiße Tageslicht in gemeinsamer Aktion zusammen hervorzubringen. Schließlich erscheint das eine weiße ungeteilte und unteilbare Sonnenlicht in Gestalt eines weißgekleideten Weibes und entlarvt dieses ganze anmaßende Unterfangen als Betrug und Selbstbetrug.

Wenn mich nicht alles trügt, so stehen wir dicht vor Künstlergenerationen, die sich des ganzen irdischen Lebensstoffes noch ganz anders bemächtigen werden als die bisherigen.

Habt das Leben bis in seine unscheinbarsten Äußerungen hinab lieb, und ihr werdet bis in eure unscheinbarsten Bewegungen hinab unbewußt von ihm zeugen.

Allzuviel Lyrik frißt die gesunde Natur des Dramas an und nimmt ihm, in einem ganz hohen Sinne, seine natürliche Sittlichkeit.

Schönheit »an sich«? Nein, Schönheit, die über sich hinausweist.

Die neue – die christliche – Tragödie wird überall erst möglich sein, wenn der Mensch mehr und mehr aus der Materie erwacht. Ihr Stoff wird die Tragik seiner dann endlich überschauten und klar gewordenen Entwickelung sein, und ihre Größe das dann noch ganz anders, weil aus einem ungleich höheren Bewußtseins- und Verantwortungsgrund gesagte, gesungene: Trotzdem! und Ja! und O Ewigkeit! O unsere Gottesewigkeit! ...
Ihr Geist wird aus der endlichen Erkenntnis dessen geboren werden, was der Mensch verbrochen und was er gutzumachen hat; sie wird den schauerlichen Fall des Menschen ins Ungeistige spiegeln und seine übermenschlichen Anstrengungen: Unsühnbar-Scheinendes zu sühnen, Unbezähmbar-Widerstrebendes zu überwinden, Unwiederbringlich-Verlorenes wiederzugewinnen. Erheben wird sich nach langen Geburtswehen endlich der Heerbann des Verständnisses und der Liebe, und seine Siege und Niederlagen werden fortan wie ein Ringen erwachter Götter erschüttern, wo heute der Tiefschlaf des Sondermenschlichen erst vereinzelte Ahnungen zuläßt.
Laßt uns darauf demütig warten und dazu das Unsere tun, Körnlein um Körnlein. Laßt uns uns dessen vertrösten in vielem Kleinkram und Wirrwarr noch unserer Tage.

Wir beweisen durch unsere kritische Stellung zu dem vielleicht oft anfechtbaren Menschlichen großer Künstler nichts, als daß uns durchaus nie zu lebendigem Bewußtsein gekommen ist, was ein solcher Künstler für den Menschen, für uns wirklich bedeutet. Wir können kalten Herzens den »Menschen« Wagner ablehnen, ja schmähen und damit es ganz für nichts erachten, daß täglich Ströme des Segens von ihm ausgehen, Ströme der Kultur, der Erhebung aus dem profanen Alltag, der Reinigung durch geistige Mächte.

In ein Zimmer, dessen rosa getünchte Wände in einer breiten bunten Zierleiste auch ein kleines kaum bemerkbares blaues Muster aufweisen, wird eines Tages ein großer blauer Teppich aufgehängt. Und nun sollte man die kleinen blauen Muster sehen, wie sie mit einem Male leben und leuchten!

LITERATUR

Etwas für uns junge Künstler, Dichter usw. Die jungen Pythagoräer mußten fünf Jahre schweigen als Diener einer rechten Philosophie.
Diese Leute, welche meinen, vom Primaner zum Übermenschen avancieren zu sollen.
Denn nicht darauf komme es an, daß diese jungen Poeten ihren Alltag in Verse bringen, sondern ob – mit Nietzsche zu reden – die Zucht zweier Jahrtausende nicht erfolglos an ihnen vorübergegangen.

Wir Lyriker müssen des ewigen Posierens müde werden. Da wird alles drapiert und auf den größten Effekt hin gesagt. Man sehe nur das ewige Schwelgen in Farben, Düften, Klängen, als ob (vgl. X) wir je so überschwenglich empfänden.
Weniger Lüge, mehr Herbe, Strenge, Zucht, Knappheit, Innerlichkeit.

Nach der »Wildente«: Ibsen wäre »ungriechisch«? Aber was taten die alten Griechengötter andres, als (scheinbar) kalt und spöttisch das Treiben der Sterblichen betrachten, im Bewußtsein der Notwendigkeit aller Dinge.

So steht Ibsen vor seinen Mitmenschen. Der herbe Duft einer gewissen Lächerlichkeit, welche das Kennzeichen jeder Tragik ist, schwebt um seine Werke.

Ibsen hat einmal gesagt, ein Lyriker sei in ihm ertötet worden. Man lese, wie am Schluß des Peer Gynt seine Lyrik hervorbricht, und man wird diesen Schluß überhaupt anders verstehen. Dieser große Satiriker war sein ganzes Leben lang ein noch größerer Lyriker – wie er uns selbst in »Wenn wir Toten erwachen« noch einmal bekannt hat.

Die *feigen* Menschen sind es, die Ibsen durch alle seine Stükke hindurch verfolgt, die Kompromißler, die Halben. Fast jede seiner Hauptpersonen sagt einmal von sich selbst: Ja, wenn ich nur nicht so schrecklich *feige* wäre! Bernick, Nora, Frau Alving, Greger Werle, Hedda, Solneß, Ellida, Rosmer. Auch wer Ibsens Werk nicht beistimmt, muß doch wie von dem Brausen eines großen Stromes ergriffen werden, wie von einer Naturkraft, die dich im Innersten aufwühlt, wobei es wenig verschlägt, ob sich dieser an seinem Ufer ansiedeln will und jener nicht.
Denn schon das bloße Dasein des Genies hat etwas mächtig Erregendes, Steigerndes, Erhöhendes. –

Die Griechen gestalteten ihre Sagen; die Renaissance lebte in diesen Sagen und in den Erzählungen der Bibel; die neue Zeit, in der Breite ihrer Völker jenen Sagen wie diesen Berichten ferner und ferner rückend, muß die ganze bisherige Geschichte zum Stoff ihrer Kunstwerke nehmen. Unsere Sage sind die großen Epochen der Geschichte geworden, unser Göttermythos der Mythos vom großen Menschen in allen Zeiten. Dies ist recht eigentlich die uns zugeborene Sage: die Menschheits-Sage. In ihr liegen jene heidnischen und christlichen Stoffe mit inbegriffen, aber sie selbst ist noch unausmeßlich weiter und tiefer, ihr Reich geht noch hinter alle Sagenkreise zurück und unter sie hinab, bis auf die Menschen, ja bis auf die Völker, die diese Kreise ersannen. Ein erster ungeheurer Überblick über dreitausend Jahre geistige Erde ward möglich. Menschen dieses Überblicks werden die neue Tragödie schreiben, die einzige, welche der griechischen ebenbürtig sein wird, ja, welche sie überfliegen wird wie der Adler den Falken.

STRINDBERG Es entsteht jedesmal ein bedeutendes Schütteln des Kopfes, wenn ein absonderlicher Mensch durch das Mittel einer großen künstlerischen Begabung in die Welt hinausgreift. Begabung sollte eigentlich immer mit Bravheit gepaart sein, meint man, da man gern in aller Ruhe lernen und bewundern will; so kommt man weiter in der Bravheit, und damit, meint man, in der Kultur. Ein Mensch, der einen nötigt, mit ihm zu laufen, dann jäh wieder umzukehren, dann plötzlich ins Wasser zu springen, darauf vielleicht donquichotisch auf ein eingebildetes Amazonenheer loszurükken, schließlich mit einem Male in einem Kloster zu verschwinden, um mit einer Maske in der Linken und einer Geißel in der Rechten wieder hervorzukommen, ein solcher Irrstern und Wirbelsturm wird nicht gern einregistriert und als voll genommen. Ein genialer Verrücktling, sagt man und geht wieder zur Ordnung über. Daß aber hier ein Mensch wie ein gehetztes Wild durch die Felder und Wälder, Schluchten und Flüsse des Lebens stürzt, gehetzt – ja wovon? – von irgendeinem Verfolgungswahn: als flöge die Finsternis hinter ihm her, aus der er entsprungen, und er müßte das ewige Licht finden, bevor sie ihn wieder packte, – oder von irgendeinem Sehnsuchtswahn – wonach? –: nach dem grünen Wiesental eines unbewölkten Friedens oder nach dem Gipfelfelsen über den Nebeln, von dem aus er hinüberfliegen könnte ans Ufer eines anderen Sterns, einer höheren Welt. – Daß aber hier ein Mensch durch die Welt geht, allen Jammer des Menschlichen vor sich her tragend in Jubel und Hohn und Haß und jedem Gefühl vom niedrigsten bis zum höchsten, das wird als nichts empfunden, das bleibt tot und unfruchtbar für den ganzen Bann der Geordneten.
So ein Toter aber, solch ein den meisten nur selten und unvollkommen lebendig Werdender ist August Strindberg, ein gehetztes Wild, eine laufende Flammensäule, ein Mensch, alles in allem, vor dem die Sehnsucht nach jenem »Blitz aus der Wolke, der da heißt Über-Mensch« aufschreit, wenn irgendwo: denn dieser Untergehende ist ein Hinübergehender.

Was liegt an »Werken« (im letzten Grunde), was an Korrektheit, Bravheit, Nützlichkeit, Tradition, Gemüt, Liebe – kurz was an all dem Vordergrundswesen, außer, daß da ein Mensch seinen Sinn sucht – ein *Mensch.* »Respektiert den Menschen«; er kommt so selten zum Vorschein. Die Menschen – was sind sie wert. Der Mensch ist immer ein Phänomen. Er sieht nicht schön aus: Irgendwie heißt sein Name und Ruhlos sein Schuh, sein Rock heißt Elend, seine Zunge Eitelkeit, sein Eingeweide Wollust, sein Herz Flamme, sein Auge Sonnenheimweh, sein Wanderstab Nirgendsheim und seine bittere Nahrung Er selbst.

In den Höfen und Gärten des Menschlichen gibt es viel Nützliches und Tüchtiges zu tun. Da gebe es nur den Schurz und die Schaufel. Da wird das Handwerk getan. Aber in der Gespensterstunde von zwölf bis eins, da horcht hinaus auf die wilde Jagd der vom Genius Gezeichneten, da laßt den Menschen zu euch hinein und legt den Finger in seine Wunden und fühlt: es gibt noch etwas, wovor Kunst und Wissen und all das versinkt wie ein Rauch.

Und da wird euch Strindberg nicht mehr nur ein genialer Sonderling dünken.

Jedem, der seine Gedanken niederlegt, blickt schon im Augenblick des Schreibens ein Größerer über die Schulter, sei es ein Vergangener, Lebendiger, oder noch Ungeborener. Wohl dem, der diesen Blick fühlt: er wird sich nie wichtiger nehmen, als ein geistiger Mensch sich nehmen darf.

Der eine lebt, der andere schreibt sich aus. Das erste Dokument der Kultur war – ein Tagebuch.

Warum ist Balzac größer als Flaubert? Weil er eine unendliche Fülle ist, aus der Großes und Geringes, aber immer Lebendiges hervorsprudelt. Balzac ist eine blühende Wiese, wo Flaubert vielleicht ein kunstvoller Garten. Keine Bewunderung hilft ihm gegenüber, man muß ihn lieben. Er hat dieses tief alles durchblutende Mitgefühl, jene wahre Liebe: die Sympathie, die ihn das Leben nicht vergolden, aber mit jenen zarten Händen anfassen läßt, womit dieses feine und des schärfsten Beurteilers immer noch spottende Gewebe allein angefaßt werden darf.

Der Sonderling: Seit Friedrich Schillers hundertstem Todestag habe ich diesen Dichter für mich Max Zottuk getauft; so sehr haben mir Presse und Publikum jeden Buchstaben des einst teuren Namens verleidet.

Die Sitte des In-den-April-Schickens ist bei uns lange nicht genug verbreitet und geübt. Der erste April müßte ein wahrer Festtag für die Nation werden, ein Dies Saturnalius – in jedem Falle ein liebenswürdigerer Feiertag als mancher offizielle.

Ich habe nie einsehen mögen, warum mittelmäßige Menschen deshalb aufhören sollten, mittelmäßig zu sein, weil sie schreiben können.

Denke dir immer jemanden, auf den deine Sätze durchaus nicht so Eindruck machen, wie sie's dir selber bisweilen tun, der sie vielmehr trocken und gleichgültig prüft, ja beinahe feindselig, wie ein Mensch, den jede neue Behauptung zunächst – ärgert.

Es wird eine Zeit kommen, da wird man Geschichten »von außen her« schreiben, ich meine Geschichten, in denen wohl ähnliches erzählt wird wie heute, aber deren eigentlicher Reiz darin besteht, daß die geschilderten Menschen durchsichtig gemacht sind – gegen das Mysterium hin. Sie werden charakterisiert werden mit allem Glauben an ihre Wirklichkeit und doch zugleich wie Halluzinationen wirken, sie werden uns fesseln wie irgendwelche Gegenstände der bisherigen Poesie, aber der Schauder dessen, für den die alte Welt zusammengebrochen ist, wird auch ihrem Bilde mitgeteilt sein, so daß sie im selben ergötzen und ein tiefes unheimliches Wundern erregen.

Etwas vom Übersetzen Nehmen wir Ibsen. Ibsen arbeitete an jedem seiner Stücke durchschnittlich zwei Jahre. Wenn nun ein Ausländer hergeht und eines jener Dramen in

vier Wochen in seine Sprache übersetzt, so wird er schwerlich jede der redenden Personen so in sich lebendig fühlen können, wie der Dichter, der sie zuletzt gleichsam als seine beständige Gesellschaft empfand.
Es gibt eine Art, ich möchte sie die rationalistische Methode zu übersetzen nennen. Der Übersetzer möchte das Original womöglich noch verdeutlichen. Ohne auch nur einen Schatten jener wirklichen Ehrfurcht, wie sie nur die Dichter selbst dem Dichter entgegenbringen.

ZU DOSTOJEWSKI Aus seinen Büchern findet man schwer wieder nach Westeuropa zurück.

Wenn ich Dostojewski lese, so ist es mir, als sähe ich einem Feuer zu – einem Steppenbrand –, das über die Ebene wandert. Und jetzt frißt und wühlt es sich schleichend durchs knisternde Gras – und jetzt fährt ein Sturmwind daher und erhebt es bis zu den Wolken, und jetzt kriecht und glimmt es wieder dahin und nur dicke Rauchmassen bezeichnen seinen Weg; – und jetzt steigt es bei einem neuen plötzlichen Stoß gleich einer Säule zum Himmel und übergießt Himmel und Erde mit übergewaltigem, erschütterndem Glanz.

Mauthner tut Nietzsche Unrecht, auch da, wo er gegen ihn Recht hat. Ein Menschenleben gräbt sich sein Strombett und damit muß man zufrieden sein. Nietzsche ist gewiß nicht aus Eitelkeit den Weg zur Sprachkritik nicht weitergegangen. Mauthner unterschätzt das Dynamische im Genie.

Alles Große macht sterben und auferstehn. Wer an Nietzsche und Lagarde nicht immer wieder stirbt, um an ihnen auch immer wieder aufzuerstehen, dem sind sie nie geboren worden.

Ich denke nach, welchen Dichter man einem Adler vergleichen könnte. Ibsen war die Eule in Person, Goethe war vielleicht ein Adler. War Shakespeare einer? Ich glaube, die Adler unter den Dichtern werden erst kommen: Geister, die alles Dasein zugleich mit Falkenblick erkennen und über ihm in schier unerreichbarer Höhe kreisen. Geister mit einer »Freiheit« auch von sich selbst – . . .

(Der Evangelist und Apokalyptiker Johannes war ein Adler.) Wenn du Schriftsteller bist, so schreibe jeden Tag etwas nieder, und wenn du auch nur den zehnten Teil davon aufbewahrst. Kommt dann deine produktive Periode, so wirst du, was du zu sagen hast, mit doppelter Leichtigkeit und Anmut sagen, du wirst dann wie der Klavierspieler sein, der eines Tages zu phantasieren beginnt und merkt, daß es auf den Tasten fortan kein Hindernis mehr für ihn gibt.

Gespräch ist gegenseitige distanzierte Berührung. Ein Buch ist chiffriertes Tasten. Lies es, taste daran, und du wirst wiederbetastet werden, es wird sich die Erscheinung seines Verfassers auf und in die deine dechiffrieren, als telegraphierte er dir mit unsichtbaren Fingern durch die Stirn.

Je besser ein Stil wird, desto mehr nimmt er alles in sich hinein: die überflüssigen Interpunktionen, die allzuhäufigen Absätze, den Sperrdruck.

Ein Buch ist nicht etwas, was ein Mensch geschrieben hat, sondern dieses Menschenmysterium selbst, ebenso wie das Musikstück, das ich heut abend von dem Nachbarhause herüberklingen hörte, kein Musikstück von Beethoven war, sondern das Mysterium Beethoven selbst.

Tolstoi war ein Protest des höheren Menschen wider den Menschen, wie er gemeinhin heute noch ist. Tolstoi wollte nur ganz einfache, simple Dinge. Dinge, die sich eigentlich von selbst verstehen – für jeden anständigen Menschen.

Das von selbst Verständliche wird gemeinhin am gründlichsten vergessen und am seltensten getan.

Man fordert von Tolstoi Märtyrertum. Man sagt: Lebe wie Franziskus, stirb wie Christus. Nun, er hat sich im Jahre 1907 den Henkern seines Staates dargeboten: – »nehmt mich und führt mich hin wie jene armen Opfer, legt den eingeseiften Strick um meinen alten Hals ...«

Der große Schriftsteller hat Stil, der kleine Manier, was nicht ausschließt, daß der große auch einmal klein und der kleine groß, d. h. ein Stilist sein kann.

In diesen Erzählungen von Liebe sehe ich immer nur eines: die Liebe als Selbstpreis. Selten oder nie, daß diese Menschen durch ihre Liebe zueinander *wachsen* wollen, daß sie sich über sich hinaus lieben. Daher denn auch die Übersättigung, ja der Ekel, der einen nach und vor derlei erfaßt, ein Verlangen, es möchte doch auch hier endlich eine neue Optik Platz greifen, eine tiefere, religiösere Betrachtung des Liebeslebens.

Nichts kann mich mehr aufbringen, als wie allezeit hier und dort über den Eckermann geredet wird. Immer ist ein halb mitleidiges Lächeln dabei, gleich als handle es sich um eine durchaus subalterne Natur, der es jeder seiner gönnerhaften Bespötter unvergleichlich zuvorgetan haben würde. Man hängt sich an die Einfalt mancher seiner Fragen und bedenkt nicht, daß er oft nur frug, um Goethen zu locken und anzureizen; man wirft ihm eigene Unbedeutendheit vor und übersieht die Fülle feiner Beobachtungen und Bemerkungen, die anmutigen Berichte über seine Liebhabereien, den langen Brief aus Genf und überall den Sinn und Takt fürs Wesentliche, der uns niemals mit Tagesgeschwätz langweilt, sondern ihn fortwährend bei der Würde seiner einzigartigen Aufgabe festhält.
Laß sie sich immer überheben, würde Goethe selbst sagen, soviel ist gewiß, daß ihrer keiner mich vermocht hätte, mein inneres Leben so munter und lebendig vor ihm zu entwickeln, wie dieser liebe Junge, der wohl nicht groß war im Sinne schöpferischer Kraft, aber in seinen Maßen ein ganzer Kerl, ein Vorbild, allen denen zu empfehlen, denen es um ihre Bildung wahrhaft ernst ist, und die, da ihnen Gott die zeugende Kraft nur unvollkommen gewährt hat, im produktiven Empfangen seiner Höhe zustreben müssen und ihm damit wohl ebenso nahe kommen mögen, wie unsereins mit seinen stärkeren Mitteln und glücklicheren Voraussetzungen.

Manchem Menschen würden Weihnachtskataloge, Zeitungsannoncen, und zu Mundwassern, Seife, Thermosflaschen,

Petroleumöfen usw. beigepackte Erklärungen und Referate für lebenslängliche Lektüre völlig genügen.

Wenn ein Schriftsteller sich jederzeit der Macht bewußt wäre, die in seine Hand gegeben ist, würde ein ungeheures Verantwortlichkeitsgefühl ihn eher lähmen als beflügeln. Auch das Bescheidenste, was er veröffentlicht, ist Same, den er streut und der in anderen Seelen aufgeht, je nach seiner Art.

Voltaire: »Si Dieu n'existait pas, il faudrait l'inventer.« »Wenn der Gedanke an Gott die Titus, Trajane, die Antonius, die Marc Aurele hervorgebracht hat, so sind diese Beispiele zur Verteidigung meiner Sache vollkommen ausreichend und meine Sache ist die Sache der ganzen Menschheit.« Oh, ihr Wahrheits-Sucher!

Wer so wie Goethe alles Irdische überschaut, dem kann man es kaum verargen, wenn er über dem Blick auf das Ganze die Scholle, die er gerade bewohnt, manchmal vergißt, wenn ihm das Treiben der Epoche, in der er gerade lebt, gegenüber der unabsehbaren Entwickelung des Menschengeschlechts ein Eintagstreiben, ein Kinderspiel erscheint.

Wieviel wird um Brot und wie wenig als Brot geschrieben.

Der Bekämpfung der Schundliteratur sollte die von fratzenhaften Reklamebildern zur Seite treten. Nur die große Trägheit in solchen Dingen nimmt hin, was hier täglich auf Plakaten und in der Presse vor Augen zu rücken gewagt wird, und achtet nicht der unausbleiblichen, schädlichen Wirkung solcher Zerrbilder auf jede, besonders aber auf jede jugendliche Seele.

Man weiß, wie wichtig es ist, Schwangeren harmonische Verhältnisse zu schaffen. Sollte es anders sein mit der Menschheit, die sich fortwährend im Zustande der Mutterschaft befindet?

Wir sollten gewisse Bücher mehrmals lesen, ehe wir darüber sprechen. Etwa einmal im Winter, einmal im Sommer – und manche noch in ganz anderen Intervallen. Was wir dann über sie zu sagen hätten, würde vermutlich ebensovielmal besser sein ... Und uns selbst würde solche Selbstzucht nicht nur zu besseren Lesern, sondern zugleich zu besseren Menschen machen.

Über jedem guten Buche muß das Gesicht des Lesers von Zeit zu Zeit hell werden. Die Sonne innerer Heiterkeit muß sich zuweilen von Seele zu Seele grüßen, dann ist auch im schwierigsten Falle vieles in Ordnung.

Gewiß, es gibt Züge, die ich Nietzsche, dem Menschen, verarge – aus Liebe. Nur kleine Züge, aber ich verstehe sie nicht an ihm – oder vielmehr: ich würdige nicht genug die Tiefe des Leids, in welche dieser Geist getaucht wurde, als er unter der Last seiner Gedanken, seiner Einsamkeit und seiner Krankheit zugleich, ein ebenso furchtbares wie großes Menschenopfer, zusammenbrach.

»Also sprach Zarathustra« – Nietzsche selbst hätte diesen Titel und diesen Refrain in früheren Jahren streng abgelehnt. Es ist die Tragik dieses Buches, manchmal nicht mehr gefaßt und katonisch genug zu sein.

Es wird mir immer gewisser, daß Nietzsche überall da versagt, wo er sich bewußt oder unbewußt der Eitelkeit seines Geistes hingegeben hat. Hätte er diesen polnisch-romanischen Zug nicht gehabt, er stände oft noch viel größer da. Es gibt keinen schlimmeren Fluch für einen Denker, als sich seinem Volke gegenüber als Schriftsteller verpflichtet zu fühlen. Wenn einer Denker geworden ist, d. h. ein Mensch, dem das Nachdenken über menschliche Probleme zur inneren Leidenschaft und Lebensaufgabe geworden ist, so ist er auch ganz von selbst genug Schriftsteller, seine Gedanken mitzuteilen.

Aber freilich, Nietzsche war vor allem ein *Kämpfer*. Er war ein Weiser aus der Kriegerkaste, nicht aus der der Priester. Vielleicht hätte er im zweiten Teile seines Lebens auch noch

die Milde der Weisheit ausgeströmt, nach ihren Blitzen auch ihre Wärme.
Der Zarathustra ist bei allen Einzelheiten unbestreitbarer Größe eines der schlechtesten Bücher, die es gibt. Er ist weder ein Volksbuch noch ein Buch für Verwöhnte und Einsame, es ist ein Mischmasch von Grandiosem und Banalem, inhaltlich wie im Vortrag. Ein Vordrängen, ein Aufdrängen persönlicher Stimmungen, ein kategorisches Erledigen von Dingen, deren »kategorische Erledigung« immer nur eine »niaiserie« bleibt, ein Spiel mit dichterischen Bildern und Gleichnissen, das oft groß und tragisch, öfter noch fast unbeherrscht und geschwätzig wirkt. Ein Buch, das nur durch Reduktion seiner Reden auf etwa 12–20 zu dem klassischen zu machen wäre, was es zu sein wünscht. Unglückselige kleine Zeit, du hast auch auf ihm, deinem Größten, gelastet.

Ich kann damit nichts anfangen, – Nietzsche sei vor allem ein großer Künstler, ein großer Stilist, Artist gewesen. Was heißt das, vor allem. Was macht denn den großen Stil, wenn nicht der Mensch von überragendem Rang, der geborene Führer und Schöpfer? Und wo Nietzsche das nicht war – und er vergaß manchmal seinen Rang und führte weder noch schuf – da taugte auch sein Stil nichts, da war er auch nur ein Manierist seiner selbst.

Nietzsche, die große Antithese seiner Zeit.

Beim Vorlesen einiger Nietzschescher Aphorismen: – Geistige Austern.

Nietzsche konnte mit den bisherigen fünfsinnlichen Erkenntnismitteln den Menschen nicht verstehen. Drum erfand er sich seinen Über-Menschen. Er ward damit der letzte große deutsche Philosoph – ante Christum natum. Er war, um in seiner Manier zu reden, der letzte – Ante-Christ.

Nietzsches Schicksal war, über den Trümmern des komischen Bildungsphilisters als tragischer zu sterben.

Daß Künstlerschaft und Könnerschaft untrennbar sind, das versteht sich von selbst. Aber das, worauf es heute, wie immer, ankommt, ist, wer da spricht und was – nicht nur wie – gesprochen wird. Ist Nietzsche nicht einer unserer ersten Stilisten? Und dennoch blieb er in höherem Sinne unfruchtbar. Ich wäge meine Worte, denn wenn je einer, habe ich Nietzsche *erlebt*. Und nicht in mir war er unfruchtbar. Aber ich weiß auch, worin er lange Zeit mein Höchstes war: in seiner Größe als Mensch; nicht in der, ach nur allzu zeitgemäßen, Art seiner Philosophie. Die war Abendröte, nicht Morgenröte, und wer von ihr aus weiterschreitet, der wandelt in die – Nacht.

SPRACHE

Oft überfällt dich plötzlich eine heftige Verwunderung über ein Wort: Blitzartig erhellt sich dir die völlige Willkür der Sprache, in welcher unsere Welt begriffen liegt, und somit die Willkür dieses unseres Weltbegriffes überhaupt.

Ich habe oft bemerkt, daß wir uns durch allzuvieles Symbolisieren die Sprache für die Wirklichkeit untüchtig machen.

Du bist ein Gymnaseweis, mein Lieber!

Erst das Wort reißt Klüfte auf, die es in Wirklichkeit nicht gibt. Sprache ist in unsere termini übersetzt »zerklüftete Wirklichkeit«.

Der Ausdruck »Lieber Gott«, über den schon Nietzsche spottet, mußte in der Tat dem Deutschen zu erfinden aufgespart bleiben. Es sollte ihm nur einmal aufgehen, wie er sich selbst damit den Blick für die unaussprechliche Gewaltigkeit und Fürchterlichkeit des Weltganzen verdirbt, wenn er dessen höchster Personifikation das vertrauliche Wörtchen »lieb« voransetzt.

Unter bürgerlich verstehe ich das, worin sich der Mensch bisher geborgen gefühlt hat. Bürgerlich ist vor allem unsere Sprache. Sie zu entbürgerlichen die vornehmste Aufgabe der Zukunft.
Es gibt gewisse Ausdrucksweisen von seltener distanzierter Schönheit und Vornehmheit, die nur zwischen dem fremden Sie und dem vertrauten Du möglich sind: in jenen köstlichsten Zwischenstadien der aufblühenden Liebe, wo das Herz schon Du sagt und der Mund noch Sie.

Gestorbenes Wort: Zufall.

Prüfe gelegentlich deine Adjektiva nach.

Statt sehr geehrter Herr! könnte man doch viel einfacher schreiben: 5 e! Und statt hochachtungsvoll: 2 o.

Beim Dialekt fängt die gesprochene Sprache erst an.

Der österreichische Dialekt ist darum so hübsch, weil die Rede beständig zwischen Sichgehenlassen und Sichzusammennehmen hin und her spielt. Er gestattet damit einen durch nichts andres ersetzbaren Reichtum der Stimmungswiedergabe.

Die meisten Menschen sprechen nicht, zitieren nur. Man könnte ruhig fast alles, was sie sagen, in Anführungsstriche setzen; denn es ist überkommen, nicht im Augenblick des Entstehens geboren.

Man mag sagen, was man will, die Menschen tun so und so oft auch nichts andres als – bellen, gackern, krähen, mekkern usw. Verfolge nur einmal die Tischgespräche einer Kneipe, die Ausrufe des Wirts, der Kellner, der Kartenspieler, kurz, all das Geschwätz, was nichts weiter ist noch sein will als Essen, Trinken, Schlafen oder irgendeine sonstige einfache Lebensäußerung.

Ich mag Worte wie gleichwohl oder immerhin gern leiden; denn sie erlauben, nach etwas Abfälligem noch eine Menge Anerkennendes zu sagen.

Welche und derselbe sind durch unsere besten Prosaiker hundertmal geheiligte Wörter, welche die modische Abneigung der »Jetztzeit« (!) ertragen können. *Derselbe,* dagegen sich heute der überlegene Spott noch des armseligsten Skribenten richtet, ist nicht schlechter und nicht besser als eine Unmenge anderer deutscher Wörter. Dem Stilisten bedeutet jedes Wort solcher Art eine Möglichkeit mehr, und dem papierdeutschfeindlichen Sprachreiniger kann nicht entgehen, daß just dieses *derselbe* in Mundarten – man denke z. B. an selch, sell, dersöll – ein höchst lebendiges Dasein führt.

Große geschriebene Worte sind vergeistigter Zeugungsakt in perpetuum.

Freuen wir Deutschen uns, daß unsere Sprache die Sonne uns als ein Weib schenkt und lehrt. Daß sie der schlichteste Sinn bei uns als – Mutter empfinden darf. Und daß wir so um sie im Reigen der Fixsterne all unsere ewigen – Mütter schauen und verehren dürfen.

Wer konversiert, der *spricht* nicht.

Zitate sind Eis für jede Stimmung.

Wenn ich bei einem Schriftsteller auf jeder Seite »die die« lese, so kann mir schon übel werden. Wozu hat der liebe Gott das schöne Wort »welche« geschaffen? Aber rede einmal einer dieser time- und money-Zeit von welcher und derselbe!

Gingganz ist einfach ein deutsches Wort für Ideologe.

Wie ist jede – aber auch jede – Sprache schön, wenn in ihr nicht nur geschwätzt, sondern gesagt wird.

Es gibt nichts Hemmenderes als Gemeinplätze und Redensarten. Jede Redensart ist die Fratze eigener Gedanken, ein »Mitesser« im Zellengewebe des Denkers.

Was du denkst und sagst, ist vor allem Ausdruck. Der sogenannte eigentliche Sinn des Gesagten ist nicht sein einziger Sinn.
Die Sprache ist eine ungeheure fortwährende Aufforderung zur Höherentwickelung. Die Sprache ist unser Geisterantlitz, das wir wie ein Wanderer in die unabsehbare und unausdenkbare Landschaft Gott unablässig weiter hineintragen.

Jedes einmal ins Licht getretene Wort ist ein Vorspann (der Menschheit) für immer.
Denn jedes fordert, sobald es nur sichtbar wird, zur Produktion heraus. Man kann kein Wort lesen oder hörend aufnehmen, ohne es zugleich aus seinen Schrift- oder Tonelementen wieder zu *schaffen*. Beseelen heißt schaffen; ein nicht wieder beseeltes Wort bliebe ein nicht wieder geschaffenes, d. h. für den Nichtbeseeler tot.
Man nehme ein paar beliebige Wörter: Fest, Ebene, Landschaft, Musik. Ganze Welten von Schöpfungen erheben sich, indem wir sie lesen.

Es gibt Menschen, welche Schlagworte wie Münzen schlagen, und Menschen, welche mit Schlagworten wie mit Schlagringen zuschlagen.
Nichts ist so verbreitet wie das Schlagwort. Es wird bis in die höchsten Geisteskreise hinauf gebraucht und hängt oft noch dem Scharfsinnigsten als Zöpfchen hinten.

Mit keinem Köder fischt Mephisto so glücklich, als mit allem, was im Engeren und Weiteren unter den Begriff des Schlagworts fällt.

In einer nicht ganz natürlichen Redeweise liegt eine Gefahr für den Sprecher wie für den Hörer. Das gilt vom persönlichsten Verkehr wie von dem mit der Öffentlichkeit. So gibt es z. B. Menschen, welche immer ein wenig ironisieren. Sie nennen alles nicht so sehr beim Namen, als vielmehr bei irgendeinem Spitz- oder Übernamen. Damit wirken sie oft kurzweilig, öfter aber demoralisieren sie, und ob auch nur um einen Schatten, sich wie den andern.

Alles Schwätzen hat zur Grundlage die Unwissenheit um Sinn und Wert des einzelnen Wortes. Für den Schwätzer ist die Sprache etwas Verschwommenes. Aber sie gibt's ihm genugsam zurück: dem »Verschwommenen«, dem »Schwimmer«.

ZEITKRITISCHES

Man will die deutsche Volksseele erstarken sehen, indem sie sich mehr abschließen und begrenzen soll, und vergißt, daß gerade das Unbegrenztseinwollen, das über engen Nationalitätsschranken stehen wollen ihre Haupteigentümlichkeit ist.

Muß nicht der Tod etwas sein, ohne das der Mensch nicht leben möchte? Ohne das er es nicht aushielte zu leben? Nein, ich will nicht unwillig sterben, ich will freudig und dankbar sterben, dankbar für die Möglichkeit, mich denen anreihen zu dürfen, welche als Opfer gefallen sind, um mit ihnen und für sie gegen die Lebendigen zu protestieren, welche die Erde zu einem schlechteren und unanständigeren Aufenthalt machen als das Grab.

Vom höchsten Ordnungssinn ist nur ein Schritt zur Pedanterie.

Das macht den Deutschen von heute so unbeliebt: er beruft sich bei jeder Gelegenheit auf seine »Geistesheroen«, die doch fast immer nur im Gegensatz zu ihm gelebt haben, und ist dabei genauso auf seinen Vorteil bedacht wie der Nachbar.

Im Staat der Sozialisten wird einer auf den andern aufpassen. Und Faulenzer werden nicht geduldet, dulden sich selber nicht. Wer aber will vorher wissen, wer ein Faulenzer und wer ein – Schwangerer ist? Man würde den Schwangeren samt dem Faulenzer verurteilen und damit das Beste der Erde: das stille, langsame Reifen neuer Gedanken.

Ein Volk würde ein anderes Bild bieten, wenn es wirklich Ein Volk, eine einzige große Familie wäre. In einer Familie fühlt sich jedes Mitglied für das andere verantwortlich.
Alle für jeden, jeder für alle. Statt dessen lebt man in unsern großen Völkerfamilien nach dem geheimen Grundsatz: jeder für sich. Alle für mich. Was kümmert den Bürger auf seinem Weg zum Reichtum der Mitbürger auf seinem Wege der Armut? Nichts. Aber sofort erinnert er sich dieses Mitbürgers, wenn seine Ruhe und sein Besitz bedroht werden. Dann ruft er ihn auf »zum gemeinsamen Vorgehen gegen den gemeinsamen Feind«. Dann zieht er plötzlich den Bruder, den Blutsverwandten, den armen Verwandten aus seinem Dunkel hervor. Und seine plötzliche Begeisterung wirkt ansteckend, – mein Gott, gewiß, zwar, freilich, allerdings, indessen, gleichwohl, – kurz, man ist kein Unmensch. Vergessen wir das Vergangene! Auf in den fröhlichen Krieg! Schulter an Schulter! Ein Volk, Ein Herz, Ein Schwert ...

Das Resignieren der heutigen Menschen ist bereits eine Gewohnheit geworden wie Essen, Trinken und Schlafen; und deshalb ist es so gemein. Was für ein träges, ungeistiges Tier ist doch noch der Mensch, und wie sehr bedarf es großer und größter Schrecken und Trübsale, damit er nicht immer wieder in Schlaf versinke!

Ich glaube, wir haben alle als Erbe unserer Zeit eine schlimme Laxheit mitbekommen. Das Verständnis für unerbittliche Forderungen ist mehr und minder gesunken. Beweist das nicht, daß der Mensch die Vorstellung eines gerechten Gerichts nach dem Tode (vollstrecke sich das nun selbst mit Naturnotwendigkeit oder werde es vollstreckt) – braucht? Braucht – und sei es nur: um nicht unter seiner eigenen Möglichkeit zu bleiben? Wird man wirklich seine Persönlichkeit mit solcher Inbrunst ausbilden, wenn man sie nicht – für eine unbekannte Zukunft ausbilden zu müssen meint? Was sind alle Appelle der Erde gegen jenen einen schauerlichen Appell der Ewigkeit?

Also Furcht, wird mancher sagen. Nun ja, *auch* das. Wie wäre Großes entstanden, ohne dies Ingrediens? Und wäre es etwas Schimpfliches, sich vor dem Fürchterlichen – und ist das Geheimnis der Welt, des Lebens nicht fürchterlich? – zu fürchten? Man führt heute die »Entstehung der Religion« (welch ein Ausdruck!) vielfach auf Furcht zurück. Nun, ihr armseligen Psychologen: nicht diese Furcht war das Trübselige, sondern Euer Mangel an Furcht ist es, Euer Mangel an Gefühl, Phantasie, Überlegenheit. Jawohl, Überlegenheit. Ich kenne nichts Untergeordneteres als den Menschen, dem Wissenschaft irgend etwas *erklärt*. Die Wissenschaft nicht bloß als eine gewaltige und fruchtbare Übung des Menschengeistes betrachtet, nein: als etwas, das ihm wirkliche Wesensaufschlüsse über Welt und Leben gibt. Denn dies etwa, daß alles nach denselben gleichen Gesetzen vor sich gehe, ist doch kein Wesensaufschluß! Oder den Bau des Menschen etwa bis auf seinen letzten Zellenbaustein beschrieben haben, ist doch noch kein Wesensaufschluß! Das ist Handwerkerei, eine Sache mit goldenem Boden, ganz gewiß; aber *Joseph* war Tischler, nicht Jesus. Was weiß Joseph, der Handwerker, vom Geist und Wesen der Dinge?

Es gibt kaum etwas Empörenderes, als die sklavische Furcht, die jeder Autoritätsglaube dem Menschen einprägt und einbrennt; ein Gefühl, dessen blasse Nachtschatten bis in die späte Reife des Denkenden hineinreichen.
Wie lange währt es, bis man diese beschämenden Fußfesseln des freien Gedankens nicht nur ganz abgeschüttelt, nein, auch sich völlig aus den Augen geschafft hat!
Und wenn sich morgen der schauerliche Charakter des Menschenlebens auf Erden ein wenig milderte, – würde das eine Vergangenheit vergessen machen können, deren letzter (geschichtlicher) Abschnitt allein so viel des Teuflischen birgt, daß wir die Scheußlichkeiten unzähliger dunkler Jahrtausende gar nicht mehr hinzuzunehmen brauchen?

Unsere Kulturen sind noch vorwiegend egoistisch, darum ist auch so wenig Segen in ihnen.

Organisation ist das große Wort, dem die Zukunft gehört.

Du erklärst, du fühlst nicht sozial, du verachtest deine Mitmenschen fast mehr als daß du sie liebst. Gut. Ich verlange weder soziales Gefühl von dir, noch Verehrung des »Nächsten«. Aber wenn du neben dir einen Hund verhungern siehst, so wirst du ihm von deinem Essen mitteilen, das versteht sich von selbst. Nun, ich verlange nur, daß du mit einem Mitmenschen fühlst wie mit einem Hunde, nämlich, im Falle der äußersten Not: solidarisch.

»Geist« ist heute Marktware, wer redet noch davon? Ein wirklich eigener Gedanke aber ist immer noch so selten wie ein Goldstück im Rinnstein.

Für mich begehre ich nicht viel, wenn ich aber Talente sehe, die ein großes Volk in seiner Unwissenheit, Gleichgültigkeit und Kleinlichkeit verkümmern läßt, dann steigt mir der Zorn auf.

Am Vollblut spürst du sofort, was Adel ist, beim Menschen wirst du's nicht gelten lassen.

Manche Leute müssen über ihre Dummheit durchaus öffentlich quittieren.

Einen Krieg beginnen heißt nichts weiter, als einen Knoten zerhauen statt ihn auflösen.

Lehrer-Komödie: Die Armut der Lehrer, während die Staaten Unsummen für die Wehrmacht hinauswerfen. Da sie nur Lehrer für 600 Mark sich leisten können, bleiben die Völker so dumm, daß sie sich Kriege für 60 Milliarden leisten müssen.

Wir müssen aus der wissenschaftlichen Idylle endlich wieder ins Große kommen. Wieder Atem holen lernen, das ist es. Das Netz, das die »Geschichte«, die »Weltgeschichte« über uns geworfen, als Netz erkennen und seine Maschen so weit machen, daß wir jeden Augenblick frei sein können, den wir frei sein wollen.

Machen wir uns doch von der Tyrannei der Geschichte frei. Ich sage nicht: von der Geschichte, ich sage: von der Tyrannei der Geschichte.

Unsere Zeit, welche die interessanten »Aberglauben« früherer Zeitalter selbstbewußt entwertet, ist selbst nur weniger interessant, keineswegs weniger abergläubisch, und wird einst ungleich anderer Nachsicht der Betrachtung bedürfen, wenn spätere Geschlechter eingesehen haben werden, daß dem Menschen, unbeschadet aller begreiflichen und jeweils sogar notwendigen Vordergrundsoptiken, als letzte Hintergrundstimmung doch nur Eines ziemt: bei Gott kein Ding für unmöglich zu halten.

Jede ernsthafte »Bewegung« ist tüchtig, aber Tüchtigkeit ist vielleicht das drittletzte, nicht das letzte Wort der Welt.

Ein gewandter Dieb ist ein – teures Kunstwerk.

Wer den Menschen mehr denn billig als Einzelperson nimmt, wird nur zu oft an ihm und mit ihm scheitern. Der Mensch ist nicht nur Einzelpersönlichkeit, sondern zugleich Volkszelle, wie die Volkspersönlichkeit zugleich wohl wieder in einer höheren Einheit aufgeht usf.

Ich könnte mir ein künftiges Jahrtausend denken, das unser Zeitalter der Technik anstaunte, wie wir die Antike bewundern, und Maschinen ausgrübe wie wir Statuen.

Warum nicht alle nur erdenkliche Anerkennung der technischen Fortschritte? Aber darf man dabei stehenbleiben? Daß die Menschheit zu einer immer höheren Beherrschung der Welt aufsteigt, versteht sich von selbst und bietet an sich noch nicht den geringsten Anlaß zu Begeisterung. Ob sie selbst damit aufsteigt, was sie selbst damit macht: Vergängliches oder Unvergängliches, wie sie jene Herrschaft anwendet, – darauf kommt es an.

Des Krieges Eltern heißen Schwachsinn und Trägheit. Sie finden es viel einfacher und bequemer, ein Kind: den Krieg, in die Welt zu setzen, als in sich zu gehen und in Selbsterkenntnis und Selbstzucht Geist und schöpferische Kraft zu werden. Das Wesen des Schwachsinns ist, vor wirklichen Schwierigkeiten zu kapitulieren; das Wesen der Trägheit, im Hergebrachten weiter zu verharren. Die zivilisierten Völker wären heute reif genug, den – im übrigen mehr traditionellen als noch naiv immanenten – Raubtierstandpunkt aufzugeben und eine Gestaltung und Verteilung der Erde im Sinne erwachsener und überlegener Geistigkeit anzubahnen und durchzuführen. Aber der Geist ward wohl noch nicht stark in ihnen. Noch herrscht in ihnen der Machthaber im alten Verstande, das heißt, der noch wesentlich unvergeistigte Mensch, der Krieger, dessen Genie im möglichst gefährlichen Zuhauen liegt, und der Kaufmann, der im Schatten des ihn schützenden Säbels seinem Vorteil nachgeht. Materialismus ist noch alles, gemein der Zweck, gemein das Mittel. Daß da etwas ist, was gegen sich selber wütet, sich selbst zum Krüppel schießt und sich selbst im Schacher entehrt, – daß die Völker des Erdballs noch etwas anderes sind, als zwanzig Schachteln Bleisoldaten, die zwei unsichtbare Feldherrn, Gott und Teufel, als Kasinokriegsspiel wider einander auspacken, – daß da ein Ganzes ist, das eines Tages sich selbst als solches erkennen könnte, um dann schaudernd zu fragen: Und das alles tat ich mir selbst? – davon ahnt, was heute die »Macht« hat, wenig. Das nennt jede tiefere Idee von Mensch und Erde Phantasterei und die eigene Gedankenwelt: praktische Lebensphilosophie, Realpolitik, Religion des Mannes.

Was das Fazit der europäischen Rüstungen sein wird? Der möglichst vollkommene déluge après nous.

Unsere Zukunft liegt nach wie vor im – Geiste. Seien wir Imperialisten des Geistes.

Oh, wenn erst die Leidenschaft für den Planeten als solchen uns ergriffen haben wird, der große amor nostro, dann wird es auch keine Kriege mehr geben, dann werden ungleich gewaltigere Unternehmungen diese armseligen Kraftproben einer noch dunklen Periode überflüssig machen! Denn freilich: das bittere Zuchtmittel des Krieges durch philanthropische

Mahnungen nur einfach abschaffen zu wollen, geht nicht an. Zuerst muß der Geist der Völker den neuen Aufgaben, den neuen, höheren Ambitionen gewachsen sein, zuerst muß ihn der furor jener neuen Anstrengungen, Wagnisse und Opfer anfallen, ehe er den alten furor bellicus entlassen darf, ehe er von sich sagen darf: ich habe den Krieg wahrhaft – überwunden.

In und trotz aller Geschäftigkeit – wieviel Verschlafenheit, wieviel Verträumtheit! Das wacht oft ein ganzes Leben lang nicht auf. Rüttelst du aber zu unsanft, so magst du leicht einen Stoß vor die Brust bekommen, wie von einem Schlaftrunkenen, den man vorzeitig stört. Tröste dich mit diesem »vorzeitig«. Und wer nicht aufstehen will, kann es wohl auch noch nicht, *muß* wohl noch – schlafen.

Der moderne Mensch »läuft« zu leicht »heiß«. Ihm fehlt zu sehr das Öl der Liebe.

Es müßte Zeitungen geben, die immer gerade das mitteilen und betonen, was augenblicklich *nicht* ist. Z. B.: Keine Cholera! Kein Krieg! Keine Revolution! Keine schlechte Ernte! Keine neue Steuer! und dergleichen.
Die Freude über die Abwesenheit großer Übel würde die Menschen fröhlicher und zur Ertragung der gegenwärtigen tauglicher machen.
Oder wie wär's, wenn jeder allmorgendlich selbst solche fröhliche Zeitung brächte?

Es gibt wenig Groteskeres als diese Ehe von: Ich weiß, daß ich nichts bin, und: Ich befinde über alles – in der Riesen-Zwerg-Brust des aufgeklärten, des »guten« Europäers. »Ein Irrtum«, wird erwidert. »Wir befinden über keine letzten Dinge, wir lassen sie einfach auf sich beruhen, als etwas menschlicher Erkenntnis nicht Zugängliches. Was ich nicht weiß, macht mich nicht heiß! – sollte das nicht ein männlicher, ja ein heldischer Wahlspruch sein? Genug, er ist unser Wahlspruch, und er deckt sich mit dem des Peer Gynt: Jeg er mig selv nok (Ich bin mir selbst genug).«

Es wäre außerordentlich merkwürdig, daß so viele selbst der Geistigsten weit unter dem Niveau leben, das der Geist auf Erden schon einmal erreicht und aufgestellt hat, – wenn nicht jede Zeit ihre eigene Aufgabe hätte und die heute verkörperten Seelen eben durch die Entwickelung dazu bestimmt wären, sich gewissen Erkenntnissen ebenso entschieden zu verschließen wie andern vorbehaltlos Tür und Tor offen zu halten.

Es gibt ein Wort aus der Stimmung des Jahrhundert-Anfangs: »Man darf jetzt schon wieder – nun z. B. – von Gott sprechen.« »Man darf jetzt schon wieder« – das Siegel einer »großen«, »freien« Zeit.

Für jeden Menschen, sagt Goethe, kommt der Zeitpunkt, von dem an er wieder »ruiniert« werden muß. So auch: für jede Kulturperiode. Die unsrige hat diesen Zeitpunkt bereits überschritten. Sie kann trotz allem, was dagegen einzuwenden ist, in einem gewissen sehr hohen Sinne nicht mehr ein ausschließliches Interesse beanspruchen. Das Hauptaugenmerk richtet sich über ihren mehr oder minder glänzenden Abklang hinweg auf den folgenden Abschnitt, dessen Aufbau, dessen Aufgaben. Ihr bleibt noch vieles zu tun, freilich, aber auch dies: sich möglichst unmißverständlich und allseitig ad absurdum zu führen.

Wir Deutsche leiden alle an der Hypochondrie der »Verpflichtungen«. Sie macht unsere Stärke und unsere Schwäche.

Jede Zeit schweigt zunächst das Größte tot, das in ihrem Schoße ruht; geht dies nicht länger an, so verleumdet sie es, verzerrt es und sucht es auf alle Weise zu vernichten.

Nichts ist so fluchwürdig auf Erden wie die bloßen unschöpferischen Negierer. Sie sind nicht *jenseits* von gut und böse, sie sind weder gut, weder böse, und sie allein haben bisher alles von sich gewiesen, was Schöpfer hieß, von Urzeiten bis hinauf zu den Dichtern der »Hölle« und des »Brand«. Man soll im Reich des Geistes von nichts wissen wollen als von Überwindung durch Positives. Es besser machen, durch höhere Art beschämen, durch mehr Licht in den Schatten drängen – das gilt es.

Wenn jemand gegen etwas vorgeht, so geht er nicht gegen das ganze Etwas vor: denn das sieht er dann gar nicht mehr. Sondern er sieht dann nur noch das »rote Tuch« in dem Etwas. Nie wird gegen »etwas« vorgegangen, immer nur gegen rotes Tuch. Und wenn zwei Völker gegeneinander ziehen, so stürzt ein jedes bloß gegen rotes Tuch: denn wie könnte ein Volk wider ein andres Volk sein, wenn nicht die Helden vom roten Tuch wären, wenn nicht unaufhörlich von hüben und drüben auf rotes Tuch aufmerksam gemacht würde, so daß die Völker, die armen Stiere, zuletzt wild werden und einander anrennen.

Man wirft dem Schriftsteller wieder einmal vor, daß er sich zu wenig mit Politik beschäftige. Er soll Partei nehmen; und wer da nicht »wählt«, wird leicht Verräter gescholten. Aber wie? Wählt er wirklich nicht, ergreift er wirklich keine Partei? Bilden die Stillen im Lande keine Partei, und ist es ihre Schuld, daß die höchsten Geister, die sie als Führer verehren und wählen, im Land- und Reichstage sich nicht einordnen lassen, weil sie im Parlament der Menschheit sitzen?

An der Vergeistigung, an der Verchristlichung seines Vaterlandes arbeiten, das heißt es lieben, das allein heißt mehr und anderes, als seinen unaufhaltsamen – Verfall wollen und mitbewirken.

Man dient seinem Volke auf mancherlei Weise und nicht am schlechtesten, indem man seinem politischen Leben in toto widerspricht. Das will nicht sagen, man glaubt, es könne anders sein, ja nicht einmal immer: es soll anders sein, als es ist. Geschichtliche Entwicklungen müssen ihren Gang gehen und ihre Zeit haben, und wer es da z. B. für sonderlich wahrscheinlich hält, soviel Kriegsmaterial zu Land, Luft und Wasser, wie gegenwärtig des Losbruches harrt, könne dem Versucher eines Tages in den Hals zurückgeworfen werden, der ahnt weder, wie die Linke noch wie die Rechte Gottes arbeitet. Er wird mit seinem frommen Wunsch ebenso eine

Ohnmacht sein, wie der wandellose Wunsch und Glaube des Frommen, daß die Menschheit eine Gemeinde des Christus werde, eine Macht ist, die zwar bekämpft, aber nie gebrochen werden kann und die im himmlischen Jerusalem, wie es der Apokalyptiker nennt, das Endziel ihrer Polis weiß. Nicht also um fromme Wünsche handelt es sich, wenn einer auf seinen Wahlzettel des großen Meisters Namen schreibt. Sondern um Zeugnisablegung inmitten einer Welt im gewissen Sinne der Welt sich Entfremdenden, Welt-Fremder.

THEATER

Kein Dramatiker kann wissen, was ein Schauspieler aus seinen Worten machen wird. Er mag sie so einfach setzen, wie er will – dieser wird sie vielleicht ganz in Leidenschaft tauchen und so gerade ihren feinsten Gehalt verändern; er mag sie so leidenschaftlich gemeint haben, wie er mag, dieser wird vielleicht nie im Leben bis zur Schwelle wahrer innerlicher Hingerissenheit gelangt sein. Der Schauspieler ist der Räuberkünstler par excellence. Aber oft auch ist der Räuber größer als der Beraubte und der Schatz des Wanderers erst wundervoll, wenn, der ihn erschlug, damit zu abenteuern beginnt.

Wenn es einem Kritiker Freude macht, sich einen Schaffenden im Sinne eines Schöpfers zu nennen, so soll man ihm die Freude lassen. Der liebe Gott wird dann schon einmal zu ihm sagen: »Schaffe eine Maus.« – »O nein«, wird der Kritiker antworten, »so ist nicht die Gabe meines Schaffens. Gib mir ein Nashorn oder ein Känguruh, so will ich dir sagen, was ich daran falsch und was ich daran richtig finde, und auch sonst werde ich noch manches zum Thema sagen, was vielleicht interessanter ist als das ganze Känguruh oder das ganze Nashorn.« – »Ja, ja«, wird der liebe Gott sagen, »das mag wohl sein, aber wenn ich nun so klug gewesen wäre wie du – was hätte ich dann wohl anfangen sollen? Wie hätte ich die Welt wohl aus mir heraussetzen sollen, wenn ich erst etwas bereits Herausgesetztes hätte vorfinden müssen, um mich an ihm herauszusetzen, oder, anders ausgedrückt, um daran in deiner Weise schöpferisch zu werden?«

Wie kann man einem Schauspieler »die Wahrheit sagen« und zugleich den Menschen in ihm respektieren? Einfach, indem man ihn liebt. Man liebt ja Blumen, Steine, Tiere – ist der Mensch der Liebe weniger würdig? Schließt denn Erkenntnis die Liebe aus? Oder ist es nicht vielmehr so: je mehr Erkennen, desto mehr Liebe? So daß, je mehr einer einen Schauspieler durch und durch sieht, er auch weniger und weniger imstande sein wird, richterlich von ihm zu reden. Man braucht dabei nichts zu opfern, nichts als seine eigene Unschönheit. Man kann von derselben Leistung fast wie ein Weiser reden und fast wie ein Wilder.

Man kann das Theater (beispielsweise) nicht reformieren, wenn man nicht zugleich den ganzen Geist der Zeit reformiert. Es ist der Irrtum unserer Zeit, daß sie meint, man könne wesentliche Probleme aus dem Zusammenhang herauspflücken und für sich allein lösen.

LEBENSWEISHEIT · ETHISCHES

Die Menschenverachtung ist für den nachdenkenden Geist nur die erste Stufe zur Menschenliebe.

Was uns allen zumeist fehlt, ist das tiefe, dauernde Bewußtsein des wirklichen Elends auf Erden, sonst würden wir über den Gefühlen einerseits des Mitleids, andrerseits des Dankes ganz der kleinlichen Misere des eigenen Lebens vergessen.

Wollten wir jetzt im 19. Jahrhundert endlich einmal die Lehre Christi verstehen! O unsere Zeit, die in verblendetem Dünkel das Christentum schon zu dem alten Gerümpel werfen zu müssen gemeint hat, sie hat noch nicht sein einfachstes Gebot verstanden, geschweige denn befolgt.

Vor einer Menschenmenge: Ich sehe plötzlich die Gedanken dieses Volks wie eine dicke schwarze Wolke über ihm. Eine Wolke voll Tränen und Blitzen.

Mit allem Großen ist es wie mit dem Sturm. Der Schwache verflucht ihn mit jedem Atemzug, der Starke stellt sich mit Lust dahin, wo's am heftigsten weht.

Es ist unbeschreiblich, auf was alles die Menschen *nicht* kommen. In den gewöhnlichsten Verhältnissen.

Es ist etwas Fürchterliches um einen Menschen, der leidet, ohne Tragik empfinden zu lassen.

Und immer wieder komme ich darauf zurück, daß die Bewertung der geschlechtlichen Liebe unter uns Heutigen eine krankhafte Höhe erreicht hat, von der wir durchaus wieder heruntersteigen müssen.

Es gibt noch eine größere Liebe als die nach dem Besitz des geliebten Gegenstandes sich sehnende: Die, die geliebte Seele erlösen wollende. Und diese Liebe ist so göttlich schön, daß es nichts Schöneres auf Erden gibt.

Es ist eine Kunst für sich, einen Brief zur rechten Zeit ankommen zu lassen. Man vergißt ihrer gewöhnlich. Und doch – wie oft ein intimes, beschauliches Gespräch am Morgen keine Hörer an uns fände, so mutet uns ein Brief morgens und abends anders an.

Hinter die Oberfläche der Menschen sehen, hinter das »Persönliche«, das Leben selbst in ihnen lieben.

Glück? Sollst du Glück haben? Wünsche ich dir auch nur eine Spur von Glück – wenn sie nicht deinen *Wert* erhöhte? Wert wünsche ich dir.

Zum Thema Egoismus: Wir lieben nur die Bilder von allem, als etwas in uns selbst, nie das andere selbst.

Kein Mensch kann etwas anderes bieten als sein eigenes Programm, aber er soll es wenigstens so taktvoll wie möglich vorbringen, nicht wie ein Plebejer, der sich erst zufrieden gibt, wenn er ein paar andre niedergebrüllt hat.

Wenn dich die Menschen nicht absichtlich verwunden, so tun sie's gewiß aus Ungeschicklichkeit.

So spricht die edle Rasse: Ich tue dies und das, weil ich es *mir* schuldig bin.

Was wir aus der Geschichte des Geistes lernen können, das ist, meine ich, vor allem eine immer tiefere Bescheidenheit, uns zu äußern.

Es gibt keine Einzelschuld, es gibt nur Gesamtschuld. Wir müssen uns durchaus gegenwärtig halten, daß die Bestrafung eines Verbrechers durch unsere Behörden nur den Schein der Gerechtigkeit für sich hat, nicht die Gerechtigkeit selbst; denn wie könnte die wahre Gerechtigkeit sich gegen einen einzelnen wenden, sie, die das ganze Gewebe des Lebens vor sich ausgebreitet sähe.

Alles muß allem dienen. Es gibt im letzten Sinne keine Ungerechtigkeit.

Es gibt kein widerwärtigeres Schauspiel, als wenn aus einem Menschen ein Berufspfaffe wird.

Wer die Grausamkeit der Natur und der Menschen einmal erkannt hat, der bemüht sich, selbst in kleinen Dingen, wie dem Niedertreten des Grases, schonungsvoll zu sein.

Es ist leicht möglich, daß die moralischen Vorstellungen allmählich eine nicht nur moralische, sondern direkt dynamische (magnetische) Atmosphäre über der Erdoberfläche geworden sind, eine Welt, die sich in gewissem Sinne selbst regelt, selbst ihre Ausgleiche schafft, ihre eigene Gerechtigkeit hat und übt. Daher dann jene oft beobachtete Justiz der

Geschichte, jene vielen »gerechten Vergeltungen«, jene moralischen Ausbrüche und Gegenströme.

Alles Festlegen verarmt.

Dem Steigenden werden Gärten der Schönheit Wüsten der Unbedeutendheit.

Der Schmerz über das, was wir an der Welt verfehlen und von dem sie gemeiniglich nichts weiß, kommt ihr wieder aus der Reife unseres Charakters.

Man kann wohl sagen, daß das Geschlecht zwei Drittel aller möglichen Geistigkeit auffrißt.

Das ist meine allerschlimmste Erfahrung: der Schmerz macht die meisten Menschen nicht groß, sondern klein.

Wer Dinge verspottet, an die ein guter Geschmack längst nicht mehr rührt, wird selbst Gegenstand des Spottes, ja der Verachtung.

Meine Liebe sind allein die großen Unbedingten, die Glück oder Tod bringen, die *sich* vor allem bringen mit ihrem Geschmack, ihrer Wertsetzung und ihrem ethischen Pathos, die den unbeirrbaren Sinn für Größe besitzen, eine tiefe unauslöschliche Liebe zu dem, für welches sie geboren sind.
Und mein Haß: Die Geschmackler, die Renaissanceler, die »Töpfegucker jeder Stimmung« – die qualligen Ästheten, die stupenden Magister ... all dieses unproduktive und anmaßende Volk, das die *Mode* von heute ist, wo unser innerstes Leben nach *Stil* dürstet, nach Kultur, nach Ernst, nach Kraft, nach Männern, nach Willen und noch einmal nach dem ethischen Pathos eines Nietzsche, eines Dostojewski, eines Lagarde, eines Tolstoi.

Wehe und wohl dem Menschen, der an keine Ungerechtigkeit mehr glaubt.

Die Mutter der Tiefe heißt: Schuld.

Es müßte Anekdotenerzähler geben, die durch die Krankenhäuser gingen. Eine gute Anekdote ist ein wahres Lebenselixier. Ich glaube, ein Sterbender müßte noch lächeln, wenn er von dem französischen Landedelmann hörte, der sich nicht genug wundern konnte, als er erfuhr, daß er sein Leben lang Prosa gesprochen hätte.

Tugend – im gemeinen Sinne, nicht als virtû – ist sehr oft nur ein Hindernis, tief zu werden, indem sie vor allzu gewaltsamen Leiden bewahrt, weshalb sie für Menschen, für die kein Grund vorliegt ein außergewöhnliches Los auf sich zu nehmen die edelste Art bildet, mit einiger Schönheit durchs Leben zu kommen.

Ich meine, es müßte einmal ein sehr großer Schmerz über die Menschen kommen, wenn sie erkennen, daß sie sich nicht geliebt haben, wie sie sich hätten lieben können.

Im Himmel, könnte man sagen, wird es wenigstens keine Briefe mehr geben. Man wird zwar seine sämtlichen Briefträger dort wiederfinden – denn der Briefträger kommt eo ipso in den Himmel – aber sie werden alle selige Engel und außer Dienst sein und nicht mehr das unberechenbare Schicksal deiner Tage und Nächte.

Wer sich die Unsumme von Geduld vergegenwärtigt, mit der die Masse der Menschen ihr tägliches Arbeitslos trägt, der wird sie namenlos achten müssen, diese »Menge«, trotz alledem und alledem. Und wenn wir Geistigen uns nur zu oft über sie erheben: sie kann doch nie brüderlich genug geliebt werden. Und jedenfalls soll sie beständig in unseren Gedanken wohnen, auch in deren, die ihr etwa zürnen.

Man muß Erdbeben sein und die festen Städte der Menschen immer wieder zu Fall bringen. Man muß ihre Mauern wanken machen, sonst stockt das Leben in ihnen. Aber es kann auch Zeiten geben, da man Urgestein sein muß, dahinauf sich ein namenlos geängstigtes Geschlecht retten kann. Wo man um der Liebe willen, um des nackten Lebens willen die verwerfen und verleumden muß, die den Erdboden zur schwan-

kenden Welle machten, die den Abgrund predigten und die Schauder der Ewigkeit. Man wird aus Himmel und Sternen wieder ein Bild machen, man wird die Spinnweben alter Märchen auf offene Wunden legen müssen und all das bunte Spielzeug wieder hervorholen, das die Kulturen bisher hervorbrachten.
Der Bürger und nichts als Bürger ist ein trister Anblick; aber der aus jeder und gar jeder Bürgerlichkeit hinausgeschreckte Mensch, der verfluchte Bürger, der irre, friedlose, von jeder Gewißheit enterbte, das personifizierte Grauen vor dem Unfaßbaren, der aus Tiefe wahnsinnig werdende Mensch – das wäre der Untergang selbst. »Oberflächlich aus Tiefe« – Lebenswort! Auf die Stirne von Tempeln!

Der Mensch hat die Liebe als Lösung der Menschheitsfrage einstweilen zurückgestellt und versucht es augenblicklich zunächst mit der Sachlichkeit.

Es ist merkwürdig, daß ein mittelmäßiger Mensch oft vollkommen recht haben kann, – und doch nichts damit durchsetzt.

Genuß kann unmöglich das Ziel des Lebens sein. Genuß ohne etwas darüber ist etwas Gemeines.

Mit Jedem wächst auch sein Herold oder sein Henker.

Wenn du ein Geldstück von Wert bist, so briefwechsle dich nicht zu oft.

Das Briefschreiben wird nachgerade eine Seuche. Ein Mann muß sich hier in strengste Zucht nehmen. Man nimmt dabei seine Kleinigkeiten leicht zu wichtig oder aber man verzettelt sein Innerstes.

Spannung ist alles und Entladung. Und höchste Lebensweisheit, seine Spannung immer richtig zu entladen.

Enthusiasmus ist das schönste Wort der Erde.

Je freier ein Geist wird, desto gebundener wird er sich fühlen und nennen. Und am Ende wird er sagen: Wer weiß sich mit hunderttausend Stricken gefesselter als ich?

Dieses Verwerfen in Bausch und Bogen, dessen wir uns so oft schuldig machen, ist schrecklich. So, wenn einer von Rousseaus Bekenntnissen sagt: das verlogene Zeug. Ja ja, verlogen vielleicht hier und dort und am dritten Ort – aber auch am vierten und fünften? – Und wir selbst, die wir so sprechen, sind es also an keinem? Nirgends verlogen, nirgends angreifbar, nirgends verwerflich?

Es können nur einigermaßen gleiche Naturen in ihrem ganzen Umfang einander erklären und abschätzen. Heut aber will jedermann interpretieren, wenn er nur schreiben gelernt hat.

Lieber einem zu viel als zu wenig Ehre geben. Ehre, sage ich, nicht »Lob«. Tadeln, ja ganz ablehnen können und doch immer noch ehren, das heißt fühlen lassen: mein Bruder, was ich auch sagen muß, so wenig ich eine Blume in ihren inneren Organen verletzen möchte, so wenig möchte ich Dich – verletzten! das ist es.

Oh, wie erniedrigt doch die »Konversation«, wie verführt sie uns fortwährend zu Urteilen, die wir gar nicht haben, deren wir uns gleich darauf schämen, die nichts als höheres Geschwätz sind, das mit unserm wahren Wesen nur eben soviel zu tun hat, als es dessen Teil an Torheit und Schwäche aufdeckt.

Mancher sucht sein Leben lang Kameradschaft, – aber man muß mit diesem Bedürfnis im Herzen nicht zu Frauen gehen. Sie wollen, eine jede, ausschließlich *geliebt* sein, sie wollen aus aller Kraft die Episode der Liebe, aber ohne sie dabei als Episode aufzufassen. Sie wollen ein ganzes Leben in Beschlag nehmen, aber dafür kein Leben der Kameradschaft, sondern ein Leben der Liebe geben. Ein Leben der Liebe aber ist ein Unding, wie ewige Musik oder ewiger Frühling. Die Liebe verdirbt die Seele zur Kameradschaft, sie ist kalt und heiß, eifersüchtig und unberechenbar; die Kameradschaft, die Freundschaft ist allein wahre Seelenliebe, sie ist bis zu jedem möglichen Grade unegoistisch, sie ist der höchste Zustand zwischen Mensch und Mensch. Die Liebe ist das Mittel zum Werden des Kindes, aber die Freundschaft ist das Mittel zum reif und süß Werden deiner selbst.

Das ist das Schrecklichste für einen Menschen, zumal für einen jungen Menschen: sich mit seinem Schicksal allein zu glauben, des Trostes der Gemeinschaft zu entbehren, unerlöst das Herz voller Rätsel und Bedrückungen unter Schweigenden, scheinbar Guten und Gerechten dahinzugehen, innerlich brennend, schreiend nach Liebe, äußerlich kalt, steif, verschlossen wie jene – bis er endlich in Arbeit und Eintag das innere Leben besiegt und als braver und gleichgültiger Bürger seine Tage vollendet. Einem dieser Herzen sagen zu dürfen: du irrst, schau hin in die Fülle der Menschlichkeit, da schau, wie Entwickelungen enden.

Wann wird dies sein? Wann wird das sein? – Wann wir es uns verdient haben werden.

Beim Menschen ist kein Ding unmöglich im Schlimmen wie im Guten.

Wer nicht auch böse sein kann – kann der wirklich tief sein?

Es gibt Passivitäten in uns, durch die wir die Freundschaft mancher Menschen unnötigerweise verscherzen. Zum Beispiel: Vernachlässigung von Korrespondenzen.

Takt: Es ist ein feiner Gedanke, dem andern das Gefühl zu lassen, als sage er etwas Neues oder sage das Alte auf eine nicht ganz erwartete Weise; und eine schlechte Gewohnheit, zu tun, als ob sich jedes seiner Urteile von selbst verstehe.

Wie sollte man wohl leben, wenn man nicht fortwährend bei sich wie bei den andern hunderterlei Krumm gerade sein ließe.

Wer sich groß verfehlt, der hat auch große Quellen der Reinigung in sich.

Alles Schöne macht Durst nach noch vollkommenerer Schönheit und Vollkommenheit.

»*Erlöser*« Was ruft ihr immer, seht euch um. Jeder große Mensch, den ihr kennt, kann euch Erlöser sein von eurer Kleinheit. In seinem Atem laßt den euren gehen. Ihr müßt das Große *lieben*! nicht nur fürchten und ehren.

Mut, Mut, das fehlt dem sogenannten denkenden Wesen, dem Menschen – als denkendem Wesen – am meisten. Und dann Phantasie. (Aber was wäre Phantasie ohne Mut?) Vielleicht ist Mangel an beiden eine der grundlegenden Lebensbedingungen, vielleicht kann der Mensch nur mit einem gewissen Quantum von Feigheit und Trägheit – existieren.
Jede gründliche Erfahrung muß mit eignem Leben bezahlt werden – und fremdem.

Was du andern zufügst, das fügst du dir zu.

Das sind die zwei Blumen des Lebens: das Schaffen und die Liebe. Und nie wird wohl jemand ergründen, ob Gott sich als Welt schafft um der Liebe willen oder ob er liebt um des Schaffens willen.

Es gibt keine »toten« Gegenstände. Jeder Gegenstand ist eine Lebensäußerung, die weiter wirkt und ihre Ansprüche geltend macht wie ein gegenwärtig Lebendiges. Und je mehr Gegenstände du daher besitzest, desto mehr Ansprüche hast du zu befriedigen. Nicht nur sie dienen uns, sondern auch wir müssen ihnen dienen. Und wir sind oft viel mehr ihre Diener, als sie die unsern.

Tugend = Mangel an Gelegenheit: ein Gemeinplatz, der nur die Unseligkeit des üblichen Tugendbegriffs verrät, als etwas durchaus Negatives.

Wem das allgemeine Wohl das höchste Ziel auf Erden dünkt, der tut den Menschen gar nichts so Gutes, wie er meint. Man soll nie das Wohl, man soll nur das Heil jedes Menschen im Auge haben, – zwei Dinge, die sich oft wie Wasser und Feuer unterscheiden.

Die Geschichte ist eine Schlummerrolle, auf welcher gestickt steht: Ein Viertelstündchen. Aber ganze Generationen schlafen ihr ganzes Leben auf ihr. – Was ist dem Erwachten – Geschichte? Das, was – andre getan haben. Worauf er denn gar nicht genug an sein eigenes Tun denken kann.

Nur wer sich selbst verbrennt, wird den Menschen ewig wandernde Flamme.

O helfen, helfen können – es gibt nichts Größeres für menschliche Art!
Und nicht helfen können, nicht helfen *dürfen*, es hat gewiß nicht minder bittere Tränen erpreßt als, wo man's vermocht und sollte, nicht geholfen haben.

Man findet deshalb so wenig Menschenliebe, weil dem Äußeren meist zu viel Wichtigkeit beigelegt wird. Aber es ist damit wie mit der Kleidung. So mannigfaltig sich der Mensch auch tragen mag, in der Hülle steckt allemal Adam und Eva, der homo-sapiens-insipiens, dasselbe allerletzten Endes unablehnbare Geschwister.

In dem Maße, wie der Wille und die Fähigkeit zur Selbstkritik steigen, hebt sich auch das Niveau der Kritik am andern.

Wer den Einzelnen als einen Wanderer betrachtet, der immer wiederkehrt, wird aufhören, ihm entgegenzuarbeiten. Er sieht sich Schulter an Schulter mit ihm gehn und erkennt die Sinnlosigkeit jeglicher Feindschaft zwischen ihm und sich. Mag der Andre noch sein Feind sein wollen, er selber empfindet ihn nicht mehr als Feind; für ihn fällt er, wenn er sich und ihn sub specie aeterni anschaut, mit ihm selber beinahe zusammen. Mag der Andre ihn noch hassen, ja verachten, er selber wird nichts begehren, als ihm zu helfen, zu nützen, zu dienen. Er weiß, wie alles zusammenhängt. Nicht fabelt er unbestimmt von Zusammenhang, sondern der Zusammenhang liegt klar vor ihm.

Frage und Prüfung: Was kannst Du?
Kannst du dich verkennen, beschimpfen, beschuldigen lassen, ohne auch nur einen Schatten von Zorn wider den Bruder zu fühlen?
Noch mehr: Kannst Du Unrecht leiden ohne Groll? Man kerkert dich ein, man foltert dich, man hängt dich auf – gesetzt, du fielest unter Wilde oder gerietest vor ein russisches Gericht oder unter eine aufgeregte amerikanische Volksmenge. Könntest du dann leiden und sterben – ohne Verwünschung?

Wir sollten immer nur charakterisieren wollen, nie kritisieren.

Lieblose Kritik ist ein Schwert, das scheinbar den Andern, in Wirklichkeit aber den eigenen Herrn verstümmelt.

Wer nicht zuvor sich selbst vorschreibt, wird auch den Menschen nie vorschreiben dürfen. Man kann dem Wesen der Macht nichts abmarkten.

Bemerke, wie die Tiere das Gras abrupfen. So groß ihre Mauler auch sein mögen, sie tun der Pflanze selbst nie etwas zuleide, entwurzeln sie niemals. So handle auch der starke Mensch gegen alles, was Natur heißt, sein eigenes Geschlecht voran. Er verstehe die Kunst: vom Leben zu nehmen, ohne ihm zu schaden.

Wenn der moderne Gebildete die Tiere, deren er sich als Nahrung bedient, selbst töten müßte, würde die Anzahl der Pflanzenesser ins Ungemessene steigen.

Der Weise verzichtet auf alles, worauf sich irgend verzichten läßt; denn er weiß, daß jedes Ding eine Wolke von Unfrieden um sich hat.

Die Hälfte allen Unglücks – vom gröbsten bis zum feinsten – geht auf Unwissenheit oder Denkfehler zurück, gewollte und ungewollte Ungeistigkeit.

Jeder muß sich selbst austrinken wie einen Kelch.

Nur durch Schaden werden wir klug – Leitmotiv der ganzen Evolution. Erst durch unzählige, bis ins Unendliche wiederholte leidvolle Erfahrungen lernt sich das Individuum zum Meister über sein Leben empor. Alles ist Schule.

Es gibt für Unzählige nur Ein Heilmittel – die Katastrophe.

Jede Krankheit hat ihren besonderen Sinn, denn jede Krankheit ist eine Reinigung; man muß nur herausbekommen, wovon. – Es gibt darüber sichere Aufschlüsse; aber die Menschen ziehen es vor, über hunderte und tausende fremder Angelegenheiten zu lesen und zu denken, statt über ihre eigenen. Sie wollen die tiefen Hieroglyphen ihrer Krankheit nicht lesen lernen und interessieren sich, gleich dem Neger, noch weit mehr für das Spielzeug des Lebens als für seinen Ernst, als für ihren Ernst. – Hierin liegt die wahre Unheilbarkeit ihrer Krankheiten, im Mangel an und im Widerwillen gegen Erkenntnis, hierin, nicht in Bakterien.

Vor einem halbbeschneiten Berge: So ist mancher von uns halb noch im Schnee der Kühle, Kälte. Dann taut die Sonne den Schnee weg, aber in diese und jene Grube vermag sie nicht vorzudringen; weiße, unvertilgbare Flecken bleiben zurück.
Nie werden wir ganz frei von jedem Rest von Lieblosigkeit, nie *ganz* Liebe – solang wir noch dieser Berg sind.

Es gibt nur einen Fortschritt, nämlich den in der Liebe; aber er führt in die Seligkeit Gottes selber hinein.

Der Welt Schlüssel heißt Demut. Ohne ihn ist alles Klopfen, Horchen, Spähen umsonst.

Der Geist baut das Luftschiff, die Liebe aber macht gen Himmel fahren.

Der Nenner, auf den heut fast alles gebracht wird, ist Egoismus, noch nicht – Liebe.

So wie der Strom in das Meer muß, so muß der amor in die caritas.

Ganze Weltalter voll Liebe werden notwendig sein, um den Tieren ihre Dienste und Verdienste an uns zu vergelten.

A sagte zu B, der sich mit seinem persönlichen Schicksal herumschlug und des Jammers kein Ende fand: Wie erbarmungslos bist du!
Wie erbarmungslos? gab B befremdet zurück und fügte, da er A nicht durchdrang, nach einer Weile hinzu: Wenn nur du nicht erbarmungslos bist! (Indem er meinte, dieser habe für sein Unglück kein Verständnis.) Und *wenn* ich es gegen dich wäre, erwiderte A, so wäre ich es gegen einen Einzigen. Du aber bist es gegen Millionen. Denn du siehst nur dein eignes Leid, nicht auch das ihre. Du wärst aus ganzer Seele zufrieden, wenn nur du allein getröstet würdest, wenn nur dir allein unter allen Millionen geholfen würde. Prüfe dich selbst, ob ein solcher Sinn nicht noch strengster Zucht bedarf und ob es weit gefehlt ist, ihn selbstsüchtig, hart und erbarmungslos zu nennen.

Man muß von aller Verliebtheit in Maja frei werden, dann erst kann die große Liebe entstehen.

Es schadet nicht gar so viel, wenn Leute in der Kirche sanft einnicken, denn das Übersinnliche findet auch so einen gewissen Eingang in sie und oft besser als durch den kleinen Verstand.
Sitzen doch auch unzählige Menschen schlummernd in der Kirche der Welt, ihr Leben lang.
Aber auch so wirkt das Ungeheure in sie hinein und wird schon wieder einmal aus ihnen herauskommen.

Der Haß hat uns in eine solche Grobheit des Urteils und der Beurteilung hineingesteigert, daß wir nichts mehr rein zu sehen vermögen. Wir vergessen, daß es keine Ablehnung gibt, die nicht, sei es ein Korn, sei es einen Klumpen Unrecht enthielte. Versuchen wir uns doch einmal entschieden auf die Seite des Positiven zu stellen, in jeder Sache.

Die Bestimmung des Menschen ist nicht nur, daß er als ruhiger Bürger seinem Tagewerk nachgehe, sie ist noch etwas darüber: daß er sich mehr und mehr verinnerliche, sich und, soviel an ihm liegt, seine Umwelt mehr und mehr verchristliche.

Alle, die beispielsweise für die Todesstrafe stimmen, wollen nicht die Gewissensnot, in die sie die Schreckenstat eines Bruders bringt und die dann Frucht über Frucht aus ihm zeitigen müßte, sondern sie wollen ihre Ruhe, ihre Behaglichkeit, ihr ungestörtes Weiterwirtschaftenkönnen im einmal Überkommenen. Wie gesagt, es kann ihnen nicht verdacht werden, wenn sie eine gewisse Sicherheit genießen wollen, aber sie müßten dafür, daß sie mit der einen Hand nehmen, nämlich Freiheit oder gar Leben vom Mitmenschen, mit der andern Hand geben: nämlich doppelte, dreifache Liebe. Sie müßten nicht nur dem andern sich, sondern sich zugleich dem andern opfern, sich, d. h. ihren Eigennutz, ihren Hochmut, ihre Gleichgültigkeit, ihre Trägheit. Aber dem wird ausgewichen, und darum ist in unseren Strafen so viel – Rache, was man auch von Erziehungs- und Abschreckungstheorien redet. Erziehen soll man zuerst sich selbst und dann erst den, der mitten im Schoße von uns Tugendhaften als Lasterhafter emporblühen konnte. Wahrlich, es kann mit der allgemeinen Tugend nicht so weit her sein, wenn der Räuber und Mörder so üppig gedeiht, wahrlich, es ist nicht gut, wenn solch ein Unkrautboden wie unsere Gesellschaft auch noch nach Schutz und besonderer Fürsorge verlangt. Sie möge erst die sieben Todsünden in *sich* bekämpfen und im Verbrechertum zunächst vor allem das vergrößerte Spiegelbild ihrer selbst sehen, den immerwährenden Vorwurf ihrer selbst. Sie möge im Verbrechertum zunächst erst einmal ihr – *Schuld*-Konto erblicken. Wenn sie aber meint, daß, sagen wir, der Bauer Adam in Vaduz unmöglich Schuld haben könne, wenn in den Südstaaten ein Neger sich an einer Weißen vergreift, so ist zu erwidern, daß weder der Bauer noch der Neger für sich nur als Bauer und Neger verbindlich sind; daß sie vielmehr vom Anfang bis zur Vollendung unserer Welt als schöpferische Faktoren rechnen, die nach der einen Seite unendliches Schulden-Karma abzutragen, nach der andern Seite die Geisterreiche der Zukunft mit aufzurichten haben, wozu sie nicht nur als Bauer und Neger, sondern in hinreichenden menschlichen Manifestationen ab aeterno in aeternum wiederkehren.

Vorsicht und Mißtrauen sind gute Dinge, nur sind auch ihnen gegenüber Vorsicht und Mißtrauen nötig.

Der geschäftige Clown im Zirkus, der den Teppich »mit aufrollen hilft« – ein Bild, das einem tausendfach aus dem Leben wiederkommt.

Wer »für Güte Dank« erwartet, macht sich schon allein dadurch, daß er sich selbst als »gütig« empfindet, der feinsten Berechtigung Dank zu ernten verlustig, indem er sich im Gefühl und Bewußtsein seiner Güte als ein besonderer Wohltäter andrer vorkommt, sich also über sie erhebt und überhebt. Eine solche Erwartung, so natürlich und allgemein sie sein mag, verdient nicht nur keinen Dank, sondern gerade das, womit ihr gewöhnlich vergolten wird: eine gewisse Gleichgültigkeit, ja beinahe einen gewissen (zurückschlagenden) Hochmut. Wer Gutes tun und dabei nicht in die Brüche geraten will, muß es so weit bringen, daß er sich nie anders denn als einen Diener des andern empfindet, dem eine glücklichere Fügung gestattet – Schuld abzutragen. Er muß, fern davon, von dem andern Dank zu erwarten, vielmehr das Gefühl der Dankbarkeit gegen diesen andern entwickeln, weil er ihm Gelegenheit gibt, ihm zu helfen, gleichviel, wie solche Hilfe nachträglich »gelohnt« wird. Dies mag für uns freilich mehr oder minder immer ein Ideal bleiben; die erste Stufe ist jedenfalls, dem Satze von der Dank verdienenden Güte in uns und außer uns zu Leibe zu gehen.

Wer wollte den Gutartigen, den Begabten, den Wunderlichen nicht lieben. Aber den Böswilligen, den Ungeistigen, den Langweiligen zu lieben gilt es. Nicht so sehr ein jovialer Wirt sein allen, die ihre Zeche mehr oder minder bezahlen, als der barmherzige Samariter derer, die nichts haben als ihr schmerzliches Schicksal.

Der Selbstlose, der aus ganzer Seele den Menschen dienen will, übersieht zu leicht, daß sein Selbst in ein niedrigeres und in ein höheres Selbst zerfällt, und daß er daher nicht nur selbstlos im einen Sinne, sondern in eben dem Maße selbstvoll im anderen Sinne werden sollte. Sein Selbst verlieren heißt, sich läutern, seine Seele bereiten wie einen Acker, welcher der Saat wartet. Sein Selbst gewinnen aber heißt, Frucht tragen wollen, Saat herbeisehnen, aufnehmen, hegen, reifen.

Geistige Leidenschaft, Leidenschaft fürs Geistige, – prüfen wir uns einmal, wieweit sie gemeinhin reicht. Nach allem Möglichen wird unter Umständen mit vier Pferden gejagt, aber wenn einer Morgen um Morgen dein Leben lang an deiner Tür vorbeigeht mit Lebensbrot, so kann er ein Leben lang ungerufen daran vorbeigehen; denn seine Bettwärme, wie sein appetitliches Frühstück oder seine Zeitung oder gar seine »Pflicht« läßt keiner so leicht im Stich um Lebensbrotes willen.

Wir leben heute noch recht wie Kinder, noch nicht wie erwachsene bewußte Menschen. Wir essen und trinken ruhig, während Mitmenschen neben uns verhungern und verdursten, wir gehen fröhlich in Freiheit herum, während Mitmenschen neben uns in Kerkern verderben. Wir können uns in jeder Weise freuen, während um uns in jeder Weise gelitten wird, und wenn wir selbst leiden, so haben wir die Unbefangenheit, mit dem Schicksal darum zu hadern. Oh, daß unser Herz und Geist mit den Zeiten verwandelt würden, und diese bittere Häßlichkeit von uns abfiele, und wir aus Kindern Erwachsene würden.

Unsere Dienstboten sind nicht Seelen, mit denen wir uns vorübergehend vereinigen, um es bequemer zu haben, sondern solche, denen wir, wenn irgend möglich, noch mehr und besser dienen sollen, als sie uns. Nicht umsonst und ohne Sinn muß die eine Seele noch äußerlich dienen, während die andere schon mehr innerlich dienen kann und darf. Sie muß noch grobe Arbeit verrichten und hat noch wenig Einsicht in den Sinn der Verschiedenheit aller Lebensverhältnisse; wir aber sind zu Feinarbeit – auch an ihnen – verpflichtet, wir wissen schon mehr vom Sinn des Lebens und müssen sie darum mit soviel Weisheit und Liebe behandeln, wie uns nur immer möglich ist. Auf sichtbare Erfolge müssen wir dabei ebenso verzichten lernen, wie wir uns davor zu hüten haben, sie unseren Erziehungswillen allzusehr merken oder gar spüren zu lassen. Wenn wir nur nie die Achtung vor der unsterblichen Individualität, die in ihnen verborgen, verlieren und nie die Liebe zu ihnen als ewigen Geschwisterwesen, wird vieles Mögliche an ihnen vermieden und getan sein.

Was ist denn alle Mutter- und Vaterschaft anders als ein – Helfen! Als wunderreichste, geheimnisvollste Hilfe!

Alles ernsthaft Angefangene muß die Menschheit auch entschlossen weiter treiben und weiter entwickeln. Täte sie's nicht, so wäre sie ebenso unreif und leichtfertig wie die Individualität, die anfängt und liegen läßt, statt, wenn auch vielleicht erst in vielen Lebensläufen, allem in sich eine Folge und Ausbildung zu geben. Einziglich schon von diesem Gesichtspunkt aus sollte man die Mystik z. B. nicht so verdrossen ablehnen, als ob es ein Verdienst wäre, ein so wundertief begonnenes Geisteswerk in die Rumpelkammer zu verweisen, und nicht vielmehr sich dessen Weiterausbau anzunehmen, zum mindesten dankbar gewärtig zu sein.

In vielen Fällen wäre der gerade Weg der kürzeste – zum Verderben.

Was wäre wohl aus der Welt geworden, wenn alle zum Mitschaffen Aufgerufenen immer gleich »schnurstracks« auf ihr

Ziel losgegangen wären. Alle Weisheit ist langsam, alles Schaffen ist umständlich.

Lachen und Lächeln sind Tor und Pforte, durch die viel Gutes in den Menschen hineinhuschen kann.

Nur in Versuchungen immer wieder fallend, erheben wir uns.

IN ME IPSUM

Was ist denn von außen her über ein Leben zu sagen? Gar nichts.

Nicht im lärmenden Kampf der Tage, auch nicht im Sturm einer großen Zeit, aber nach Jahrtausenden stiller Arbeit, nach Äonen ewig fortwirkenden Webens – dann werden die Menschen gut werden.
Oh, wer diesen Glauben, der mir Gewißheit ist, in allen Augenblicken seines Strebens im Herzen lebendig fühlte, er würde glücklich sein.

Mein einziges Gebet ist das um Vertiefung. Durch sie allein kann ich wieder zu Gott gelangen.

Unsere Gedanken winden sich wie Girlanden um den Gedanken einer neuen Religion.

Ich möchte nicht leben, wenn *Ich* nicht lebte.

Über all meinen Werken soll es wie ein großes Verstehen liegen – und davon werden viele glücklich werden.

Mir ist mein ganzes Leben zumut, als ginge mein Weg oft an der Hecke des Paradieses vorbei. Dann streift mich ein warmer Hauch, dann mein' ich, Rosen zu sehn und zu atmen, ein süßer Ton rührt mich zu Tränen, auf der Stirn liegt es mir wie eine liebe friedegebende Hand – sekundenlang. So streife ich oft vorbei an der Hecke des Paradieses . . .

Ich möchte allen Pferden Zucker geben, allen Kindern die Hand aufs Haupt legen, allen Menschen eine Freude machen dürfen. Wie hab ich die Welt so lieb.

Möchte gern noch oft erwachen, stets als großer Künstler.

Ich sehe auf mich selbst zurück. Unzählige Gestalten huschen schemenhaft an mir vorüber.

Oh, diese Ewigkeit *hinter* uns, das ist das Trostlose. In die Ewigkeit zu schreiten, von Stufe zu Stufe sich höher entwikkelnd, von Gestirn zu Gestirn fliegend, in immer vollkommeneren Gestaltungen sich ausleben und bestätigen – Fortschritt zu unendlichen Zielen, ewig gesteigerte Fähigkeit des Fassens und Empfindens, immer höhere Lust, immer tieferer Schmerz, immer fortwachsen ins qualitativ Große, ein grenzenloses Ringen des Individual- (als Teil des Gesamt-)Willens mit Hilfe des Denkens, als eines stofflichen Prozesses über sich selbst, Herr und Erkennender seiner selbst zu werden... welch ein Prospekt, welch eine Herausforderung zu nie erschlaffender Lebensbejahung, welch ein *Ideal* im höchsten Sinne!
Aber ach! Aus all dem, was wir so brennend wünschen – kommen wir ja her! Was könnte uns Neues überraschen, das wir nicht schon in der Ewigkeit *vor* unserer Geburt (als Menschen) durchgekostet hätten?
Eine Linie ohne *Anfangspunkt* kann weder an – noch absteigen, sie ist eine Kreislinie. Der Mensch ist ein Punkt auf dieser Kreisperipherie – *vor* ihm, *hinter* ihm (wenn wir so sprechen wollen) die *gleiche* Strecke; er selbst: Ausgangs- und Endpunkt zweier i. e. einer Ewigkeit. Dies Bild mag Nietzsche auf den Gedanken einer Wiederkehr aller Dinge gebracht haben. Vergewaltige ich aber die unendlichen Dinge nicht, wenn ich sie mit menschlichen Begriffen messe, wenn ich den Gedanken »Ewigkeit« in dem endlichen Begriff des Kreises fixieren will? Der Mensch kann sich – als redlich – keinen Begriff von »Ewigkeit« und »Unendlichkeit« machen. Und doch will er sie unter dem Bilde des Kreises *begreifen*. Er preßt das Unendliche in seinen Raum- und Zeitbegriff,

nach dem allerdings die Kugel (der potenzierte Kreis) das Ausgedehnteste, Vollkommenste ist.
Sollte darum nicht eine gerade Linie an sich möglich sein? Eine Linie, die nicht aus sich ausgeht, noch in sich wiederkehrt? Ist nicht der *Kreis* noch eine Vermummung des einstigen Glaubens an einen Anfang und Ursprung der Dinge? Indem im Kreise der Anfangspunkt gleichsam in der Möglichkeit unzähliger Anfangspunkte verschwindet und dem Auge verlorengeht?
Denn auch ein Kreis muß schließlich an irgendeinem bestimmten (wenn auch nicht bestimmbaren) Punkte zu ziehen *begonnen* worden sein.
Die »Wiederkunft aller Dinge« ist ein abgeschmackter und unerträglicher Gedanke. Nachdem man sich einmal blutend emporgerungen hat, den ganzen Prozeß noch einmal durchmachen zu müssen mit seinen ganzen Scheußlichkeiten und Abgründigkeiten (man denke an die Kranken, die Müden usw.) und nicht *ein*mal – sondern ruhelos dacapo – das Leben würde faul und stinkend werden in diesem ertötenden Kreislauf.
Ich schaudere vor einer Gefangenschaft, die mich zwänge, immer wieder das zu sein, was ich nicht mehr sein will, was ich in mir zu Boden gerungen habe.
Ich schaudere überhaupt vor dem Gedanken an irgendeine Gefangenschaft des Willens in mir, vor einem Über-Willen, dem ich machtlos preisgegeben bin.
Und wenn ich *will*, so werde ich *fort*schreiten und nicht wieder in alte Kleider fahren, so werde ich sogar bergan und hinaufschreiten, mich immer aufs neue bejahend oder ein für allemal verneinend, wie mir es beliebt.
Etwas will ich *frei* haben in der Welt, und das ist mein Wille. Es ist natürlich nicht der sogenannte »freie Wille« gemeint, sondern der Wille in Schopenhauerschem Sinne. Der soll sich seine Lebensform wählen, und sein Lebensziel selbst setzen dürfen, der soll sein Leben und seinen Tod wollen dürfen.
Die Ewigkeit soll mir kein Gespenst sein, das mich immer im Kreise herumtreibt. Ich *will* ein *Vorwärts*, also *gibt* es für mich ein Vorwärts.

Was ist *ein* Leben? daß es die Tiefen erschöpfen könnte. Als Knabe glaubte ich: Leben könne nicht weniger sein, als *alles* erleben, also: ewig *lieben.*

Ich beneide jene Menschen fast, die so sicher ins Leben hineinschreiten, als sei es das natürlichste der Welt, Mensch zu sein und menschliche Geschäfte zu betreiben. Ihnen ist nichts ungewiß und problematisch. Sie werden morgen wie heute arbeiten, essen, schlafen, sich ärgern, sich vergnügen. Sie nehmen höchstens voraus, was die Zeitung sagen wird, wie die Kurse stehen, wie die Ernten ausfallen werden. Oder sie leben selbst in Sorgen für ihre Kinder, für sich, für alte Eltern. Aber das ist es alles nicht.
Das Grauen, das ich meine, hat nichts mit jenem täglichen Leben zu tun. Es erwacht in jenen Augenblicken, da wir uns blitzartig der ungeheuren Gewagtheit und Unsicherheit unseres Daseins besinnen, da wir unsere ganze Preisgegebenheit jedem Lufthauch gegenüber eingestehen müssen.
Wie, wenn die fliegende, schwebende Erde ihr Gleichgewicht einmal verlöre, wenn dieses Stecknadelköpfchen im grenzenlosen Weltraum sich einmal aus seiner Bahn herausschwänge! Aber das ist es auch noch nicht.
Wir fühlen uns doch zu sehr eins mit unserer Erde, als daß wir ihr nicht blindlings vertrauten, und als daß wir zum andern ihre Unfälle, ja selbst ihren Untergang nicht tapfer teilen zu wollen den festen Vorsatz hätten. Das Schlimmere ist die Unbestimmbarkeit jenes zweiten Weltlaufes, der als unser aller Gesamtleben uns in seinem Zusammenhang mit sich fortträgt, Sekunde um Sekunde, notwendig und unerbittlich.

Gebet um Wiedergeburt als »Heiliger«, als Genius!

Oh, Glück auszugießen über die Welt! Augen leuchten, Herzen erheben machen! Ich möchte glücklich sein, um glücklich machen zu können. Kein Glück ohne Gast.

Was ist *mein* Einzelschicksal, wenn ich recht die große Tragik alles Lebens betrachte!

Daß ich nie in meinem Leben eine Schwester gehabt habe! Kein fremdes Weib kann dem Bruder ein solches Verhältnis ersetzen.

Man lasse sich durch meine Ironie nicht irreführen. Meine Ironie ist naiv wie mein Pathos. Ich vermag Unglaubliches ironisch zu sagen, ohne eine Spur von frivoler Empfindung ..., ja, vielleicht schrieb ich es mit ernsthaftester Miene, ohne ein anderes Lachen als das eines in sich heiteren unbewegten Geistes.

Traum Ich fange das Raubvogelgesindel meiner häßlichen Gedanken und brate sie am Spieß, der über einem Feuer sich dreht. Ach, vergebens.

Nach einer Zoten-Posse Je älter ich werde, einen desto tieferen, bitteren, inbrünstigeren Widerwillen empfinde ich gegen die Zote. Weniger gegen die, welche etwa von Mann zu Mann kursiert, obschon ich auch sie vollständig entbehren könnte, als gegen die öffentliche Zote von der Bühne herab. Wenn plötzlich Hunderte versammelter Menschen jede Scham voreinander verlieren und in wiehernder Freude über eine nicht mißzuverstehende Andeutung übereinstimmen, dann sinkt mir der Mensch unter das Tier, und ein schmerzlicher Unwille zieht mir das Herz zusammen.
Ich habe doch für vieles Leichtsinn, und nicht zum mindesten für die Liebe jeglicher Art, aber vor der berechneten Zote vergeht mir aller Übermut. Da schaue ich nur in einen Abgrund von Gemeinheit und Häßlichkeit. Wir jungen Männer, die wir etwas auf uns halten, sollten jenen Aufführungen beizuwohnen nicht als uns angemessen erachten und am wenigsten Weiber, die wir ehren, mit uns in jene niedrige und widerwärtige Sphäre hinabziehen.

Im Tingeltangel Welche Selbstironisierung des Menschengeistes! Welche Prostituierung des Lebens vor sich selber! Welche Tragik in diesem Gebaren des Menschen vor dem Menschen, des von der Materie ganz unterjochten und gefangenen Immateriellen.

Mein Hang zu philosophischem Nachdenken beruht auf der einfachen Grundlage, daß ich in jedem Augenblick über das kleinste Stück Natur irgendwelcher Art in höchste Verwunderung geraten kann.

Ich verbrenne an meinem eigenen Maßstab.

Es ist etwas in mir, das jagt und jagt einem Ziele zu. Das läßt mich in keiner Trägheit ganz ruhn, in keinem Glück ganz vergessen.

Ich trage keine Schätze in mir, ich habe nur die Kraft, vieles, was ich berühre, in etwas von Wert zu verwandeln. Ich habe keine Tiefe, als meinen unaufhörlichen Trieb zur Tiefe.

Ich kann ungeklärte Verhältnisse einfach nicht ertragen. Warum können die Menschen nicht *offen* gegeneinander sein? Reine Luft zwischen uns!

Ich will gern alles gutzumachen suchen, was ich und andere mit mir schlecht gemacht haben, aber nur noch *in mir*, in mir selbst. Alles andere ist Sentimentalität und Pfuscherei.

Ich wäre als Maler gewiß in Menzels Spuren gegangen, so sehr interessiert mich jeder Gegenstand als rein malerisches Objekt.

Würde ich wohl mit eben solcher Leidenschaft sehen, wenn ich selbst – Maler wäre? Wer weiß es. Das eine nur weiß ich: ich würde die Natur fassen, wo ich sie fände, und ich weiß nicht, wo ich sie *nicht* – fände. Ich würde nicht erst vors Tor gehen, geschweige in andere Gegenden, ich würde gar nicht herauskommen aus meiner nächsten Umgebung, aus diesem von mir oft verwünschten und doch malerisch namenlos reizvollen, reichen, ja unerschöpflichen Berlin mit seiner immer wechselnden Stadtatmosphäre, seinen Stadtbahndämmen, seinen mächtigen Straßenzügen, seinem schmutzigen Gedränge bei Regenwetter, seinen lebenden Kinematographien, durch die Riesenscheiben der Cafés gesehen, seinen

Abendstimmungen über Reichstag und Brandenburger Tor, seinen so mannigfach gemischten Lichteffekten im Wasser, im Dampf, im nassen Asphalt, im Straßendunst, vom Einbruch der Dämmerung bis zum Aufgang des Mondes. Dieses Irisieren der Flußoberfläche in den letzten Krisen des Lichts, diese zuckenden Schwerter im Strom, von roten oder gelben Brückenlaternen ins Wasser geschlängelt, diese bleichen Monde der Bogenlampen in schwarzglänzend spiegelnder Feuchte – es gibt kein Aufhören der Bewunderung für liebende Augen.

Wenn man durch Zusammenstellung der beiden Hände geheimnisvolle Figuren bildet, so habe ich ein besonderes Verständnis dafür und möchte sie alle kennenlernen. Für mich ist die Mystik der Hände unaussprechlich.

Für mich gibt es nur Ein Mittel, um die Achtung vor mir selbst nicht einzubüßen: Fortwährende Kritik.

Der alte oft erprobte Fluch: Mein Typus Weib bleibt mir ewig verborgen.
Was will ich denn! Einen Kameraden, eine freie Seele, einen anmutigen Körper!
In Rußland fände ich diese Gefährtin, in Italien – nein. In Deutschland, dem für mich doch allein zulässigen Lande – wo, wo, wo?

Ihr wollt alle nur die Liebe zur Möglichkeit haben. Ich habe nur die Liebe zur Unmöglichkeit.

Ich habe soeben eine lange leidenschaftliche Epistel an meinen Ofen verfaßt und sie ihm dann gegeben. Er verschlang sie gierig und wärmte mir mit seinem Feuer zwei Minuten lang Gesicht und Hände. Gewiß, das war alles; aber es gibt Menschen, die nicht einmal wie ein Ofen zu antworten vermögen.

Ich habe sehr sichere Instinkte, aber nicht die Gabe, eingehend zu begründen, zu erklären. Die Mehrzahl der Heutigen hat umgekehrt die Gabe des Begründens und Erklärens in hohem Maße, aber dafür keine innere Direktion. Es ist unendlich quälend, die Berechtigung seines Urteils immer wieder aufs neue beweisen zu sollen.

Ich bin wie eine Brieftaube, die man vom Urquell der Dinge in ein fernes, fremdes Land getragen und dort freigelassen hat. Sie trachtet ihr ganzes Leben nach der einstigen Heimat, ruhlos durchmißt sie das Land nach allen Seiten. Und oft fällt sie zu Boden in ihrer großen Müdigkeit, und man kommt, hebt sie auf, pflegt sie und will sie ans Haus gewöhnen. Aber sobald sie die Flügel nur wieder fühlt, fliegt sie von neuem fort, auf die einzige Fahrt, die ihrer Sehnsucht genügt, die unvermeidliche Suche nach dem Ort ihres Ursprungs.

Ich liebe jeden, der mir, sei es durch seine Persönlichkeit, sei es durch sein Wissen etwas zu geben vermag. Mein größter Haß aber ist der Schwätzer.

Wenn ich etwas an Christus verstehe, so ist es das: »Und er entwich vor ihnen in die Wüste.«

Wie wenig meiner sicher bin ich doch noch. Mit welcher Leichtfertigkeit habe ich heute abend über Menschen geredet: so daß ich nun nachts über mich erschrecke. (Ich werde mir doch das Armband »Denke daran« anlegen müssen.)

Eines kann ich wohl als Merkwort über all mein Leben und seine Erfahrungen schreiben: Fast alles, was ich geworden bin, verdanke ich mir selber, einigen Privatpersonen und dem Zufall. Von irgendeiner bewußten organischen Kultur um mich herum, die das Einzelindividuum zu benutzen und systematisch auszubilden vermocht hätte, spürte ich nie etwas. Weder Eltern noch Lehrer noch irgendwer hat mich je kraftvoll in die Hand genommen und in großem Sinne erzogen. Und wenn ich, ein Mensch von ursprünglich glänzender Begabung, alles in allem ein Dilettant geblieben bin, so hat die Hälfte der Schuld daran gewiß die Unsumme von Dilettantismus, von Halbheit und Kulturlosigkeit, die ich überall gefunden habe, wohin mich meine bewegte Jugend geführt hat. (Gelegentlich der herrlichen Schilderung der Krapotkinschen Jugend.)

Es ist bitter, sich sagen zu müssen, daß man zwischen 35 und 45 zu erledigen hat, was man zwischen 45 und 60 hätte sollen erledigen können.

Ihr macht mir aus meiner gleichmäßigen Höflichkeit gegen alle einen Vorwurf. Aber, was wollt ihr! Es gibt gewiß nicht gar so viele, denen es *leicht* fällt, die Menschen zu lieben. Nun, mir fällt es zuweilen leicht; warum sollte ich da gewaltsam unfreundlich zu ihnen sein? Ich finde an jedem etwas, was mir Sympathie oder doch Interesse abnötigt; und würde nicht mein Gefühl vom Einssein mit allem eine Lüge sein, wenn ich irgendeinem Mitmenschen gegenüber völlig kalt bleiben könnte?

Mein Traumleben hat sich in den letzten Jahren sehr gesteigert, so daß ich wohl selten traumlos schlafe. Besonders heftig war es im Winter 1896/97, wo ich häufig zu Hause mein Abendbrot einnahm und dazu und hinterher Tee – selten mehr als drei normal gebraute Tassen – trank. Aus diesem Winter (2. Hälfte) erinnere ich mich einer längeren Serie von Träumen, deren Hauptgegenstand mein Vater und unser früheres oder späteres Verhältnis (d. h. immer in willkürlich veränderten Umgebungen) war, und die zum Teil eminent logisch und lebhaft waren. Die Träume dieses Charakters kehren übrigens immer wieder, es scheint, als wollte sich hier die Natur für etwas entschädigen, was ihr im Wachen versagt bleibt. Seltsamerweise hängen diese Träume fast nie mit besonders starken Gedanken des Wachenden nach dieser Richtung zusammen. Sie führen ein eigenes, souveränes Leben. – Gedichte habe ich manchmal geträumt, d. h. immer nur ihre Themata, so z. B. Das Äpfelchen, Der Besuch und – wenn ich nicht irre – Kinderglaube.
Was ich in dem Gedicht »Malererbe« sage, möchte ich insofern berichtigen, als der dort erwähnte Zustand »der nicht Träumen ist noch Wachen« doch immerhin noch viel mehr Wachen als Träumen ist, indem ich bei guter Disposition jene blitzschnell wechselnden Landschaften willkürlich her-

vorrufen kann, indem ich einfach die Augen schließe und mich der Jagd solcher Vorstellungen überlasse, wodurch ich mich ja allerdings ein wenig dem Traumhaften nähere. Im allgemeinen wäre ich froh, wenn sich mein Hirn weniger in solchen unnützen Gespinsten verbrauchen wollte; denn mein wachender Mensch liebt diesen träumenden Menschen durchaus nicht. Denn sicher würde mein Kopf schärfer und kräftiger arbeiten, wenn er nicht durch dieses fortwährende Spielen undirigierbarer Kräfte mit dem Gehirnmechanismus unnötig angestrengt würde.

Den Gefahren, in welche mich von meinem 23. Jahre an die Schwäche und Reizbarkeit meiner Lunge brachte, verdanke ich nicht nur die Bestärkung in einer maßvollen und regelmäßigen Lebensweise, sondern auch die ruhige, fast ununterbrochene innere Entwickelung, die ich in diesen kritischen Jahren genommen habe. Ich habe also vielleicht gerade in diesen Jahren den Grund zu einem im doppelten Sinne gesunden Leben legen dürfen.

Ich komme allmählich dazu, nichts mehr zu tun, was ich nicht wiederholt haben möchte.

Luther spricht einmal von »bösen Gedanken«, deren Kommen man nicht hindern könne, aber die es gelte, vor der Schwelle bleiben zu lassen. Der Satz (dessen schöner kraftiger Wortlaut mir im Augenblick leider nicht gegenwärtig) ist mir oft im Leben ein Trost gewesen; denn ich habe von früh auf, d. h. wohl etwa von meinem 14. Jahr an, daran gelitten, daß in der Reihe meiner Assoziationen plötzlich zuweilen ein »häßlicher Gedanke«, eine häßliche Vorstellung auftauchte, die ich sofort als solche erkannte, ohne indes die Macht zu besitzen, ihr auszuweichen, ja ihr Wiedererscheinen zu hindern.

Ihr wollt meinen Platz wissen? Überall, wo gekämpft wird.

Meine Methode, ein Wort durch den Gestus zu finden.

Niemand war und ist mir eine empfindlichere Geißel als der richterlich geartete Mitmensch. Er ist für mich der personifizierte böse Blick. Vor ihm erschrickt alles Lebendige in mir so tief, als hätte der Tod selbst es gestreift. So mag eine Pflanze aufhören zu wachsen, wenn sie ein schlimmer Zauberer anhaucht. Sie will gern von Wind, Regen und Kälte vernichtet werden, und wenn sie jemand zertritt, so wird sie es als etwas Natürliches hinnehmen; aber sich bei lebendigem Leibe von einem andern lebenden Wesen schlechtweg in Frage stellen, verneinen, für unfähig, für einen Irrtum erklären lassen zu müssen und das nicht etwa unter einem Feuer von Leidenschaft, sondern kalt, vorbedacht – das ist unerträglich.

GEDANKEN ZU EINER PHILOSOPHIE DES HUMORS Ich definiere den Humor als die Betrachtungsweise des Endlichen vom Standpunkte des Unendlichen aus.
Oder: Humor ist das Bewußtwerden des Gegensatzes zwischen Ding an sich und Erscheinung und die hieraus entspringende souveräne Weltbetrachtung, welche die gesamte Erscheinungswelt vom Größten bis zum Kleinsten mit gleichem Mitgefühl umschließt, ohne jedoch ihr einen anderen als relativen Gehalt und Wert zugestehen zu können.
Der Humor ist sonach die höchste aber auch die schwerste aller Weltbetrachtungen; denn er lehrt uns das tiefste Leid und Elend nur als eine Phase aufzufassen, die, aus dem Zusammenhang des Weltlebens gerissen, für sich allein keine absolute Beurteilung gestattet.

Wenn mir einmal die Stimmung andauerte, vier Wochen lang Prosa schreiben zu können, hätten die Deutschen einen humoristischen Schriftsteller mehr.

GALGENBERG Der kleine Verein stand unter dem Zeichen des Spiritus asper, und sein Wahlspruch lautete: per aspera ad astra oder in deutscher Übersetzung: Der Hauch über den Dingen ist das Beste.

Humor ist äußerste Freiheit des Geistes. Wahrer Humor ist immer souverän.

Ad Grotesken Da ich diese Blätter zusammenstelle, durchblättere ich ein paar alte Mappen und kann mich des Gefühls nicht erwehren: Es ist doch schade um so viel gute lustige Laune, die man mir zum Privatgebrauch überließ, als ich noch den Leichtsinn hatte, auch in den bunten Tag der Großstadt mit Spott und Lachen einzugreifen ...

Ich habe noch nie eine Phantasie gehabt, die nicht eine – wenn auch noch so verborgene – Nabelschnur zur Wirklichkeit gehabt hätte.

Der Frühling ist etwas Herrliches. Der Frühling aber, der nicht mehr kommen *mußte*, der nur so aus überirdischer Gnade noch einmal gekommen ist, der ist nicht mit Namen zu nennen.

Als Primaner versuchte ich zum erstenmal zu einer lebendigen Vorstellung dessen zu gelangen, was wir des Alls Unendlichkeit nennen. Ich legte mich nachts auf einen fast horizontal gestellten Klappsessel in den Garten und bemühte mich, über das rein Bildmäßige des Sternenhimmels hinaus in seine Wirklichkeit einzudringen. Es gelang mir so wohl, daß ich empfand: Jetzt noch eine Sekunde solcher Erdabwesenheit, ein einziger kleiner Schritt weiter, und mein Gehirn ist auf immer verloren. Und ich brach das schauerliche Experiment ab. Jetzt, etwa fünfzehn Jahre später, droht mir die gleiche Gefahr am lichten Tage. Es begann an einem stählern blauen Frühlingsabend in einer Gartenanlage in Obermais, mit dem Blick auf die dem Vintschgau vorgelagerten Ketten. Die Berge formten sich ungefähr wie zu einem Maulwurfshügel zusammen, die Ortschaft, die Gegend um mich verloren ihre Wichtigkeit. Meine Mulde erschien mir nicht bedeutender als der Abdruck eines Daumenballens in einer Wachskugel, und mich trug der riesige doch kleine Planet wie ein Infusor auf seinem Rücken rund durch den Raum. Ein leichtes geistiges Schwindelgefühl, ein Vorgefühl von Seekrankheit des Geistes erfaßte mich. Die Begriffe oben und unten gingen in einem dritten unter. Ich saß da nur einfach von Luftdrucksgnaden.

Wenn ich das Gegenwärtige nicht so liebte, wenn ich diese Liebe nicht hätte wie einen großen und sicheren Fallschirm, ich wäre längst ins Bodenlose gefallen.

Da stamme ich nun von Malern – und muß den Zusammenbruch der Natur als eines *Bildes* in mir erleben!

Ich bin wie einer, der ohne Führer, nur so nach Karten und gelegentlicher Auskunft von Hirten und Wanderern ins Hochgebirge hineinsteigt. Niemand ahnt, mit was für Martern ich das oft zahlen muß, und wie mir ein schneller Tod oft göttliche Wohltat wäre. Nein, mein »Dilettantismus« ist kein Spaß, keine Koketterie; er ist ein Schicksal, aber ich kann ihm nicht entrinnen; denn, war mein Geist auch allezeit willig, meiner Physis fehlte es allezeit an jener letzten besten Energie, die sekundieren muß, wo irgend etwas Großes auf Erden werden soll.

Es ist viel Glück in mir, Glück, das mir meine Grenzen verschleiert, und Glück, das sie mir ins Unbestimmte hinausrücken zu dürfen scheint. Ich habe viel Talent zum Leben, – wenn das Leben nur mehr Talent zu mir hätte. Aber manchmal weht doch ein Windstoß alle die warme schützende Illusion fort und dann sehe ich flüchtig meinen Umriß und – schaudere.

Ich habe nur Einen wahren und wirklichen Feind auf Erden und das bin ich selbst.

Wenn ich unter Menschen bin, bin ich wie auf Ferien. – Und deshalb sollte ich eigentlich nicht mehr unter Menschen und am wenigsten unter Freunde gehen; denn sie wissen alle nicht, daß ich nur gastweise bei ihnen bin und ihnen zuhöre, daß mir für vieles von ihrem Leben und Treiben die letzte leidenschaftliche Aufmerksamkeit verloren gegangen ist; als wäre ich ein Mann, der etwa in einem Saal einer feinen und großen Musik zuhört, – aber draußen vor der Türe steht heimlich sein Weib und wartet auf ihn, und vor lauter innerer Unruhe hört er nur mit halbem Ohre zu und verbirgt kaum seine Zerstreutheit, und mag manchem schärferen Beobachter mit Recht als kein sehr fachmännisch engagierter Zuhörer gelten.

Ich habe diesen Herbst mit Übeltaten angefangen. Ich habe an zwei heißen Septembertagen fünf oder sechs Wespen getötet, die in mein Zimmer gekommen waren und mich beunruhigten. Das war ganz und gar gegen meine Gewohnheit und nur durch eine Unruhe und Unbeherrschtheit zu erklären, die unter dem Einfluß des Südwindes mich vielleicht ebenso wie die Wespen überkommen hatte.
Spätere Bemerkung:
Ich weiß noch, wie mich damals besonders die »Dummheit« der Tiere erregt hatte, die oft eine Stunde lang an der Zimmerdecke hin und her und auf und ab irrten, ohne den scheinbar so einfachen Weg durch die offene Balkontür wiederzufinden oder wiederfinden zu wollen. Übertragen wir diese meine Ungeduld und Unduldsamkeit auf Götter und Menschen, so hätten diese Götter wohl den ganzen Tag nichts weiter zu tun, als Menschen totzuschlagen.

Mein ganzes Leben lang suche ich den Stachel, den ich mir ins träge Fleisch drücken könnte – und finde ihn nicht.

Ich könnte heute noch im Walde wie ein Knabe spielen: aus Steinen und Holzstücken Häuser bauen, mit dürren Zweiglein Straßen abstecken und Haine bilden, einen Felsblock zum Range eines Alpengipfels erheben und einem Hirschkäfer und seiner Frau die Herrschaft über das alles verleihen. Und dieses kleine Reich würde mich glücklicher machen und meine Phantasie umständlicher erregen und beschäftigen – als ein noch so großes der Wirklichkeit. So habe ich einmal, mit 35 Jahren, acht Tage am Strande von Sylt mit Bauen und Zimmern einer Strandhütte verbracht und war wohl selten so von Herzen froh, wie bei diesem harmlosen Spiel.

Je älter ich werde, desto mehr wird ein Wort mein Wort vor allen: Grotesk.

Wer sich selbst treu bleiben will, kann nicht immer anderen treu bleiben.

Scheinbar geschaffen, eine vita activa zu leben, kann ich doch nur durch eine vita contemplativa – oder doch den unzerstörbaren Willen zu ihr – die Achtung vor mir selber bewahren, da ich nur in ihr meine wirklich und dauernd fruchtbaren Möglichkeiten habe.

Wenn ich aber tot sein werde, so tut mir die Liebe und kratzt nicht alles hervor, was ich je gesagt, geschrieben oder getan. Glaubet nicht, daß in der Breite meines Lebens das liegt, was euch wahrlich dienlich sein kann. Ißt man denn an einem Apfel auch alles mit: die Kerne, das Kerngehäuse, die Schale, den Stengel? Also lernt auch mich essen und schlingt mich nicht hinunter mit alledem, was nun zwar zu mir gehört und gehörte, aber von dem ich selbst so wenig wissen will, wie ihr davon sollt wissen wollen. Laßt mein allzuvergänglich Teil ruhen und zerfallen: Dann erst liebt ihr mich wirklich, habt ihr mich wirklich verstanden.

Ihr seid von hier, ich bin von dort.

Ihr meßt jedem sein Maß Liebe zu: dem drei Viertel, dem zwei Viertel, dem ein Viertel, dem nichts. Davon verstehe ich nichts. Ich kann nicht messen, und meine Seele ist immer da am eifrigsten, wo ich sehe, daß Eure sich spart und sperrt.

Ich kann mit fertigen Menschen nichts anfangen. Es gibt fertigere Menschen denn mich, sicherlich ungezählte. Aber keiner ist fertig, soll je fertig sein.

Ihr selig Blinden rings um meinen Schritt!

Mein Traum 26./27. November 08: Ich sehe etwas in der Luft wie etwa drei glänzende glasklare Äpfel an einem (unsichtbaren?) Zweige, sie bewegen sich leicht im Wind – und daran geht mir das Wesen alles Lebens auf. Ich denke an Böhme und seine Lampe. Nach jenem Vorgang – bewegtes All – erkläre ich mir, im Traum, das ganze Leben. Das Ende ist mir leider entschwunden, ich weiß nur, daß ich großer Klarheit genoß.

Ich möchte sagen, daß ich immer noch im und vom Sonnenschein meiner Kindheit lebe.

Wenn ich mir je ein Haus baue, so muß es einen Hof umschließen, in dessen Mitte ein riesiger Baum steht. Nichts ist für mich mehr Abbild der Welt und des Lebens als der Baum. Vor ihm würde ich täglich nachdenken, vor ihm und über ihn...

Wie wenig reeller Wert ist oft an einer ausgedehnten »guten Handlung«. Da bin ich eben bei einem Begräbnis gewesen. Aber nichts von meiner ganzen Beteiligung an diesem actus war anders als so gut wie nur äußerlich, außer der ursprünglichen spontanen Regung beim Empfang der Todesnachricht: Du willst diesem Entschlafenen die letzte Ehre erweisen.

Schließlich und endlich: was vermisse ich unter meinen Mitmenschen am meisten: Wirklich, *wirkliche* Phantasie.

Heut habe ich mich zum zweitenmal an die Erweckung des Lazarus gemacht... Was ich hier will, ist viel tiefer als »Kunst«.

Man wird mich einst in manchem meiner Sätze zu einem Eklektiker degradieren wollen, aber wenn ich auch in Nichts Bisheriges überschritten haben sollte: Eklektiker war ich nie. Nie zeichnete ich etwas auf, wozu ich nicht durch meine ganze Natur und Entwickelung gekommen wäre, und vieles fand ich und finde ich zu meinem Erstaunen wieder, was ich für mich allein zuvor besaß.
Da lese ich soeben am 7. August 1908 von Schleiermacher: »Darum lebt das ganze Universum, das Göttliche, in jeder Individualität, *als* jede Individualität.« Ist dies nicht mein Gedanke? und habe ich Schleiermacher je zuvor näher kennengelernt?

Meine Wendung zum Dualismus (wenn ich es so brottrocken ausdrücken will) datiert nicht etwa vom August 1908, sie hatte sich mir schon lange vorher verraten. Ein äußeres

Merkwort bedeutete für mich auf diesem Felde eine gelegentliche Auslassung Heinrich Frickes, etwa im Vorfrühling 1907, über sich, Goethes Farbenlehre und den Dualismus. Daß ein so tiefer Mensch überall Zweiheit sah, mit derselben Kraft, mit der ich überall Einheit fühlte, konnte ich nicht mehr vergessen. Aber ich kam doch auch noch auf ganz andern Wegen zu der Formulierung der Welt als Gottes »Du«.

Aller Liebe und Ehe muß eine gewisse dauernde sinnliche Anziehung zugrundeliegen. Nun ist meine Sinnlichkeit sehr leichter flüchtiger Art – »ich brauche nur den Duft der Welt, die ganze Welt zu haben«, so steht im »Sommer«. Genügsamkeit (und *doch* Verherrlichung des Lebens) ist überall mein Zeichen. Genügsamkeit allen Realitäten des Lebens gegenüber. Wenn es sein müßte, könnte ich alles entbehren: alles Privateigentum an Menschen und Dingen.
Nur im Geistigen bliebe ich nach wie vor voll Verlangen.

Die meisten Ehen werden geschlossen, wie nur Liebschaften angeknüpft werden dürften.

Der Mensch ist mein Fach und hier will ich bis zum Äußersten gehen. Wenn Ihr aber sagt: Dagegen wendet der Politiker dies ein und dagegen der Historiker dies und dagegen der Nationalökonom dies, so erwidere ich: Laßt auch sie ihr Fach bis zum Äußersten treiben. Ihr Fach ist der Mensch in irgendeiner sozialen Form, das meine der Mensch an sich, der Mensch als inkommensurables Wesen.

Mein Hauptorgan ist das Auge. Alles geht bei mir durch das Auge ein.

Ich weiß mich merkwürdig frei von jeder »romantischen Sehnsucht«, ich fühle im Durchschnitt meines Wesens brüderlich zum Leben als etwas, dem ich nichts hinzuzufügen brauche und das mir nichts hinzuzufügen braucht. Darum vermag ich mich auch rein an ihm zu freuen, wo es Freude erweckt, darum wendet sich mein Schmerz über das Leid der Welt gleich bis in seinen Grund zurück.

Kein *Anders*-Sein wollend, sondern das Sein in seinem Kern und Wesen anklagend und in Frage stellend.

Ich werde noch manches veröffentlichen müssen, was einer früheren Entwickelungsstufe als meiner jetzigen angehört, denn ich darf niemanden über den Weg betrügen, den ich gegangen bin.

AN RUDOLF STEINER Glück in medias res
Ich war sozusagen bis 4 Uhr morgens gegangen und glaubte kaum noch, daß es nun noch wesentlich heller für mich werden könnte. Ich sah überall das Licht Gottes hervordringen, aber...
Da zeigen Sie mir mit einem Male, und gerade im rechten letzten Augenblick, ein 5 Uhr, 6 Uhr, 7 Uhr – einen neuen *Tag.*

Einem Menschen wie mir genügt es nicht, Ein Mal das Richtige zu erkennen.

Ich würde nichts Schöneres kennen, als in Ewigkeit weiterlernen zu dürfen.

Niemanden loslassen. Keine Beziehung fallen lassen!

In alles und jedes einfließen lassen einen höheren Geist!

Mit meinen Erkenntnissen ist es so, wie wenn endlich ein Stück Berglehne abbricht und zerbröckelnd in die Tiefe rutscht. Wie einen Bergrutsch fühlt man's in sich und frohlockt, daß das Massiv der Blindheit, die wir sind, wieder um etwas kleiner geworden ist.

Ich träumte mir die Kraft eines Zukünftigen, – *meine* Zukunft – und ließ, als ich vom Haus der lieben Freunde dankbar Abschied nahm, in jedem Zimmer eine Rose zurück, geschaffen durch den Willen meiner Liebe.

Meine Zahlen: 13-14-15-16-17-18-19 Mein Alter – 42?

O meine Hand, du seltsames Geschöpf, du warst mir immerdar ein Angelhaken der Meditation.
Wenn ich in deine Schale blicke, meine ich ein Geistgebilde zu schauen.

Was habe ich immer vor mir? Meine Hände. Darum möchte ich eine Erziehung zum Nachdenken geschrieben sehen unter Zugrundelegung der Anschauung der Menschenhand.

BILD MEINES LEBENS Stiel: Weltliche Periode (Nietzsche) beendet durch innere Krankheit.
Schale: Öffnung durch Johannëisches.
Blut: Erfüllung.

Ich darf wohl sagen: Die Entdeckung meines Mannesalters ist *die Frau.*

Was ich heute tue, tue ich nicht um meinetwillen, sondern um meiner Liebe zum Menschen willen.

Niemand hat vielleicht so oft die Ansichten auf die Dinge gewechselt als ich, und niemand ist vielleicht trotz alledem selber so gleich geblieben.

Sprich du zu mir, mein höher Du!
Ich will mich ganz in dich verhören.

Großer philosophischer Moment während des Vortrags vom 27. August 1913: Ich sah einen Augenblick lang den Menschen (Steiner) als reinen, bewußten *Willen,* sich allein durch ein ungeheures göttliches Vorwärts-*Wollen* im Leben und als solches Leben behauptend.

ERZIEHUNG · SELBSTERZIEHUNG

Jeder Jüngling mag von sich denken, er sei der Messias, aber er muß nicht Messias sagen, sondern nur Messias tun.

Faß das Leben immer als Kunstwerk.

Umschnalle dein Herz mit Schweigen.

Wir *brauchen* nicht so fort zu leben, wie wir gestern gelebt haben. Macht Euch nur von dieser Anschauung los, und tausend Möglichkeiten laden uns zu neuem Leben ein.

Wenn man zum Leben ja sagt und das Leben selber sagt zu einem nein, so muß man auch zu diesem Nein ja sagen.

Höher als alles Vielwissen stelle ich die stete Selbstkontrolle, die absolute Skepsis gegen sich selbst.

Nur im Fluß bleiben, nur nicht zur Spinne eines Gedankens werden.

Sei mit dir nie zufrieden, außer etwa episodisch, so daß deine Zufriedenheit nur dazu dient, dich zu neuer Unzufriedenheit zu stärken.

Ich schreibe der Gegenwart schön gebildeter Gegenstände einen großen Einfluß auf den Menschen zu. So sollten wir die Möbel unserer Kinderzimmer mit außerordentlicher Sorgfalt auswählen. Irgendein schöner, schlichter, ehrwürdiger Schrank, auf den der Blick unsres Kindes von seinem Lager aus fällt, ja, kunstvolle Modelle bedeutender Bauwerke, z. B. eine kleine Nachbildung der Peterskuppel, eines griechischen Tempels, einer modernen Eisenbahnbrücke würden ihm zweifellos eine Ahnung von großem Stil geben, der es sein ganzes Leben hindurch nachspüren und weiterentwikkeln würde.

Ich lese von einer Spielzeugausstellung in Berlin. Und zwar einer Ausstellung von Dilettanten verfertigter Dinge, als da sind Dörfer aus Streichholzschachteln, rollendes Material aus Garnspulen, ein Haus aus einer Eierkiste und Zigarrenbrettchen usw. Mir lacht das Herz. Seit manchem Jahre schmähe ich das luxuriöse moderne Spielzeug, diese echte Aus- und Nachgeburt einer materialistischen Periode, – und nun erhebt endlich wieder das Spielzeug unserer Kindheit das bescheidene und phantasievolle Köpfchen. Man sieht den Geist wieder bei der Arbeit, nach und unter so viel ödem Bildungsphilistertum wieder den Geist und die Liebe.

Alle Erziehung, ja alle geistige Beeinflussung beruht vornehmlich auf Bestärken und Schwächen. Man kann niemanden zu etwas bringen, der nicht schon dunkel auf dem Wege dahin ist, und niemanden von etwas abbringen, der nicht schon geneigt ist, sich ihm zu entfremden.

Der bedeutende Mensch ist ein Mensch, an dem viele andre sich klar werden. Er greift in ihr Unbewußtes und stärkt dort das ihm Verwandte.
Wenn Lichtenberg von seinem Aberglauben redet, so schwächt er damit die Mannhaftigkeit vieler; denn ihre heimliche Neigung zum Unkontrollierbaren fühlt sich durch einen solchen Mann ein wenig gerechtfertigt, die strenge Zucht scheint ein wenig im Werte sinken zu dürfen. Wenn er aber von einem geläuterten Spinozismus als der Religion der Zukunft spricht, wie fällt da sein Wort bei manchem wie ein Frühlingsregen auf Saatfelder. Wie stärkt er da unser Feinstes, Tiefstes, Geistigstes.

Es gibt keinen strengeren Erzieher als den Ehrgeiz. Wobei freilich außer Betracht bleibt: wozu?

Wer möchte die Furcht in seiner Erziehung entbehren?

Jeder muß seinen Mann haben, der ihm über die Schulter sieht, und dieser wieder seinen und so fort. Das ist nur gut und billig; so allein kommt der Mensch vorwärts.

Mancher will dem Kinde keine *Märchen* geben, weil die Märchen »lügen«, weil sie mit der »Wirklichkeit nicht zusammengehen«. Aber ist nicht die nackte nützliche Wirklichkeit, der Sinn für den lebendigen Menschen Lüge und Schein? Was ist wahrer: diese so vorgestellte Wirklichkeit oder das Wunder? Die Naturwissenschaft könnte alle sinnlich erfaßbaren Zusammenhänge kennen und doch würde ihr erst dann das volle Gewicht der Tatsache bewußt werden, daß alles Sinnliche wie ein Zauber aus einem Unsinnlichen herausblüht.

Und inmitten dieser Wunder- und Zauberwelt – der Mensch, nicht wie eins der tausend Geschöpfe einfach ein angeborenes Leben darlebend, sondern *sich besinnend*, sich wundernd: *Was soll ich?*

Ihr Eltern, laßt meinetwegen eure Kinder wild aufwachsen! Nur, daß ihr sie in ihren kritischen Jahren beobachtet und ihnen hier nichts an Liebe, Belehrung und Beispiel fehlen laßt! Ihr Mütter! Lest »Frau Regel Amrein und ihr Jüngster« aus Meister Gottfrieds »Leuten von Seldwyla«, ihr Väter, besinnt euch eurer Verantwortung für Menschen, die eure Leidenschaft ins Leben gerufen. Denkt endlich ein wenig mehr über die Erziehung junger Gemüter nach, verlernt endlich eure Trägheit und Unselbständigkeit in einer der wichtigsten Fragen des Lebens... Hoffen und Wünschen tuts nicht. *Arbeitet* an euren Kindern!

Übung ist alles, und insofern ist Genie Charakter.

Sieh dir ein gut beschicktes Trabrennen an. Und du wirst merken, worauf's ankommt, auch bei dir.

Zu einem andern Ende kommen wir nicht als zu dem: im Begonnenen unermüdlich weiterzuarbeiten, aber nicht in Verzweiflung und Selbsttäuschung, sondern, indem wir jede Sekunde dieser Arbeit immer mehr durchseelen, immer innerlicher bejahen, immer entschiedener vergeistigen. Was denn schließlich auch unserer Hände Werk sich wunderlich wandeln machen wird, so daß, wenn einer etwa im Kriegshandwerk begann, er, wer weiß, als Kolonisator endet, oder als Kriegsmann irgendeiner andern höheren Kriegsidee, als es die der bisherigen Kriege war.

Wenn wir bedenken, wieviel hunderttausend Jahre wir wohl alt sein mögen, werden wir geduldiger gegen das Tempo unserer heutigen Entwickelung werden. Die von uns heute so ungestüm begehrte edlere Zukunft unseres Geschlechtes wird sich vielleicht schon noch einmal verwirklichen, aber statt in Jahrhunderten erst in Jahrtausenden. Das ist freilich kein Trost für den Lebenden; aber der Lebende hat einen andern Trost: daß ihm für seine Person schon heute die Möglichkeit gegeben ist, sich selbst so edel zu verwirklichen, wie er nur kann. Die Insichvollendung des Menschen ist jederzeit und überall möglich; zuletzt bleibt doch diese Erkenntnis und was sie fruchtet, der einzige wahre Fortschritt.

Sich immer am Leben korrigieren.

Es ist hart, aber es gibt nur einen Weg, als Kämpfer für das Echte zuletzt den Erfolg an sich zu fesseln: so lange zu schweigen, Geduld zu haben, Menschen und Dinge gehen zu lassen, bis man durch die Treue gegen sich selbst und die äußeren Umstände eines Tages ein Faktor geworden ist, mit dem gerechnet werden muß. Dann endlich mag man dem Zorn und der Liebe in sich nachgeben, wann und wo es auch sei. Dann erst hat es, sie rückhaltlos zu äußern, Sinn und Wert: für einen selbst, für den Getroffenen, für den Verteidigten, für alle andern.

Man soll auch seine Liebe und Leidenschaft noch mit kühlen Blicken unter sich sehen lernen. Man sei stolz darauf, wenn man die *Welt* nicht mit jener brünstigen Liebe mancher Mystiker liebt, die nichts ist als versetzte Erotik. Man gebe dem Weibe, was des Weibes, und Gott, was Gottes ist.

Von sich zurückzutreten wie ein Maler von seinem Bilde – wer das vermöchte!

Jeder von uns hat etwas Unbehauenes, Unerlöstes in sich, daran unaufhörlich zu arbeiten seine heimlichste Lebensaufgabe bleibt.

Gute Erziehung – ein zweischneidig Schwert. Mancher wird nie ein wirklicher Mensch, ein Mensch von *Umfang*, infolge seiner guten Erziehung.

Suche allem nach Möglichkeit eine Folge zu geben. Nichts macht das Leben ärmer als vieles anfangen und nichts vollenden.

Aber ebenso gewiß ist, daß, wenn auch kein Schuß ins Schwarze trifft, unzählige es wie ein Sternenhimmel umschreiben.

Es ist der Schritt, der erobert. »En marche« ist eines der schönsten Worte der Welt.

Siehe eine Sanduhr: Da läßt sich nichts durch Rütteln und Schütteln erreichen, du mußt geduldig warten, bis der Sand, Körnlein um Körnlein, aus dem einen Trichter in den andern gelaufen ist.

Die kleinen Schwächen legt man am schwersten ab, so wie man der Moskitos weit schwerer Herr wird als des Skorpions oder der Schlange. Und so ist es recht eigentlich das Kleine, was den Fortschritt der Menschheit aufhält: Gedankenlosigkeit, Unaufmerksamkeit, Trägheit, Lauheit.

Die beste Erziehungsmethode für ein Kind ist, ihm eine gute Mutter zu verschaffen.

Man möchte sich wie Bruder Bernardo auf irgendeinem Marktplatz dem Gespött der Welt aussetzen, um gleich ihm ein jegliches um Christi Liebe willen geduldig und heiter zu ertragen – und leidet vielleicht schon darunter, wenn die Schaffnerin, die das Zimmer aufräumt, vergißt, guten Morgen zu wünschen oder wenn der Türhüter des Hauses schlecht geschlafen hat.

Du sollst nicht zu sein begehren, was du nicht bist, sondern nur einfach etwas von deiner Pflicht zu tun versuchen, Tag um Tag.
Denn es ist viel schwerer, einen Tag in wahrhafter Aufmerksamkeit und Wachsamkeit von Anfang bis Ende zu verleben, als ein Jahr in großen Absichten und hochfliegenden Plänen.

A. Sie sollten gerade da, wo Sie besondere Antipathie empfinden, doppelt streng gegen sich selbst vorgehen, nicht aber Ihrer Antipathie nachlaufen, wie der Student seiner Flamme.

B. Wie? Ich sollte mich auf meine Instinkte nicht mehr verlassen dürfen?
A. Ja und nein. Schauen Sie Ihren Instinkten zu wie Ihren Hunden, mit denen Sie über Land gehen. Aber behalten Sie sich stets vor, sie zurückzupfeifen, und pfeifen Sie gelegentlich auch einmal ohne Grund, einfach weil Sie der Herr sind und die Instinkte Ihre Diener.

Sich bewußt ausweiten. Von Gegensatz zu Gegensatz gehen. Vom Ersten bis zum Letzten und umgekehrt. Keinen und nichts vergessen, übersehen, gering achten.

Wir sind allzumal träge; daraus entspringen die meisten Übel. In jedem schlägt das Gewissen und regt sich das Wissen, wie es im Kleinen und Großen sein müßte und wie es nicht ist. Aber die Faulheit, die Vergeßlichkeit, die Gewohnheit lassen es nicht dazu kommen, daß wir aus Gedanken zu Taten hervorschreiten. Wir kennen manches große innerliche Mittel, aber man sollte auch kleinere, mehr äußerliche schaffen. Alle, die gut sein möchten, aber es nicht so sein können, wie sie möchten, weil sie sich zu schwach dazu fühlen, sollten sich zusammentun und eine Hilfsbrüderschaft über sich setzen, die ihr lebendiges Gewissen darstellt. Eine Gruppe, der sie selbst das Recht einräumten, ja die Pflicht auferlegten, sie immer wieder wachzurütteln und mit dem problematischen Willensmaterial, das in ihnen ist, zu arbeiten; – so wie ein treuer Diener, der uns zum Sonnenaufgang aus dem Bett rüttelt, so wie ein Staat, der mit unseren Steuern »arbeitet«. Eine Brockensammlung guter Willensregungen, sozusagen, das gälte es für diese Gruppe Tag für Tag. Des Menschen Wesen ist Schwäche; kann er nicht allein in die Höhe wachsen, so soll er sich an Stangen und Spaliere binden oder binden lassen. Ehre jedem, der statt auf dem Stroh zu verkümmern, zur Krücke greift, Ehre jedem *tapferen* Invaliden.

Ein Hauptzug aller Pädagogik: Unbemerkt führen. Viele Menschen sind durchaus fähig und gewillt, der Wahrheit zu folgen, aber sie darf ihnen nicht geradezu gesagt, vor Augen gerückt werden. Sie verlieren in diesem Falle jede Freude an

der Wahrheit; denn ihre Eigenliebe ist noch stärker als ihre Liebe zum Geiste, als ihr Geist, und so gefällt ihnen nur, wer und was sie – schont.
Und dann ist da noch etwas: Sie wollen mit Recht ihren Wahrheitsbesitz erarbeiten.

Übe dich an dem Worte: Mit der einen Hand wird gegeben, mit der anderen genommen. Alle Erziehung verläuft unter diesem Pendelgesetz. Alles Erzogensein besteht in der endlich errungenen inneren Ruhe dem einen wie dem andern Schicksal gegenüber, und einer Liebe und einem Vertrauen, die höher sind als alle Vernunft zwischen Geburt und Tod.

Wer am Menschen nicht scheitern will, trage den unerschütterlichen Entschluß des Durch-ihn-lernen-Wollens wie einen Schild vor sich her.

Wie mancher hat es schon ausgesprochen, daß Heldentum ebenso leichter sein kann, als langsame, geduldige, unauffällige Selbsterziehung, wie eine Tat leichter sein kann als eine Handlung, ein Gefühl leichter als ein Empfinden.

Habe die Gabe der Unbestechlichkeit. So sehr auch Liebe für dich Partei ergreifen mag: dein Sein gilt, nicht dein Schein.

Sich an, wie ein Zweirad in Bewegung und Fahrt gesetzt wird. Wenn du deinen Willen so in Bewegung und Fahrt zu setzen vermagst, so wirst du nach einigen Schwankungen wie ein Meister im Sattel sitzen.

PSYCHOLOGISCHES

Nicht da ist man daheim, wo man seinen Wohnsitz hat, sondern wo man verstanden wird.

Ich halte es nicht für das größte Glück, einen Menschen ganz enträtselt zu haben; ein größeres noch ist, bei dem, den wir lieben, immer neue Tiefen zu entdecken, die uns immer mehr die Unergründlichkeit seiner Natur nach ihrer göttlichen Seite hin offenbaren.

Es ist schön, zu denken, daß so viele Menschen heilig sind in den Augen derer, die sie lieben.

Es gibt kaum eine größere Enttäuschung, als wenn du mit einer recht großen Freude im Herzen zu gleichgültigen Menschen kommst.

Je mehr Bewegung man in seinem Geiste auffaßt, je glücklicher ist man. Überall die Bewegung aufzeigen, das schafft das meiste Glück.

Es gibt Menschen, deren einmalige Berührung mit uns für immer den Stachel in uns zurückläßt, ihrer Achtung und Freundschaft wert zu bleiben.

Von der Prahlsucht der Kinder: Wille zur Macht überall versteckt.

Zur Ehe: Ein Ballon captif kann den Himmel nicht erfliegen.

Es gibt Menschen, die sich immer angegriffen wähnen, wenn jemand eine Meinung ausspricht.

Über den Wassern deiner Seele schwebt unaufhörlich ein dunkler Vogel: Unruhe.

Es gibt keine Seele, die nicht ihr Wattenmeer hätte, in dem zu Zeiten der Ebbe jedermann spazierengehen kann.

Das Geheimnisvolle ist schlechtweg der sicherste Reiz an den Dingen. Z. B. ein altes Haus, eine Landschaft, die mehr noch verbirgt als zeigt. Ibsen hat darum von jeher gewußt. (Vielleicht zu sehr *gewußt.*) Es ist eine Art Dämmerluft um die Dinge. Wie mystisch wirken z. B. nachts die Häuser einer Stadt. Solch ein Haus mag noch so häßlich sein, – nachts wirkt es mit dem ganzen Zauber eines unbegreiflichen Behältnisses unbegreiflicher Wesen, die namenlos und unerklärlich geworden sind, wie es selbst.

Möglichst viel Glück, sagt man. Aber wie, wenn die höchste Glücksempfindung einen Menschen voraussetzte, der auch Allertiefstes *gelitten* haben muß? Wenn Glücksgefühl überhaupt erst möglich wäre in einem durch Lust *und* Unlust gereiften Herzen? Wer möglichst viel Glücksmöglichkeiten fordert, muß auch möglichst viel Unglück fordern oder er negiert ihre Grundbedingungen.

Das ist das Ärgste, was einem Menschen geschehen kann: aus einem Fließenden ein Starrer (ja auch nur ein Stockender) zu werden. Das erkennt mancher und nährt Friedlosigkeit in sich oder unaufhörlichen Zweifel (so tat ich es), oder er ergibt sich einem Streben nach fast Unmöglichem, Ungeheurem. Manche aber überlassen sich ihrer natürlichen Liebe zu Welt und Mensch, und damit geraten sie denn bald in die Strömung unendlichen Lebens, werden hineingerissen in den ewigen Zusammenhang aller Dinge, in dem es keinen Stillstand gibt.

Es ist das Unglück, daß Würde und Feinheit von Gedanken oft von den Raumverhältnissen eines Zimmers, einer beglükkenden Fensteraussicht, einem gewissen Maß von Licht und Farbe abhängig sind, so daß einer, der sein Leben lang in einer Art von länglichen Schachteln gehaust hat und eines Tages ein edel proportioniertes Gemach betritt, sich zu glauben geneigt findet, wieviel er vielleicht allein durch den Charakter seiner Wohnräume geistig verloren haben könnte.

Es ist ein wahres Glück, daß der liebe Gott die Fliegen nicht so groß wie die Elefanten gemacht hat, sonst würde uns, sie zu töten, viel mehr Mühe machen und auch weit mehr Gewissensbisse.

Ob Geister, sofern es solche gibt, auch Bücher lesen? Ich meine, ob sie, wie sie vielleicht in unserm Zimmer mit uns wohnen, auch dann und wann, in stillen Winternächten etwa, wenn sie es müde geworden sind, den massigen Menschenschläfer zu betrachten und zu belauschen, sich in die Werke vertiefen, die auf unserm Tische liegen? Vielleicht verstehen sie das Geheimnis, sie bei geschlossenem Deckel, ohne auch nur ein einziges Blatt umzuwenden, von Anfang bis Ende zu lesen. Wie ich darauf komme? Durch einen kleinen Druckfehler, in einem Werke, in dem ich gerade studiere. Ich zaudere, ihn zu verbessern, – es ist nichts weiter, als daß in dem Bindewort »daß« das s nicht verdoppelt ist; aber ich tue es endlich doch. Denn wenn es nun doch Geister gäbe, – müßten sie nicht unglücklich über diesen Fehler werden, den sie selbst nicht verbessern können und aus dessen Stehengebliebensein sie schließen müssen, daß ihr Freund ihrer nicht gedacht hat?

Es ist bekannt, wie viele verlorene Nadeln sich täglich auf Weg und Steg finden lassen. Im äußersten Gegensatz hierzu würde, gesetzt auch geistige Dinge könnten in solcher Weise verlorengehen, täglich wohl kaum ein Paar Scheuklappen gefunden werden.

Es gibt nichts Degoutableres, als fortwährend von sich als Person zu reden (außer zu bestimmten Zwecken), oder über sich reden hören zu müssen. Daher ist es so kläglich, krank zu sein; ein Zustand, in dem dieses Reden und Beredetwerden fast unvermeidlich ist.

Es ist gut, daß wir Spiegel haben. Daß wir für gewöhnlich unsere eigene Miene nicht sehen, ist eines der unheimlichsten Dinge, die es gibt.

Man verliebt sich oft nur in einen Zustand des andern, in seine Heiterkeit oder in seine Schwermut. Schwindet dieser Zustand dann, so ist damit auch der feine besondere Reiz jenes Menschen geschwunden. Daher die vielen Enttäuschungen.

Die meisten Menschen verdunsten einem wie ein Wassertropfen in der flachen Hand.

Wir sind alle hart und äußerlich zueinander, auch wenn wir noch so sehr aufeinander einzugehen trachten; aber wenn wir getrennt in unsern Zimmern liegen und nachts der Regen herniederfließt, dann suchen wir uns im Geiste mit zärtlicher, bereuender Teilnahme, dann drängen wir uns aneinander wie unwissende und zusammenschauernde Preisgegebne auf dunklem Meer, dann liebkosen und trösten sich unsere Seelen, die der erkältende Tag wieder verstocken und verhärten wird, dann lieben wir wirklich einander mit einer tiefen, schwermütigen, unbezwinglichen Liebe.

Es ist schauerlich, an Toren zu rütteln, die verschlossen sind; noch schauerlicher aber, wenn sie nur aus dünnem Seelenstoff, ja, wenn sie nur aus den kühlen, harten Blicken einer Seele bestehen, die dich nicht in sich eindringen lassen will.

Die Forderung möglichster Klarheit in allen Dingen, die wir andern gegenüber so gern geltend machen, entspringt vornehmlich dem Unbehagen, das uns alles nicht völlig Verstandene als etwas von uns nicht völlig Beherrschtes einflößt. Es ist der ewige Kummer der Durchschnittsintelligenz, daß es auch außerhalb ihres Begriffsvermögens noch Geistigkeit gibt.

Die Ruhe vor dem Tode, das Entsetzen vor dem Tode – wie erklärlich von der Seele, die ihre – zum mindesten nächste – Zukunft voraussieht.

Die Sentimentalen haben's alle schlecht. Sie sind das eigentlich schwache Geschlecht und machen die andern nur krank.

Wie die Gefahr des Tauchers der Tintenfisch, so des Grüblers die Melancholie.

»Totentanz« ist gar kein Thema. Man sollte zeichnen und malen, wie das Weib den Mann in den großen Mischmasch hineinzieht. Unten sollte man die breite Bettelsuppe des heutigen Lebens hinmalen, und in diese Suppe hineinführend eine unabsehbare Kette von Weib und Mann, immer das Weib voraus, mit tausend Gebärden, von der unschuldigsten bis zur lasterhaftesten. Die Männer, auf die es ankommt, wollen schaffen, sie wollen die Welt vorwärtsbewegen; das Weib aber will vor allem wohnen. Ihm genügt das Gegenwärtige vollkommen, und es glaubt sich völlig gerechtfertigt, wenn es der Zukunft in Form von Kindern dient. Es ist die, trotz der bekannten Unbilden bequemste Art, den Fortschritt der Menschheit zu fördern: man stellt ein Kind, d. h. man beschränkt sich darauf, die Aufgabe weiterzugeben, einen Dritten vorzuschieben. Solange die Frauen das nicht begriffen haben, nämlich, daß es neben ihrem üblichen häuslichen Ideal auch noch andere größere Kulturideale geben könnte, wird die Menschheit nicht entscheidend vorwärts rücken. Und deshalb liebe ich die Russen und Skandinavier so sehr, denn dort findet man heute noch am ersten Frauen, die nicht nur Sinn für sich, sondern auch Sinn für den Mann haben, die ihn wirklich wie Kameraden unterstützen, und nicht nur als gesetzliche Konkubinen zum obersten Haussklaven machen wollen.

Den seelischen Wert einer Frau erkennst du daran, wie sie zu altern versteht und wie sie sich im Alter darstellt.

Wie macht das Gefühl bloßen Sichnaheseins Liebende schon glücklich.

Wäre der Mensch nicht noch fast vollkommen Tier, so würde er in einer so über alles Maß gewaltigen und erschütternden Welt, in verhältnismäßig unmittelbarer Nähe eines Naturphänomens wie unserer Sonne – um nur etwas herauszugreifen – nicht so sein, wie er heut noch ist: ein kleinliches, grämliches, banales, kindisches, eitles, zanksüchtiges, gedankenloses, planloses, kurz, durchaus noch dumpfes und niederes Wesen.

Es ist schmerzlich, einem Menschen seine Grenze anzusehen.

Im Grunde spricht sich wohl in allen Forderungen, die der Mensch an seine Gattung stellt, nur der Wunsch des Menschen nach größerer und feinerer Behaglichkeit des persönlichen wie sozialen Lebens aus. Der Mensch will wohl endlich so weit kommen wie die Blumen und die Bäume: ruhig leben und sterben zu dürfen. Zweifellos wünschen sich die meisten Menschen nichts Besseres.

Wir sind geborene Polizisten. Was ist Klatsch andres als Unterhaltung von Polizisten ohne Exekutivgewalt.

Eine Hauptsache bei vielem ist, daß stets der Anschein äußerster Wichtigkeit erweckt wird. Wenn z. B. eine Katze ihrem Verehrer fortläuft, so muß das aussehen, als ob sie auf der andern Seite des Weges etwas ungemein Wichtiges zu tun hätte, was jeden andern Gedanken ausschlösse. Oder wenn ein sogenannter Zahlkellner gerufen wird, so muß er immer erst wie der Mond aus dem Gewölk treten, d. h. erst nach längerer Zeit und nur auf einen Moment, zu dem man sich beglückwünschen muß, da ihn neues Gewölk schon wieder zu verschlingen droht. Auch in geistigen Dingen nützt dergleichen viel, und wer darauf verzichtet, kann sicher sein, daß ihn sobald keiner wichtig nimmt.

Ironisches Gebot: Wenn du gereizt bist, so wirf die Tür hinter dir zu, das erweckt allgemein Furcht.

Es gibt nichts Lohnenderes, als der Schwachheit des Menschen durch ein schönes Wort zu Hilfe zu kommen. Verordne einem »Patienten« dreimal täglich »Manulavanz«, und er wird sich über alle erhaben fühlen, die sich bloß die Hände waschen. Je interessanter du seine Gewohnheiten benennst, desto geschmeichelter und dankbarer wird er sein, und das eine Wörtchen Alkoholismus, um ein Beispiel zu nennen, hat sicherlich nicht nur Gorkis Satin, sondern unzählige andere Unglückliche unzählige Male berauscht und getröstet. Übersetze das Unglück maßvoll ins Arabische, Griechische, Lateinische, und du wirst ein wahrer Wohltäter der Menschen werden. Du gibst ihrem Geist dadurch Anregung, du verschaffst ihnen eine kleine Distanz zu ihren Leiden oder Lastern. Wie fremdartig ist es, Angina zu haben, wie beinahe ehrenvoll, die Krisis eintreten zu fühlen. Du knüpfst damit das Individuum, das nichts mehr fürchtet als das Alleinsein, das Alleingelassenwerden, an ferne fremde Zeiten und Kulturen; das alte, das neue Europa versammelt sich um sein Lager, und selbst wenn die Pest es befällt und fällt, kommt sie ihm doch aus Asien: die Mutter der Menschheit selbst trifft es mit den Schatten ihrer gewaltigen Flügel.

Wer sich selbst auch nur einen geistig regen Vormittag streng beobachtet, dem muß das scheinbare Filigran der Psychologie vorkommen wie ein Gespinst aus Baumstämmen.

Man muß scharf zwischen dem aktiven und dem kontemplativen Menschen unterscheiden. Jedem sein Reich und seine Welt für sich. Und vor allem, wird der Kontemplative sagen, dem Aktiven sein Reich für sich. Denn, wenn der Kontemplative der Duft der Lebensblume ist, so ist der Aktive, so ist »die Welt« der einzige Weg zu diesem Duft.

Je tiefer einer wird, desto einsamer wird er; aber nicht nur das: desto mehr lassen ihn selbst seine treuesten Freunde allein – aus Zartgefühl, Schamgefühl, Liebe, Ehrfurcht, Verlegenheit, Hochachtung, Scheu, kurz, aus den allerbesten Gründen und mit dem unanfechtbarsten Takt des Herzens.

Man hat nie nur einen Grund zu einer Handlung, sondern hundert und tausend.

Heftige Bewegungen machen alle Tiere scheu. So sollte sich auch der vollkommene Weise im Geistigen jäher Bewegungen enthalten. Im Grunde ist es das Gleiche, wie du an ein Pferd herangehst und sein Zutrauen gewinnst und wie du an einen Menschen dich wendest und ihn eroberst.
Viele der Feinsten gehen in sich gekehrt durchs Leben, weil sie es nicht ertrügen, von andern überlegen betrachtet zu werden. Sie fürchten die Verwundung ihres Stolzes, den Verlust ihres Machtgefühls, sie ziehen es vor, in ihren vier Wänden die Ersten zu sein, statt auf dem Markte die Zweiten. Aber manch einen macht solch heimliches Schatzhütertum auch bitter und hochfahrend. Immer lauter muß er bei sich Stolz nennen, was im Grunde vor allem Furcht ist, um schließ-

lich, statt der Verschwender, der giftige Drache seines Horts zu werden, der alle Welt ob ihrer Armut verachtet.

VORSEHUNG Ich kann mir wohl denken, daß in einem genialen Menschen auch ein geniales un- oder unterbewußtes Sich-Vorsehen waltet, so wie einer im Traumwandeln dem überall drohenden Tode instinktiv ausweicht.
Napoleon im Kugelregen.

Wie nahe Furcht und Mut zusammenwohnen, das weiß vielleicht am besten, wer sich dem Feind entgegenwirft.

Phantasie ist ein Göttergeschenk, aber Mangel an Phantasie auch. Ich behaupte, ohne diesen Mangel würde die Menschheit den Mut zum Weiterexistieren längst verloren haben.

Finsternis würde mich in kürzester Frist um alles Glück und um allen Verstand bringen. Gebt allen Menschen vor allem Licht, und vorzüglich den Unglücklichsten unter uns, unsern Gefangenen.

Was wirkt am innerlich glühenden Menschen *nicht* übertrieben? Steht er nicht ewig wie unter lauter Großmüttern und Großvätern? Und geht und spricht er drum nicht am liebsten zu – Kindern?

Manche Menschen machen sich vor andern so klein wie möglich, um – größer als diese zu bleiben.

Mein Satz: Dummheit als absolut notwendiges Retardivum.

Ein berühmter Arzt ist wie eine junge Millionenerbin. Er weiß nie, wie weit man ihn als Menschen und nicht nur als Arzt liebt.

Im Sohn will die Mutter Mann werden.

Ein Mädchen gefällt uns nicht so sehr etwa um ihrer Augen willen, als ihre Augen um seinetwillen, d. h. um seiner ganzen imponderablen Persönlichkeit willen.

Das Weib mischt uns ins Leben hinein.

Leichtsinn und Geduld, zwei weibliche Haupteigenschaften.

Überschätzt zu werden, zumal von einem Wesen, das einen liebt, kann in manchem einen edlen Eifer entzünden, jene geglaubte Höhe wirklich zu erreichen.

Es gibt musikalische Menschen, welche eine Melodie, ohne sie zu kennen, sofort mitzusingen vermögen. Sie sind ihr so auf den Fersen, sie ahnen sie so fein vorher, daß die Kopie mit dem Original oft geradezu zusammenfällt. Ein Gleichnis für liebende Frauen bedeutender Männer.

Natürlichkeit, Schwester der Freiheit (und Einfalt).

Ein gewisses Maß von Schelten gehört wohl zum Leben. Schelten in seiner sublimiertesten Gestalt, als philosophischer, ja als religiöser Pessimismus, dürfte ebenso nur eine Art von Ventilierung sein, wie der mehr oder minder gerechtfertigte Ärger des Eintags. Alles in allem möchte hier ein Zuchtproblem vorliegen, das nur selten gelöst werden wird; wenn nä nlich dies ganz große Zucht (also ganz großer Stil) ist: ein leidenschaftlich empfindsamer Geist und doch zugleich ein *Weiser* zu sein.

Manche Menschen treiben leicht ab. Unversehens sind sie anderswo, als wo man sie haben will, als wo sie sich selbst haben wollen.

Darum können Zeitungen so sehr schaden, weil sie den Geist so unsäglich dezentrieren, recht eigentlich zer-streuen.

Wer sich überhebt, verrät, daß er noch nicht genug nachgedacht hat.

Wenn die Mehrzahl der Menschen das Kleine nicht so viel wichtiger nähme als das Große, würde das Große nie auf seine Rechnung kommen. Wenn der Mensch sich mehr um den Himmel als um die Erde kümmerte, würde nicht nur die

Erde, sondern auch der Himmel verkümmern. Der Geist ist nicht umsonst in die Materie herabgestiegen.

Wie schön ist es, das Auge von einem schönen Buch, in das man versunken war, zu einer schönen Landschaft aufzuschlagen. Dieser kurze Übergang von chiffrierter Geisteswelt in symbolische, dieser jungfräuliche Augenblick unbewußten Staunens ist einzig.

Alles, was nicht leicht verstanden wird, reizt leicht. Die edelste Musik kann so z. B. ebenso wie die tiefste Philosophie Gegenstand erbitterter Gegnerschaft werden.

Solange das Tier noch gegessen wird, solange wird es seinen Esser auch besitzen. Aug um Auge, Zahn um Zahn. Oder glaubt man wirklich, es sei keine Beziehung zwischen der Dummheit des Kalbes, der Kuh, des Ochsen und der ihrer Verzehrer, es übertrage der Hammel, das Schwein, der Fisch usw. nicht ganz besondere psychische Hemmungen oder Reize?

Es gibt nichts Schwereres, als einen Menschen, den man liebt, einen Weg gehen lassen zu müssen, der zur nächsten Stadt führt, statt auf den nächsten Gipfel.

Für den Trägen gibt es nichts Aufreizenderes als die unaufhörlich fortschreitende Zeit. Er fühlt, wie sie über ihn hinweggeht, und stammelt ihr in dumpfem Ingrimm seine Verwünschungen nach.

Was gegen die höchsten, reinsten Empfindungen ausgespielt wird, sind nichts als die gleichen Empfindungen, nur noch mehr oder minder vor ihrer Katharsis. Wie kann man den Satz nachsprechen: Gott ist die Liebe, und an anderer Stelle der Meinung sein, eine vom Tierischen ganz losgelöste seelisch-geistige Liebe sei – wohl vielleicht eine reinere, – aber auch eine kühlere, blassere, ohnmächtigere Liebe!

Es gibt Seelen, zu schamhaft, Wege der tieferen Erkenntnis beschreiten zu wollen. Sollten sie als »von Gottes Stamme«

nicht noch zu wenig stolz sein, und als Arbeiter an Gottes Reiche nicht noch zu wenig demütig?

Die Anzahl der geistigen Foltermittel, die wir heute noch unter- wie gegeneinander bewußt oder unbewußt anwenden, ist groß. Eines davon ist das Fragen. Es gibt Menschen, die so wenig wie möglich gefragt sein wollen; wohlverstanden: nach Unwesentlichem. Und Gegenstücke dazu: Menschen, die fast keine andre Interpunktion kennen, als das Fragezeichen.

Takt erfordert vor allem Phantasie. Man muß viele Möglichkeiten der fremden Seele überschauen, viele Empfangsmöglichkeiten, und danach, was man geben kann, einrichten.

ERKENNEN

Unser Begreifen ist Schaffen; seien wir doch selig in diesem Bewußtsein.

Der Mensch ist ein in einem Spiegelkerker Gefangener.

Jeder Menschenkopf ist eine Sonne und seine Gedanken sind die überall hindringenden unsichtbaren Strahlen. Könnten wir sie, wie bei der Sonne, mit unseren leiblichen Augen schauen, so würden sie uns in ihrer Gesamtheit erscheinen wie ein großer Lichtkreis, an dessen Ausdehnung und Leuchtkraft leicht zu erkennen wäre, einen Stern wievielter Größe wir vor uns haben.

Die Menschen haben sich daran gewöhnt, von hinten nach vorn, statt von vorn nach hinten zu denken.

Es gibt einen Gedanken, der unsere ganze Lebensführung und Betrachtung verändern würde: die Gewißheit unserer Unzerstörbarkeit durch den Tod.

Das Urbuch der Welt wird mit sympathetischer Tinte geschrieben.

Nur im vorbereiteten Herzen kann ein neuer Gedanke Wurzel fassen und groß werden. Sich vorbereiten, sich zubereiten, den Acker lockern für das beste Korn, ist alles.

Es ist eine sehr geistreiche (!) Forderung, die »Natur« auf »natürliche« Weise erklärt sehen zu wollen.

A. Wenn jemand von einer Philosophie der Ameisen reden würde, so möchte er wohl fröhlichem Lachen begegnen. Aber ist die Philosophie der Menschen wirklich etwas so sehr, sehr anderes, als es eine Philosophie der Ameisen wäre? Stelle dir nur an einem schönen Sommerabend den Erdball und das Leben auf seiner Oberfläche vor!

B. Ja, ja, mein Lieber, wenn es die Menschen nur nicht zu dem einen Gedanken gebracht hätten: alles ist mir nur insoweit bekannt, als es meine Vorstellung ist. Dieser Gedanke, der ihm alles zu nehmen scheint, gibt ihm zugleich das Recht, sich selbst dem Sternenhimmel gegenüber zu behaupten, denn das Bewußtsein, daß alles, was er da erkennt, nur ein Bild in ihm ist, ja, noch mehr, daß dies »er selbst« nur ein Bild – soll er sagen sein Bild? – ist, erlaubt ihm, deinem Ameisengleichnis den Stachel zu nehmen, so gut, wie dem Eindruck gestirnter Ewigkeit. Die Rechnung steht nun für ihn so: Auf der einen Seite »alles Seiende« als Bild. Auf der andern das, welches »all dies Seiende zusamt sich selbst« – als Bild empfindet. – Wir sind wieder da, wo jeder zuletzt hinkommt, und was ich beim Lesen Meister Ekkeharts einmal so formulierte: Gott ist ein Subtraktionsexempel.

Betrachte den Fühler dieses feingliedrigen Käfers. Was ist der Mensch anderes als solch ein Fühler, von unbekannter Urkraft ausgestreckt, tastend sich über die Dinge zu unterrichten suchend, zuletzt forschend zurückgekrümmt auf sich selbst –? Der Mensch, ein Taster Gottes nach sich selbst.

Man hat Hegel verspottet, weil er sagte, aus ihm rede der Weltgeist. Ach, auch aus ihnen, den Spöttern, redet leider nichts anderes.

Wenn der alte Atlas unser Wissen um die Welt, die er auf seinen Schultern trug, gehabt hätte, er wäre ebenso unter ihrer Last zusammengebrochen wie dieser moderne Atlas, der die Welt über die Brücke von Mensch zu Übermensch tragen wollte.

Sei nur Skeptiker, es gibt keinen besseren Weg als den fortwährenden Zweifelns. Denn nur, wer die Relativität jeder Meinung eingesehen hat, sieht zuletzt auch die Relativität dieser Einsicht ein – und schwingt sich endlich vom letzten Erdenwort in – Sich selbst zurück.

Wenn ich wüßte, welches Wort der Erde keine Vorstellung enthielte, so würde ich es dazu gebrauchen, das Wort Vorstellung zu überwinden. Aber dieses Wort Vorstellung bleibt zuletzt als einziges auf dem obersten Siebe liegen, das alle andern passiert haben. Nur glaube man nicht, damit etwas anfangen zu können. Denn wenn ich sage: Die Welt ist meine Vorstellung, so sage ich damit nichts anderes als: eine Vorstellung ist meine Vorstellung. Es gibt keinen Weg hinaus, es gibt nur einen Weg hinein.

Welche Vorstellung wäre zuletzt nicht anthropomorph! Anthropomorph, sagt man, sei die Vorstellung eines persönlichen Gottes. Aber der Naturforscher, der sich die Welt unpersönlich, nämlich als Natur, als Wirklichkeit, als einen unendlichen Knäuel von Wirkungen denkt – hat ja auch von sich selbst kein anderes Bild; er sieht sich, interpretiert sich »naturwissenschaftlich« als »Natur« und projiziert sich (in seiner neuen Weltinterpretation) nur ebenso unvermeidlich ins »Universum« hinein wie früher. Oder vielmehr: Universum *ist* bereits Selbstprojektion. Anthropomorph ist und muß »alles« bleiben.

Lichtenbergs Bemerkung, die docta ignorantia mache weniger Schande als die indocta, scheint mir das Erschöpfendste, was über das Problem der Wissenschaften gesagt werden kann.
Nicht nur der Weg nach der Wahrheit scheint mehr wert als die Wahrheit selbst, um Lessingsch zu reden; noch wert-

voller als der Weg selbst scheint der Wille zu solch einem Wege.

Wer sich an Kant hält, dem muß alle Metaphysik erscheinen wie das hartnäckige Surren einer großen Fliege an einem festgeschlossenen Fenster. Überall wird das Tier einen Durchlaß vermuten und nirgends gewährt die unerbittliche Scheibe etwas anderes als – Durchsicht.

Es gibt keinen anderen Weg zum Heil als den mühsamen fortwährenden Suchens. Resignieren ist ein schönes Wort und besonders eindrucksvoll, wenn ein »erhaben« davor steht, aber es läßt etwas in uns absterben, und das ist nicht gut. Es hält die Magnetnadel in uns fest.

Ich möchte bisweilen eine Erkenntnis in Form einer mathematischen Figur geben, z. B. die Anschauung Gottes in Form einer Kugel, aus einem Mittelpunkt strahlend.

Man fragt sich oft: wie ist es möglich, daß dieser große Intellekt dies und jenes nicht gesehen oder seines Blicks nicht gewürdigt haben sollte. Aber ebenso übersehen vielleicht unsere Zeitgenossen Dinge, von denen wieder Spätere nicht begreifen werden, daß sie für uns offenbar völlig im Schatten lagen. Man darf wohl sagen: jeder Blick vorwärts ist zugleich ein Nichtbeachten dessen, was zur Seite liegt. Der Geist gleicht einer Granate, deren Gebiet das vertikale Segment zwischen dem Punkt ihres Ausflugs und dem ihres endlichen Aufschlags ist.

Alle Geheimnisse liegen in vollkommener Offenheit vor uns. Nur wir stufen uns gegen sie ab, vom Stein bis zum Seher. Es gibt kein Geheimnis an sich, es gibt nur Uneingeweihte aller Grade.

Ein vorläufiger kritischer Gedankenstrich: daß man über ein gewisses Maß hinaus nicht wissen könne, verwandelt sich unvermerkt in das Postulat, niemand habe außer den »nun einmal festgestellten« Grenzen etwas zu suchen. Man fühlt sich vor solchem Doktrinarismus an das Gebaren kleiner

Kaufleute erinnert, die von einer Ware, die sie nicht führen, erklären, es gäbe diese Ware überhaupt nicht.

Du siehst in etwa 100 Meter Entfernung einen Mann Holz spalten. Das auf den Hackblock geschmetterte Scheit sinkt bereits nach links und rechts auseinander – da erreicht dich erst der Schall. So mögen wir die Welt ein halbes Leben lang betrachten, bis wir das Wort vernehmen, das zu ihr gehört, die Seele, die von ihr redet.

Niemand wird die Welt verstehen, der sie von heut auf morgen verstehen zu müssen glaubt, der sich über die augenblickliche Konfiguration der Erde nicht so hinwegzusetzen vermag, daß ihm heut und morgen zu Unwesentlichkeiten werden. Niemand wird die Götter und ihre Werke verstehen, vor dem tausend Jahre nicht wie ein Tag sein können und wie eine Nachtwache.

Eine Wahrheit kann erst wirken, wenn der Empfänger für sie reif ist. Nicht an der Wahrheit liegt es daher, wenn die Menschen noch so voller Unweisheit sind.

Es gehört mit zum Seltsamsten, was es gibt: Das pure, lautere Gold liegt vor uns, um uns. Aber wir leben mit Blei, Kupfer, Zinn; von Minderem zu schweigen. Wir haben die Wahrheit wie die Sonne über uns und folgen Schatten und Gespenstern.

Man muß aufhören können zu fragen, im Täglichen wie im Ewigen.

Über jedem Gedanken, jeder Vorstellung liegen hundert Gedanken und Vorstellungen, die uns das jeweils Gedachte, jeweils Vorgestellte verhüllt.

Was wird einem geistigen Wanderer nicht alles angesonnen, über Kopf, Hals und Schulter gesonnen! Wieviel Mühe gibt man sich nicht, ihn und das Seinige abzuleiten! Als ob ein geistiger Weg nicht aus sich selbst verstanden werden könnte, müßte.

Mancher wird die ihm so bequeme Joppe des Materialismus mit nichts vertauschen wollen; es geht ihm, wie er sagt, »der Sinn für Feierlichkeit« ab.

Wie dereinst die sancta simplicitas des Glaubens, so schleppt heute die sancta simplicitas der Wissenschaft ihre Scheiter herbei, den »Ketzer« zu verbrennen.

Wer die Welt zu sehr liebt, kommt nicht dazu, über sie nachzudenken; wer sie zu wenig liebt, kann nicht gründlich genug über sie denken.

WELTBILD: ANSTIEG

Nihil contra Deum nisi Deus ipse

Die ganze Schöpfung liegt da wie ein Buch, in dessen Blätter die ewige Notwendigkeit mit ehernem Griffel den Weltenplan eingegraben.
Die Riesenharmonie erklingt, wir Menschen sind die Tonzeichen –

Wer Gott aufgibt, der löscht die Sonne aus, um mit einer Laterne weiter zu wandeln.

Was ist Religion? Sich in alle Ewigkeit weiter und höher entwickeln wollen.

Es ist wohl gerade in unserer aufgeregten Epoche mehr denn je nötig, den Blick aus den Tagesaffären emporzuheben und ihn von der Tageszeitung weg auf jene ewige Zeitung zu richten, deren Buchstaben die Sterne sind, deren Inhalt die Liebe und deren Verfasser Gott ist.

Nur die Formen wechseln. Der Toten Seele wird vielleicht schon wieder im Keim einer neuen vollkommeneren Form schlummern.

Es gibt keine Grenzen der Dinge.

Hängt malus böse mit malus Apfel zusammen? Annahme eines Christen.

Der beste Beweis für die Gotteskindschaft Christi ist der, daß es Zeiten gab, wo jeder Teufel vor einem Kreuz die Flucht ergriff.

Das Ich ist die Spitze eines Kegels, dessen Boden das All ist.

Wie die Sprache für uns denkt und dichtet, so auch das Leben. Es ist interessant, zu beobachten, wie ins Rollen gekommene Verhältnisse sich oft genug ohne unser weiteres Zutun vollenden wollen (z. B. ein Liebesverhältnis, für dessen Entwickelung sich das Leben gewissermaßen viel mehr interessiert als die Beteiligten selbst). (Kette der »Zufälle«.)

Ein Mensch, dessen ganzes Leben darauf gerichtet ist, das Rätsel Christi zu lösen.

Es gibt wenig gewaltigere Dinge als den Schluß des Johannes-Evangeliums. Zuerst die dreimalige Frage an Simon Johanna: »Hast du mich lieb?« Es ist, als ahnte und fürchtete Christus das ganze Papsttum voraus, die ganze offizielle Kirche, die ihn unzählige Male vergessen und verraten sollte. »Weide meine Schafe!« Eine welthistorische Szene. Und Christus verkündet ihm seinen Tod. »Und da er das gesagt, spricht er zu ihm: Folge mir nach!« »Petrus aber wandte sich um und sah den Jünger folgen, welchen Jesus lieb hatte...« »Da Petrus diesen sah, spricht er zu Jesu: Herr, was soll aber dieser?« »Jesus spricht zu ihm: So ich will, daß er bleibe, bis ich komme, was geht es dich an? Folge du mir nach!« »Da ging ein Reden aus unter den Brüdern: Dieser Jünger stirbt nicht. Und Jesus sprach nicht zu ihm: Er stirbt nicht, sondern: So ich will, daß er bleibe, bis ich komme, was geht es dich an?« – Keine Szene mehr, ein Mysterium: Dieses Vorbei Christi an dem andern, dieses allerletzte Wort – nach dem letzten – an den Vertrauten seiner Seele. – »Was geht es dich an?!« – »Bis ich komme. –«

WELTBILD: EPISODE
TAGEBUCH EINES MYSTIKERS

Ich hatte mich in »Gott« verloren... Aber Gott will nicht, daß wir uns in ihm verlieren, sondern daß wir uns in ihm finden...

Ich schrieb dies auf einem Punkte, wo der Mensch mit Gott zusammenfällt, wo er aufhört, sich als Sonderwesen fühlen zu können.

Betrachte den Sternenhimmel – alles versinkt um dich her. Wer ist er, wer bist du. Dein Denken schweigt. Du fühlst dich wie hinweggehoben, zerflattern... Wer bist du, wer ist er, wenn nicht – Es. Das unfaßbare Selbst, Gott, das Mysterium. Und dies Mysterium fragt in sich selbst: wer bin ich, wer bist du. Gott fragt sich selbst in sich selbst – und weiß keine Antwort, erstummt in sich selbst...

Denke dir den einfachsten Menschen der Welt, mit einer oft lebhaften, leicht und nachhaltig erregbaren Phantasie und einiger dichterischer Begabung, ohne hervorragende Charaktereigenschaften, aber von dem beständigen Wunsch erfüllt, sich zu verinnerlichen; ein Schwächling, ja ein würdeloser Mensch mitunter, ohne ausgeprägten Sinn für Moral, von einer Sinnlichkeit, die sich wie eine feine Wärme über sein Leben verbreitet, deren eigentliche Ausbrüche indessen nicht so sehr von Belang sind, so daß man bei ihm zugleich von einer ihn häufig, wie die Flamme das Licht, verzehrenden Leidenschaftlichkeit und zugleich von einer sehr geringen Fähigkeit zur Leidenschaft sprechen mag; dabei von einer angeborenen Heiterkeit des Geistes, einer gewissen Neigung zu Spott und Gelassenheit, vielbelesen ohne irgendwie fachlich gebildet zu sein, von schlechtem Gedächtnis, ungeübt und träge im Dialektischen, durchdringend nur in seiner Ausdauer, immer nur ein Ziel bewußt oder unterbewußt zu verfolgen: *sich in seinem Zusammenhang mit dem Außer-Ihm zu erkennen*; – denke dir einen solchen Menschen eines

Tages das Wort verstehen: »Ich und der Vater sind eins.« Denke dir, wie er das Wort in sich hin und her wendet, mehr noch, es sich hin und her wenden läßt; denn er springt auf seine inneren Erlebnisse nicht zu, er läßt sie leben oder sterben je nach ihrer eigenen Kraft; wie es ihn zum endlichen Bewußtsein seiner selbst zu bringen scheint, als wäre alles andre Blindheit, vollkommene Blindheit: sich *nicht* als Gott selbst – als das Eine und Alle, als das einzig Bestehende zu sehen, als wäre es geradezu eine »Ver-rücktheit«, sich »Gott« gegenüber als irgend etwas anderes, Gegensätzliches, Seitliches, Beigeordnetes oder gar Untergeordnetes zu fühlen, ja die Frage »Gott« überhaupt noch irgendwie zu diskutieren, als müsse man – *sich sich selbst beweisen*! »Ihr seid alle in mir, aber in wem bin ich? – Wer mich hat, der hat auch den Vater. –«

Wie mich diese steten Wiederholungen einst ärgerten, wie einfältig und eigensinnig sie mir erschienen; als ob ein Kind immer dasselbe wiederholte!

Bis mir eines Abends dämmerte, aus welchem Gefühl heraus dieses unermüdliche Betonen geflossen sein muß...

Tief unten schlachten sich noch die Völker, es raucht das Blut, und in Selbstzerfleischung fällt noch-Blindes sich selber an. Warum tue – Ich das. Ich weiß es nicht. Die Menschheit ist noch ein Kentaur, der Heilige Geist hat das Tier erst zur Hälfte verwandelt.

»Gott ist nur der Lebensfunke.« Schön. Dieser Funke aber bildet Sterne und Gehirne. Ja, er legt mir selbst das Wort Gott über sich in den Mund. Und so brauch ich's denn.

Ich habe den verwandelnden Blick.

Dieser Grundhang, das Leben zu einer Biedermeierei zu erniedrigen, ist es, den ich unter der Bezeichnung »bürgerlich« überall aufspüre und verfolge. Es ist die eigentliche Gefahr des Menschen, zu versimpeln. Man sollte täglich zu einer festgesetzten Stunde einen Glockenton durchs ganze Land gehen lassen, der keine andre Bedeutung hätte, als die, den Menschen in Erinnerung zu rufen, daß sie nicht nur Bürger von diesem Namen und jenem Stand seien, sondern unerforschliche Teile des Unerforschlichen. Man müßte eine eigene Glocke dafür erfinden und in unzähligen großen und kleinen Exemplaren gießen lassen: eine »Gedächtnisglocke des Menschen«. Wo aber ein Tempel gebaut würde, da müßte über seiner Pforte stehen: Dem furchtbaren Gott, oder: Mir selber, dem dreimal Unbekannten.

So von seinem Marmortischchen aus, seine Tasse vor sich, zu betrachten, die da kommen und gehen, sich setzen und sich unterhalten, und durch das mächtige Fenster die draußen hin und her treiben zu sehen, wie Fischgewimmel hinter der Glaswand eines großen Behälters, – und dann und wann der Vorstellung sich hinzugeben: Das bist Du! Und sie alle zu sehen, wie sie nicht wissen, wer sie sind, wer da, als sie, mit SICH selber redet, und wer sie aus meinen Augen als SICH erkennt und aus ihren nur als sie!

Vielleicht bin ich nur ein Bildschnitzer und nun schnitz ich Gottes Bildnis an allem.

Es gibt nichts, das ich Mir nicht vergeben könnte, und nichts, das ich nicht überwinden möchte.

Die Liebe zwischen Mann und Weib wird erst dadurch, daß sie Liebe Gottes zu sich selbst ist, zu einem Problem von schauerlicher Tiefe. Was allein kann das letzte Ziel dieser Liebe sein? Das Kind? Keineswegs. Das Kind ist ja nur wieder Gott als Individuum. Wenn der Mann mit dem Weibe plötzlich zusammenschmelzen könnte in einen dritten Körper, dann würde die Erde vielleicht im selben Augenblicke vor jähem Erschrecken untergehen.

Nietzsche sagt einmal, daß mit der Wissenschaft der Optimismus Herr geworden sei. Und fürwahr, mit dieser Zählmaschine in der Hand wird der Mensch ein beschaftigtes und beruhigtes Schulkind. Die Furchtbarkeit des Daseins verliert ihre Gewalt für ihn, er klassifiziert, klärt auf, korrigiert hier und dort. Eine Welt, für die es nur die eine Bezeichnung »furchtbar« gibt, wird ihm zuletzt ein behagliches Wohnhaus, in das bloß der Tod seine ungemütlichen Schatten wirft. – Sei bedankt, Tod, millionenmal bedankt, daß du das unwegschaffbare Ingrediens unseres Lebens bist. Ohne dich müßte das ganze Sinnen jedes Denkenden unaufhörlich darauf gerichtet sein, dich zu erfinden. Ohne dich würde Gott am eigenen Leibe verfaulen.

Vor einem Kirchhof: Die abgelegten Kleider Gottes.

(Zu Drews »Die Religion als Selbstbewußtsein Gottes«) Alles Lebendige unmittelbar als Gott zu fühlen, kann nicht Größenwahn sein; denn, wenn ich mich als Entwickelungspunkt Gottes, als Gott in einer bestimmten Entwickelungsphase erkennen zu dürfen glaube, so gilt mir doch jeder Mitmensch, ja jedes lebendige Wesen überhaupt gleichfalls als Gott: so daß da nichts ist, was sich über andres überhöbe, oder nur in dem Sinne, wie sich Gedanken im selben Kopfe übereinander überheben.

Dostojewski hat folgende großartige Methode: er führt eine Anzahl Menschen ein, die uns zunächst nur einfach fesseln, noch nicht erregen, wirft sie durcheinander, bringt sie in die unglaublichsten Verwickelungen, bis für jeden irgendeinmal die Stunde schlägt, wo er sein Innerstes enthüllen muß. Und enthüllt er sich nicht aus freien Stücken – und je bedeutender solch ein Mensch ist, desto verschlossener, schamhafter, unwilliger, ja selbst zynischer ist er – so wird er, ich möchte sagen, »gestellt«. Ein andrer setzt ihm das Messer auf die Brust: Aljoscha und Iwan in den »Karamasow«, Werssilow und sein Sohn im »Werdenden«, Schatoff und Stawrogin in den »Dämonen« usw. »Lassen wir das«, ruft Schatoff, »davon später, sprechen wir von der Hauptsache, von der Hauptsache... Ich habe zwei Jahre auf Sie gewartet. – Nicht meine Person selbst, zum Teufel mit ihr, – aber das andere –!« Und dann sprechen sie alle von dem »andern«, von der Hauptsache: ob es einen Gott gibt oder nicht; was der Mensch tun muß, wenn es Gott nicht gibt; ob der Mensch überhaupt ohne Gott leben könne; wie im besonderen das Russenvolk diese höchste und brennendste Lebensfrage entscheide, und ob dieses Volk nicht vielleicht »das einzige Gott

tragende Volk« heute sei, »das einzige, dem die Schlüssel des Lebens und des neuen Wortes gegeben sind«.
Und in diesen Gesprächen brennt die Flamme Gottes selbst, die Flamme des um sich selbst ringenden Gottes, dessen Leib das unendliche All der Gestirne und dessen Geist der Geist ihrer Lebendigen ist.

Gibt es etwas Gleichgültigeres als das, was die Menschen nach deinem Tode von dir sagen werden? Nein. Nicht deshalb, weil es dich nicht mehr trifft, sondern weil es an sich bedeutungslos ist. So könnte man fragen und antworten. Aber auch so sagen: Eines bleibt: deine Wirkung. Als Lebendiges wirkst du ringshin, so wie du selbst ein von ringsher Bewirktes wandelst. Und als Gestorbener wirkst du weiter, einmal mit der ins andere bereits übergegangenen Gesamtwirkung deines Lebens, zum andern aber damit, was die Überlebenden nun noch aus deinem Gelebt- und Gewirkthaben für sich herausholen. Beide Wirkungen bleiben, auch wenn du längst mit Namen und Werk vergessen sein solltest; in deinen Wirkungen kannst du nie sterben, als individuelle Wirkung bist du völlig unsterblich. Wenn du dies bedenkst, so wird dich der Gedanke daran, was man nach deinem Ableben von dir sage, wie man dich noch weiter fruktifizieren wird, nicht mehr so ganz gleichgültig lassen wie vorher. Der Inhalt der Nachrede zwar kann dich so wenig kümmern wie das Gelärm einer gefüllten Bahnhofgaststube, in der du ein Glas Wein getrunken, einen Brief geschrieben und ein Mädchen angeblickt hast, um dann gleich wieder weiterzureisen; aber die – wählen wir absichtlich ein grobes Vordergrundswort – mechanistische Wirkung, die unter Teilen jenes Gesprächs verborgen fortzitternde Nachwirkung deiner Anwesenheit, wird je nach deiner Selbstinterpretation – dich immerhin mehr oder minder interessieren dürfen.

Wer das Wunder nicht als das Primäre erkennt, leugnet damit die Welt, wie sie ist, und supponiert ihr ein Fabrikspielzeug.
Das Wunder ist das einzig Reale, es gibt nichts außer ihm. Wenn aber alles Wunder ist, das heißt durch und durch un-

begreiflich, so weiß ich nicht, warum man dieser großen einen Unbegreiflichkeit, die alles ist, nicht den Namen Gott sollte geben dürfen.

A. Wo ist Gott...
B. Du fragst, wo Gott ist?
A. Ja.
B. (auf A. deutend) Dort.
A. Wo? (dreht sich lächelnd um)
B. Ja, du mußt dich nicht nur umwenden, du mußt dich in dich hineinwenden –
A. Hineinwenden?
B. Ja. Siehst du diesen Handschuh?
A. Ja.
B. Das ist der Mensch. Und dies (stülpt den Handschuh um) ist Gott.

Die Welt ist ein einziges lebendiges Wesen, in beständigem Aufbau und beständiger Zersetzung begriffen. Es gibt für dies Wesen keinen Tod – um den Preis des individuellen Todes. Das Individuum ist der Preis des Dividuums. Das Individuum ist vergänglich, das Dividuum ohne Anfang noch Ende. Das Dividuum teilt sich fortwährend und darum besteht es fortwährend. Es kann nur bestehen, wenn es beständig zu Individuen wird. Im Individuum wird es allein fest, so daß man sagen kann: Die Individualität ist die Persönlichkeit der Dividualität, oder, menschlicher: der Mensch ist die Persönlichkeit Gottes.

Man bemerkt es bei den irdischen Ereignissen dieser Tage (dem Vesuvausbruch und dem Erdbeben in San Franzisco) wieder einmal, wie gering bei den Menschen das Gefühl ist, das das natürlichste von allen sein sollte: das Gefühl des Zusammenhangs mit allem, was ist. Nicht einmal bis Neapel reicht ihr Glaube an die Einheit und Korrespondenz aller Dinge, wie sollten sie den Gedanken fassen, daß das ganze Universum beständig in ihnen ist, wie sie in ihm, ja, daß jener Ausbruch des Vesuv sowohl wie irgendein untergehender Stern hinter der Milchstraße im Grunde nichts anderes als ihre ureigenste Angelegenheit bedeutet.

Wir müssen uns davor hüten, ausschließlich mit der Menschheit unseres Planeten zu rechnen. Wir müssen annehmen, daß jeder mögliche Gedanke über Gott auch wirklich (von Gott) gedacht wird, gleichviel ob in unsern oder in Mars- oder Saturnköpfen, ja, daß es sehr wohl Planeten geben kann, auf denen Gott sozusagen leibhaftig im vollkommenen Bewußtsein seiner selbst lebt. Daß wir als die Phase Gottes, die wir sind, offenbar nur Gott in irgendeiner Phase darstellen, nicht zugleich in seiner höchsten; wiewohl auch seine höchste nur eine »endliche« sein mag, indem das unendliche »Mysterium« nur im immerwährenden Endlichen unendlich bleiben kann.

Ich glaube, unsere Erde hat ihr Ebenbild in jedem Baum, in jeder Blume. Ein Keim fiel in einen Grund, ging auf, entwickelte sich zu Pracht und Duft – und wird, was man so nennt, absterben, wenn er seinen Gang vollendet. Ist Schönheit und Duft einer Rose etwas Geringeres als Schönheit und Duft der großen Erdenblume? Und welkt, wenn die Rose welkt, minder Tragisches dahin, als wenn dieser Erdball einst vergehen wird? – Wachstum ist alles, das Wort »wächst« vielleicht das letzte mögliche Wort. – Und wie es undendlich viel Bäume und Blumen gibt, so unendlich viel Welten und Gestirne; keine, keines gleicht dem andern, – und so wäre der Paradiesesgarten als Ewigkeitsgarten abermals stabilisiert. Eine Phantasie, groß genug. Ein Bild für Gott, immerhin unzerreißbar von menschlichen Kinderhänden. Eine Vorstellung, eine Erahnung, wohl nicht stärker, nicht deutlicher als der kaum erhaschte Duft einer von einem Berggipfel in einen Bergabgrund geworfenen Rose, deren an dir Vorüberfall du auf einer vorspringenden Felskante wie ein blitzartiges Wunder erlebst. Aber doch eben das, und als das, etwas. –

Der Mensch, der ganz erkannt haben würde, wäre der wieder geschlossene Ring Gottes.

Der Mensch ist ein an einer Stelle geöffneter Ring. Gott ist der Ring als Eines, Ununterbrochenes. Der Mensch stellt sich dar als dieser Ring, unterbrochen, mit seinen zwei Enden sich wieder zu vereinigen, zu schließen strebend. Der Mensch ist aus sich auslaufender und in sich zurücklaufender – aber noch nicht zurückgelaufener – Gott. Der Mensch ist die Offenheit des Rings, der noch nicht wieder zusammengeschmolzene Hingott und Widergott.

Gedanken vor Kierkegaards »Buch des Richters« »So wird sie mich in der Ewigkeit verstehen.« – Wäre es nicht furchtbar, wenn der Mensch nur Entwurf Gottes bliebe? Wenn jeder dieser Entwürfe als Entwurf endigen müßte, statt weiter und weiter durch alle Ewigkeit ausgeführt, weiter gebildet zu werden? Gewiß, der gegenwärtige Weltdurchschnitt wird immer Fragmentmosaik sein – aber es fragt sich, ob einmaliges Fragmentmosaik oder Fragmentmosaik als Fortsetzung, und zwar nicht bloß im Ganzen, sondern auch im Einzelnen, Einzelnsten: ob ich also nicht nur Fragment Gottes im Ganzen, sondern auch Entwickelungsfragment meiner Person, als einer gottwerdenden Person, als Gottes im Einzelnen, bin. So vielleicht: kann Gott als Menschenperson verlorengehen, ist Person nur eine Maske Gottes (oder besser ein Leib Gottes) – oder ist Gott, einmal Person geworden, als solche ebenfalls unsterblich, so daß seine Entwickelung nicht nur eine Entwickelung zur Selbstahnung seiner selbst als Welt, sondern auch eine Entwickelung in jedem Einzelnen zur immer wieder sterblichen Person auf immer wieder höherer Stufe wäre?

Vor einem Sterbelager Vielleicht trifft man sich einmal unter freundlicheren Verhältnissen wieder. Ja, vielleicht hatten wir uns auch diesmal schon wiedergetroffen, von früher her, nur, daß wir es nie wirklich wissen, daß wir heimliche Zusammenwanderer sind.

Zünde einen Magnesiumfaden an – und du hast das Leben des Menschen im blitzschnellen Bild. Leben und sterben sind nur zwei Ausdrücke für dasselbe. Und unser Ichgefühl das Gefühl des hineilenden feurigen Punktes.

Die Welt, eine in sich zurücklaufende Spirale.

Wir müssen sehen, aus den Formen, als die wir erschienen sind, bis zu unserm Ende zu Kugeln zu werden: die Spirale der Ewigkeit hinabzurollen, nicht aber wie ungefüge Klötze hinabzurutschen und hinabzupoltern, muß unser erster Wunsch und unser letzter Wille sein.

Betrachte die Welt: Alles wesentlich, alles unwesentlich. Unwesentlich die Mücke, wesentlich der Mensch; unwesentlich der Mensch, wesentlich die Menschheit; unwesentlich die Menschheit, wesentlich das Universum; unwesentlich das Universum, wesentlich –

Dies Bewußtsein wenigstens habe ich: mein höchster Gedanke hat nichts zu tun mit dem Äußerlichen meines Lebensganges. Ich bin nicht von denen, die zur Wiederaufnahme der Gottesidee durch irgend etwas getrieben worden sind, als da ist unterdrückte Sinnlichkeit, Einsamkeit der Seele, Verzweiflung an sich und der Welt oder Ähnliches. Ich kenne diese Zustände wohl, aber ich wäre nie vor ihnen zu einem neuen Gottes-Begriff geflohen, wie denn dieser auch weder »heilt« noch »erlöst«. Diese Idee ist vielmehr aus meiner innersten Natur herausgewachsen, ich kann ihre Anfänge bis in mein zweites Jahrzehnt zurückverfolgen, in dessen Mitte etwa ein ganz spezifisch philosophisches Interesse in mir erwachte. Ihr endliches Zutagetreten hängt sehr stark mit der Art meines Schauens zusammen, das mir manchmal erlaubt, sehr in die Dinge zu versinken oder auch: die Dinge gleichsam in mich hineinzunehmen, und mir damit das Micheinsfühlen mit allem zu einem natürlichen Gefühl macht.
Ebenso hatte ich stets das Gefühl des Zusammenhangs in so hohem Maße, daß ich mich von Vorstellungen solcher Art nicht losmachen konnte, wie diese etwa, daß meine Hand, von a nach b bewegt, das ganze Weltall in Mitleidenschaft ziehen müsse.

Was sagt Meister Ekkehart anderes als: zerbrich alle Sprache und damit alle Begriffe und Dinge; der Rest ist Schweigen. Dies Schweigen aber ist – Gott.

»Gott« ist das einfache Ergebnis eines Subtraktionsexempels: ziehe alles von dir ab, was abzuziehen ist, und der Rest ist – Mysterium.

Stein, Tier, Pflanze hatten Zeit, konnten die Geduld von Jahrmillionen haben. Der Mensch aber hat und braucht ein unvergleichlich rascheres Tempo.

Der Mensch, oder – die endliche Ungeduld der Erde. Der Mensch, oder – der Marathonläufer Gottes. Der Mensch, oder das letzte »Wort dieser Welt«.

Man soll nicht immer nach Jahrzehnten und Jahrhunderten rechnen. Man soll sich Mut fassen und fühlen: tausend Jahre sind vor Ihm, dem Geist der Entwickelung, wie Ein Tag und Eine Nachtwache.

Auf Erden ist nichts, sondern alles im Himmel zugleich und in der Ewigkeit. (Geträumte Zeile.)

Wir sind nie wirklich aus dem Paradiese vertrieben worden. Wir leben und weben mitten im Paradiese wie je, wir sind selbst Paradies, – nur seiner unbewußt, und damit mitten im – Inferno.

Die Welt könnte so groß angelegt sein, daß die unaufgelöste Dissonanz eines ganzen Planeten als solche mit hineingehörte. Ein schauerlicher, wahnwitziger Gedanke. Denn wer will seine Dissonanz – schon allein seine ganz persönliche Dissonanz – nicht aufgelöst, und sei es auch erst – nach Äonen.

Wenn Gott nicht die ewige Sehnsucht zweier Seelen zueinander ist – wenn die Welt nicht der ewige Weg dieser zwei Seelen ist – so weiß ich nicht, was Gott und Welt bedeuten.

Der Mensch ist nur ein Moment innerhalb des *Menschen*, und der *Mensch* nur ein Moment innerhalb Naturae sive Dei.

Es versteht sich mir fast von selbst, daß das, was ich bin, sich irgendeinmal seines ganzen Lebens – in allen seinen Erscheinungsformen – erinnern wird.
Und es wird nichts sein – kein Richten, kein Wundern, nur ein Schauen. Aber in diesem Schauen wird Gericht oder Freispruch beschlossen sein.

Ich und du, einmal groß und einmal klein geschrieben – das ist die Weltformel. Ich und Du, und ich und du.

Frage dich nur bei allem: »Hätte Christus das getan?« Das ist genug.

Jeder kann von Christus etwas fortnehmen. Verstehen aber wird ihn alle fünfzig Jahre – vielleicht – Einer.

Immer wieder kommt mir die Szene auf Golgatha ins Gedächtnis, immer wieder komme ich zu mir selber wie Christus und frage mich: Und du schläfst! Und ich fahre auf und Scham übergießt mich ganz und ich erwache zu mir selbst. Aber nur ein Kleines, so bin ich wieder im Halbschlaf. Und wieder tritt mein Selbst an mich heran, rührt mir ans Herz, daß ich wie verwundet aufschrecke und zum wievielten Male! das traurige Wort vernehme: Du schläfst! Wie – wäre mein Problem dies: Eine Natur, auf der Grenze geboren, wo das Mittelmäßige und das Außerordentliche zusammenstoßen, ein Mensch, zu groß, zu reich, zu tief, im Gewöhnlichen zu verharren und doch zu klein, zu arm, zu seicht, zu verharren im Ungewöhnlichen? Mir fällt ein Vers aus meinen ersten Jünglingsjahren ein, jenen Jahren, deren damals noch ganz anders zehrende Ohnmacht ich durch den ausdauernden Schritt nach nur Einem Ziel in zwei Jahrzehnten wenigstens bis zu einem gewissen Grade überwand: »Ich möchte schwächer sein und bin es nicht, ich möchte stärker sein und bin es nicht, und daß ich stärker nicht noch schwächer bin, als wie ich bin, das ist's, was mich zerbricht.« Und auch das fällt mir ein: Wie ich mich früher gehaßt habe. Gehaßt bis zu bitterster Todfeindschaft, die mir vielleicht nur aus Zufall nicht den Garaus machte. Und all mein Flehen um Tiefe fällt mir ein, das der alte Gott noch hören mußte und erfüllen sollte. Ein Mensch also, gemacht aus Edelmetall und taubem Erz, zerspalten in Reichtum und Armut, Vermögen und Ohnmacht! Emporfahrend aus seiner Niedrigkeit, den Himmel des Seherischen und Schöpferischen in seine Arme herabzureißen, ihn erblickend in all seiner Herrlichkeit, und seiner flüchtigen Hoheit wieder entschlummernd in den Schlaf des Alltäglichen, von neuem erwachend nach kurzem Traum im Tal des unfruchtbaren Todes. Das wäre ich? Das bin ich?

WELTBILD: AM TOR

Wie kann man sagen: Dies und das kommt hierher und daher: da doch alles überallher kommt.

Wenn im großen Weltkonzert einmal ein Stern untergeht, so ist das auch nichts weiter, wie wenn einem irdischen Orchestermusiker eine Saite platzt. Sähe man den Mann nicht die Geige absetzen, so würde man vermutlich gar nichts merken, so unbekümmert geht das vielstimmige Zusammenspiel seinen gewaltigen Gang.

Es ist mit der Weltenuhr wie mit der des Zimmers. Am Tage sieht man sie wohl, aber hört sie fast gar nicht. Des Nachts aber hört man sie gehen wie ein großes Herz.

Diese Waschkanne vor mir – nimm die Zeit von ihr, und sie stürzt zusammen in nichts. Die Zeit macht erst den Raum.

Schauerlich, zu denken, daß alles nur »in der Flucht« ist. Es gibt nichts, als den *Moment* in dem fortwährend alles ist.
So wie »ich« von Sekunde zu Sekunde lebe und mir dessen bewußt bin – (aber das alles ist nicht ich, das ist die Unendlichkeit, die in mir fortwährend weiterlebt), so lebt die gesamte Wirklichkeit wie ein einziger gigantischer Körper in ihrer eigenen, von mir ihr vermittelten Vorstellung von Sekunde zu Sekunde.

Ist nicht einmal dasselbe Wort in deinem Munde je dasselbe, so bist auch wohl du selbst ein in jeder Sekunde Neuer, noch nie Dagewesener, Niemehrsodaseinwerdender. Und nicht du allein: Alles ist fortwährend neu, frisch, einzig, einmalig. Dies ist das Geheimnis des Lebens und damit Gottes, als eines ewig Seienden, ohne auch nur die Möglichkeit irgendwelcher Starrheit.

Bewußtsein: Wir stehen an einem Ende, wir sind ein Anfang.

Nicht nur Fortdauer, – – *Ziel*dauer.

Was ist Religion? Sich in alle Ewigkeit weiter und höher entwickeln wollen.

Einen Tempel bauen mit der Aufschrift: Dem heroischen Leiden.

Es gibt keinen größeren Stilisator in der Natur als den Tod. Gib das Leben dem Tod in die Hand und du übergibst es – seiner Kultur. Selbst mit dem Menschen ist es nicht anders. Je mehr uns der Tod in Händen hat, desto höhere Kunstwerke werden wir.

Im Menschen vollendet sich und endet offenbar die Erde. Der Mensch – ein Exempel der beispiellosen Geduld der Natur.

Wer mag denn wissen, ob unsere Erde in der Rangstufe der Planeten nicht eine der untersten, niedersten ist? Ob sie der Mehrzahl anderer Wandelsterne nicht etwa vorkommen möchte wie einem Paris, einem London der Marktflecken Schildburg, oder wie einem Lionardo sein Hund oder sein Pferd.

»Der Übermensch ist der Sinn der Erde« – das heißt: Der Erde Sinn ist ihr Untergang in – Höheres.

So wie ich – außer etwa als mystischer Seher – den Geistkörper des Menschen nicht schaue, so schaue ich auch nicht den Geistkörper der Erde. Und doch muß auch der Planet als Ganzes seinen Geistkörper haben, und wer weiß, ob er damit nicht Brust an Brust mit Geistkörpern andrer Sterne lebt, so daß . . .

Ein Kunstwerk schön finden, heißt, den Menschen lieben, der es hervorbrachte. Denn was ist Kunst andres als Vermittlung, von Seele. Eine Landschaft schön finden, heißt, uns ihrer als eines göttlichen Geschenkes unbekannter Mächte freuen. Dankt meine Ergriffenheit z. B. dem Meere selbst? Nein, sie dankt den schöpferischen Geistern, der ganzen Natur dafür, dem schöpferischen Geist – des Lebens selber. Interesselos aber ist mein Wohlgefallen am Schönen so wenig, daß es vielmehr alles tiefste Schöpferische in mir aufregt und, indem es ihm Gelegenheit gibt, im ausgiebigsten Maße »mitzutun«, bis zu einem gewissen Grade zugleich befriedigt. Nur bis zu einem gewissen Grade – denn über dies Befriedigen hinaus bleibt noch – ob bewußt oder unbewußt – etwas von jener nie ganz gestillten Sehnsucht, die wir allem gegenüber empfinden, was uns zur Liebe zwingt: die Sehnsucht, es noch mehr, noch besser, noch gründlicher zu lieben, als wir es lieben *können*, des Wunsches einer noch viel vollkommeneren, sublimeren Liebe, die den Dank wirklich zu erstatten vermöchte, den wir fühlen.

Die Welt als *Trieb* und Vorstellung – diese Fassung hätte vielleicht manches Mißverstehen Schopenhauers unmöglich gemacht.

Es ist eines der tiefsten Worte: Bei Gott ist kein Ding unmöglich. Gott ist die Möglichkeit aller Möglichkeiten.

Alles Vollkommene darf angebetet werden, freilich nicht, daß es uns etwas schenke (außer sich selbst durchs Mittel seiner Schönheit), sondern angebetet im Sinne ehrfürchtiger Liebe. Ja, *dies* Gebet, als kein Bitten um irgend etwas andres als um die immer reinere Offenbarung der Schönheit des Angebeteten soll bleiben, soll als das *neue* Gebet *wiederkommen*, nachdem wir das alte in uns niedergekämpft, ohne doch je vergessen zu können, daß es nicht nur eine Form des gemeinen Bedürfnisses, nein, noch weit mehr war: eine Form des edelsten Bedürfnisses der Seele: der Liebe. Als Liebe darf das Gebet wieder auferstehen, frei werden.
Nichts ist so klein, daß es nicht Wurzeln hätte bis in den Urgrund des Geheimnisses, und von rechts wegen dürften wir,

wieviel wir auch über die Dinge wissen, das Staunen ihnen gegenüber niemals ganz verlernen. Das Wunder bleibt immer noch größer als die Erklärung.

Wie das Licht von der Sonne herunterfließt und jeden Grashalm herauslockt, so wie man ohne dieses Licht nicht von einem Grün sprechen könnte und von einer Blume auf der Erde ..., so würde alles innere Leben der Welt, vor allem das fortschreitende, nicht sein können, wenn nicht ein inneres geistiges Licht unentwegt hineinsegnete in die Welt, in die innere Welt der Lebewesen hinein.
In diesem hinunterfließenden Tropfen des Hohen, des Großen, des Anregenden der Welt, da weben die Abgeschiedenen, die Verstorbenen mit. Da sind sie mit darinnen.

Beobachte doch, wie alles Menschliche sich fortwährend selbst korrigiert. Wie sich ein ganz bestimmter – und nicht nur beliebiger oder »notwendiger« – Sinn des Lebens entwikkelt, vielfach verschleiert, aber immer wieder hervorbrechend, sich immer reiner klärend und persönlicher enthüllend.

Wenn wir tausend Jahre wie einen Tag übersehen könnten, so würden wir die Entwickelung der Menschheit mit unheimlicher Schnelligkeit sich vollziehen sehen. So aber »sieht« vielleicht der Planet. Wir sehen nur die Individuen wachsen, er – die Typen.

Sollte in immer höherer Erkenntnis und Liebe (in immer höheren Formen) nicht die Möglichkeit immer höheren Glükkes liegen? Welche Genugtuungen, wieviel demütiger Dank, wieviel namenloser Jubel steht uns vielleicht noch bevor! Denn immer wieder, wenn alles, was ist, sich unaufhörlich höher ver- und emporgottet – wo braucht es eine Grenze zu finden, wo hat Gott – ein Ende? Solch ein Aspekt aber ist erst einer Gottheit würdig: – der ins Ewige und Un-endliche.

Warum sollte dies mein Leben ein Anfang oder Ende sein, da doch nichts ein Anfang oder Ende ist. Warum nicht einfach eine Fortsetzung, der unzähliges Wesensgleiche vorangegangen ist und unzähliges Wesensgleiche folgen wird.

Die Vorstellungen von Lohn und Strafe – müssen sie deshalb jeder tieferen Wahrheit entbehren, weil wir sie heute schroff ablehnen? Was hat sich eigentlich geändert? Daß wir uns heute unser Schicksal mehr oder minder selbst zu bereiten glauben, während wir früher glaubten, daß es uns bereitet würde. Ist nicht nur die Optik eine andere geworden, nur die Optik?

Man soll sich seiner Krankheiten schämen und freuen; denn sie sind nichts andres als auszutragende Verschuldung.

Zukunft! – un-er-schöpfliches Wort! O Lust zu leben! O Lust, zu –– sterben!
Wohin können wir denn sterben, wenn nicht in immer höheres, größeres – Leben hinein!

Man versteht den Menschen erst – sub specie reincarnationis.

A. Was, was ist's, was den Menschen von Christus trennt: sagen Sie mir das, können Sie mir das sagen?
B. Ja, das kann ich. Der *Philister* in ihm.

Wir stehen nicht am Ende, sondern am Anfang des Christentums.

Die Menschheit schleppt am Boden. Gefesseltes aller, ach viel zu aller, Art. Darunter ab und zu ein Adler. Auch er mit Fußring und Bleikugel. Aber ein ander Schauspiel doch, als all das andre. Er gewöhnt das Schleppen nicht, das alle andern mehr oder minder gewöhnen. Er empört sich sein ganzes langes Leben lang, flüchtet empor, strebt empor, königlich und unablässig. Auch er vermag sich nicht wirklich in die Luft zu schwingen, – und das weniger, weil er die Gewichte am Fuß nicht zu heben imstande ist, als weil ihn das ungeheure Gewimmel um ihn nicht los, nicht hoch läßt; – besser noch, weil er's nicht mit hochziehen *kann* –, aber er bleibt ein lebendig Memento Coeli!, er verliert seine Göttlichkeit nicht an den Alltag, den Staub und die Straße, nicht an den Trott der Millionen.

Wer das feine zweite Ohr für den Souffleur hat, sieht die Geschichte der Menschheit anders an.

Werden wir hier auf Erden nicht schon von sichtbaren Lehrern erzogen und immer weiter befruchtet? Ist irgendein großer Mensch, dem wir etwas verdanken, nicht unser Meister? Ist so das Leben nicht ein fortschreitendes Lehren und Lernen?
Und sollte das nach dem Tode der leiblichen Persönlichkeit aufhören?

Wenn die Menschen sich weiterentwickeln, müssen auch ihre Götter sich mit und weiterentwickeln, all die geistigen Wesenheiten, die an ihnen gearbeitet haben und arbeiten. Der Lehrer, der das Kind bis zu dessen zwanzigstem Jahre geleitet hat, wird dann ebenfalls um zwanzig Jahre gealtert, gereift, weiterentwickelt sein. Wer überhaupt göttliche Demiurgen annimmt, der soll sie nicht als starre Götzen verehren.

Wir sollten wohl so vor dem Mysterium von Golgatha empfinden: Nicht nur: ein Gott *opfert sich* für seine Welt. Sondern ebenso: er opfert sich für *seine Welt*. Für seinen eigenen ungeheuren tragischen Schöpfungsprozeß, Schöpfungskomplex. Oder, um die Majestät dieses Unausdenkbaren zu mildern: für den Menschen, seinen Sohn, seine Tochter. Denn vielleicht ist für den Gott, dem die Entwickelung seiner Schöpfung, seines Geschöpfes vor Augen steht, die von ihm selbst so verhängte und heraufgeführte Art und Notwendigkeit dieser Entwickelung ein noch ganz anderer Schmerz, als der seines Kreuzweges und Opfertodes. Vielleicht wird Christus erst dann von uns noch ganz anders ahnungsvoll begriffen werden, wenn wir uns in die Tragik eines Weltenschöpfers zu versenken suchen, dessen Wesen Liebe ist – stark und unaufhörlich wie die Sonne –, dessen Wille es ist, selbständige ebenbürtige Weltengötter, Weltenschöpfer, durch Äonen und Äonen heranreifen zu lassen, und dessen abgrundtiefe Weisheit es ist, den Schmerz in allen seinen Graden und Formen als Bildner zu wollen oder doch wenigstens zuzulassen. Glaubst du nicht, daß Sein Leid über alle Leiden der Welt das Leid all dieser Leiden übertrifft – denn noch wie anders leidet ein Gott als ein Mensch –? Sollten wir nicht dieses Leiden des Gottes Christus, als Gottes, zu sehr verkennen hinter dem Leid des Gottes Christus, als Menschen, in der Maja des Jesus von Nazareth?

Da ist das Fruchtbarste an großen Menschen, daß ihr Anblick den, der sie langsam zu erkennen beginnt, bis in den Tod hinein beschämt. – Eine Erfahrung, von welcher aus der Mensch ahnen kann, was ein – Gott für ihn sein müßte, wenn er sich wirklich in ihn versenkte.

Kein größerer Irrtum als der: der Mensch sei dazu da, es jemals gut zu haben. Nie gut *haben* soll er es – außer höchstens, daß ihm die Kraft zu weiteren Kämpfen wachse –, denn sonst »bekäme« er es nie »gut«; dann nämlich, wenn er, nach Äonen und unzähligen Wandelungen, seinen Kosmos absolviert haben wird, und eine Heerschar Gottes-Söhne mehr zu neuem Schaffen gereift steht.

Wen Gott lieb hat, den züchtigt, den – züchtet er. Und so ward er die Welt, Sich Selbst zur – Zucht.

Die Menschheit hat längst alles empfangen, was zu empfangen ist. Aber sie muß es immer wieder von neuem und in immer wieder neuer Form empfangen und verarbeiten.
Die Lehre der Reinkarnation z. B., – sie ist längst da. Aber sie mußte eine Weile beiseitegelassen werden; die ganze europäische Zivilisation geht auf dies Beiseitelassen zurück. Jetzt hat dieser Zyklus das Seine erfüllt, jetzt darf sie, als eine unermeßliche Wohltat, in den Gang der westlichen Entwickelung wieder eintreten. In einem Sinne, der erst jetzt möglich ist, zweitausend Jahre nach der Erscheinung des Christus, in einem ganz andern Sinne als je vorher, wird sie jetzt von neuem die Menschheit befruchten, erleuchten, erlösen.

Was reden wir von *den* alten Ägyptern, Persern, Indern. Reden wir doch von *uns* alten Ägyptern, Persern, Indern!

Oder, wenn Jakob Böhme bei der Erschaffung der Welt dabei war, war er dann bei der Entstehung der Veden abwesend?

Ahnten die Mütter, wie ganz anders eine Mutter ihr Kind anblickt, die sich den Lehren der Wissenden in rechter Weise erschlossen, – nicht Eine würde damit unbekannt bleiben wollen.

Mein Gott, mein Gott, in jeder Sekunde geschieht irgend etwas andres Unsägliches auf Erden – und die Menschen wollen es nicht anders und die Menschen wollen es nicht anders. Denn sonst würden sie ihr Leben anders einrichten, sonst würden diese Schmetterlinge endlich Ernst zu machen versuchen.
Auf welcher Stufe steht noch der Mensch! wie noch viel furchtbarer wird er leiden müssen, damit er nicht als Mumie im Weltall bleibt, damit Gott in diesem gefährlichen Schöpfungsabenteuer nicht zu Schaden kommt.
Als ich noch jung war, da dachte ich, die Zeiten des Leidens lägen mehr hinter uns als vor uns. Jetzt sehe ich fast nicht ein Ende. Zu viele Seelen gibt es, zu viele. Der Fall in die Materie war zu tief –

Demut ist Wärme. Alle Dinge »reden« und erschließen sich gleich ganz anders, wo ihr milder Himmel aufglänzt. Vor dem Demütigen wird die Welt sicher und vertrauend, den Demütigen empfangen, lieben und beschenken alle Dinge.

Ich hatte mich in »Gott« verloren. Aber Gott will nicht, daß wir uns in ihm verlieren, sondern daß wir uns in ihm *finden,* das aber heißt, daß wir Christus in uns und damit in ihm finden ...

Wer in das, was von Göttlich-Geistigem heute erfahren werden kann, nur fühlend sich versenken, nicht erkennend eindringen will, gleicht dem Analphabeten, der ein Leben lang mit der Fibel unterm Kopfkissen schläft.

Der Mensch will schon lange genug wieder frei werden von der nur fünfsinnigen Beschränkung, die zu seinem Wachstum allerdings notwendig war, die er aber doch niemals ganz verlernt hat als ein Joch und eine Schulung zu empfinden, daraus er eines Tages wieder hervorgehen werde, wie er eines Tages hineingegangen ist: als einer, der aus Geisteswelten hinabgestiegen ist und zu Geisteswelten wieder hinansteigt. Er *will* es – und wer einmal gefühlt hat, was der Wille des Menschen bedeutet, der weiß auch, daß vor diesem Willen, wenn der Tag der Reife gekommen, die Tore der alten Heimat sich auftun, wie von magischer Hand berührt. Er weiß, daß alles im Himmel und auf Erden ihm entgegenwächst, wenn es so weit ist; daß er nicht mehr zu darben braucht, wenn das Maß seiner Prüfungen voll ist. Denn war auch Kant ein großer Lehrer und Erzieher, wie viele Lehrer- und Erzieherstufen sind vom Kant-Menschen noch aufwärts bis dahin, wovon es heißt: La somma sapienza è il primo amore.

Man denkt und empfindet heute nicht über die nächsten zehn, hundert, bestenfalls einige hundert Jahre hinaus. Als ob uns, Erscheinungen der Ewigkeit, die Ewigkeit unserer Zukunft nicht gerade so anginge wie unsere nächsten Jahrhunderte, ja, als ob diese nicht allein aus jener richtig bestimmt werden könnten.

Werden wir krank, weil es einem plötzlichen Gewitterregen oder einem herabrutschenden Dachziegel so gefällt? Oder weil unsere Eltern krank waren oder weil rings um uns Krankheit herrscht? Oder weil wir uns selbst die Krankheit irgendwie verschrieben haben, auf daß sie uns von etwas Schlimmerem, von einer Leidenschaft, oder einem Irrtum etwa – heile? Vor der Geburt schon verschrieben, aus einer, obzwar nicht minder individuellen, aber zugleich viel höheren Weisheit und Erkenntnis, als deren wir uns in unserer gegenwärtigen Wiederverkörperung bewußt sind?

Die Menschen sollen einander lieben, aber damit ist nicht gesagt, daß ihnen dies nicht so schwer wie möglich gemacht wird und fallen soll, denn es gibt keine wohlfeile Liebe. Es gibt nirgends im Kosmos des Kreuzes billige Errungenschaften, und wie wäre er sonst auch seines Meisters und seiner Bestimmung würdig.

Von wie vielen geistigen Überwindungen und Siegen hat mancher Mensch schon gelesen und gehört, wie viele Dichter und Weise und Religionsstifter und – Götter haben für ihn gelebt und sind von ihm kennengelernt und wohl auch erlebt worden! Und doch fällt in der Stunde eines schweren Schicksals alles von ihm ab und nur sein eigen Los und Leid steht vor ihm, und nichts gilt dann mehr, nicht einmal Gott. Was half ihm nun sein ganzes geistiges Leben während langer Jahre, ja vielleicht Jahrzehnte? Nichts: denn er hat es nicht mit seinem Innenleben verknüpft, verbunden, vermählt, er war zu wenig re-ligiös. Er wuchs nicht zusammen mit jenem Höheren. Und so hat er jetzt auch keinen Halt an ihm und bekommt keine Kraft von ihm – und steht jetzt so arm wie am Anfang, ja ärmer als zuvor.

»Hat die Religion eine Zukunft?« So gut, wie derjenige, der so fragt, eine Zukunft hat, in der er, wie zu hoffen steht, solchen Fragestellungen entwachsen sein wird.

So wie der winzige Same in die Erde fällt, um die Urpflanze zu wiederholen und nicht nur zu wiederholen, so ist der Mensch ein Samenkorn Gottes. Die Sonne aber, die ihn reift, ist Christus.

»Und Sie glauben wirklich, daß dort oben im blauen Himmel Geister und Götter herumspuken?«
Sie spuken dort nicht herum, sondern sie wirken und schaffen von dort und überall her an uns und der Welt und sie spuken so wenig herum, wie es hier in dieser Tanne oder dort in jenem Berge »herumspukt«. Weder Tanne noch Berg sind ohne geistige Erbauer, geistige Erhalter, geistige Weiterbildner denkbar, noch mehr, sie sind integrierende Bestandteile, Glieder, Leibesteile (wie Sie wollen) geistiger Wesenheiten.

Es ist eine oft zu machende Wahrnehmung, daß wir uns in der Beurteilung irgendeiner großen Idee weniger durch ihre

Gegner als durch den Schwarm ihrer sogenannten Freunde und Verteidiger beirren lassen. Wir müßten uns daher stets klar vor Augen halten, daß eine große Wahrheit ganz und gar unabhängig von allem Menschenwerk ist, daß weder Lob noch Tadel ihren Wert irgendwie verändern kann, daß sie vielmehr ewig gleich, ewig erhaben und ewig gültig ist. Nur, wie sie sich in den Seelen der Menschen widerspiegelt, ist verschieden und zugleich ein untrüglicher Maßstab für die Reinheit und Tiefe unseres sittlichen Bewußtseins. Ist nicht die Religion das beste Beispiel dafür?
Oder gibt es keine Sonne, weil sie uns oft von Wolken verdeckt ist?

Wenn man eine Geschichte der Weltliteratur aufschlägt, so scheint alles in schöner Einheitlichkeit vor einem zu liegen. Die älteste wie die neueste Dichtung sind ohne weiteres auf die gleiche Quelle zurückbezogen, nämlich auf den Menschen, so wie man ihn heute versteht, einen Typus, den man nach dem Bilde der gegenwärtigen Menschheit geschaffen und als ungefähren Normaltypus für alle Zeiten und Länder festgesetzt hat. Die Wirklichkeit jedoch kennt keinen solchen Generalnenner. Der Mensch verwandelt sich fortwährend und steht in den verschiedenen Zeitaltern in verschiedenem Zusammenhang mit der geistigen Welt. Er war seiner nicht immer so bar wie heut, aber er ist dies selbst heute nicht in dem Maße, wie angenommen zu werden pflegt. Ja noch mehr, er ist im Begriff, ihn langsam wieder zu gewinnen, und behält damit, da es im Licht seiner vollen Vernunft geschieht, der Welt ein noch nie erlebtes Schauspiel vor: das Bewußtwerden seiner, des Menschen, des menschlichen Geschlechtes selbst; als, um es so auszudrücken, einer für sich besonderen kosmischen Hierarchie.

Ist dies nicht alles Schöpfung, merkwürdige, wunderliche Schöpfung? Dieser Schrank, diese Bettstatt, dieses ganze Zimmer? Ist nicht dies alles aus einem Grundgedanken heraus entstanden, aus einem mathematischen Grundgedanken? Stimmt darin nicht alles irgendwie zusammen?
Und von diesem Gedanken: daß dies alles Schöpfung aus dem Nichts ist! ist es da noch weit zu dem Gedanken eines

Schöpfers und ganzer Reiche und Stufenfolgen von Helfern desselben, noch weit zu dem Gedanken, daß hinter allem und jedem – Geist steckt, und nicht bloß alleiner, unterschiedloser Geist, sondern differenzierter, tausendfältig gearteter, gestufter Geist? Ist vom Staunen über Mensch, Tier, Pflanze und Mineral mehr als ein Schritt zum Ahnen unsichtbarer Wesenheiten, und davon mehr als ein Schritt zum Glauben, daß es Lehren und Lehrer geben könne, nein, zur Überzeugung, daß es Lehren und Lehrer geben – müsse, in jene Geisterwelt offenen Sinnes hineinzudringen...

SPRÜCHE · EPIGRAMME
RITORNELLE

SIEH, das ist Lebenskunst:
Vom schweren Wahn
des Lebens
sich befrein,
fein hinzulächeln
übers große Muß.

GIB, gib und immer wieder gib der Welt,
und laß sie, was sie mag, dir wiedergeben;
tu alles für, erwarte nichts vom Leben, –
genug, gibt es sich selbst dir zum Entgelt.

ICH riß des Herzens Furchen auf:
Da säten Wind und Sonnenschein
ihr Korn hinein;
da schoß es auf
aus rotem Grund
und wuchs mit zuckendem Purpurmund
zum Licht hinauf.

DULDE, trage.
Bessere Tage
werden kommen.
Alles muß frommen
denen, die fest sind.
Herz, altes Kind,
dulde, trage.

WUNDER-volle Tage seh ich nahn,
wo die Menschen,
ahnungsvoll bewußt,
ihres wahren Sinnes Glück empfahn.

JEDER trägt, so fühlt ich schon als Knabe,
um sein Haupt ein unsichtbares Glänzen –

ZUM Menschen fühl ich
unverbesserlich mich hingezogen;
belogen und betrogen oft –
was tut's?
Denn was ich liebe,
steht über dem, was einer ist.

An meine Taschenuhr

Du schlimme Uhr, du gehst mir viel zu schnell;
und doch – dich schauend, seh ich selber hell.
Unschuldig Räderwerk, was schelt ich dich?
Ich geh zu langsam, ach zu langsam – ich.

DUNKEL von schweigenden Bergen umschlossen,
vergessen die Welt wie ein Puppenspiel,
nebelumflossen, regenumgossen,
doch in der Brust ein leuchtendes Ziel.

WACH auf! »dein Ziel ist in Gefahr«.
Du gabst in bunten Träumerei'n
der Einsamkeit, was ihrer war –
nun gib dem Leben auch, was sein.

DAS Leben ist urewiglich – Moment,
ein Anfang ganz; du siehst drin einen – Schluß
und glaubst, du kenntest, was doch ruhlos – brennt.

MESSKUNST wird und Forscherlust
einst noch Gras und Baum befragen:
und der Wissenschaft wird tagen,
was der Weisheit längst bewußt.

LEBEN ist Licht auf trübem Mittel, sieh.
Das trübe Mittel wirft es erst zurück
als farbige Erscheinung. Im Un-Reinen erst
bricht spiegelnd sich die Gottheit und wird – Gott.

VON Herzen Schollenmensch,
von Geist Nomade.

Ewiges Einerlei

Was längst beantwortet ist
oder längst zu beantworten wäre,
das wird noch immer gefragt,
das frißt noch immer Gehirn.

WER alles ernst nimmt, was Menschen sagen,
darf sich nicht über Menschen beklagen.
Alles Reden ist meist nur Gered.
Weiß man erst, was dahinter steht,
läßt mans klappern wie die Mühlen am Bach
und geht stillfein in sein eigen Gemach.

Tragikomödie des Phantasten

Ich schnelle meinen Zollstock mit der Hand –
und halbe Welt entwächst dem dürren Sparren.
Ich schnelle meinen Zollstock mit der Hand –
und Ihr, was seht ihr? Nichts, plus einen Narren.

WEN läßt ein Musikante leben?
Keinen und ein oder zwei daneben.

NICHTS ist trostloser als ein Humor,
den man aus Humorlosem kitzelt.
Die Welt ward zu Tode gewitzelt
und trister denn je zuvor.

Der Zeitungsleser

»Unendlich viel geschah,
just da
ich Mensch gewesen.«
Und was geschah von dir?
»Von mir?
Das, was geschah, zu – lesen.«

WAS braucht ein Volk für Gönner?
Wahrheit-sagen-Könner.

Dichterbekanntschaft

»Zu Haus in meiner Träume Welt,
wie hab ich ihn mir vorgestellt!
Doch ach, wie ganz betrog ich mich:
Der Esel sieht ja aus wie ich.«

O ihr, an so viel »letztem Wissen« Leidenden,
wie seid ihr oft instinktlos im Entscheidenden!

Schule

I

Das Erste, was ich sah, war Heuchelei.
Ein Lehrer faltete die fetten Hände
und sprach ein weinerlich Gebet dabei.

II

Und lieber Gott und aber lieber Gott.
Ich fühlte, fromm, mir Seligkeit verbrieft.
Dann kam der Sturz. Der wilde Schmerz und Spott.
Und doch. Was tats. Selbst ihr habt mich – vertieft.

III

Aus reifem Leben nun zurückgewendet:
Zu keinem Haß mehr fühl ich mich beherzt.
Kein Fluch mehr, einem Teil der Welt gespendet!
Das Ganze ists, das Ganze, was heut schmerzt.

Lehre

Was die Welt an Lehre mir gegeben,
willst du wissen?
Unser Bestes dürfen wir nicht leben,
weil wir »leben müssen«.

MAN muß Künstler sein,
will man Lehrer sein,
man muß *schaffen* wollen
in Fleisch und Bein.

JUNGVOLK der Pythagoräer
hielt fünf Jahre sich im Schweigen, –
heut will jeder junge Kräher
allsogleich sein Stimmchen zeigen.

Schicksalsspruch

Unhemmbar rinnt und reißt der Strom der Zeit,
in dem wir gleich verstreuten Blumen schwimmen,
unhemmbar braust und fegt der Sturm der Zeit,
wir riefen kaum, verweht sind unsre Stimmen.
Ein kurzer Augenaufschlag ist der Mensch,
den ewige Kraft auf ihre Werke tut;
ein Blinzeln – der Geschlechter lange Reihn,
ein Blick – des Erdballs Werden und Verglut.

VOM Fleißigen ist immer viel zu lernen,
doch zu beseligen vermag nur Größe.

DIE großen Worte sind die Horte
des Nichtpersönlichen in dir,
wir halten sie für *unsre* Worte
und unsre Dichtung wird – Papier.

ALLES heilt der Entschluß.

VERGEBT, wenn manchen manches hart hier trifft
Mein Pfeil soll treffen, doch er birgt kein Gift.

JEDER Feind hat doppelt Quartier,
eins bei sich und eins bei dir.

MEIN Hang,
nur ja nie ein zu stolzes Wort zu sagen,
hat redescheu gemacht mein halbes Denken.

ABER etwas ist in mir, das sprudelt
wie ein ewiger Quell, zwar oft verschüttet.

Und ob dieses Quells voll Lebensperlen
bitt ich euch: vergebt mir, was ich *nicht* bin.

DIE wir die Welt zum zweiten Male dichten,
wir lernen früh und gern auf viel verzichten.

WAS gab ich denn den Menschen, das mir nicht
Natur, die gütige, zuvor gegeben.
Ich bin nur wie ein Krug, in dem das Leben,
die ewige Quelle, seine Wellen bricht.

ICH habe mich zu halten nie gewußt,
ich lebte ohne rechte Zucht so hin
und fand trotz allem einen Lebenssinn,
zu groß für einer Menschheit Riesenbrust.

DAS dank ich Euch, ihr glücklichen Geschlechter,
aus denen ich mir Blut und Namen schreibe,
daß ich im Lebenswirrsal sicher bleibe:
Humor, den Weltumfasser, Weltverächter.

Es gibt auch eine Freude, die nie lacht,
die nie ein Zeichen gibt aus ihrer – Nacht.
Die so tief liegt, daß sie kein Aug ermißt,
und die in allem Schmerz doch Freude ist.

WIE süß ist alles erste Kennenlernen!
Du lebst so lange nur, als du entdeckst.
Doch sei getrost: unendlich ist der Text,
und seine Melodie gesetzt aus – Sternen.

DER kann von Liebe nicht reden,
dem sie nimmer Verlust und Gewinn war –

dem sie nie irgendwann der Sinn war
von allem und jedem.

Ja, du mit deiner Mäßigung
mit deiner salbungsvollen,
du liebtest nie, du warst nie jung,
du hast nie *schaffen* wollen.

Aus der ach so karg gefüllten Schale unsres Herzens
laßt uns Liebe schöpfen, wo nur immer einer Seele
Schale leersteht und nach Liebe dürstet.

Nicht versiegen drum wird unsre Schale,
steigen wird die so geschöpfte Flut, nicht fallen,
Fülle wird das Los des so verschwenderischen Herzens.

Ich sage dir als tröstlich Wort,
wie eins aufs andre ist gestellt.
Denk einen Punkt des Ganzen fort,
du denkst dich selber aus der Welt.

Von den Armen der Natur
ward ich hin zu Gott getragen,
von den Lippen der Natur
ging mir zu Sein erstes Sagen.

Zur Pflanze kehr ich immerdar zurück,
sie ist der Born, aus dem ich immer wieder tauche,
sie ist, so hart ich mich im Kampf um mich verbrauche,
mein unverlierbar Teil an Glück.

Kinder, Tiere, Pflanzen,
da liegt die Welt noch im Ganzen.

IN allem pulsieren,
an Nichts sich verlieren.

NUR wer den Menschen liebt, wird ihn verstehn,
wer ihn verachtet, ihn nicht einmal – sehn.

VERKENNEN dich die Menschen, oh so tröste
dich der Gedanke, was der Reinste, Größte
im Herzen litt, als er die Welt erlöste.

Sein tiefer Schmerz muß deinen Schmerz versöhnen.
Wie darfst du da noch bittrer Klage frönen,
wenn sie dein kleines Tageswerk verhöhnen?

HABE nur den rechten Blick –
Alles ist Schuld zuletzt
und alles muß – Sühne sein.
Wer spricht zu sich: ich bin von Fehle rein,
wer sähe vorwurfsfrei auf sein Geschick.

Der Gelehrte und Goethe

»Ich weiß, was er zu jeder Zeit gesagt,
doch mein Gewissen hat er nie geplagt.«

WORAN sollen wir uns erziehen?
An großen Biographieen.
Plutarch unters Kopfkissen!
Wie wir's von Napoleon wissen.

Goethe

I

Wer je des Menschen Sinn vergaß,
den lehre dieses Menschenlos.

Nie wies ein Mensch so sehr des Menschen Maß
und war in diesem Maß so tief und groß.

II

Nur eine Seite deiner teuren Werke –
und schöner wird mein Wesen wie von Licht.
Du strahlst mich an. Wo blieb die eigne Stärke,
du, mir zugleich Erfüllung und Gericht.

Wie kann der Lebende vor dir bestehen?
Und über Wolken wandelt Antwort her:
du bist von denen, die doch immer *gehen*.
Geh weiter denn, kein Sterblicher kann mehr.

III

Du konntest mitten in die Sonne schauen.
Dein unverhülltes Auge durfte sich
dem Auge Gottes ahnungsvoll vertrauen.

So hoch erhob der Weltenschöpfer dich,
daß, was die Lider streng sonst niederwendet,
in dir der Kraft des Augen-Aufschlags wich,

und du, selbst Schöpfer, vor Ihm standest – ungeblendet.

An Dostojewski

Das *Unerhörte* lockte mich von je
und darum bist du mir so wert vor allen.
Dich läßt nicht ruhn der Erde tiefes Weh,
du mußt aus Schmerzgewölk gewaltig fallen.

An dir soll man sich nähren hier und dort,
an dir des Herzens Unruh wieder lernen.
Du Glut aus Steppenbrand und Gottessternen,
nicht Künder bloß, du selbst ein neues Wort.

Zu »Raskolnikow«

Wenn die Rosen
um deine Stirn, Mensch,
nicht Blutstropfen sind,
wirst du nicht wissen,
warum du lebst,
bleibst du ewig ein Kind,
Mensch.

Nach Gorkis Nachtasyl

Ich misse mehr und mehr den Ernst
für eines Dichters Predigt.
Was du, mein Freund, vom Dichter lernst,
ist meistens längst erledigt.

An Tolstoi

Totengräber wärst du gerne
aller westlichen Kulturen;
doch wir wandern andre Spuren,
haben unsre eignen Sterne.

Und indem dein blind Verfemen
uns verstößt und unsre Ahnen,
ist die Größe des Germanen
dich in sich – mit aufzunehmen.

An des Dichters andere Hälfte, den Leser

I

Wie wenn der Wind von fernen Dingen singt,
heut magst du ihn verstehn und morgen nicht, –
so wehen unsere kargen Worte dir
des Lebens unbestimmten Duft hinüber.

Und heute schwillt dein Herz in Ahnung mit
und unser Werk wird ihm von neuem Welt,
und morgen stehst du fremd und kalt vielleicht
und vor dir liegt ein totes, stummes Lied.

II

War mir selten dein bewußt
während ich geschrieben.
Reine, tiefe Bildnerlust
hat mich stets getrieben.

Ich habe von der klügsten Frau vernommen:
»Mein Herr, wo kann man wohl Ihr Buch bekommen?« –
Beim Kaufmann, weiß man, gibt's Zibeben.
Allein, wo mags nur Bücher geben?

An jeden, den's angeht

Ich weiß, wie der Gesellschaft Mühle klappert,
da kommt der Einkehr Geist kaum zu Gehör.
Es ward ja auch nicht nur so hin geplappert:
das Wort vom Reichen und vom Nadelöhr.

Das geht an dich und mich und jeden:
Mehr sein, weniger reden,
weniger sagen, fragen, klagen,
mehr die Wärme nach innen schlagen.
Unsere Zungen in Züchten halten,
nicht immer die ewig alten
Sätze und Plätze wiederkäuen,
Phrasen und Fratzen in allem scheuen,
langsam prüfen, sich gern bescheiden,
alles schnelle Vorurteil meiden,
uns genügen im Unentbehrlichen,
uns vereinfachen, uns verehrlichen,
eins vom Kindes- zum Greisenleben:
weise, weise zu werden streben.

ALLES Leben steht auf Messers Schneide.
Gleite aus und du ertrinkst in Leide.

UND so hebe dich denn
aus den Nebeln des Grams
auf des Selbstvertrauens
mächtigen Fittichen
aufwärts,
bis du dir selber
mit all deinem Leide
klein wirst,
groß wirst
über dir selber
und all deinem Leide.

Dem Schaffenden

Vom zersetzenden Geiste
fürchte das meiste.
Ward sonst dein Geist nur hell und frei,
geh ihm vorbei –
und ob dein bester Freund es sei.

DIESES ewige pro domo reden –
wie entbehrt es jeder Scham,
und wie sagt es klar für jeden,
wie die Macht herunterkam.

Der Ikaride

Er trinkt zu gern, sein Auge schwimmt
in Wonnen gemeinen Wohls;
er bleibt, so hoch den Flug er nimmt,
ein Ikarus des Alkohols.

WAS berufst du dich auf Goethen,
selbstverliebter Larpurlar!
Kann dich doch *ein* Wort schon töten:
»Was fruchtbar ist, allein ist wahr.«

VERGESST mir nur das *Fürchterliche* nie,
nur nie den Bodensatz des Teuflischen
im Göttertrunk der Welt, wo immer auch.

L'ART pour l'art, das heißt so viel:
wir haben nur noch Kraft zum *Spiel.*

WENN ich die Welt durchs Prisma meines Witzes
fallen lasse – wievielmal ihr Bild
gebrochen wird – oft weiß ich selbst es kaum.

Nietzsche

Mag die Torheit durch dich fallen,
mir, mir warst du Brot und Wein,
und was mir, das wirst du allen
meinesgleichen sein.

WEN er nicht einmal zu Tode beschämt,
wen er nicht einmal zu Tode gelähmt,
hat nie auch nur im Traum geahnt,
was für ein Geist da fragt und mahnt.

ÜBERALL bin ich allein,
wie ein Stein,
der in ein Spiel nicht recht paßt,
überall bin ich Gast.
Nirgends ganz dein –
Welt –

VÄTERLICHE Kunst der Farbe
treu mit Worten weiter treibend,
daß das Herz nicht völlig darbe,
Unbeschreibliches beschreibend.

Dachstuben-Stimmungen

Auf euren ganzen Kleinkram lach ich,
ein Philosoph, aus heitrer Höh.
Die kecksten Exkursionen mach ich
aus meinem vis-à-vis-de-Dieu.

Tragik der Kunst

Des sei dir, Lieber, stets bewußt
bei allen Künstler-Gaben:
Das Beste blieb in stiller Brust
verschlossen und begraben.

VON wenigen erkannt in meiner Weise,
so geh ich durch die Menge lächelnd, leise.
Sie wird mein Wesen schon einmal erraffen,
und daß ich ihr zur *Freude* ward geschaffen.

WAS ich möchte im Guten und Bösen:
recht viele Menschen zur Freiheit erlösen.

Ich selber

Wahrhaft glücklich geboren.
In der Jugend halb Leben verloren.
Später den Rest mühsam beschworen.

KREUZ und quer bin ich gereist,
mochte nirgends lange bleiben.
Einer Heimat zu, dem *Geist*,
tats mich immer wieder treiben.

Auf mich selber

Höchste Unabhängigkeit –
sin qua non conditio;
Zwang der Herdengängigkeit –
maxima contricio!

Rang, Besitz und Menschengunst –
larum lirum larum;
eine Kunst statt *aller* Kunst:
hic fons lacrimarum.

DIES ist mir oft ein dumpfer Schmerz:
dies gebannt sein
in *einen* Kopf,
in *ein* Herz,
in *ein* Augenpaar.

Γνῶθι σεαυτόν

Kein Brunnen ist so tief wie du;
und schöpfst du aus dich bis zum Grund,
so wird dir mehr vom Menschen kund,
als trüg dich Ahasveri Schuh.

Dankbarkeit und Liebe

Dankbarkeit und Liebe sind Geschwister.
Dankbarkeit *ist* Liebe, mild doch stet.
Wer ein Liebender durchs Leben geht,
auch ein Dankender für alles ist er.

WAS kann ein Gastfreund Beßres sagen
als: ich fühlte mich daheim.
Schenkt nun auch als Gegenreim:
wir haben ihn wie uns ertragen.

O Freunde, liebt mich nicht,
niemals *den*, der ich bin;
doch was ich *werden* möchte,
das, das liebt an mir!

FREIHEIT ist kein käuflich Gericht;
man hat sie oder man hat sie nicht.
Und wer sie hat, wer wirklich »frei«,
hat noch ein kleines Lächeln dabei.

ICH mag es nicht, dies selbstverliebte Wesen,
dies Selbstanpreisen und dies Selbstausbeuten.
Genug, man ist ein Einziger gewesen;
wer es nicht fühlt, dem wird man es nicht deuten.

DER Übermensch ist schon kopiert,
wenn man das Dutzend nur schockiert.
Und suchst du einen Zeitvertreib,
so bist du auch schon Überweib.

WIR können nie, was um uns lebt und webt,
erstaunt und tief genug betrachten;
denn unser Sinn, zur Flachheit neigend, strebt
zu sehr danach, die Dinge zu mißachten.

Indes der Mensch nach Unerhörtem hascht,
erstirbt der feine Sinn ihm für das Kleine,
und was ihn nicht als Wunder überrascht,
das dünkt ihm das Natürliche, Gemeine.

Und doch ist Wunder diese ganze Welt
und nichts in ihr ist einfach und gewöhnlich.
Denn deine Welt und meine – steht und fällt
mit dir, mit mir: sie ist durchaus persönlich.

Unmöglich ists, die Menge zu belehren,
sie spottet dein und deiner Liebespredigt.

»Was tuts? wär jede Müh so leicht erledigt,
wärs ja ein Luxus, daß wir Menschen wären.«

Wie ward ich oft gebrochen, brach mich selbst,
und dennoch *leb* ich, unverwüstlich stark.
Was alles liegt in mir geknickt, verdorrt,
doch unaufhaltsam *wächst* es drüber hin.

FIESOLANER RITORNELLE

Oliven
Erst wenn der Wind euch beugt und schaudern macht,
enthüllt ihr eure silbernen Tiefen.

Zypressen
Ihr lehrt mit nicht gemeinem Maß
die Dinge messen.

Feigen
So sinnlich sah ich keinen zweiten Baum
Unfaßbares umzweigen.

Käuzchenschreie
Des Unglücks Bote ruft durch stille Nacht.
Wann kommt an uns die Reihe?

Mondnächte, klare
In solchen Nächten stiehlt man nichts
denn Liebesware.

Nachtschatten
Erinnerst du dich, fernes Mädchen, noch,
wie lieb wir uns einst hatten?

Verfrühter Falter
Du flogst, verwegner Geist, der Zeit voraus;
noch *dämmert* erst dein Alter.

Glänzende Dächer
Im Mittagschleier ruht die Arnostadt,
ein edelsteinbesetzter Fächer.

Zwölfuhr-Schuß
Dem Aug blitzt Mittag schon, indes das Ohr
sich noch im Vormittag gedulden muß.

Domglocke brummt
Aus Höhn und Tiefen keine Antwort mehr:
mein Gott, mein Mensch sind beide längst verstummt.

Ihr sanften Hügelketten!
Umsonst versuch ich in mein Buch zu schaun;
wer könnte sich vor eurer Anmut retten!

Eidechse
Solang ich pfeife, hältst du still und horchst, –
doch greif ich zu, entwischst du, kleine Hexe.

Amsel flötet, Biene summt,
Frühling jubelt über allem Leben ...
Mund des Glücks, du warst mir lang verstummt.

O Welt!
Wie gern genöß ich als ein Schauspiel dich,
von halber Höh, nur locker dir gesellt.

Von halber Höh – ein Adel, der mir paßt.
So lebt ich immer, zwischen Tier und Gott,
halb Mensch, halb Vogel, zweier Reiche Gast.

Glanzgrauer Tag
Aus deinem Taft soll man die Flagge machen,
darin man mich dereinst begraben mag.

Der Freund schreibt:
Des Herzens unverwandte Einsamkeit,
du fühlst sie auch – und wie sie nichts vertreibt.

Mohn im Winde
So neigen wir uns glühend geneinander, –
doch nie wird zwei zu eins – als einst im Kinde.

Epheuranke
So reich verkleidet Trümmer und Zerfall
nur Eins noch: der Gedanke.

Die Fünfuhr-Glocke ruft durch bleiche Nacht:
Wer schläft, wach auf, und wer da wacht, schlaf ein;
so hab ich jedem, was ihm frommt, gebracht.

Morgenhauch
Aus Bett und Haustür ziehst du mich hinaus,
wie aus der Esse den verschlafnen Rauch.

Giottos Grabschrift von Polizian
Zwiefacher Hauch der Vorzeit traf uns voll,
als wir im Dom die stolzen Verse sahn.

In meinem Burckhardt wühlt empört der Sturm:
So war es einst, so soll es wieder sein!
Das gafft nur, schafft nicht mehr um Giottos Turm.

Kaum mehr erhoffte Tage!
Mit dreißig Jahren fand ich eine Stadt,
zu deren Bild ich ja und Amen sage.

SPRÜCHE

An den Sklaven Michelangelos

Du eines Riesenplanes edler Rest!
So hebt man an und brütet Grenzenloses,
so rüstet man zu einem Schöpfungs-Fest ...
Und was wird Form? Zwei Sklaven und ein Moses.

Vermauerte Aschenurnen

Dort hinter Tafeln ruht ihr Staub in Schalen.
Wir sollten ihn dem Leben nicht entziehn.
Und doch – des Himmels unsichtbare Strahlen
durchdringen Erz und Stein und finden ihn.

Es ist der Maßstab, der den Rang bestimmt;
wie leicht, wie schwer ein Geist die Dinge nimmt.
Hier ist ein Mensch, der nicht zu wägen weiß,
und drum gehört er nicht in eines hohen Lebens Kreis.

Der Künstler

Laß dich nicht nach Menschenweise
an den Tanz der Dinge binden.
Sprich: Verwirrt mir nicht die Kreise!
Alles andre wird sich finden.

NICHTS trauriger, als wenn die Mittel fehlen,
sich immer mehr und besser zu beseelen.

Du magst dich drehn und wenden wie du willst,
du wirst erkannt und das ist dein Gericht,
und wenn nur einer dich erkennt, – genug.
So mancher sieht sich vor sein Leben lang,
verwischt die Spur, verschleiert Wort und Blick,
allein, du bist nur immer Einer, Mensch,
dein Kleines liegt nicht hier, dein Großes dort,
und wie sichs mischt – auch ohne, daß du's weißt,
so bist du und so wirst du einst erkannt.

Hat sich einer vor Gewalt
und Beschränktheit nicht gebeugt,
preist man, starb er endlich, alt,
wie für »Wahrheit« er gezeugt.

Statt zu melden ungeziert:
Einer Welt, drin noch fortan
Narr und Knecht und Kind regiert,
starb »ein Mann«, nichts als ein Mann.

Wozu, so fragt man sich, Reichtum, Wohlstand, Macht,
wenn alles dies die Menschen nur *verflacht*?

Erfahr ich, wie Mitchristen sich gebärden,
möcht ich aus Scham und Ingrimm Jude werden.
Noch mehr! Wie's Jude, Christ und Heide treiben,
verwehrt mir fast, noch länger Mensch zu bleiben.

Allen Knechtschaffenen

An alle Himmel schreib ichs an,
die diesen Ball umspannen:
Nicht der Tyrann ist ein schimpflicher Mann,
aber der Knecht des Tyrannen.

VERSÄUMTE Pflicht
gebiert sich selbst
das Blutgericht.

An ein Mädchen

I

Ich hab mich nicht in dir verlesen,
dein Wesen lag mir allzu hell.
Du wärst ein frischer Trunk gewesen,
doch nimmermehr ein Lebensquell.

II

Behaupte *dich*,
sonst gedeihst du nimmer.
Es gilt Ich gegen Ich
überall und immer.
Nur die Kräftigen
schauen die Höhn;
was weinst du denn –
Ist das nicht *schön*?

SIEH her, mein Kind, und lerne diese Zweiheit:
den Hang zur Güte und den Drang zur Freiheit.

NIEMANDEN hassen,
jeden belassen
in seinem Wesen,
in jedem lesen
die ewige Meinung;
das macht genesen
zum Allumfassen,
zur Allvereinung.

DU mußt den Blick ins Weite kehren,
von deinem engen eignen Wesen.
Die Weite muß die Enge lehren.

Du mußt am Leid der Welt genesen.
Zum Leid des Gottes mußt du kommen
und mußt in Seinem Antlitz lesen –

und aller Gram wird dir genommen.

ALLES ist von Wichtigkeit,
alles ist nicht gar so wichtig.
Nur die rechte Sichtigkeit,
und du wandelst richtig.

Frage ohne Antwort

Es gibt Menschen, die so groß sind,
daß ihnen solche Dinge nicht mehr dienen.
Es gibt Menschen, die so groß sind –
gehörst du zu ihnen?

IM Sturm, da gibt es nicht mehr dies und das,
nicht mehrerlei, nicht zweierlei, der Sturm
hat eine Möglichkeit nur, sich, den Sturm.

Eselgeschrei

Du lachst des Frühlings, der den Esel plagt.
Beim Menschen eilt die ganze Welt herbei.

DAS nennt ihr große Kunst?
Ich nenn es – große Brunst.

WER kennte nicht das Werden der Phantome
aus einem Ärger, einer dunklen Stunde?
Und wie er sie verwünscht mit herbem Munde

und wie sich wehrt vor ihrem wilden Strome,
der auf ihn eindringt und ihn höhnisch peinigt...
Bis er sich endlich übermenschlich reinigt,

indem er sie im Geist ergreift, die Geister,
und sie erwürgt, wie Herakles die Schlangen;
nun endlich wieder ihrer Herr und Meister.

WAS wärst du, Wind,
wenn du nicht Bäume hättest
zu durchbrausen;
was wärst du, Geist,
wenn du nicht Leiber hättest,
drin zu hausen!
All Leben will Widerstand.
All Licht will Trübe.
All Wehen will Stamm und Wand,
daß es sich dran übe.

Es gibt Unterschiede
und soll sie geben.
Nur kein fauler Friede.
Lieber kein Leben.

Schach, das Königliche Spiel

Du bist nicht nur ein Spiel, vom Leben schwer,
du bist sein Kampf selbst, formuliert als Spiel.
In dir erflog der Geist den großen Stil. Noch mehr:
du bist des Geistes großer Stil.

In Wald und Welt

Lebendige Wesen schreitend aufzuscheuchen,
will Lust im Wald wie in der Welt mich deuchen.
Ein herrlich Wort aus Nietzsches hartem Lachen:
»Das Individuum unbehaglich machen.«

Ein ander Mal

Drei Rehe stehn wie eine Gruppe starr –
wird er vorübergehn, der fremde Narr?
Er wird vorübergehn, liebreizend Bild;
er ist ein Jäger nur auf Seelenwild.

G. –

Er konnt nie über etwas lachen.
Wie kann ein Mensch so tief verflachen!

GRABSCHRIFTEN

Der Philosoph einem Schurken

I

Er war ein Schuft. Warum es nicht bekennen?
Wir haben ihm so wenig zu verzeihn
wie jenen zu erhöhn, den Held wir nennen.
Ein jeder war nur, der er mußte sein.

Der Liebende seinem Mädchen

II

Leb wohl! Du warst für mich der Sinn der Welt.
Ich sprach sie heilig, weil sie Dich geboren.
Ihr ganzer Wert war nur auf Dich gestellt
und ist mit Dir für immer nun verloren.

Der Lebemeister

III

Er war ein Lebemeister,
er war der Freien Freister,
selbst vor sich selber frei,

und doch so wohl geboren,
daß er sich nicht verloren
an Wahn und Narretei.

»Er war ein Bäcker«

IV

Wenn einst der schwarze Ochse ›Tod‹
das Blümlein frißt, das meinen Namen
im bunten Beet des Lebens trägt,
dann schreibt in meinen Grabstein-Rahmen:
Er war ein Bäcker; doch sein Brot,
das heut die Konkurrenten schlägt,
war gestern noch zu frisch den Zarten.
(Man weiß, daß sich schon manche Damen
an warmem Backwerk übernahmen.)
Der Bäcker war zu stolz zu warten.
Er schloß Geschäft und Leben. Amen.

Monolog eines –

Ich schaue rückwärts auf drei Jahre Leben,
in denen ich noch nicht drei Mark
für meine Seele ausgegeben.
Das Buch, das (nur zehn Bogen stark)
von meinem Freunde mir empfohlen,
ich wollt es mir zwar immer holen,
doch wars mir stets um fünfzig Pfennig
zu teuer. Und mein Trost war: wenn ich
es dieses Mal nicht lese, nun,
so werd ichs wohl das nächste Mal
in meinem nächsten Dasein tun.

Ich liebe mir die überlegnen Geister,
die über ihren Ernst noch lachen können,
die nicht der Worte Kinderspiel – und Tanz
um ihrer Freiheit Wolkenflug gebracht.

Sie, die des Lebens wunderreichsten Glanz
wie seine tiefste höllengleiche Nacht
zu einem *Anblick* für sich machen können –
sie sind gewiß des Lebens beste Meister.

DER, dessen ganzer Zug
zum Interessanten nur,
er liebt mir nicht genug
die Fülle der Natur.

Rat aus eigener Erfahrung

Du mußt, mein lieber Freund, erst einmal Narr werden,
erst einmal machen, daß die Mienen starr werden,
dann wird man sich vielleicht bequemen,
auch was du Ernstes schreibst, zur Hand zu nehmen.

Nur wer die Welt bis auf den Grund zersetzt,
daß ihm der Schaum durch arme Finger rann,
versteht, was Mensch, was Leben heißt, nur ihm
sind aller Freuden Tiefen offenbart.

DASS er so wenig weiß und kann:
das ist es, was den Edlen schmerzt,
indes der eitle Dutzendmann
zu jedem Urteil sich beherzt.

Auf einen ernsten Gelehrten

Nichts Schöneres als eine ernste Seele,
die, was sie schaut, gelassen andern spiegelt
und alle Kraft, die reich ihr innewohnt,
allein ins Leuchten dieses Spiegels legt.

Man sollte immerdar nur vorwärts schreiten,
nie rückwärts träumen und die Kraft erschlaffen,
niemals bereuen, immerdar nur schaffen
und schaffend so dem Tode Land bestreiten.
Und nicht zu viel vergleichen. Überwissen
macht irre, lockt in Worten und Gebärden.
Es ward und wird so viel getan auf Erden.
Manch Edlen hat sein Ehrgeiz schon zerrissen.

Das ists ja: Wenn der Mann so weit gediehen,
daß er die Welt im Geiste überwunden,
dann sieht er, die er liebt, noch hilflos knieen
vor den Altären seiner ersten Stunden.

Ein junger Freund

Alles ist in ihm noch Seele,
fand noch nicht den Geistgebieter,
leicht beschwingte Philomele,
bald verweilt er, bald entflieht er.
Und so flattert er mit vielen,
und geduldig blüht der Garten,
doch sein Treiben ist ein Spielen,
und die Götter warten ... warten ...

Schlachtfelder sind wir allesamt,
auf denen Götter sich bekriegen.

Möge das als niedrig gelten:
Was man nicht vermag, zu schelten.

So klein der Winkel,
so groß der Dünkel.

Totschweigen

Ihr Edlen schweigt? ...
Die Wahrheit steigt
gen Himmel wie eine Lerche.
Ihr bringt sie nicht um;
steht noch so stumm
und stotzig in eurem Pferche!

MAG die Welt des Wollens heiliger Reinheit
niedren Trieb voll Neid hinzuerdichten:
offenbart sie nur die eigne Kleinheit.
Edles Werk kann nur der Edle richten.

Segen der In-sich-Ruhenden

Laß ihn sprechen, wie er will,
denke: ja, und denke: nein.
Doch er *selber* tief und still
werde dein.

Zur modernen Schauspielkunst

»Vor allem Echtheit und Natur –«.
Hier ist ein *Handwerk* erst getan.
Natürlich sein ist eure Pflicht,
dann fängt die *Kunst* erst an.

Naturwissenschaftliche Popularisierer

Wie nenn ich diese Geister nur? –
Die guten Onkels der Natur.

MIT tausend Sinnen
abzugewinnen,
was jedes Raum- und Zeitatom enthält!

Der größte Finder
ist noch ein Blinder
in all dem Reichtum dieser Welt.

Der Schreiner

Überall gibts Entdecker, Erfinder,
überall gibts Erwecker, Überwinder.
Auch von eurer Zunft wird man einst lesen:
Ist da ein junger Geselle gewesen.
Was unter Hunderten keiner fand,
schuf wie im Spiel seine glückliche Hand.
Er war ein Künstler wie irgendeiner,
er machte die Freude am Leben reiner.

Den Schustern

Auch ihr könnt euch »befreien«,
wert würdigsten Grußes.
Es gilt nicht Chinesereien,
es gilt das Recht des Fußes.

Ich achte heut noch, was ich einst geachtet:
Dem Manne Schmach, dem Geld und Gut gegeben,
ohn' daß er durch ein zwiefach adlig Leben
den blinden Zufall auszugleichen trachtet.
Verharren wir im »Unsern« ohne Liebe,
so schilt man uns nicht nur, so *sind* wir *Diebe.*

Es lebe das gefährliche Spiel
mit feindlichen Gewalten.
Groß der Einsatz, groß das Ziel –
also laßts uns halten.

Ich lobe mir den Freund, der wachsen macht;
vor trocknen Seelen nimm dich, Herz, in acht.

DEM sinkt der Bogen aus der Hand,
der läßt die raschen Pfeile fallen,
der einmal vor des Lebens Wallen
mit aufgeschloßnem Auge stand.

WER Lebendiges will verstehn,
muß ins Land des Todes gehn.

LEHRER Tod,
der du die Menschen lehrst,
ihren Trotz durch Not
zur Einsicht kehrst –.

Richter Tod,
vor dir gilt kein Gefecht –
du bist weise und
du bist gerecht.

Richterphantasie

Vor dem irdischen Gericht
gingst du deiner Wege,
doch es wartet, Bösewicht,
droben mein Kollege.

Vor einem zur Schlachtbank geführten Kalbe

Leben wird zu Tod geführt,
ohne daß das Herz sich rührt,
  Mensch!

Freilich, schlachtest noch dich selbst,
wie du auch die Stirne wölbst,
  Christ!

Bis die Kreatur *dir* schreit,
o wie weit noch, o wie weit,
  Gott!

An eine Fliege

Du bist zu oft der wundersame Trost
von Eingekerkerten gewesen,
so denk ich, wenn dein Treiben mich erbost.

An die Vivisektoren

Ihr braucht das Tier, so braucht es, gut,
es soll euch nicht verwehrt werden,
doch daß ihr wisset, was ihr tut,
das darf begehrt werden.
Und wem ein einzig Äfflein nicht,
das trüb auf seinen Quäler äugt,
(die Kraft nicht, doch –) den Stolz zerbricht,
der wäre besser nicht gezeugt.

IHR nehmt ja allen Duft und Schleier fort,
darin Lebendiges allein gedeiht.
Dein Sinn ist allzu lüstern, meine Zeit,
und ›Ehrfurcht‹ lautet nicht dein Lieblingswort.

DUMMER Sonderstolz,
schwinde doch!
Bist am grünen Holz
ja nur Rinde doch.

MAG dir dies und das geschehn,
lerne still darüber stehn,
sieh dir selber schweigend zu,
bis das wilde Herz in Ruh,
bis, so fest, es, angeblickt,
sein gewahr wird – und erschrickt.

DU bist zu eng in dich gebannt,
verliere dich, sieh ab von dir.
Stadt, werde Land!

Laß alles in dir untergehn,
was Burg- und Bürgersinn.
Wo Erd und All zusammengehn,
da schaue hin.

DIES sich Zerfasern und Zergliedern
wird leicht ein höherer Müßiggang,
durch den wir unsere Art erniedern.

Dies Äuglein auf sein liebes Ich,
dies Grübeln in sein winzig Wesen,
dies stete Wichtigtun mit sich:

Es läßt zu keiner Tat genesen.
Nur wer sich über sich aufschwang,
wird Sich in sich, als Schöpfer, lesen!

WIR, viele, mußten Finsternis erdulden,
auf daß das Licht in uns zum Adler würde,
wir mußten uns erst tief mit Welt durchschulden...

DU bist kein Christ. Nun gut. Wer kanns dir wehren.
Nur eines: schweige, birgs in stiller Brust,
und störe nicht der Frommen heilige Lust,
die eine Gottheit demutsvoll verehren.

EIN jeder soll den Weg des andern achten,
wo zwei sich redlich zu vollenden trachten.

Ich und du

Seltsam, daß erst nach Jahrzehnten
jeder traf den Herzersehnten!

Daß erst, als die Not am größten,
wir uns fanden und erlösten.

Ich liebe die Furche des eilenden Schiffes,
die lange gescheitelte Straße des Kieles.
Sie ist wie der Pfad des enteilenden Tages,
sie ist wie die Spur des durchmessenen Lebens.

Rückschau

Sieh, darum war der Tod dir erst nach Jahren
gesetzt – damit du deinen Weg betrachtend
ihn wie von einem Gipfel liegen sähest.
Ein Duft und Schleier webt nun, wo du spähest,
verklärend jeden Tritt, den du gefahren,
und jeden falschen Schritt gelind umnachtend.

Ich bin ein Mensch und schlag mich selbst ans Kreuz.
Ich Mensch, den Gott in mir, der ich *nicht* bin.

Warte, warte tiefgeduldig
bis dir mehr Gewalt gegeben,
bist von früher her noch schuldig,
darfst noch nicht das Haupt erheben
als ein Schöpfer über vielen
und Gestalter ihrer Bahnen,
darfst nur erst noch Harfe spielen
und ein Reich der Zukunft ahnen.

UND dieses Einst, wovon wir träumen,
es ist noch nirgends, als in unserm Geist; –
wir sind dies Einst, uns selbst vorausgereist
im Geist, und winken uns von seinen Säumen,
wie wer sich selber winkt. –

AUS mir kam mir mein Erlebnis,
das mich stark macht und zerbricht.
Nein, ein äußeres Begebnis
formte dieses Leben nicht.

Krankheit, Armut, Liebessachen
halfen wahrlich treu genug,
doch sie waren nur ein Nachen,
den ein Schicksal zielwärts trug.

An Rudolf Steiner

Du reiner Geist,
aus dessen starken Händen
ich meinen Sinn des Lebens neu empfing.

GESEGNET ging ich durch die Welt,
mein Land von deiner Hand bestellt.
Wie oft seitdem als Trostespfand
erschien mir diese liebe Hand
und schrieb in meine Viergestalt
ihr Kreuz wie einen stillen Halt.

WAS die Menge beseelt
wider den großen Mann:
daß er sie quält,
daß sie ihn nicht begreifen kann.

DU kannst keinen Großen mehr ruhig verehren,
mußt dich zugleich seiner Narren erwehren.

So fand ich es überall und immerdar:
Wo etwas Großes zu schaffen war,
stand der Erste allein.
Kein Felsen im Meer konnte einsamer sein.

Du weißt nicht, was du versäumst.
Du weißt nicht, was du verträumst.
»Ei laß! Was ist zu versäumen,
in solchen Zeiten, solchen Räumen!«

Das *Große*! Selbst im Gottesreich
ist kein Großes dem andern gleich.
Und tritt einst wieder Großes her,
so achtest du das auch nicht *mehr*.

Du bist in jedem Augenblicke neu;
drum sei dem Alten nicht zu knechtisch treu.
Und war dein Herz bis heut wie Kohle schwarz –
du hast die Macht: und es wird weiß wie Quarz.

Verlange nichts von irgendwem,
laß jedermann sein Wesen,
du bist von irgendwelcher Fern
zum Richter nicht erlesen.

Tu still dein Werk und gib der Welt
allein von deinem Frieden,
und hab dein Sach auf nichts gestellt
und niemanden hienieden.

Inmitten dessen, was als unser Denken
zumeist ohn' unser Zutun uns durchflüchtet,
beschloß er, sich gesammelt zu versenken
in einen unvermittelt frei gewählten
Gedanken, daß sich ihm, so streng gezüchtet,
des Geistes reine Schaffenskräfte stählten.

SOLANGE wir nicht ruhevoll-gelassen
des Lebens Glück und Ungemach ertragen,
solange werden wir die Welt nicht fassen.

Wir müssen ohne Lieben, ohne Hassen
so Leid wie Lust nach ihrem Sinne fragen;
nur dann vermag uns Gott Sein Wort zu sagen,

nur so wird Sinnestrug zu Schein verblassen.

WIE kann ich glücklich sein,
wenn *du* nicht glücklich bist,
du Welt voll Harm und Pein

(wie oft in Frost und Zwist
mein schwaches Herz auch dein
in deiner Not vergißt)!

Reïnkarnation

Dies ist das Tor, durch das ich eingetreten
und alle Dinge wie verwandelt schaue.

UND wir schaun zurück zusammen
auf die Welt, samt ihrem Schelten,
und anstatt sie zu verdammen,
lassen wir sie gehn und gelten.

Der Specht

Wie ward dir, kleiner Specht, so große Kraft!
Von deinem Klopfen tönt der ganze Schaft
der hohen Kiefer. Wär auch mir vergönnt,
daß ich den Menschen so durchklingen könnt!

WIR Menschen sind wie Blätter eines Baumes,
die irgendwann in grauer Vorzeit Tagen
vom väterlichen Stamm sich selbst gerissen.

Und nun, Geschöpfe unsres eignen Traumes,
hinwandeln wir in ungeheurem Wagen
den labyrinthnen Weg vom Wahn zum Wissen.

Winternacht

Durch Wipfel, die, wie Schatten von Gedanken,
stumm und nebelhaft
am wasserhellen Himmel graun,
von Sternensaat
wie von demantner Prismen Strahlenbruch
durchblitzt, –
erahnen meine Sinne sich
hoch über winterlicher Erdennacht
ein ewiges Tagreich nächteloser Sonnen.

ERDNACHT ist schwer und dunkel, Weltnacht nicht.
Ja, jene Nacht ist Nacht, doch diese – Licht.

WAS jetzt Sehnsucht ist, wird Wille,
was jetzt Wille, wird einst Kraft
nach der großen, reichen Stille.

Kraft, die das Gewollte schafft,
Wille, der aus diesem Schaffen
abermals uns weiter rafft.

›TROSTLOS?‹ Das Wort ist mir entschwunden,
seitdem ich Mich in mir gefunden.

Oh wie herrlich, einst sein Kleid
nach der Arbeit abzulegen
und sich eine kleine Zeit
dann in Geisterluft zu regen,
um in neuem Kleide dann,
neu zu stehen seinen Mann!

Vergänglichkeit! Wort, das Gott-Welt enthüllt.
Wer dürfte dauern, den ein Ziel erfüllt?

O Tod, so nimm denn dies mein Leben hin.
Dein Sinn ist tief, dein Sinn ist stets mein Sinn.

Über unsre Himmel hinweg
grüß ich euch,
Brüder verjüngter Erde!

»Völker in Waffen« gibt es,
bricht die große Not herein;
Volk der Erde, geliebtes,
wann wirst du Ein Volk in Waffen sein?

ZEIT UND EWIGKEIT

Wem Zeit ist wie Ewigkeit
und Ewigkeit wie die Zeit,
der ist befreit
von allem Streit.
Jakob Böhme

Der Dichter schaut im Tod das Leben
und im Lebendigen den Tod.
Christian Morgenstern

Zeit und Ewigkeit

Vom Winde getragen
die Stimmen des Bachs...
Der Wellen Gespräch
auf dem Atem der Nacht...

Mein kleiner Wecker tickt und tickt...

O Zeit und Ewigkeit!

Am Bergeshang auf moosigem Stein,
den nie noch traf der Sonne Strahl,
rast ich; vor mir ein Wässerlein
– der Regen schuf es – rinnt zu Tal.

Es gleitet leis, unhörbar sacht,
und doch dabei voll Eil und Hast,
als ließe eine dunkle Macht
es nirgends finden Halt und Rast.

Die Kronen flüstern ernst im Wind:
So rinnt die Zeit, so rinnt die Zeit –
so schnell, so still, bis sie verrinnt
dereinst im Meer der Ewigkeit.

Neuschnee

Flockenflaum zum ersten Mal zu prägen
mit des Schuhs geheimnisvoller Spur,
einen ersten schmalen Pfad zu schrägen
durch des Schneefelds jungfräuliche Flur –

kindisch ist und köstlich solch Beginnen,
wenn der Wald dir um die Stirne rauscht
oder mit bestrahlten Gletscherzinnen
deine Seele leuchtende Grüße tauscht.

Nebel am Wattenmeer

Nebel, stiller Nebel über Meer und Land.
Totenstill die Watten, totenstill der Strand.
Trauer, leise Trauer deckt die Erde zu.
Seele, liebe Seele, schweig und träum auch du.

Nebelweben

Der Nebelweber webt im Wald
ein weißes Hemd für sein Gemahl.
Die steht wie eine Birke schmal
in einem grauen Felsenspalt.

Im Winde schauert leis und bebt
ihr dämmergrünes Lockenlaub.
Sie läßt ihr Zittern ihm als Raub.
Der Nebelweber webt und webt . . .

Frühlingserde

Zur Rechten das Meer,
im Antlitz das Fjeld,
zu Häupten der Himmel,
zu Füßen die Welt.

Im Regen die See,
das Fjeld noch im Schnee,
der Himmel voll Gewölk –
doch der Grund, wo ich steh:
   Frühlingserde.

Ebenengewitter

So löst sich denn die Spannung schwer.
Erfüllt ist, was wir baten:
Vom Himmel rauscht ein breites Meer
auf durstig-dürre Saaten.

Und herrlich stürzt ein Donnerkeil
sein Siegel auf all den Segen.
O Frucht, nun reifst du wieder heil
dem hohen Herbst entgegen.

Über weite braune Hügel
führt der Landmann seinen Pflug.
Droben mit gestrecktem Flügel
schwimmt des Adlers breiter Bug.

Fern aus Höfen unter Bäumen
zittert Rauch im Morgenglanz.
Und die fernste Ferne säumen
Wälder wie ein dunkler Kranz.

Heulboje heult in wilder Nacht.
O Meer, was bist du aufgewacht,
mondtolle Fenriswölfin!
Was schüttelst du dein schaumig Fell
und sträubst die Haare, phosphorgrell,
ums zage Menschenschifflein?

Wo treibst du, Mutter, mit ihm hin,
Wermutter, Wölfin, die verschlingt
ihr eigen Kind im Zorne?
O Heulen wüst – auf einmal stumm:
Jetzt wendest du den Nacken um –
da glänzt die Boje.

Ein tauchend Faß, an Ketten tief.
»Ich wars, die eurem Schlummer rief:
Habt acht, hier gehts zur Hölle!«
Nun liegt es hinten weit im Schaum –
und winselnd trabt mit uns im Traum
weiter die dunkle Wölfin.

Aus einem Studienkopfe von Max Klinger

Du willst, o Welt, nicht, daß man dich verachte,
nachdem man sich an dir zu Tod gehärmt;
du willst nicht, daß sich unsre Stirn umnachte,
wenn uns dein Eintagsscherz und -schmerz umlärmt.

Du willst geliebt sein, und du willst geehrt sein,
wenn uns das Herz vor Zorn und Trauer bricht.
Zuviel. Doch soll dir noch genug beschert sein:
Verständnis deiner und auf dich Verzicht.

Wein und Waffe

Verzicht, das ist der Wein, das ist die Waffe.
Von diesem Safte wirst du stark und still.
Und wenn dein Wunsch sich nicht ergeben will,
sieh zu, daß dir dies Schwert den Frieden schaffe.

Mit diesem Wein im Kruge lebst du gut.
Mit dieser Waffe wirst du mächtig sein.
Verzicht – so sticht ein Stahl ins Herz hinein.
Verzicht – so löst den Krampf der Rebe Blut.

Verantwortung

Du machst es dir noch leicht.
Du tust Verzicht
und gibst der Welt
dann Trauer zum Entgelt:
sie muß es büßen,
was du nicht erreicht.

Verzicht' und traure,
aber klage nicht;
dein Schmerz durchschaure
Leben und Gedicht, –
doch bau er sie nicht auf!
Das fall dem zu,
der über Schmerz und Lust
dein tiefstes Du.

ALLES gut, weil alles Gott? O Mund,
der die Welt so leicht zu lösen denkt!
Gott ist alles Schauerlichste und
alles Heiligste in Eins verschränkt.

Und dies so in Eins Verschränkte klingt
nicht zusammen stets wie Orgelspiel:
Gott ist nichts Vollendetes, Gott ringt
unaufhörlich um sich selbst als Ziel.

Die Allee

Ich liebe die graden Alleen
mit ihrer stolzen Flucht.
Ich meine sie münden zu sehen
in blauer Himmelsbucht.

Ich bin sie im Flug zu Ende
und land in der Ewigkeit.

Wie eine leise Legende
verklingt in mir die Zeit.

Mein Flügel atmet Weiten,
die Menschenkraft nicht kennt:
Groß aus Unendlichkeiten
flammt furchtbar das Firmament.

Abend im Gebirge

Über dumpfen Wäldermassen
baden steile erdenferne
Höhen sich im rosenblassen
Firmament der ersten Sterne.

Tageshelle will nicht scheiden,
ehe nicht der letzte flimmert;
und so leuchten sie, von beiden
zwiefach feurig angeschimmert,

bis des ehernen Geschickes
strenger Schluß den Wettstreit endet
und der Tag sich langen Blickes
von den vielgeliebten wendet.

Wie beraubt der Seele, sinken
stumm die mächtigen zusammen.
Starre, kalte Strahlen blinken
statt lebendiger Liebesflammen.

Das Licht

In deine Flamme schau ich, Kerzenlicht,
die wie ein Schwert die Finsternis durchbohrt.
Hab Dank, du schonest auch den Schatten nicht,
der meinen schlafgemiednen Sinn umflort.

Ich nähre mich an deiner ruhigen Kraft,
du Bild der Seele, die das Dunkel trennt
und ihres Leibes erdenschweren Schaft
gleich einer Fackel in den Raum verbrennt.

Mysterium

Unsichtbare Bande weben
zwischen uns geheime Mächte,
wirken in ein einzig Leben
unsre Tage, unsre Nächte.

Und so wachsen wir zusammen,
bis wir ganz uns selbst entglitten ...
Über unsern Häuptern flammen
schon die Augen eines Dritten.

So fallen Wanderschwalben wohl zu Rast
auf eines Seglers Topp und Rahen ein
und lassen säumig Reise Reise sein
und sitzen wandermüd auf Reep und Mast ...

Und doch ist ihre Säumigkeit nur Schein,
sie fühlens wohl: Wir sind hier nur zu Gast,
wir sind dir, Schifflein, nicht gar lang zur Last
und lassen dich bald abermals allein ...

Wie Liebe manchmal, ihrer selber müd,
ein Weilchen ausruht, wo's gerade kommt,
auf ihrem Flug nach ihrem ewigen Süd ...

Sie ahnt, daß ihr nur wenig Rasten frommt.
Und dünkte sie sich schon gestorben fast,
sie weiß, daß ewig Leben in ihr glüht.

Durch manchen Herbst

Durch manchen Herbst des Leidens
mußt du, Herz,
eh dich die letzte goldne Sichel mäht.
Schon späht
ihr blankes Erz
nach deinem dunklen Blut.
Wie bald, so ruht,
verströmend Gold,
es, Abendröten gleich,
in jenem Reich
des Ewigen Abends,
welcher Friede heißt!
O süßer Geist
der Nächte,
sei mir hold!

Vor den Fresken der Appartamenti Borgia

In dieser düstern Gottespracht
lebten Menschen nicht gemeiner Triebe;
hier wuchs ins Ungeheure Haß und Liebe;
hier hatte man der Welt nicht acht.

Du warst nicht mehr die Jungfrau blind,
verführerischste der Madonnen!
Du warst das Weib der höchsten Wonnen
und süßer Sünde Frucht dein Kind.

Was galt dir noch der Jesus dort,
du ›Ewigheitrer‹ auf den Knieen!
Du hattst dem ›Wort‹ nur noch die Macht entliehen,
du galtst dir selbst als letztes ›Wort‹.

Und du, Lucrezia, weißer Schwan,
mit deinen güldnen Sonnenflechten!
Was disputierst du? Laß sie rechten!
Du lächelst, – und so ists getan.

Und du im Schlummer, Genius!
Warst du von denen, die nie Ohren haben?
Cäsar! Erwachtest du erst *ganz* im Graben,
im finstern, von des *Todes* Kuß?

Was ward – ihr wissenden Wände seids gefragt! –
Himmelssturm wie deiner zu Spott?
Er war – Geflüster schwillt und flucht und klagt –
ein Dämon nur – kein Gott.

Der Säemann

Durch die Nächte
der irdischen Völker
schreitet, im Antlitz
Weltalls-Weihe,
langsam ein Säemann.

In weitem Schwunge
wirft er die Runden
goldener Körner
über die dunklen
Äcker der Menschheit.

Und aus den Schollen
schießen Ähren
goldfackelköpfig
flammende Säulen
Nachtsonnenfeuer.

Fern im Dunkel
schwindet der Genius –
der Völker Nächte
mit goldenen Würfen
weiter durchsegnend.

Berlin

Ich liebe dich bei Nebel und bei Nacht,
wenn deine Linien ineinander schwimmen, –
zumal bei Nacht, wenn deine Fenster glimmen
und Menschheit dein Gestein lebendig macht.

Was wüst am Tag, wird rätselvoll im Dunkel;
wie Seelenburgen stehn sie mystisch da,
die Häuserreihn mit ihrem Lichtgefunkel;
und Einheit ahnt, wer sonst nur Vielheit sah.

Der letzte Glanz erlischt in blinden Scheiben;
in feine Schachteln liegt ein Spiel geräumt:
gebändigt ruht ein ungestümes Treiben,
und heilig wird, was so voll Schicksal träumt.

Unheimliche Zeitung

Der Pfünder Gedröhn,
der Flinten Alarm,
das Schrein und Gestöhn,
die Wut und der Harm –

der Sturm und die Flucht,
die Hügel voll Qual,
der köstlichen Frucht,
der Dörfer Fanal –

der Mensch als Held
und der Mensch als Tier –
in Lettern gestellt
auf ein Blatt Papier.

Draußen in Friedenau

Es bläst wer in der Winterluft
zum Blut der Abendröte ...
Ein fragender Vorfrühlingsduft
mischt sich dem Klagen der Flöte.

Vor einer Schenke steht ein Kind,
ein schlankes, mit kurzen Röcken.
Es steht mit seinen Locken im Wind
wie ein erstes Frühlings-Erschrecken...

Dahinter flammt durch Pappelreihn,
die Welt mit Schmerz durchseelend,
der tiefe himmlische Widerschein
von unendlichem Glück und Elend.

Er, der uns zum Gipfel führt

Immer wieder, über viele Bahnen,
kehrt mein Sinn zu dir zurück.
Glaubt in deinem Bild zu ahnen
seiner Unrast endlich Glück.

Immer wieder suchen wir das Eine,
die das Viele nicht berührt:
Daß er Ein Mal uns erscheine,
er, der uns zum Gipfel führt.

Ein Mal wollen wir da droben stehen,
wo die Erde in die Sonne rinnt...
Und dann mag die Form, die wir, vergehen,
daß wir werden, was wir sind.

An Deutschland

Von Norwegen aus

Da schläfst du nun in dunklen Fernen...
Ich aber wache in die Nacht
und träume zu den klaren Sternen,
was meine Seele glücklich macht.

Du großes Volk, für das ich dichte,
du meiner Liebe höchstes Gut:
Wohin sich auch mein Denken richte,
ich bleibe Blut von deinem Blut.

Und mag ich auch mit Haupt und Herzen
im Unbegrenzten mich ergehn –
es wird mich doch in Lust und Schmerzen
wohl niemand so wie du verstehn.

Und um den Abend wird es Licht sein

Sacharja 14,7

. . . .

Noch blendet euch der Tagessonnenschein,
noch steht ihr allzu hell im Daseinskampfe!
Am Abend aber, wenn die Sonne weicht
und Millionen Sonnen eurem Auge
aus der Unendlichkeit entgegenglühn,
da wird in eure Seele auch, die stille,
das Licht der ewigen Geistersonne strahlen.

Und wie der einzelne, so wird auch einst
der ganzen Menschheit irrendes Geschlecht
von diesem höheren Licht erleuchtet wandeln.
Wann einst die Völkerstürme sind verbraust,
wann, tausendmal verblutend, tausendmal
aufs neu geboren, endlich Volk um Volk
zur Liebe sich und Weisheit durchgerungen,
wann dieses großen Ringens Ende naht,
der Abend unsrer Leidenschaften dämmert –
dann wird es licht und schön auf Erden werden
und Glück und Freude, jene trauten Engel,
die Hüter unsrer reinen Träume sein.

Doch, wie zum Gleichnis jener fernen Zukunft,
steckt an das Licht im dunkelnden Gemach,
und laßt bei seinem lieben, trauten Schein
uns plaudern von dem Einst und Jetzt und Später.
Und wenn Empfindung unser Aug verklärt,
so spiegele in seinem feuchten Glanz
das Traumbild sich der neuen, schönen Zeit.

BRIEFE

BRIEFE VON UND AN CHRISTIAN MORGENSTERN

Zu Personen und Begriffen, die mit einem Stern versehen sind, findet sich auf Seite 591 ff. eine Anmerkung

1] *An die Großmutter Schertel und ihre Schwester Charlotte*

Sorau, 1889

Ich muß gestehen, meine Neigung zum Soldatenstande oder besser zum Soldatenberufe war nie eine echte, tiefe. Mich hält die Poesie, die Kunst, der Drang nach Wahrheit zu sehr in ihrem Bann ... ich kann nun einmal nicht anders, es ist wohl diese heiße Liebe zum Schönen das Erbteil der Künstlergeschlechter, aus denen ich stamme ... So werdet Ihr begreifen, daß ich nach wochenlangen Herzenskämpfen meinen Eltern den Schmerz bereiten mußte, zu erklären, ich könne durchaus nicht die eingeschlagene Bahn weiterverfolgen *, ich hätte den festen Entschluß, wenn sie mich wieder zum Gymnasium zurückkehren ließen, dort nachdrücklich zu arbeiten und dann zu studieren.
Ich habe diesen Entschluß noch nicht bereut und hoffe auch für mein ganzes Leben das Richtige getroffen zu haben ... Wir sind drei Freunde * zusammen, alle Breslauer und von früher her gut bekannt und bewohnen zwei Stuben ... Der Verkehr hierselbst ist auch sehr gemütlich, ich hatte in Breslau nicht einen so kameradschaftlichen, jugendfrischen Kreis. –

2] *An Kayssler*

Breslau, 23. April 1890

... Bedenke, daß Du in erster Linie für die Menschheit, für Dein Volk lebst, in zweiter erst für Dich; aber je mehr Du für das Allgemeine getan haben wirst, desto mehr hast Du für Dich selbst getan. Freilich steigt man von unten nach oben und die erste Stufe wird immer die Selbstvervollkomm-

nung bleiben, aber die zweite und höchste Stufe bleibt ebenso dann die Betätigung dieser inneren Größe für die leidenden Mitmenschen in möglichst hohem Grade...
Die Strenge gegen sich selbst kann gar nicht eisern genug sein, sie muß sich keineswegs nur auf Handlungen, sondern auch auf die Gedanken erstrecken; sie muß sich aber auch wieder in den Grenzen des Menschlichen halten, daß nicht die Selbstbeherrschung in Selbstknechtung und Verknöcherung umschlage. Vor diesem Extrem will ich Dich sehr warnen. Am besten bewahrt uns davor unser warmes, ungestüm schlagendes Herz.

3] *An Kayssler*

Sorau, 20. März 1891

Ich denke jetzt viel über meinen einstigen Beruf nach, er braucht gar nicht ein so hervorragender, ruhmbringender zu sein – denn, wenn ich das Streben nach einem solchen aufgebe, werde ich ein glücklicher und ganzer Mensch sein. – Aber ich möchte eine reiche Wirksamkeit haben, in der ich mit recht vielen Menschenherzen in Berührung käme; ich glaube die Menschen in vielem besser zu verstehen als die andern. Wer den Menschen erst größer aufzufassen gelernt hat, der weiß ihre Tugenden und Fehler auch tiefer und richtiger zu beurteilen. Verstehen – vergeben! Herrlich wahres Wort! – Meine geliebten Eltern, Du – welch eine Welt voll Liebe für mich!

4] *An Kayssler*

Sorau, 7. Oktober 1891

... eine Empfindung ist es, die die letzten Tage in meiner Brust mächtiger denn je geweckt und genährt haben. Es ist die Empfindung der ungeheuren Pflicht der Liebe, die jeder einzelne von uns gegen seine Nächsten und zumeist gegen die für uns arbeitende, leidende Klasse hat. Aber nicht nur der Liebe in Wort und Schrift, sondern in lebendiger Tat. Es ist mir ein Verständnis gekommen von dem unsagbaren, himmelschreienden Elend, das uns – und zumal in der Großstadt – in jeder Stunde umgibt, und ich habe gefühlt, wie nichtswürdig unser aller Verhalten ist, das sich zwischen Verachtung des Volkes, träger Genußsucht und lauem Wohltun bewegt – ohne auch nur eine Spur wahrhaftiger, kraftvoller Liebe aufzuweisen, wie es Bruder zu Bruder haben soll. Ich aber werde mein ganzes Leben dieser Aufgabe widmen, und sollten pekuniäre Rücksichten mich auf das Studium der Nationalökonomie (d. i. »Volkswirtschaftslehre«) verzichten lassen müssen, so gibts wohl noch andre Wege, das Evangelium der *tätigen* Liebe zu üben und zu lehren. –

Im Großen, indem sie den staatlichen Schuleinrichtungen reformatorisch gegenübertreten und eine neue deutsche Schule herauszuführen suchen, welche »harmonische Bildung des Körpers und Geistes« nicht nur erstrebt, sondern auch zu erzielen imstande ist. Im Kleinen, indem sie in junge Herzen jene hohen Empfindungen pflanzen, die des Menschen allein würdig sind, indem sie ihnen nicht totes Wissen, sondern lebendige, praktische Lebensweisheit, selbstlose Nächstenliebe predigen, in ihren Gemütern die Gegensätze auslöschen, die der beschränkte Geist zwischen Hoch und Niedrig, Arm und Reich errichtet hat.

Und wiederum im Großen, indem sie an der Reformation der Kirche arbeiten, alles Dogma verfolgen und bekämpfen und mit Wort und Tat dafür eintreten, daß rein und unverfälscht die erhabenen Ideen Christi, des größten aller *Menschen,* dem Volke gepredigt werden. Und im Kleinen, indem sie die Gemütsarbeit, die erbärmliche Weltanschauung unserer Tage wo nicht beseitigen, so doch in ihrer ganzen verächtlichen Kleinheit enthüllen, und gleichgestimmte Seelen aufrichten und zu gleichem Kampf entflammen.

5] *An Kayssler*

Sorau, [ca. 25. Januar 1892]

Ich bin nicht stehen geblieben; ich fühle oft, daß ich in immerwährenden Kämpfen, deren Zeuge Du ja auch zuweilen warst, allmählich innerlich heranreife, daß ich immer mehr einer gewissen Klarheit entgegengehe, die mich befugt, ohne Selbstüberhebung der Täter meiner Taten zu sein.

Du wirst vielleicht aus dem Umstande, daß ich Dir nie über meine neue Freundschaft* geschrieben habe, erkennen, daß

meine Empfindung für dieses edle Mädchen nicht eine solche ist, daß sie sich in einem rauschenden Strom glühender Epitheta verflüchtigen und vor Deinen Augen schleierlos hinfließen könne, daß sie vielmehr zu der Art von Gefühlen gehört, die man tief im verschwiegenen Herzen trägt als Schatz und Hort, den man am liebsten *keinem* andern Menschenblick offenbart. Sei ruhig, lieber Freund, das ist keine romantische Schwärmerei weder hier noch dort, kein »Verlieren in Hoffnungen und Seligkeiten«, keine »Verwirrungen der Seele bewirkend« . . .
Wir haben uns gefunden, wir haben beide das gleiche Ziel vor Augen und im Herzen – warum sollten wir nicht gute, treue Freunde sein, die im Geiste zusammengehen, gehoben schon durch das bloße Bewußtsein eines solchen Zusammengehens? Weil wir Weib und Mann sind? Ich rechne nur nach Menschen, nicht nach Geschlechtern, außerdem bin ich kein Freund von Gemeinplätzen, wie etwa dem über Freundschaft und Liebe, denn ich gehe einfach den Weg, den ich vor mir rechtfertigen kann, nicht den, welchen mir irgend eine abgebrauchte Sentenz vorschreibt. Nein, lieber Freund, nochmals, wir beide, meine geliebte Freundin und ich, wir wissen ganz klar, was wir tun und wollen. Wir schwärmen nicht und schmollen nicht, sondern wir haben uns von ganzer Seele lieb, weil wir uns verstehen. Und zwar *verstehen* nicht in kleinen alltäglichen Dingen, sondern in ewigen oder wenigstens höheren Dingen. Was uns verbindet, das ist der gleiche Drang nach Vollendung des Guten, die gleiche Liebe zu unsern Mitmenschen und endlich die gegenseitige Achtung – die persönliche herzliche Teilnahme des einen am andern.

6] *An Marie Goettling*

Breslau, 23. April 1892

. . . Du hast so überaus recht, wenn Du Dir durch all die Propheten hüben und drüben den Blick nicht verwirren läßt – wir schreiten langsam aber sicher vorwärts, das Paradies liegt nicht hinter, sondern *vor* uns, das ist meine feste Überzeugung.

... Doch im übrigen bewahre
nur Geduld und sei ergeben:
Viele Millionen Jahre
hat die Menschheit noch zu leben

schrieb ich einmal in einem Gedicht an S.
Doch lassen wir das Thema fallen; vielleicht findest Du es einmal im »Deutschen Geist« * wieder. Da wirst Du überhaupt schauen! Wir schaffen uns jetzt einen famosen Apparat an und hoffentlich beginnt mit ihm eine neue Aera. Ich wurde gebeten, die Redaktion zu übernehmen und habe schon meine Leit- und Zeitartikel in petto. Als Motto will ich unserer Zeitschrift das Wort Oliver Cromwells an die Stirn setzen: »Der kommt oft am weitesten, der nicht weiß, wohin er geht.»
Ich habe es früher nicht recht verstanden, aber heute verstehe ich es. Es ist auch das Motto meines Lebens. Ein frohes inneres Vertrauen beseelt mich, daß ich meinen Platz finden werde ...

7] *An Fritz Beblo*

München, 1. Mai 1893

... Von meiner Wohnungsgeschichte wirst Du wohl gehört haben; ein verhältnismäßig ganz »ideales Dachstübchen« (wie Du schriebst), habe ich schließlich doch gefunden und fühle mich in ihm ganz wohl, zumal da es ungestört und luftig ist.
Früh, einhalb sieben ca. stehe ich auf, koche meinen Kakao und habe dann mit Franz Karl das erste Colleg von halb acht bis neun Uhr Pandekten. Dann eine »hohle« Stunde, von zehn bis elf Uhr W. H. v. Riehl (auch Musikschriftsteller etc.), Kulturgeschichte des achtzehnten und neunzehnten Jahrhunderts, elf bis halb ein Uhr v. Amira, Deutsches Privatrecht ...
Allmählich werden nun auch die -theken in ihr Recht treten, von denen ich nur erst die Glyptothek flüchtig durcheilte. Abends essen wir in der Regel gemeinschaftlich auswärts, mit oder ohne Musik, zuweilen auch nach einem geistigen Genuß in Schauspiel oder Oper. So wollen wir heute Romeo und Julia ansehen ...

Zwei Tage darauf nehme ich den Faden wieder auf, nachdem der Theaterbesuch ins Wasser gefallen ist und ich den gestrigen Tag teils im Nationalmuseum, teils mit meinen lieben Verwandten, Bergrat Ostlers, in dem Cercle-Salon der Baronin von H. verbracht habe. –

8] *An Clara Ostler*

München, 5. Juni 1893

Soeben komme ich von einem reizend gemütlichen Abend nach Hause, den ich bei Deinen lieben Eltern verlebte und wo ich nur Eines – aber dies recht sehr – vermißte: Dich, mein liebes süßes Cousinchen...

In letzter Zeit habe ich nicht viel zustande gebracht, dafür aber keimen mehrere Pläne in mir, besonders durch die Bergtour angeregt. Ich will mich vielleicht im Sommer in Tirol an »Bergphantasien« versuchen, wo ich einmal, abweichend von meiner Gewohnheit, nur Erlebtes, Geschautes, Empfundenes wiederzugeben, mich ganz einem phantastischen Zuge in mir überlassen will, den ich schon manchmal in mir habe aufblitzen fühlen, und der sich schon einmal in dem Märchen »Der Bergstrom« andeutend geäußert hat...

9] *An Clara Ostler*

Bad Reinerz, 17. Juli 1893

Daß Dir, was mein Arzt orakelt hat, Sorge macht, ist gar nicht nach meinem Sinn. Ich frage immer wieder: warum solche Sorge? Ich bin ja gar nicht krank. Und außerdem liegt mein Todestermin doch gar nicht in diesem Jahrhundert. Ich habe es Dir doch fest versichert. Ich halte den landläufigen Aberglauben für Beschränktheit; aber ich habe es mir nun einmal in den Kopf gesetzt, daß mir vorläufig nichts zustößt. – – –

10] *An Clara Ostler*

Breslau, 11. September 1893

... Sieh, das läßt mich so schwer ans Jus herangehen: Ich fühle zuweilen die Kraft in mir, Tausende einst fortzureißen und erfreuen zu können, – es ist vielleicht nur Illusion,

– aber ich fühle sie nicht dazu, dem Inhalt der dicken Bände in meinem Kopf ein festes Heim versprechen zu können. Ja, wenn ich jetzt noch umsatteln könnte; wenn ich wüßte, daß ich noch ein langes Leben vor mir hätte, ich wagte vielleicht noch den Sprung und würde Philologe oder Historiker. Aber das ist es eben: Ich habe noch nie in meinem Leben mich zu dem Glauben aufschwingen können, daß ich sonderlich alt werden würde, und ohne daß mich diese Meinung irgendwie direkt beunruhigt, übt sie doch indirekt Einfluß auf mein Denken und Trachten, indem mir beständig die Mahnung vorschwebt: Bringe, was du der Welt etwa zu sagen hast, möglichst schnell unter Dach und Fach, ehe es zu spät ist.

11] *An Clara Ostler*

Berlin, 18. April 1894

Aus meinem neuen Wohnort sende ich Dir und Deinen lieben Eltern die herzlichsten Grüße. Hoffentlich geht es Euch allen so gut wie mir, der ich mich bereits ganz eingewöhnt und wohnlich eingerichtet habe. In der Nationalgalerie* bin ich täglich einige Stunden tätig, um einen wichtigen Katalog sämtlicher Porträts anzufertigen. Vormittags höre ich einige kunstgeschichtliche Collegs ...

12] *An Clara Ostler*

Berlin, 20. Mai 1894

... Es geht mir hier außerordentlich gut, wie überhaupt stets, wenn ich schaffen kann. Und ich muß Berlin – alles in allem – die Palme zuerkennen. Dann kommt allerdings sofort München. Was hier so reizend ist, daß Großstadt in größtem Stil und köstlichste Natur so dicht beieinander sind, und ich schwärme auch so viel wie möglich in die entzückenden Vororte aus, die man mit der idealen Stadtbahn für zehn Pfennige meistens erreichen kann. Solch ein Frühling! Da könnten wir auch idyllisch wandern.

Alle Freitage habe ich hier sehr interessanten Verkehr im Schriftsteller-Klub: Heinrich und Julius Hart*, Friedrich Lange, John Henry Mackay*, Hanns von Gumppenberg, Paul Scheerbart, Hegeler, Cäsar Flaischlen, Evers, Bruno Wille, Willy Pastor, O. E. Hartleben, der Maler Hendrich etc. etc. Meine Gedichte von dazumal sind schon meist ad acta gelegt. Hoffentlich kann ich Dir bald etwas in einer Zeitschrift Gedrucktes zusenden.

13] *An Marie Goettling*

Berlin, 2. Juni 1894

... weißt Du, mein Großvater steht wieder in mir auf*, mit seiner Liebe zu Mondscheinnächten und phantastisch gewaltigen Lüften, zu weiten Ebenen und zur weitesten Ebene, dem Meere. Ich bin Maler bis in den letzten Blutstropfen hinein. – Und das will nun heraus ins Reich des Wortes, des Klanges – eine seltsame Metamorphose. Doch verzeih: ich spreche zu viel von dem, was man besser verschweigt. Das zeugende Leben will nicht gern entschleiert werden. –

14] *An Kayssler*

Berlin, 10. Juni 1894

Mackay, mit dem ich mich meist reizend Freitags unterhalte, beglückwünschte mich vorgestern zu der seltenen Ehre, in der »Freien Bühne«* als noch Unbekannter mit Versen debütieren zu dürfen. Die Freie Bühne hat zwei humoristisch-satirische Skizzen und eine ernste »Phantasie« angenommen, ... sie wird eine kleine Kollektion Gedichte (Bergsee, Nixen usw.) bringen ...

15] *An Kayssler*

Berlin, Herbst 1894

Feiner Sonntagmorgen. Sonne lacht, ich auch ... Bleibe viel zu gern in Berlin und fühle mich außerdem (aufs Wort!...) vollständig gesund. Sollte der Winter mir Beschwerden machen, so verspreche ich Dir, dann noch fortzugehen. Es ist niemals zu spät, wenn ich meinen Zustand stets überwache. – Geldpunkt allerdings schwieriger, als Du und ich denken. Doch dann ist mir alles egal, und daß ich nicht aus kleinlicher Lebensliebe so bin, weißt Du. Mir liegt nur das am Herzen, was jeder Dichter als seine Mission betrachtet. Nur der Schwächling läßt sich untersinken. Von zu Hause erwarte ich überhaupt wenig Verständnis mehr ... Ich bin als der einzige Enkel eines reichen Großvaters und als der einzige Sohn eines hochbesoldeten Beamten als armer Teufel auf die Straße gesetzt worden und nach drei verpfuschten, durchgewürgten Semestern überhaupt der Möglichkeit des Studiums beraubt worden. – Denn wo man sich so verzetteln muß, wie ich hier, kann aus dem kunsthistorischen Fach nicht viel werden. Ich kann einmal nicht mehreren Herren dienen ...

16] *An Oskar Bie*

Berlin, 8. November 1894

... Zurzeit arbeite ich so nebenbei an einer Neubearbeitung Horazischer Oden* in humoristisch-modernisiertem Sinne, ein kleines Unternehmen, das ich mit einem Freunde zusammen* begonnen habe ... Ich habe bis dato acht Oden fertig daliegen (im ganzen werden es kaum mehr wie zwanzig) und glaube, ohne mir zu schmeicheln, daß die lustigen Lieder (im Originalversmaß übersetzt, d. h. natürlich selten wörtlich, sondern dem Charakter des Ganzen nach) überall, wo gemütliche Männer mit Gymnasialvergangenheit sich finden, durchschlagenden Lacherfolg haben müssen.

17] *An Marie Goettling*

Berlin [ohne Datum]

... Hier gehts nun toll zu. Morgen ist ein Künstler-Vortragsabend in der Philharmonie. Emanuel Reicher* liest Gedichte von mir vor, Kainz deklamiert, Nicklass-Kempner singt usw.

18] *An Eugenie Leroi*

Berlin, 27. Februar 1895

Hier haben Sie mein erstes größeres Werk*, und es ist sein schönster Augenblick, wo es Ihre Augen zum ersten Male lesen. Es ist noch ein Erstlingswerk mit vielen Schwächen, aber ich schäme mich trotzdem seiner nicht.

Ich begann es mit dem »Prolog« wenige Tage nach Ihrer Abreise aus Grund. Die symbolische Stadt mit den »dürren Binsendächern« ist keine andere wie Grund selbst, und es hieß auch zuerst »roten Ziegeldächern« ...
In einem der Mondbilder ist der Anfang eines berühmten Verses der Ilias Homers »Kommen wird einst der Tag, wo das heilige Ilion hinstürzt ...« und ist von mir als düstere Prophezeiung vorher berechneten Zusammenstoßes zwischen Erde und Mond an der betreffenden Stelle gemeint.

19] *An Marie Goettling*

Berlin, 5. November 1895

Heute nur kurz aber beruhigend! betreffs Deiner lieben Sorge um mich und der Deines lieben Vaters. Mir fehlt nichts weiter. Ich stehe einfach in den Mensch- und Künstlerkrisen, die keinem Werdenden erspart bleiben, und diese Krisen sind immer bei jedem Ernsten Krisen auf Tod und Leben. Mag sein, daß man nie darüber hinauskommt. Dann schwankt man eben immer zwischen Sein und Nichtsein. Glaube nicht, liebe Marie, daß es Mangel an Vertrauen ist, was mich abhält ins Détail zu gehen. Nein. Es ist mir nur geradezu unmöglich, jetzt über mich selbst zu schreiben ... Was ich brauche, ist große Sonne. Sei es nun – eine große Liebe, sei es große Natur, große neue Verhältnisse. Dann wird mit einem Mal die »Symphonie« dastehen und andres dazu. So wirds ja auch, aber langsamer. Hier in Berlin stört mich vieles in puncto Kunst. Kürzlich hat ein Kritiker mich einen »edlen Barden von Spree-Athen« genannt. Der höchste Ulk, der mir seit meiner Wiege passiert ist!
Im Ernst aber: Meine Kunst ist still und wird immer mehr ganz für sich wandeln ...

20] Von Max Reinhardt

Berlin, 21 März 1897

Lieber Danton,
auch ich möchte, bevor ich Sie guillotinieren lasse, gerne mit Ihnen beisammen sein. Morgen ist jedoch ein angestrengter Tag, nachmittags bin ich aufreizender Weber Ansorge und

abends versöhnender Pfarrer. Ich bin deshalb später fertig. Aber um halb elf abends, längstens elf Uhr, bin ich in Amerika, *bar aller Begleitung und werde mich freuen, Sie drüben zu begrüßen. Später spielen wir wohl Domino um Menschenköpfe. Hoch die »Kaiserkrone«, hoch der »Kaiserhof«, hoch das »Monopol«.*

Ihr Robespierre

21] *An Clara Ostler*

Friedrichshagen, 8. August 1897

... Fritz Kayssler und ich wohnen nun wieder bis September in Friedrichshagen. Wir haben zwei sehr nette Zimmer nebeneinander und teilen uns idyllisch in Arbeit und Naturgenuß ...

Meine neue Sammlung Gedichte* kommt nun also Oktober zum Vorschein, der andre Band, der eigentlich auch schon vorliegt und der mein Subjektivstes (Lieder, Stimmungen etc.) enthält, folgt jenem übers Jahr im gleichen Verlag. Phanta geht auch in diesen Verlag (Schuster und Löffler, Berlin) über und wechselt den Umschlag ...

Siehst Du, nun geht es schon nach und nach ins offene Meer hinaus. Der Horaz hat übrigens schon die zweite Auflage und geht gleichmäßig gut (nun mit meinem Namen).

22] *An Marie Goettling*

Berlin, Ende 1897

... Was ich Dir nämlich nicht verschweigen kann, obschon es Torheit ist, schon davon zu reden, ist, daß mir kürzlich der Auftrag in Aussicht gestellt worden ist, die Vers-Dramen und die Gedichte Ibsens aus dem Norwegischen (Dänischen) ins Deutsche zu übertragen beziehungsweise um-(nach)zudichten. Das würde drei bis vier Jahre erfordern, während welcher ich sicher zu stellen wäre. Die Aufgabe ist gewiß sehr schwer, aber ich wüßte mir keine ehrenvollere und mehr den Ehrgeiz entflammende. Die Übersetzungen sind für die einzige autorisierte deutsche Ausgabe von Ibsen* bestimmt und wären demnach für alle Zukunft die allein maßgebenden und mustergültigen ...

So lerne ich denn mit Hochdruck Dänisch und hoffe mich bald an Stellen der Liebeskomödie (Kaerlighedens Komedie) versuchen zu können. Es wäre herrlich, wenn alles glückte, denke Dir, daß damit meine Lebenslage endlich sicherer würde und die ungewissen Projekte nach der »freien Schriftstellerei« (in Aufsätzen, Kritiken) hin verabschiedet werden könnten ... – Vom Honorar wird ja alles abhängen ... Ich habe freilich Sorge um mein eigenes Schaffen, aber ich glaube doch zu fest an die Zukunft um zu fürchten, es werde verkümmern.

23] Von Kayssler

Breslau, 14. Juni 1898

Heute am Geburtstag unseres Jungen muß ich Dich schnell mal umarmen. Du, das ist ein Tag! Chrischan, diese Art von Glück kennst Du nicht. Es ist etwas Stolzes! Ich sage Dir, es ist ein Riesenjunge, neunundfünfzig Zentimeter groß. Er hat Haare wie ein Indianer, sogar auf den Ohren Büschel. Er bittet Dich, ihm ein treuer Onkel Chrischan zu sein. Mein Junge, hilf uns beiden mit, aus dem Bengel das Richtige zu machen. Was?! Das soll eine Freude werden. –

Ich habe heute das erste Blatt zu einem Buch für ihn aufgesetzt, das eine Sammlung von guten Reproduktionen aller Art mit allen möglichen guten Sachen an Dichtung etc. für ihn werden soll, veranstaltet von Vater, Mutter und Onkel Chrischan. Bist du damit einverstanden? – Es muß doch ein würdiges Geschenk da sein am Tage der Geburt; wie?!

In Berlin war ich acht Tage, sehr interessante Probleme, ab 1. Juli Tournée ...

Für heute addio. Liebster Junge, wir sind beide furchtbar glücklich! Sei es mit uns und laß Dich umarmen von Fritze, dem Vater und Liese, der Mutter.

Einen Gruß in seiner Art schickt *Christian Friedrich*

24] *An Marie Goettling*

Nordstrand bei Kristiania, 26. August 1898

... Meine nächste Lieder-Sammlung*, diesmal vorwiegend *Lieder*, wird ein Intermezzo wie ein Stück blauer Himmel bilden. Sie stammt aus diesem Frühling und Sommer und ist

gewiß das Einfachste von allem Bisherigen. Außerdem kommen noch Epigramme, und damit gewiß mein bisher schärfstes Buch. –
In Norwegen bleib ich vorläufig so lang wie möglich, muß es wegen der Arbeit. Die weite Fjordlandschaft liegt im Schnee, es ist herrlich und heimlich. Das Neueste ist, daß ich auf einen Aufsatz August Fords in der »Zukunft« hin nahe daran bin, Anti-Alkoholist zu werden. Dann ade »Schwarzes Ferkel«* und Kempinsky!

25] Von Henrik Ibsen (Aus dem Norwegischen)

Kristiania, 2. Januar 1900

Lieber Herr Morgenstern!
Seit langem hätte ich Ihnen schreiben sollen und Ihnen danken für Ihre meisterliche, feine Übertragung meines neuen Stückes ins Deutsche. Vergeben Sie, daß dies erst heute geschieht. Ich habe die Übersetzung sorgfältig durchgelesen und begreife nicht, wie Sie sie in so kurzer Zeit fertigbringen konnten. Und so vollkommen haben Sie jede einzelne Wendung nachgedichtet! Ich danke Ihnen recht aus meinem innersten Herzen! Seien Sie versichert, daß ich gut verstehe, welchen Anteil Sie an der freundlichen Aufnahme haben, welche das Buch in Deutschland gefunden hat.
Lieber Freund – ich habe Ihnen für so vieles zu danken. Zuerst für Ihr warmes gutes Telegramm, als Ihre Arbeit beendet war. Dies war die erste Botschaft, die ich von draußen aus der Ferne empfing, die darum für mich doppelt wertvoll war.
Und dann haben Sie meiner Frau und mir Ihre schönen stimmungsvollen Sommergedichte gesandt, aus denen ich sehen kann, daß Sie ein Sommerleben auf echte Dichterweise gelebt haben. Herzlichen Dank und gut Glück für das Buch. –
Und wann werde ich die Freude haben, Sie wieder hier oben zu sehen? Leben Sie wohl bis dahin und seien Sie in Verbundenheit gegrüßt und bedankt von

Ihrem ergebenen Henrik Ibsen

26] Von Kayssler

Berlin, 9. Januar 1901

Sei ock nich beese, daß wir so gar nichts hören lassen. Es ist jetzt immerfort was los: wir sind mit der Gründung eines »Narrenschlittens« beschäftigt, Künstlersalon-Abende, wo Parodien etc. gespielt werden, natürlich mit Subskription nicht etwa à la Brille. Der erste soll 21. Januar im Künstlerhaus sein. Schicke sofort was Du an Parodien, Szenen etc. hast. Du wirst hier würdiger aufgeführt als beim Überbrettl, das nun wirklich am 18. in der Sezessionsbühne steigen soll, aber wie's heißt, mit sehr wenig Fleiß. Mein Pan im Pan im Salon soll von einem Antischauspieler gespielt werden. Wenn das wirklich nicht anders geht, ziehe ich das Ding zurück: denn wenn der Pan miserabel ist, hat alles keinen Zweck. Bei Deinem d'Annunzio ist das ja nicht so gefährlich, weil da keine eigentlich tragende Rolle drin ist, mit der das Ganze steht und fällt ...*

27] Von Ernst von Wolzogen

Berlin, 20. Januar 1901

Lieber Meister Morgenstern!

Wir haben einen glänzenden Erfolg gehabt! Es war ein gemütlicher, höchst animierter Abend, der 18. Januar. Die Zeitungen waren fast ausnahmslos des Lobes voll und nun dürfen wir auch mit guter Zuversicht auf den Bestand und den materiellen Erfolg der Sache rechnen. Leider wurde der Tenor krank, sodaß Ihr »Anmutiger Vertrag« wegfiel. Aber das »Mahl«* wirkte prächtig, und besonders meine Einleitungsconférence, in der ich Ihre szenischen Anweisungen und die Charakteristik der Personen zum besten gab, wirkte außerordentlich erheiternd.*

28] *An Efraim Frisch*

Davos Platz, Sanatorium Turban, 5. Februar 1901

... Nun mache ich seit ca. Mitte November die gleiche Liege-(Luft)Kur wie sechzig, siebzig andere, stopfe mich mit unerwünschten Mahlzeiten und beklage mein der holdesten und fruchtbarsten Einsamkeit grausam entfremdetes Los. Dazu ist es etwas ganz anderes, registrierter Kranker zu sein, als angeschossenes Tier im freien Wald. Zwar ergibt jede Untersuchung ein relativ befriedigendes Ergebnis, aber mein Zustand ist nur zu oft trübe; denn wie soll das alles weitergehen, mit diesem Leben und mit der Kunst. Was machst *Du*? Schreib mal wieder einen summarischen Brief aus Deiner Deussen-Stadt. Hast Du schon die Briefe Nietzsches an Deussen und andere gelesen? »Siehe, welch ein Mensch.« Im Sommer wallfahrte ich vielleicht nach Sils Maria. – Mein liebster Gedanke wäre jetzt in ein Kloster zu gehen, aber natürlich ein Kloster für sich be-freiende Geister. Tätest Du mit? Auf irgendeinem Arrarat! Also schreib bald und ex itineribus.*

29] *An Julius Moos*

Zürich, 30. September 1902

Und wenn Sie mir ganz Sizilien zu eigen geben wollten, – ich darf meiner Pflicht nicht untreu werden, die mich zunächst die Ibsenarbeit vollenden heißt, ehe ich an entscheidenden Aufenthaltswechsel denken kann. Ich bekomme Tag für Tag Korrekturen, der Band wird bereits langsam gedruckt, und Tag für Tag muß ich Korrektur oder Manuskript absenden. Es geht also wirklich leider absolut nicht... Vielleicht komme ich später nach Sizilien. Wollen Sie mir einen Freundschaftsdienst erweisen, so sehen Sie sich beiläufig nach Orten oder Logis um, wo ein teutscher Tichter mit fünfzehn Mark Monatsgage gut und trefflich leben kann.
... Zwei Lungenuntersuchungen von zwei verschiedenen Ärzten, beide: »Nix mehr zu hören.« Dreimal...

30] *An Efraim Frisch*

Rom, 18. Dezember 1902

... Freitagabend also faßte ich plötzlich den Entschluß nach Rom zu fahren. Der Schnellzug mit dritter ging 11.15 Uhr nachts und so rollte ich die Nacht hindurch auf harter Ofenbank (denn durch die Stäbe stiegen rastlos glühende Dämpfe) am Trasimener See vorüber und in den römischen Morgen hinein. Um sieben Uhr kam ich an und ließ mich von einer Droschke ins Unbekannte hinausfahren. Am selben Abend war ich noch vor St. Peter, dessen Kuppel mir aber erst am nächsten Mittag von der Höhe des Quirinal aus in ihrer ganzen unendlich edlen Schönheit aufging. Vom Platz aus nämlich läßt einen die Fassade zu keinem reinen Genuß kommen... Nun gings denn langsam an eine erste friedliche Eroberung der Stadt, in der ich noch mitten drin bin...

31] *An Efraim Frisch*

Rom, 2. Januar 1903

In meine »Berufs«-Arbeit hoff ich bald hineinzukommen, ich führe Tagebuch und werde das wohl bald ausschlachten können. Mit Savonarola ergeht mirs eigen. Abgesehen davon, daß ich durch die Reise, das Neue etc., recht heraus bin, muß ich vor allem die Physiognomie des Mannes zu vergessen suchen, der in meiner Vorstellung ganz anders lebte. Ich gestehe offen, daß ich diese wulstigen Lippen und groben Züge nicht mit dem komplizierten, ekstatischen Bild vereinigen kann, unter dem mir der Mönch immer erschien, und fürchte, das wird sich nicht ändern. Hätte ich mir die dumme historische Neugier doch versagt...

32] *An Kayssler*

Rom, 16. März 1903

... An meine Zurückkunft denke ich nun ernstlich. Ich habe bereits für 1. April gekündigt, so daß ich also dann jedenfalls etwas Entscheidendes tun muß. Ich möchte dann am liebsten noch kurze Zeit nach Florenz und dann endlich kurzerhand »*heim*«... Ich denke mir dort im Grunewald wird sich schön arbeiten lassen. Daß mich nur die guten Bekannten nicht wieder in Stücke reißen; sags ja nicht allen, daß ich komme; vielleicht könnte ich ganz unbemerkt draußen bei Dir wohnen; es ist nicht bloß Laune, sondern Lebenbleibensbedingung; ich muß meinem Gewissen vieles zu Liebe zu tun suchen, sonst bringt es mich noch einmal um. –

Denke Dir, was mir gestern für eine Freude ward. Kerr, dem ich zu Neujahr geschrieben hatte, schrieb mir endlich zurück, lieb und originell. Seltsame Geschichte. Aber der Mensch hat mich zuletzt doch herumgekriegt. –

33] *An Amélie Morgenstern*

Halensee, 18. August 1903

Verspätet aber herzlichst Dank für Deinen Brief und die nochmalige Sendung, die mir in der Tat viel Ungelegenheiten erspart hat. Ich bin seit dem 1. August Dramaturg im Hause von Felix Bloch Erben* hier, habe mich bereits völlig eingearbeitet, werde aber vielleicht noch einem anderen Anerbieten*, das dieser Tage an mich herangetreten, Folge leisten.

34] *An Professor Heinrich Wolff*

Berlin, 1. September 1903

Komme heute mit einer Anfrage zu Ihnen. Bruno Cassirer hier, der rühmlich bekannte Verleger, gibt eine Theaterzeitschrift* unter meiner Leitung vom 15. September ab heraus. Wir wollen darin allem Neuwerdenwollenden im Theaterwesen wie auch einem literarisch geschmackvollen Publikum dienen; nicht in der üblichen Theaterjournal- sondern durchaus ernster Weise...

35] *An Amélie Morgenstern*

Berlin, 22. Dezember 1903

... Seit ich die kleine Zeitschrift* herausgebe, deren Probehefte Dir wohl zugegangen sind, komme ich noch weniger zum Korrespondieren als vorher. Dazu habe ich drei Übersetzungen aus dem Norwegischen* übernommen, für Euren Münchener Verleger Albert Langen, eine langwierige und nicht gerade sehr lohnende Aufgabe, obwohl mir die Freude daran, eine Musterübertragung hinzustellen, nicht fehlt. – Von Häuslichem ist sonst nur zu berichten, daß ich mich also seit Oktober in einer netten kleinen Wohnung befinde, aus der ich so bald nicht wieder heraus will, obwohl zur Miete zu wohnen vielleicht rentabler wäre. Aber ich war dieser Mietszimmer zu müde geworden.

36] *An Kayssler*

Berlin, 26. Mai 1904

... Der Schwank* ist gestern bis zum Schluß des ersten Aktes gediehen; aber ich denke noch viel um- und hineinzuarbeiten; es steckt schon ein Übermaß von Tollheit darin, aber zweiter und dritter Akt muß noch darüber hinaus gehen. Der zweite Akt soll eine vollständige wirklichkeitsgetreue Anleitung dazu sein, wie man sich als bewußter Kurpfuscher emporarbeitet, ein direktes Dokument des Kurpfuschertums.

Aus dem Konsortium, das sich Ende des ersten Aktes bei Hahnenkamm versammelt, ist mir ein Schiffsreeder und ein Pastor gut gelungen. Außerdem eine Frau Luchs, Haushälterin und Faktotum bei Hahnenkamm. – Zur Zeit kreiße ich noch ohne äußeren Anstoß; hört das auf, tritt Oskar wieder in seine Rechte und Pflichten ... –

37] *An Julius Bab*

Berlin, 10. März 1905

Herzlichen Dank für Ihren schönen Brief! Es freut mich sehr, daß Sie Geschmack an den »Galgenliedern« gefunden* haben. Sie sind für mich zugleich ein Scherz und – zumal in ihren späteren Exemplaren – eine künstlerische Station. – Im Betreff der Posse haben Sie recht, obwohl ein Aufführungsversuch wünschenswert wäre. Garantieren Sie mir im übrigen noch zwanzig Jahre wie bisher, so sollen Sie auch Komödien von mir bekommen ...

38] *An einen Schriftsteller*

Berlin, [undatiert] 1905

... Sie dürfen mich unmöglich zu denen rechnen, die der Welt etwas »vormachen« wollen statt ihr *sich* zu geben. Wenn ich Phantasien habe (wie in Phanta's Schloß etwa), so ist das doch auch vollberechtigtes blutgeborenes Leben, dessen Ausgestaltung mich ebenso reizen, ja nötigen kann, wie irgendeine wirkliche Szene.

Und ich habe noch keine Phantasie gehabt, die nicht eine – wenn auch noch so verborgene – Nabelschnur zur Wirklichkeit gehabt hätte.

39] *An Josef Schanderl*

Charlottenburg, 21. Oktober 1905

Meine kleine Theaterzeitschrift ist glücklicherweise selig entschlafen. Wenn ich jetzt nicht noch ein Lektorenämtchen* bei Cassirer hätte, könnte ich wieder einmal von mir sagen: »*Nur* Narr, *nur* Dichter«*...

40] *An Paul Wiecke*

Birkenwerder bei Berlin, 18. Dezember 1905

Soeben lese ich, daß Ibsens »Brand« in meiner Übersetzung in Dresden aufgeführt werden soll.
Ich liebe dieses Gedicht so sehr, daß ich mich nicht enthalten kann, Ihnen als seinem – in meinen Versen – ersten deutschen Hauptdarsteller meine innige Freude darüber auszusprechen.

41] *An Luise Dernburg*

Birkenwerder, 23. Februar 1906

Hier ist es so schön, wie es nur in der näheren Umgebung von Berlin sein kann. Dazu habe ich an jedem Finger eine andere Arbeit.
Ich möchte Ihnen etwas von dem Frohsinn meines Temperaments abgeben können, von der dauernden heiteren Skepsis, die allein Lebenslust verbürgt. Sie möchten gern lachen – aber so tun Sie es doch. Die Welt ist durchaus nicht zu ernst dazu. Sie ist weder ernst noch lächerlich, sondern in jedem Kopf und jeder Sekunde anders, anders, anders.
Sie lieben zu *vereinfachen* und meinen dadurch den Dingen »auf den Grund« zu kommen. Aber dieser Grund *existiert gar nicht*, und nur wer ohne Ende *auflöst, verunendlichfacht*: wen die ganze maßlose Fülle des Lebendigen nah und fern schließlich seines vermeinten Verantwortlichkeitsgefühls – als ob auf ihm just alle Pflicht und Schwere läge – lächeln macht –, er wird seinem und allem Leben einigermaßen gerecht werden können. Alles Vereinfachen *tötet*, (denn es führt zum Buchstaben, zur Rune, zur Starrheit), der Schmetterling Welt steckt ausgespannt im Glaskasten; was leben-

dig macht, ist allein der Geist des Allumfassens, Alldurchdringens, des Glaubens an nichts und alles, und zwar zugleich an restlos nichts und an restlos alles.

42] *An Bruno Cassirer*

Birkenwerder, 2. März 1906

... Ich liebe heute, so epigrammatisch wie möglich zu sein, – daher suchte ich jedem Blatt von Freyhold * einen einprägsamen Zweizeiler beizugeben, der das Wesentliche des Bildes dem kindlichen Gemüt sofort klar und damit im Gedächtnis haften machte ...

43] *An Luise Dernburg*

Birkenwerder, 12. März 1906

Ich habe Ihnen noch nichts auf Ihr Glaubensbekenntnis von damals geantwortet und Ihnen da wohl jene kurze Traurigkeit verursacht, die uns befällt, wenn jemand, dem wir vertrauten, nicht auf uns eingehen zu wollen scheint. Es ist aber, weil ich gerade über solche Fragen mich besonders ungern reden sehe, obwohl ich vielleicht am liebsten nur darüber reden möchte; denn gleich wird es oberflächlich, als wären die Sätze Korkgürtel, die das wirklich vielleicht Originelle und Wertvolle in mir unabänderlich nach oben und außen heben. Ich darf Ihnen sagen, daß dieser Herbst und Winter mich zu manchem geführt haben, von dem ich nie geglaubt hätte, daß es mir zugänglich werden würde. Ich glaube zum ersten Mal den Menschen verstanden zu haben, der am Anfang unserer Zeit- und Seelenrechnung steht – nur auf eine Reihe von Augenblicken, aber ich weiß, sie werden nicht die letzten gewesen sein. Aber man kann nicht genug schweigen über solche Dinge. – – –

44] *An Fega Frisch*

Ludwigshöhe, 12. Juli 1906

... München war mir diesmal besonders lieb, obwohl ich nur etwa dreimal dort war. Es tut einem so wohl nach Berlin mit seinen malerischen Straßen, seinen niedrigeren proportionierteren Häusern; jeden Augenblick erfreut einen irgend etwas, was entweder durchs Alter schön geworden oder vom hier immer wachen natürlichen Kunstsinn zeugt: gerade jetzt dekorieren sie hier zum Schützenfest in einer vorbildlichen Weise. Jede Straße hat ihren eigenen Künstler und die ganze Stadt ist schaffend und gaffend mit am Werk...

45] *An Kayssler*
(Mit einem Bilde der Villa Kirchlechner in Obermais)

Obermais, 14. September 1906

... In diesem Häuschen bewohne ich nämlich die Giebelstube, ein sauberes kleines Zimmer mit rebenbewachsenem Balkon, Blick ins Grüne, auf ein paar Landhausdächer und bewaldete Berge. Lage ziemlich auf der Höhe von Obermais, was gute Luft verbürgt und leichten Verkehr mit Meran verstattet. Die Wirtsleute bescheiden, entgegenkommend, angenehm. Kurz, wie ich fast glaube, wieder einmal ein glücklicher Griff in rebus cameralibus. Vor allem aber ist mir Ort und Landschaft bereits sehr sympathisch geworden. Das Wetter scheint eine wundervolle Tendenz zu haben, sich nach jeder Trübung gleich wieder aufzuraffen und seinen heiteren Grundcharakter zu restituieren. – ...

46] *An Oskar Anwand*

Obermais, 30. Oktober 1906

... ich möchte, daß wir »Hahnenkamm« von Lascynski* oder wie er heißt zurückziehen, wiedereinschlucken sozusagen. Wozu noch eine Sache in dieser Halböffentlichkeit lassen, die wir – so wenig sie ja auch Literatur sein sollte – doch immerhin heute in ihrer Art wahrscheinlich besser, jedenfalls anders machen würden. *Bitte* nimm die Angelegenheiten in die Hand. Auch beunruhigt mich, daß ich einmal – (mit Dir im Einverständnis) Anweisung gegeben, ein Exemplar nach Kopenhagen an einen Herrn L. zu schicken. Der Betreffende ist mir zwar als ehrenwert bekannt, aber die Dänen sind in literarischen Dingen uns gegenüber nicht gebunden. Dringe also, bitte, auf Klarheit über diesen Punkt und Rückforderung des Exemplares aus Kopenhagen.

47] *An Kayssler*

Obermais, 17. Januar 1908

... Also, das erste Briefpaar* ist gewechselt. Herrgott, was sind unsersgleichen *Phantasiemenschen*! Immer und überall das gleiche. Wir träumen von Sternen und dann war's einfach ein Licht hinter einem Fenster. Nun, unter Umständen kann das mehr als ein Stern sein, unter seltenen Umständen. Man ist ja immer wieder Kind genug, es glauben zu wollen. – Merkwürdig, wie mir die fünfzehn Jahre nun auf einmal heraufsteigen. Wie ein *Leben*. Wie ein Gebirge. Kann man so etwas ungestraft zwischen sich haben? Wird jetzt nicht vielleicht erst die *wirkliche* Kluft sich auftun?
Und ich werde ja von Tag zu Tag immer radikaler. Ich greif's ja oft fast mit Händen. Nur noch zehn Jahre, sag ich immer wieder, nur noch zehn Jahre, und man soll wieder einmal einen *freien* Menschen gesehen haben (soweit dieser Begriff überhaupt sein kann).

48] *An Bruno Cassirer*

25. Januar 1908

Leider muß ich mich Ihrer Raumproteste halber diesmal aufs Notwendigste beschränken. Aber ich will dies Commentar* später auf jedes Gedicht ausdehnen, natürlich immer alles *fast ganz* im Scherz. In diesem fast ganz und doch nicht ganz besteht ja eben der ganze Witz.

... Ich werde die Anmerkungen zusammenredigieren, so gut es geht, aber zunächst müssen sie in Satz. Die Prosa gibt dem Ganzen einen *Ruhepunkt*. Dieser gute Gelehrte (und seine Frau Erica – daß sie eine geborene Schmidt ist, verschweige ich natürlich –) tröstet einen, wenn man vorne etwas zu lange hat mitmachen müssen... Vorläufig glauben viele, es sei »halt Stumpfsinn« mit Grazie vorgetragen. Warum soll man sie dabei stehen lassen, da doch alles voller Beziehungen steckt (und wo man die richtigen verborgen lassen will, zieht und zaubert man scheinbare heraus).

Nun, meiner Ansicht nach ist jede Zeile ein Bild.

49] *An Professor Carl Ernst Morgenstern und Elisabeth Morgenstern*

Obermais, 19. Januar 1908

Ein wahrhaft »friedliches freundschaftliches« Verhältnis ist für mich nur denkbar, wenn wir uns in voller Aufrichtigkeit begegnen.

Dann allein wird es fruchtbar werden können, wird es positiven Wert haben, und nicht nur scheinbaren.

Dir, mein lieber Vater, schulde ich, was auch geschehen ist oder geschehen mag, die völlig unerschütterliche Dankbarkeit, Ehrfurcht und Liebe des Sohnes. Ich habe von diesem Verhältnis des leiblichen Sohnes zum leiblichen Vater den höchsten Begriff und das reinste Gefühl, das ein Mensch nur überhaupt haben kann.

Dich nun, liebe Liese, begreife ich bis zu einem sehr hohen Grade in dieses ehrfurchtsvolle Verhältnis ein. Und so habe ich denn auch Deinen einliegenden Brief mit vollkommener Ruhe und mit einer Wärme beantwortet, in der ich die Bitternis, die ein Schweigen von vierzehn Jahren in mir nähren mußte, fast restlos habe aufgehen heißen.

Sie ganz und gar zu unterdrücken, dazu hatte ich weder die Leichtigkeit noch den Willen. Ja, ich würde jene Zeit als für unser inneres Leben einfach verloren ansehen, wollten wir sie nur als einen Traum vergessen, uns nicht auch zugleich ihrer als eines Schicksals bewußt bleiben.

Es stände schlimm um uns alle drei, hätten wir uns *ungestraft* vierzehn Jahre lang trennen dürfen, es hieße uns selbst zu gering einschätzen, empfänden wir nicht, daß damit jeder von uns Undwiederbringliches verloren hat. Und daß wir darum mit verdoppelter Innerlichkeit auf einander eingehen müssen, nun, da es durch unser aller Altern vielleicht noch schwerer geworden ist, uns gegenseitig zu verstehen...

50] *An den Vater*

Obermais, 26. März 1908

Du wünschest keine Auseinandersetzung mehr, und mit Recht, denn was hülfe es auch, wenn ich Dir bewiese, daß ich niemals auf »gegnerischer Seite« gestanden habe, sondern *weder* auf Deiner *noch* auf jener.

Ich habe Deine Sache unablässig geführt und verfochten und ihr die ihre ebenso nach Kräften zu erleichtern gesucht. Bis ich dann schließlich – ich könnte mit einem gewissen Recht sagen: darüber – krank wurde. So habe ich gehandelt und so würde ich jederzeit wieder handeln, denn so war es zugleich gerecht und liebevoll.
Du hast immer mein reines Streben brechen wollen zugunsten eines Vorteils. Ich aber verachte alle Vorteile. Wäre ich Dir in meiner Jugend gefolgt, so säße ich jetzt vielleicht in Amt und Würden – und hätte das Beste, Größte meines Lebens nie erlebt, nie erreicht. Folgte ich jetzt jener Lebensanschauung, die Du mir kürzlich halb im Scherz halb im Ernst gepredigt hast, so wäre das *äußerlich* wohl besser für mich wie für Euch, – aber innerlich würde nichts als eine einzige Lüge für uns alle daraus. Nichts weniger als eine Harmonie, wie Du meinst...

51] *An Kayssler*

Obermais, 2./3. Mai 1908

Nun hör zu! Gewiß will ich jetzt nicht hinfahren und überhaupt keiner Aufforderung folgen, die nur von der Frau allein ausgeht. Aber wenn ich glaube, im Sommer, d. h. etwa Ende Juni, dort von irgendwelchem Segen sein zu können, so werde ich kommen, *wenn* mein Vater mich *bittet* zu kommen.
Denn Du mußt wissen, daß mir mein Vater gestern und heute die ersten wirklichen Briefe geschrieben hat, seit wir wieder korrespondieren!...
Ich fühle es heraus, er deutet es an, er schreibt jetzt zum ersten Mal wieder als der, *als den wir ihn kennen.* Und *damit* ist das trockene Hin und Her der ganzen vorangegangenen Korrespondenz erledigt und ausgetilgt...

52] *An Kayssler*

Obermais, Ende Mai 1908

Vielleicht erhieltest Du schon die Nachricht, daß abermals schwerer Anfall eingetreten. Mein Vater schreibt, ich solle hier in M. bleiben, aber ich habe nun keine Ruhe mehr, möchte mehr in seiner Nähe sein, komme daher morgen (Sonntag) mit dem Nachtzug nach Berlin (Ankunft Montag morgens). Genaue Ziffer telegraphiere ich noch. Nachts reise ich lieber, es ist auch schon warm genug. Auf Wiedersehn denn, Ihr Lieben!!

53] *An Kayssler*

Waidbruck, 31. Juli 1908

Habe vorläufig in Dreikirchen am Ritten, Südtirol, Fuß gefaßt. Dauernd schönes Wetter, reizvolle Lage, hoch am Abhang des Eisack-Tales, gute Pension. Anfänglicher Widerwille gegen Pensionstafel im Weichen. Nur ca. vierundzwanzig Personen. Hoffe langsam wieder hochzukommen, hatte mich recht verloren. Danke Dir täglich neu für Dein Eckermann-Exemplar. Da liegt unser Bestes und nirgends anders. Da lebt und webt unser Erhabener –.

54] *An Margareta Gosebruch von Liechtenstern*

Obermais, 31. August 1908

Ich sitze in einem Wirtsgarten am Brunnenplatz als einziger Gast und denke denke denke an Dich und muß Dir das schreiben; denn wenn diese letzten acht oder vierzehn Tage auch nicht die Folge haben werden, die sich die Welt gemeinhin vorstellt, so habe ich Dich doch in diesen Tagen geliebt und fühle Dich seitdem als ein Unentbehrliches und Unausscheidbares mit in mein Leben verwoben. Ich muß Dir das schreiben und ich gebe mir auch selbst die Erlaubnis dazu, denn ich weiß, daß ich trotz alle und alledem *kein Leidbringer* bin...

55] *An Margareta Gosebruch von Liechtenstern*

Obermais, 1. September 1908

Ich war zwei Stunden unten auf der Kurhausterrasse und ließ mich von der Musik tragen. Wohin? dürfte einer gewissen Abwesenden im Allgemeinen bekannt sein. Ich will Dir gelegentlich erzählen, was so eine Stunde alles in mir auszulösen vermag, wenn das Glück gut ist. Das Glück! Die mir gemäße Art von Glück wollen wir strenger sagen. »Trachte

ich denn nach Glücke« sagte Nietzsche einmal –: »ich trachte nach meinem Werke.« Mein Glück wird unter anderm auch sein, Dich einst glücklich zu sehen, zu wissen und mir selbst vielleicht zuschreiben zu dürfen, in dies Dein Glück einen Unterton gebracht zu haben, der ohne mich ungeweckt geblieben wäre.
Der Heimweg verlängerte sich mir dann noch durch einige Bank-Siestas an der gletscherkühlen Passer, die mir einige Vierzeiler eintrugen... Will meiner Dreikirchener Tischnachbarin ungeduldige Antipodin sie haben? ich will ihr zunächst die ersten zwei hinschreiben:

Gemischt aus Freudigkeit und Herzeleid,
so zieh mir hin, Septembertag, Septembernacht,
und webe mir ein wunderherbstlich Kleid
aus Gold und Rot, aus Tod- und Lebenspracht.

und:

Wir dachten beide: schreiben,
es sei viel leichter als sprechen.
Nun da wir uns fern sind und bleiben,
möchte das Herz uns brechen. –

4. September

... Lassen Sie sich von zweien meiner Genien die Augen schließen, vom Geist des Friedens und vom Geist einer Liebe, die weiß: alles ist Aufstieg und alles endet, wenn auch vielleicht erst nach Äonen, mit endlicher Vereinigung. Denn im Ich und Du liegt der Welt, liegt Gottes Sinn beschlossen.

5. September

... Sehen Sie, das ist das ganze Geheimnis: Die Wirklichkeit dann und wann wie einen Traum sehen zu können. Menschen und Dinge, und sei es auch nur auf Minuten, Sekunden – gleichsam auflösen zu können (entmaterialisieren, vergeistigen). Sie haben diese Gabe und darum werden Sie auch nie Materialistin werden können.

56] *An Kayssler*

Obermais, 6. September 1908

Also, liebster Alter, nun sollst Du endlich ein briefliches Lebenszeichen haben – denn *leben* das tu ich nun ganz gewiß und Du glaubst gar nicht, wie, wo und wohin! ...

Du warst und bist so rührend gut zu mir! Mein Gott, wie geleitest Du mich durchs Leben, Du Bruderherz. Mir kann doch eigentlich nichts geschehen, außer was aus mir selber kommt.

In den letzten Wochen und Augusttagen wurde viel Deiner und Euer gedacht. Wie sich das so macht, wächst solch eine kleine Sommerpension unvermutet zusammen; und stieben die Individuen dann wieder auseinander, so hat sich oft manche neue Zusammensetzung, manche wunderliche Verschlingung gebildet.

Nun, ich kann mich jedenfalls nicht über den großen Gang dieses Sommers beklagen. Ich meine: daß er nicht groß gewesen sei. Ich bin und bleibe nun doch einmal ein vasum Clementiae.

... Über die Lektüren schreibe ich später; ich habe jetzt fast kein Buch, fast nur Federn und Kohinoors in der Hand. Möcht es so weitergehen. Ich müßte eigentlich viel gelockerter, viel glücklicher schreiben – es wär aller Grund dazu da! ...

57] *An Margareta*

Freiburg, 25. Oktober 1908

... Wir wollen uns nie so ganz zu besitzen glauben, daß wir uns nicht noch nach einander sehnen müßten.

Fromm in der Liebe sein ist alles. Dann kann sie nicht auslöschen ...

Von heute früh:

Als die Münster-Uhr
sieben Uhr morgens schlug
hab ich »Du« gesagt bei jedem Schlag.

Und so sei denn mein
alle, alle Zeit.
Und dann komme, was da kommen mag.

58] *An Margareta*

Straßburg, 2. November 1908

... Laß uns die Liebe dieser Gegenwart jetzt lieben und im Innern nur immer hoffen und ringen, daß Zukunft nicht zerstören sondern vollenden möge, was mit so viel Glauben und Demut begonnen.

Und da will ich Dir nun zum Schluß die Worte von Goethe abschreiben, die Du mir auf Deinem 18. August-Kalenderblatt geschickt hast und an denen ich mich immer wieder aufrichte:

»Über allen anderen Tugenden steht eins: das beständige Streben nach oben, das Ringen mit sich selbst, das unersättliche Verlangen nach größerer Reinheit, Weisheit, Güte und Liebe.«

Hab immer wieder Dank für dies. Ich weiß mir keinen besseren Spruch für Uns zwei. Denn alles andre ist nicht unser. Wachsen wollen wir, aber ob, wann und wie wir zur Frucht reifen, davon können wir nichts wissen. Nur darum beten können wir zur unbekannten Gewalt des Lebens.

59] *An Margareta*

Berlin, 18. November 1908

Ich wurde geboren 6. Mai 1871. München, Theresienstraße 23. Meine liebe Mutter, Charlotte, war die einzige Tochter des Landschaftsmalers Josef Schertel, dessen einziger Sohn, der frühere Opernbaritonist, jetzt Oberregisseur Anton Schertel, noch lebt. Bis vor drei Jahren etwa am Bremer Stadttheater, jetzt, glaub ich, in New York (Metropolitan Theater). Verbindung innerlich nie, äußerlich oft auf Jahre abgerissen.

Meine Großmutter mütterlicherseits (Großvater kannte ich nicht – beide Großväter nicht) – eine wundervolle Frau, voll Humor und Lebenskraft. Spielt in meiner Kindheit eine bedeutende Rolle. Meine Eltern heirateten übrigens sehr jung. Mutter zwanzig († 1881), Vater dreiundzwanzig. Meines Vaters – Carl Ernst (ebenso wie die Mutter in München geboren) Vater: Christian Ernst Bernhard Morgenstern, geborener Hamburger, Landschaftsmaler. Dessen Frau: Louise von Lüneschloß, ich glaube aus einer Mannheimer Offiziersfamilie. Starb Mitte der 70er Jahre. Mein Vater: ihr einziges Kind. Unsere Familiengeschichten sind also ziemliche Gegensätze. – Nach dem Tod meiner Mutter heiratete Vater Amélie von Dall'Armi (Starnberg-München), die dadurch die Pflegemutter meiner Knabenjahre wurde. 1892 oder 1893 wurde diese Ehe aufgelöst – beide stimmten nicht zu einander. Mama – wie ich sie jetzt noch nenne – war oder wurde jedenfalls leidender Teil, sie lebt seitdem in Starnberg, wir sind seit einer Anzahl von Jahren wieder in Verbindung. Bald darauf verheiratete sich mein Vater mit Elisabeth Reche (geschätzte Breslauer Familie). Von ihr deutete ich Dir schon einiges an, was sich besser mündlich ausführen läßt. Nur so viel, daß mich in Straßburg ein Brief erreichte, der mir abermals völligen Bruch ankündigte. Ich suchte dem durch ungefähre Mitteilung meiner neuen Absichten, ohne Deinen Namen zu nennen, zu begegnen, erhielt aber noch keine Antwort. Vielleicht fahre ich deshalb von hier aus hinüber. – So. Morgen etwas von meinen eigenen Wanderfahrten. Den so wunderbar endigen sollenden Deines, Geliebte, *Geliebten* –

60] *An Dr. Rudolf Steiner*

Berlin, 6. April 1909

Sehr verehrter Herr Doktor,
seit Mitte des Winters etwa folge ich ihren Vorträgen im Architektenhaus und bitte Sie, auch Ihrem Vortragszyklus in Düsseldorf beiwohnen zu dürfen. Ja, vielleicht sogar schon den beiden Mitgliedervorträgen in Köln.
Es ist mir leider all das zu spät bekannt geworden, so daß meiner Teilnahme an diesen zwei Abenden Folgendes im Wege zu stehen scheint: Erstens habe ich Rücksichten auf eine Dame (seit einigen Tagen Mitglied) zu nehmen, deren Abreise bereits am Sonnabend noch nicht ganz gesichert ist.
Zweitens bin ich noch nicht Mitglied (wiewohl bereit, es zu werden, wenn sich die nötigen Bürgen so rasch finden) und drittens möchte ich (sowohl wie sie) nichts vorwegnehmen.
Ich brauche diesem letzten Punkte Ihnen gegenüber nichts hinzuzufügen, als höchstens dies, daß ich ein sehr zurückgezogen lebender Mensch bin, dem lediglich Ihr Wort und die Sache am Herzen liegen.

Wie stark ich mich Ihnen selbst, verehrter Herr Doktor, verbunden fühle, dafür mag Ihnen das beigelegte Sonettenpaar aus meinem jüngsten, noch ungedruckten Buche wie ein froher dankbarer Ostergruß sein.
Ihr Ihnen aufrichtig ergebener Christian Morgenstern

61] *An Margareta*

Berlin-Schlachtensee, 30. April 1909

Ich wohne also bei Kaysslers droben im Turmzimmer, sehr behaglich. Mit Cassirer hat sich alles geordnet, ich kann reisen. Den ersten Tag, daß ich ihn aufsuchte, beredete er mich gleich, ihn zu einem Trabrennen nach Weißensee (im Auto) zu begleiten, wo ich ihm vier Preise gewinnen half!

62] *An Margareta*

Kristiania, 16. Mai 1909

Wie man mir sagt, ist Frl.... stark durch Spiritismus hindurchgegangen, ein Gebiet, auf das ihr nicht zu folgen ich Dich inständig bitte.
... Er (Rudolf Steiner) ist jetzt immer von größter Güte zu mir und bittet mich fast jeden Abend, mich noch bis zu den letzten Tagen zu gedulden. Gestern (den 15.) sprach er besonders hinreißend. Es handelte von unserer Kulturepoche, der folgenden (in der Apokalypse als Gemeinde von Philadelphia – Bruderliebe – bezeichnet), und der nächstfolgenden. Er ist wirklich ein großer Führer, und es ist keine Schande, sich ihm anzuschließen. Eine unendliche reine Geistigkeit und geistige Reinheit geht von ihm aus...

63] *An Kayssler*

Kristiania, 19. Mai 1909

... Finde Dich gleichmütig in all diese Sachen, es ist das beste, was Du tun kannst. Und glaube mir nur, ich bin alt genug, um nur noch *scheinbare* Torheiten zu begehen, *keine wirklichen.* – Ich muß fort. – Heut besuchte ich Frau Susanna Ibsen. Eine große halbe Stunde! –

64] *An Dr. Alfred Guttmann*

Kristiania, 25. Mai 1909

Mir geht es hier ausnehmend gut. Ich tauche von Tag zu Tag mehr in Theosophie und habe keinen lebhafteren Wunsch als Euch alle meine Freunde in diese tiefe grandiose Welt mit hineinzunehmen.

Am liebsten möchte ich Gena dem Doktor Steiner selbst zeigen. Er ist ein Menschheitsführer, und es bedeutet etwas, einem so Seltenen im Leben zu begegnen und ihm als reifer Mensch freiwillig und liebend in einem gewissen Maße helfen zu dürfen.

65] *An Elisabeth Morgenstern*

Budapest, 7. Juni 1909

... Unser jüngerer Kreis hat immer an Reinkarnation in irgendeiner Weise geglaubt, aber wir sind nie des näheren darüber belehrt worden, und so blieb es eine vage Vorstellung ohne produktive Kraft für unser Leben. Jetzt endlich wird der Vorhang zurückgezogen und jetzt können wir bis zu einem gewissen Grade selbst erwählen, ob wir, Jung und Alt, in künftigen Entwickelungsperioden unserer Persönlichkeiten zusammenbleiben wollen oder nicht. Wir werden es, wenn wir uns in Einem großen Streben nach immer höherer Vervollkommnung, d. h. nach immer höherer Opferfähigkeit vereinigen und vereinigt halten. Uns als Ich in aller Macht und Stärke zu vereinigen und dieses Ich dann der Menschheit hinzugeben in schöpferischer Liebe – das ist es.

66] *An Bruno Cassirer*

Obermais, 28. September 1909

Ihrer Aufforderung folgend, habe ich begonnen, das Material zu der neuen Sammlung »Palmström« oder »Die Oste« oder dergl. zu sichten.

Wie steht es denn mit der vierten Auflage der Galgenlieder? Ich möchte die Vorrede herausnehmen, einige spätere Stücke durch andere ersetzen und am Schluß ein paar Seiten Anmerkungen hinzufügen, die in ihrer geplanten Trockenheit dem Buch einen neuen Reiz geben dürften.

67] Von Professor Carl Ernst Morgenstern

Wolfshau, 5. Oktober 1909

Mein lieber Sohn,

... ich kann also eine unter solchen Voraussetzungen einzugehende Ehe nicht billigen, die auch nach der Ansicht jedes vernünftig Denkenden ein Wolkenkuckucksheim werden wird, in dem auf die Dauer ein sich Wohlfühlen, ein Gedeihen der Arbeit unmöglich ist, wenn der andere Teil sich denselben Phantastereien hingibt wie Du. Ich schließe mit dem Bewußtsein, daß ich einem Marsbewohner *diese Zeilen geschrieben. Es ist mir aber heiliger Ernst und ich bedauere geradezu Deine Verirrung.*

Dein treuer Vater

68] *An Marie Goettling*

Obermais, 10. Oktober 1909

Heute nur rasch Antwort auf Deine Fragen...

Erstens. Die Bücher sind selbstverständlich Dein Eigentum... Du wirst mir doch diese kleinwinzige Freude machen und sie behalten!

Zweitens. Dr. Rudolf Steiner ist Deutschösterreicher, arbeitete jahrelang am Goethe-Schiller-Archiv in Weimar, ist seit 1902 Generalsekretär der Deutschen Sektion der Theosophischen Gesellschaft (Hauptquartier Adyar).

Drittens. Die Frage nach Annie Besant kann ich Dir leider augenblicklich nicht beantworten.

Viertens. Die erste Bekanntschaft mit der Theosophischen Gesellschaft verdanke ich den eigenen öffentlichen Vorträgen Dr. Steiners im Berliner Architektenhaus Winter 1909, nach deren erstem (über Tolstoi und Carnegie) ich sofort wußte, daß ich den ganzen, noch aus sieben Vorträgen bestehenden Zyklus besuchen würde. Der letzte Vortrag war zufällig am 6. Mai. –

Wir grüßen Dich beide von ganzem Herzen und hoffen bald wieder von Dir zu hören. Christian und Margareta *(die so sehr hofft, Sie bald einmal persönlich kennen zu lernen).*

69] *An Bruno Cassirer*

Obermais, 16. Dezember 1909

Sie machen mir das Herz schwer. Nun würden Sie also doch ein Nachwort gebracht haben? Ich hatte doch ein so fideles Kommentar angefangen, – jetzt aber, bei der Eile, womit Sie die fünfte Auflage betreiben, kann ich es nicht mehr fertig stellen. Ich »stelle« ohnehin diesen ganzen Winter nichts als »fertig«: drei lyrische Bücher, darunter den »Palmström« für Sie, die Aphorismen und einen Hamsun (älteres Drama). Nun denn also das Kommentar für die sechste Auflage. –
Der »Hecht« ist durch »Igel und Agel« ersetzt, der inneren Struktur des Buches gemäß, an der ich beim besten Willen nichts ändern könnte, ohne zu vermehren oder zu vermindern.
Die »Lämmerwolke« * hat es lediglich mit der *Luft* zu tun, von der ich außerdem weiß, daß sie Ihnen nicht sonderlich am Herzen liegt. Ich stelle Ihnen daher für die Lämmerwolke noch zwei Ersatzstücke zur Verfügung: »Philanthropisch« oder »Scholastikerproblem«.
Der Salon der Zurückgewiesenen * kann ja in der 25. Auflage wiederkommen...

70] *An Lida Freifrau v. Liechtenstern*

Obermais, Anfang Februar 1910

... Was macht denn einen solchen Weg so besonders schwer? Daß man, ihn wandernd, nicht vermeiden kann, geliebte Menschen auf eine Weile zu verlassen, auch in seinen Anschauungen, und damit ihnen oft wehe, bitterlich wehe zu tun. Alle Entwickelung macht und schafft Schmerzen. So wenig ein Kind ohne Schmerzen geboren wird, ebensowenig wird der erwachsene Mensch aus dem Geiste neu geboren ohne daß leiden müssen, die ihn lieben... Sie führen, hochverehrte gnädige Frau, die öffentliche Meinung an, welcher jede unerschrockene Eigenart Unbehagen verursacht. Aber ich weise hier auf ein tiefes und, wenn wir recht zublicken, verehrungswürdiges Lebensgesetz: Der muß viel opfern – so sagt es – der aufwärts will...

71] *An Bruno Cassirer*

Obermais, 13. Januar 1910

Hier also ist »Palmström«, der hoffentlich die »Galgenlieder« nach und nach etwas überschatten wird...
Mit Palmström und Korf habe ich, wie Sie bemerken werden, ein neues Feld gefunden, das ich noch viel und oft anzubaun gedenke.

72] *An Bruno Cassirer*

Obermais, 16. März 1910

... Die »Brille«* sei also geopfert. Ich mache nun einen ganzen Band »Sinngedichte«, warten Sie nur, und lasse ihn unter dem Titel »Direkt Unsympathisches« in dem anderen Verlag in Ihrem Derfflingerhaus erscheinen.

73] *Antwort an einen Redakteur*

Obermais, 1910 [undatiert]

Die ersten, noch den neunziger Jahren entstammenden Galgenlieder entstanden für einen lustigen Kreis, der sich auf einem Ausflug nach Werder bei Potsdam, allwo noch heute ein sogenannter »Galgenberg« gezeigt wird, wie das so die Laune gibt, mit diesem Namen schmücken zu müssen meinte. Aus dem Namen erwuchs alsdann das Weitere, denn man wollte sich doch, war man nun einmal eine sogenannte Vereinigung, auch das Gehörige dazu denken und vorstellen....
Was im Lauf der ersten Auflagen dann noch hinzutrat, hatte natürlich mit dem Anfangsthema nicht mehr viel gemein; da aber das »geistige Band« des Humors nicht fehlte, so mußte der alte, mehr private Titel denn nun auch vor größerer Öffentlichkeit all das Neue unter seinen Flügeln aufnehmen und behalten.
Dieser kleine Verein stand unter dem Zeichen des Spiritus asper. Sein Wahlspruch lautete: »Per aspera ad astra.« Auf deutsch soll das heißen: »Der Hauch über den Dingen ist das Beste.«
So betrachtet, wird Ihnen das Büchlein verständlicher erscheinen. Sie werden das Lalula nicht mehr ganz so unsinnig finden, wenn Sie bedenken, daß es weniger der Ausdruck

irgend eines Un-Sinns, Ohne-Sinns sein sollte, als der eines ganz privatpersönlichen, jugendlichen Übermuts, der sich in Lautverbindungen gefiel, ein Gefallen, das unter *Kindern* wohl alltäglich ist, das der Erwachsene aber, wie so vieles, vergißt, und wenn es ihm künstlerisch verkappt entgegentritt, nur noch als Bizarrerie anzusprechen weiß.

Warum soll sich ein phantasiereicher Junge zum Beispiel nicht einen Indianerstamm *erfinden* samt allem Zubehör, also auch Sprache, Nationalhymne? Und warum soll künstlerischer Spieltrieb derlei nicht, zum Scherz, einmal wiederholen?

Ich habe noch als Gymnasiast »Sprache erfunden«, war seinerzeit einer der eifrigsten Volapükisten – – nun, was weiter, wenn ich da einem für solches besonders begabten Bundesbruder ein Vortragsstück in einem *eigenen* Volapük schrieb? Denn all dieses Anfangliche war auf Vortrag und Musik gestimmt (und zwar unter fünf bis zehn *Privat*personen), ohne jeden Gedanken an jemalige Öffentlichkeit...

Ich habe nur *eine* Bitte: Sollte (was ja immerhin möglich wäre) in Ihrem Aufsatz das Wort Blödsinn oder Stumpfsinn, wenn auch noch so glänzend epithetiert, vorkommen, so ersetzen Sie es meinethalben durch Wahnwitz oder Tollheit oder dergleichen; da Sie es wahrlich begreifen werden, daß es auf die Dauer nicht angeht, einen Humor, dessen vielleicht einziger Vorzug gerade in einer gewissen Art von *Geistigkeit,* von Helligkeit und Schnelligkeit besteht, mit diesen zwei üblen deutschen Philister- und Bierbankausdrücken, in denen sich, wie Sie hieraus erraten, die Mehrzahl meiner »Kritik« gefällt, abzustempeln.

»Höherer Blödsinn« oder jener so beliebte deutsche »Stumpfsinn«, »literaturfähig« geworden, ist so ziemlich das Billigste und Törichteste, was sich sagen läßt. Wer so urteilt, gebraucht ein Schlagwort und eine Formel, ohne sich wirklich Rechenschaft von dem Vorhandenen zu geben.

Es kann von *Unsinn* nirgends die Rede sein; dazu war ich immerhin vor fünfzehn Jahren nicht mehr unreif genug. Jedes Gedicht hat Hand und Fuß, man muß sich nur die Mühe nehmen, sich in die Grundsituation zu versetzen...

74] *An Kayssler*

Obermais, 26. Mai 1910

Lieber Alter,
packen fortwährend seit drei Wochen, unglaublich, schreiben unmöglich, fahren morgen oder übermorgen Brixen, packen unmöglich, schreiben seit drei Wochen, fahren fortwährend nach Brixen, schreiben unglaublich, fahren unmöglich, packen morgen oder übermorgen Brixen, lieber Alter, tausend Grüße ...

75] *An Bruno Cassirer*

München, September 1910

... Die siebente Auflage der Galgenlieder mag nun schon unverändert bleiben. Der Gedanke, bei lebendigem Leibe gegossen zu werden ist mir allerdings peinlich.

76] *An Friedrich und Helene Kayssler*

Genua, 17. Oktober 1910

Ihr wißt wohl gar nicht, wo wir herumsteuern, nun also: Samstag nachts fuhren wir von München nach *Verona*, d. h. Margareta machte noch einen Abstecher nach Meran dazwischen. Montag dann über Mailand nach *Genua*. Hier überlegten wir verschiedene Schiffe, bis wir endlich die »Berlin« vom Norddeutschen Lloyd wählten, ein großes Schiff, das in ca. zweieinhalb Tagen über Livorno und Neapel nach *Palermo* fährt (dann weiter nach New York). Es ist die denkbar beste Verbindung zur Zeit mit Sizilien. Ein Glücksfall. Italien übt seinen alten Zauber und Einfluß auf mich aus. Und was erwartet uns erst da unten! 2500 Jahre Kultur und mehr! –

77] *An Amélie Morgenstern*

Taormina, 26. Januar 1911

Ich liege leider noch im Bett ... Meine geliebte Margareta pflegt mich mit rührender Geduld und Liebe, – so kann es mir an nichts fehlen.
... Ich war die letzten Wochen ein wenig ungeduldig, denn

ich hatte gerade stärkeres Fieber, aber nun glaube mir auch Du wieder, daß ich längst jeden eigentlichen Groll überwunden und vergessen habe, und auch meinen Vater und seine Frau in ihrer Eigenart gelten lasse, gleichviel, ob ich dabei »zu kurz zu kommen« scheine oder nicht.
Dies noch als herzliche Nachschrift von Deinem getreuen

Christian

78] *An Reinhard Piper*

Rom, 20. März 1911

Ihre Briefe vom 11., 14. und 16. März sind nun alle in meinen Händen, und ich danke Ihnen für den einen wie für den andern, denn aus jedem spricht die gleiche treue Teilnahme an mir und meinem Werk ... Ihre Vorschläge bezüglich Phanta's werde ich während des Sommers mit Muße erwägen können; der Horaz wird vielleicht noch mehr Zuwachs erfahren, so daß Sie ihn vielleicht schon im Herbst herausgeben können. Geht alles gut, so bin ich im August selbst in München. –
Den Aphorismenband nehme ich in Angriff, sobald ich wieder irgend etwas von einem Schreibtisch vor mir habe und Zeit und Raum für ein bescheidenes kontinuierliches Arbeiten. Diese halben Buchbinderarbeiten sind für mich das Schwierigste von allem. –
Leben Sie herzlich wohl!

79] *An Kayssler*

Arosa, 4. April 1911

Ja, was sagt Ihr zu Arosa? Es sind nun gerade zehn Jahre, daß ich zum ersten Male hier oben war. Besser ist alles jetzt und schöner, obwohl ich damals auf Rodelschlitten fuhr ...
Wunderbare »Glücks-Zufälle« spielen in allem hier mit. Seit Taormina stießen wir uns, sozusagen, an keinem Stein. Alles half uns (nicht zuletzt Landshoffs in Rom), jedes Coupé war leer, jeder Reisetag schön. Jetzt, da wir geborgen und im bequemen Wagen (ohne Wechsel auf Schlitten) heraufgekommen sind, fängt es wieder an zu schneien. (Heute Nacht waren acht Grad Kälte.) ...

80] *An Siegfried Jacobsohn*

[Undatiert]

In der Hauptsache gibt es nichts Besseres als warten müssen, als es nicht zu gut haben, als immer wieder erkennen dürfen, wie ganz am Anfang man noch steht, und wie einem immer nur noch eins vor allem ziemt: lernen, sich öffnen, sich immer mehr öffnen. Denn die Starrheit – zumal in uns Männern – ist unser verhängnisvollstes Teil.

Möchtet ihr Kritiker doch alle fühlen, wie gefährlich alles Richtertum für den Menschen ist, wie unendlich er, als Richter, auf der Hut davor sein muß, daß er nicht unversehens und unbewußt ins Grobe und Gröbste gerät, daß er nicht, just im Willen und Wahn, das Feinste, das »Letzte« zu sagen, für ganze Reihen und Empfindungen einfach den Blick verliert...

Selbst im »europäischen Konzert« wäre Deutschland nicht so unbeliebt, wenn es in all seiner Tüchtigkeit nicht so hölzern, philiströs-pedantisch wäre. Wenn das Polizeihafte, das Kategorische nicht bis zu einem Nietzsche hinauf in ihm spukte. Was ist der nur zu übliche Ton so vieler unsrer Wissenschaftler, groß und klein – wenn nicht der von Polizisten, von Wachtmeistern, die vorgestern ihre Bestallung bekommen haben. Sehen Sie die Sozialisten an, die Konservativen, die Freigeister, die Orthodoxen – überall finden Sie, wie bei Schweizer Alpentälern, ein »Ende der Welt«, ein paar Bretter, hinter denen es, wie proklamiert wird, nicht weiter geht. Eine »Zeit der Sackgassen« könnte man unsre Zeit nennen...

81] *An Bruno Cassirer*

Arosa, 1. Oktober 1911

... Ich will Palmström allmählich mehr und mehr herausmodellieren und das geht, wenn wirs beim alten lassen, schon aus Raumgründen nicht.

Der »Oste« aber werden immer wieder neue lustige Einfälle zuwachsen. Sie glauben gar nicht, wie es einen lebhaften Menschen wie mich *hemmt,* wenn er überall verrammelte Türen sieht, und wie er auftaut und produktiv wird, wenn man ihm neue Möglichkeiten bietet.

An dem »Horaz« sind gewiß das beste die neu hinzugefügten Oden – aber ich hätte sie nie gemacht, und dem Buch damit eine neue Note mitgegeben, wenn nicht Piper solche Begeisterung für die Neuauflage bewiesen und mich zu einer Vermehrung geradezu gedrängt hätte...

82] *An Bruno Cassirer*

Arosa, 20. Oktober 1911

... Ich möchte speziell die Lämmerwolke am liebsten dem Schiedsgericht im Haag unterbreiten – was hat sie denn nur getan, daß sie immer wieder umkehren muß!
Warum Korf und Palmström sich als »lästige Ausländer« fühlen? Nun, weil sie ihrer Namen wegen häufig für Schweden und Balten gehalten werden.
Übrigens stelle ich Ihnen anheim, diesen Nachtrag zu streichen, wenn Sie wollen. Vielleicht paßt solche Haltung und Denkweise nicht ganz zu der sonstigen Unabhängigkeit der beiden. Immerhin könnte ja ein momentaner Raptus vorliegen, hinter dem sie dann wieder »Charaktere« werden. –

83] *Empfänger unbekannt*

Arosa, 27. Januar 1912

Es ist schwer, auf Ihre Frage irgend etwas zu erwidern, da über »Herrn Palmström« nichts weiter zu sagen ist, als was aus dem Büchlein selbst entnommen werden mag, und eine scherzwillige Laune, ihm auch noch über jene privaten Notizen hinaus zu sekundieren – zumindesten gegenwärtig – nicht besteht. Dazu wäre ein größeres Interesse eben an seiner »Persönlichkeit« erforderlich. Deren Wert aber liegt fast gar nicht, wie manche annehmen, in irgendeinem »Typischen«, sondern fast ganz nur in der Art von Geistigkeit, die sich in ihr zu offenbaren strebt, und die vor allem von jenem stumpfen Ernst befreien zu können scheint, von jenem Zustande des »Ganzdrinnenseins« in der Welt der Erscheinung, die den Menschen von heute in so hohem Maße gefangen und geknebelt hält.

84] *An Dr. Ludwig Landshoff*

Arosa, 2. April 1912

... Im Sommer im Sanatorium war nicht die rechte Zeit, Dir auf Deinen lieben ausführlichen Brief zu antworten, man kam vor lauter Bedienung und Ärztebesuch kaum zur Ruhe. Im September bezogen wir eine hübsche kleine Wohnung mit Glasbalkons und prächtiger Aussicht und fühlen uns seitdem immer wohler und heimischer. Da es mit der Gesundheit auch langsam vorwärts geht, so werden wir wohl vorderhand diesen glücklichen Erdenwinkel mit seiner reinen Luft, schönen Landschaft und vollkommenen Stille nicht verlassen. In zwei Jahren wird dann eine elektrische Bergbahn »erstellt« sein, die diese Vollkommenheit zwar etwas vermindern dürfte, dafür aber die Möglichkeit bringt, in vier Stunden in Zürich zu sein.

85] *An Margareta* (nach Arosa)

Davos, 12. August 1912

Heute morgen wurde ich mit zwei Briefen und dem Paketlein bedacht. Jetzt nichts mehr von Spärlichkeit, Du Allerbestes!

... Du fragtest kürzlich, wie ich mich denn so allein fühlte. Nun siehst Du, mein Herz, ohne Dich würde ich mich wohl bloß noch aufs künftige Leben, auf das nächste Dasein und was dazwischen liegt, richten. Du bist das Band, das mich mit der Gegenwart verbindet, das mich wieder zurückgezogen hat und freundlich, liebreich und hoffentlich zu all unser Segen festhält. Du allein, ganz groß und in diesem Sinne gesehen, machst mir *dies* Leben noch so schön, daß ich es gerne mit Dir noch lange, lange treiben und fruchtbar zu machen trachen will.

Was machen da kurze Trennungen aus! Ja, was wird einst die große Trennung ausmachen, da wir uns ja innerlich nicht verlassen und uns äußerlich so oder so wieder zusammenfinden werden. Zu unaufhörlichem Weiter-Zusammen*schaffen*. Eine mehr und mehr wachsende kleine Gruppe gemeinsam gerichteter Individualitäten. – *Heimat*, die man im so übergroßen Kosmos mit sich trägt, eine kleine Welt für sich und zugleich doch auch mehr und mehr für alle ...

86] *An Frau Clara Anwand*

Inner-Arosa, 27. Februar 1913

... Fritz schrieb uns kürzlich so lieb von Euch ... Im Architektenhaus * wart Ihr also einmal zusammen! Fritz schrieb mir verschiedene Bedenken, aber bedenkt nur auch immer *dies*, daß man in einem Vortrag nicht gleich auf *alles* antworten kann, was ein Frager an Fragen mit sich herumträgt ... Es sind doch schließlich auch dicke Bücher vorhanden, in denen auf unzählige Fragen bereits Antworten stehen, z. B. auf die: »Wie vermeidet der Geistesforscher die Gefahren der Täuschung, die ihm überall drohen?« Aus *diesem* Grunde: weil an den Geistesforscher immer wieder so herangetreten wird, als könnte ihn schließlich die Frage eines unschuldigen Kindes in seinen ersten Voraussetzungen schon zu Fall bringen, als stände da bloß ein besserer Dilettant des Denkens, nicht einer, der vierzig Jahre überhaupt nichts als *gedacht* hat, nicht einer, dem man die *Lehrer*qualität schon nolens volens zubilligen muß, – aus diesem Grunde mag fließen, was zuweilen vielleicht als Schärfe, als Härte empfunden wird. Wenn Fritz meint, der Dr. Steiner sei nicht eben nachsichtig gegen fremde Anschauungen – so läßt sich darauf zweierlei erwidern. Erstens handelt es sich beim Geistesforscher nicht um irgendwelche »Anschauungen«, in dem Sinne, wie wir das Wort heute vulgär verstehen (Ansicht, Meinung, Behauptung, Überzeugung etc.), sondern um Vermittlung von *Wahrheit* aus der geistigen Welt. Diese Wahrheit kann in mancherlei Bildern empfangen werden, aber über sie selbst kann nicht die eine oder die andere »Meinung« herrschen. Sie ist über aller Meinung, über allen »Anschauungen«, sie ist eben die *Wahrheit*. Deshalb könnte man höchstens sagen: Er ist nicht nachsichtig gegen »Anschauungen«, gegen Anschauungen überhaupt. Denn aus ihnen geht ja eben das *Chaos* des gegenwärtigen Lebens hervor, während seine Seele dem Geiste der *Ordnung* dient. Zweitens kann man auch noch folgendes erwidern: Wer hat denn im allgemeinen Nachsicht mit den Theosophen? Steht nicht die ganze Welt zu neunundneunzig Prozent gegen sie? Empfindet sie der gewöhnliche Mensch nicht als Sonderlinge, Narren, Phantasten, Schwärmer, verachtet sie nicht die offizielle Wissenschaft, verwünscht sie nicht die offizielle Kirche?

Niemand hat Nachsicht mit dieser Theosophie, der Mutter aller Wissenschaften, aller Religionen, aller Kultur und Zivilisation – nur sie selbst wartet mit einer unermüdlichen, einer göttlichen und nur aus Göttlichem heraus ganz verständlichen Geduld, »bis ihr schleichend Volk ihr nachkomme«.
Feinde ringsum, die ihre Pfeile auf sie abschießen – und zugleich die Forderung der Nachsicht! Man muß sich ein solches Bild nur einmal in seiner Tiefe vorstellen. –
Du gutes Herz, das ist nun wohl seit zwanzig Jahren das erste Mal, daß ich Dir wieder »philosophisch komme«, – aber ich meine, es ist schön, daß wir auch nach zwanzig Jahren die Unterhaltung fortsetzen können und dabei sicher sein dürfen, uns so wenig wie damals mißzuverstehen. Möchte es in abermals zwanzig Jahren nicht anders sein! –

87] *An Amélie Morgenstern*

Portorose, Mai 1913

... Hier fanden wir es ganz herrlich, alles schon im Beginn der Blüte. Das Haus, das Margaretas vorbereitende Sorgfalt ausfindig gemacht, ländlich nett und geräumig, für sich in einem prächtigen kleinen Garten gelegen. Wir bekommen noch einen Pensionär und das Nebenhaus mieten vermutlich zwei uns befreundete Damen. Heute war schon ein wahrer Sommertag – und eben geht ein erfrischender Regen nieder ...

88] *An Fritz Beblo*

Portorose, Mai 1913

... Wir haben es hier herrlich in einem mächtig erblühenden Garten, und ein lieber wertvoller Mensch, ein Herr Michael Bauer aus Nürnberg, Lehrer von Beruf, und einer unserer ältesten Theosophen, verschönt uns den Aufenthalt noch besonders.

89] *An Kayssler*

Portorose, 16. Mai 1913

... Ja also: Ehrengabe von tausend Mark auf Anregung des Schillerverbandes Deutscher Frauen (das freute mich daran besonders) und auf einmütigen Beschluß des Vorstandes usw., Vorort Weimar. Ich war aufrichtig überrascht und erfreut; denn so oft ich im Laufe schwerer Jahre gedacht hatte, ob ich für die »Nation« als solche denn so gar nicht existierte, – gegenwärtig dachte ich an nichts weniger ...

90] *An ein junges Mädchen*

z. Z. Sanatorium Gries bei Bozen
22. Januar 1914

Sie werden mich durch gütige Zusendung der für Sie illustrierten Bücher aufrichtig erfreuen, nur entschlagen Sie sich bitte, gänzlich des Gedankens, daß Sie selbige einem »Kranken« senden. Mein lieber Freksa hat mich Jahre lang nicht mehr gesehen und mag es für sein Teil verantworten, von mir als »krankem Mann« zu fabulieren.

Gewiß, ich bin seit zwanzig Jahren leidend, wie sich ja nun neuerdings in einem öffentlichen Almanach nachlesen läßt, aber so paradox es klingen mag, es sträubt sich alles in mir, von irgend jemandem als – krank empfunden zu werden. Denn ein Gefühl wirklichen Krankseins ist bisher meiner noch nicht Herr geworden, trotz allem, und natürliche Depressionen abgerechnet, und wird es hoffentlich auch nie werden.

»Leiden« kann man an allem, aber um »krank« zu sein, muß einen ein fremdes Etwas besitzen, muß man der Sklave seiner Krankheit geworden sein.

Ich möchte den Satz aufstellen: kein wahrhaft freier Mensch kann krank sein. Und was mich betrifft, so mögens meine Werke von der ersten bis zur letzten Zeile bezeugen. Sie werden vielleicht lächeln, aber es wäre schade, wenn Sie etwa als Wortklauberei empfänden, was tiefster Wahrheitsernst ist. Oder als Schönfärberei, Schönrednerei und dergleichen.

(Ich erinnere mich jugendlicher Überschwangzeiten, wo *mir*, umgekehrt, die ganze Welt krank schien; wenn ich sie da-

mals an Nietzsche, an Lagarde, an irgendeinem entscheidenden Geiste maß. Nun bin ich milder geworden, mitleidender, aber nicht mit-krank. Im Innersten mit-leidend, aber wahrhaftig nicht mit-krank.)
Ich habe noch nie solche Zeilen geschrieben, wie ich denn überhaupt meinem Persönlichen nie über Gebühr nachhänge; nun sind Sie gutherzige Geberin ihr schuldloses Opfer geworden. Aber vielleicht haben auch Sie für innere Gesundheit etwas übrig, für jene höhere Gesundheit, die ich meine.

91] *An Michael Bauer* *Sanatorium Bozen-Gries, 3. März 1914*

Keinen Brief, keine Mitteilungen, nur einen Gruß der Liebe! Wie viel denke ich an Sie, wie kehrt mein Herz immer wieder zu Ihnen zurück als einem Allerbesten, einem Kleinod, das mir noch spät geschenkt werden sollte. Portorose! So kurz zurück! Ich dachte nicht, daß es so schnell schon einen solchen Glanz bekommen sollte!
Eine, trotz allem, so wundervolle kleine »Zufälligkeit«, Zusammenfälligkeit. Jetzt liege ich wieder einmal darnieder und komme nicht in die Höhe. Wir wollen zu Hartungen nach Meran. Und dann muß ich irgendwo ans *Wasser*, am liebsten ins Wasser (bis an den Hals, nicht darüber).
Wien?* Schwerlich. Ich kann kaum zwanzig Schritte gehen, geschweige steigen. Aber dann Juni *Dornach*! Und Sie?...*

92] *An Reinhard Piper*

Meran-Untermais, 16. März 1914

Bin vor vierzehn Tagen, drei Wochen, akut erkrankt... Mußte Sanatorium Gries verlassen. Habe jetzt hier, *Meran, Villa Helioburg, Winkelweg,* gemietet, hoffe langsam wieder hochzukommen ... Erfreuen Sie mich nun durch recht rasche Weiterführung, lassen Sie den ersten Bogen * vielleicht gleich im Originalformat absetzen; ich schicke dann womöglich sofort den Rest. Also *Meran, Villa Helioburg, Winkelweg.*

Mit herzlichen Grüßen Ihnen allen Ihr ergebener
Chr. Morgenstern

93] *An Amélie Morgenstern*
(zwei Tage vor seinem Tode)

Untermais, 28. März 1914

Innigsten Dank, Liebe, Liebe, für alles. Nun, es schwankt noch, aber wir hoffen, bald geht es entscheidend aufwärts. Alles wird ja in größter Liebe und Aufopferung getan. Dann kommst auch Du mal zu Besuch.

94] *An Friedrich, Helene, Christian Friedrich Kayssler*

Untermais, 28. März 1914

Ihr Herzlieben,
innigste Grüße aus dieser Wunderlichkeit heraus –

....

Seid umarmt, seid geliebt von Eurem Christian

ANMERKUNGEN ZU DEN BRIEFEN

1] *nicht die eingeschlagene Bahn weiterverfolgen:* Morgenstern hatte auf Wunsch seines Vaters zur militärischen Ausbildung die Offiziersschule des Oberstleutnant v. Walther in München besucht. – *Wir sind drei Freunde:* Paul Körner, Franz Carl Zitelmann, Neffe von Conrad Telmann. Später im Auswärtigen Amt; Generalkonsul.

5] *meine neue Freundschaft:* Mit Maria Goettling, Tochter des Sorauer Pfarrers.

6] *im »Deutschen Geist«:* kleine hektographierte Zeitschrift, die Christian Morgenstern herausgab, mit Beiträgen auch von Kayssler und anderen Freunden.

11] *Nationalgalerie:* auch im Kupferstichkabinett war er beschäftigt.

12] *Heinrich Hart:* Dichter und Kritiker (1855–1906), Wegbereiter des Naturalismus. Zusammen mit seinem Bruder Julius leitete er 1878–1879 die ›Deutschen Monatsblätter‹. Die Brüder gaben 1882–1886 die ›Kritischen Waffengänge‹ heraus und waren 1887 bis 1900 Theaterkritiker der Täglichen Rundschau. Sie sind die Gründer des später von Kürschner übernommenen ›Deutschen Literatur-Kalenders‹. An Bismarck schrieben sie: ›Ohne die innere Größe bleiben wir immer die Sklaven fremder Nationen oder abgeschmackte Chauvinisten, nur mit ihr werden wir ein freies, großes und fruchtbares Volk.‹ – *Mackay:* John Henry Mackay, 1864 in Schottland geboren, in Deutschland erzogen, lebte zuletzt in Berlin, wo er 1933 starb. Lyriker und Sozialreformer; setzte sich leidenschaftlich für den individualistischen Anarchismus Max Stirners ein. 1931 wurde zur Verbreitung seiner Schriften die Mackay-Gesellschaft gegründet.

13] *mein Großvater steht wieder in mir auf:* Christian Ernst Bernhard Morgenstern, geb. 1805 in Hamburg, ging 1827 nach Norwegen, dann zum Studium an die Akademie nach Kopenhagen und lebte seit 1829 in München, wo er 1867 starb. Er wurde bekannt als Maler stimmungsvoller Darstellungen der nordischen Natur und der bayerischen Hochebene und gilt als Begründer einer fortschrittlichen Landschaftsauffassung in der Geschichte der Münchener Malerei.

14] Oskar Bie war damals Herausgeber der »*Freien Bühne*«: eine 1890 von S. Fischer begründete Zeitschrift, die spätere ›Neue Deutsche Rundschau‹, jetzt ›Neue Rundschau‹.

16] *Neubearbeitung Horazischer Oden:* ›Horatius travestitus‹, erschienen 1897 im Verlag Schuster & Loeffler, neue erweiterte Ausgabe 1913 bei Piper (Neuausgabe 1961 in der Piper-Bücherei, Band 159). – *mit einem Freunde zusammen:* Fritz Münster, der schon mit 25 Jahren starb.

17] *Emanuel Reicher:* Schauspieler am Deutschen Theater, später am Lessingtheater, berühmtester Darsteller des Florian Geyer (1849–1924).

18] *mein erstes größeres Werk:* ›In Phanta's Schloß‹. Dies Buch erschien 1895 im Verlag Taendler, wurde bald darauf von Schuster & Loeffler übernommen und kam in einer Neu-Ausgabe 1911 im Verlag R. Piper & Co. heraus.

21] *Meine neue Sammlung Gedichte:* ›Auf vielen Wegen‹, erschienen 1897 im Verlag Schuster & Loeffler. – *der andere Band:* ›Ich und die Welt‹, 1898 im gleichen Verlag. Im Jahre 1911 übernahm der Verlag R. Piper & Co. diese beiden Bücher und brachte zunächst aus beiden Sammlungen eine kleine, von Morgenstern besorgte, das rein Liedmäßige betonende Auswahl unter dem Titel ›Auf vielen Wegen‹ heraus. 1920 erschien dort eine umfassende Auswahl unter dem gleichen Titel. Gedichte dieser längst vergriffenen Sammlungen finden sich jetzt in den beiden Auswahlbanden ›Meine Liebe ist groß wie die weite Welt‹ und ›Quellen des Lebens hör ich in mir singen‹ und in der Sonderausgabe ›Gedichte‹, Verlag R. Piper & Co.

22] *die einzige autorisierte deutsche Ausgabe von Ibsen:* Gesamtausgabe im Verlag S. Fischer, Berlin.

24] *Meine nächste Lieder-Sammlung:* ›Ein Sommer‹, S. Fischer Verlag, Berlin 1900. Neu-Ausgabe vereinigt mit dem Gedichtband ›Und aber ründet sich ein Kranz‹ 1921 im Verlag R. Piper & Co. in München. – *»Schwarzes Ferkel« und Kempinsky:* Berliner Weinlokale. Im Schwarzen Ferkel war ein bekannter literarischer Stammtisch, bei Kempinsky wurde die ›Freie Bühne‹ gegründet.

26] *Bei Deinem d'Annunzio:* ›Il pranzo‹, d'Annunzio-Parodie, erschienen unter dem Titel ›Das Mittagsmahl‹ in ›Egon und Emilie‹ bei R. Piper & Co. in München.

27] *»Anmutiger Vertrag«:* Gedicht, jetzt in ›Meine Liebe ist groß wie die weite Welt‹ im Verlag R. Piper & Co. – *»Mahl«:* ›Il pranzo‹, in ›Egon und Emilie‹ Verlag R. Piper & Co.

28] *ex itineribus:* von unterwegs

33] *Felix Bloch Erben:* Theater-Agentur in Berlin. – *einem anderen Anerbieten:* Lektorat im Verlag Bruno Cassirer, Berlin.

34] *Theaterzeitschrift:* ›Das Theater‹, kleine illustrierte Zeitschrift für die Reinhardt-Bühnen.

35] *kleine Zeitschrift:* siehe Nr. 33. – *drei Übersetzungen aus dem Norwegischen:* Hamsun ›Abendröte‹ und ›Spiel des Lebens‹ (Karenin-Trilogie) und Gedichte von Björnson.

36] *Der Schwank:* ›Oswald Hahnenkamm‹, von Morgenstern gemeinsam mit Dr. Oskar Anwand verfaßt (als Bühnenmanuskript im Verlag Kurt Desch, München).

37] *Geschmack an den »Galgenliedern« gefunden:* Von Julius Bab stammte die erste Besprechung der Galgenlieder. ›Galgenlieder‹, erschienen 1905 bei Bruno Cassirer; jetzt vereinigt mit den Sammlungen ›Palmström‹, ›Palma Kunkel‹ und dem ›Gingganz‹ unter dem Gesamttitel ›Alle Galgenlieder‹ im Insel-Verlag.

39] *Lektorenämtchen:* Bis in seine letzten Lebenstage war Morgenstern als Lektor für Bruno Cassirer tätig. – *»Nur Narr, nur Dichter«:* Zitat aus Nietzsche ›Also sprach Zarathustra‹.

42] *jedem Blatt von Freyhold:* zu Aquarellen von Karl von Freyhold schrieb Morgenstern kleine Verse. Erschien als ›Osterbuch‹ bei Bruno Cassirer; seit 1953 in verkleinertem Format im Insel-Verlag.

46] *Lascynski:* ein Bühnenvertrieb.

47] *das erste Briefpaar ist gewechselt:* Der Vater hatte sich nach einem vierzehn Jahre währenden Schweigen zum erstenmal wieder an den Sohn gewandt, und zwar mit der Bitte um eine Hilfeleistung anläßlich der Erkrankung seiner dritten Frau.

48] *Commentar:* größtenteils veröffentlicht 1921 in: ›Christian Morgenstern über die Galgenlieder‹, Verlag Bruno Cassirer, dann 1941 in dem Band ›Das aufgeklärte Mondschaf‹, Insel-Verlag.

69] *die Lämmerwolke:* ein Galgenlied, das Bruno Cassirer abgelehnt hatte; es wurde 1915 in die 9. Auflage des ›Palmström‹ aufgenommen. – *Salon der Zurückgewiesenen:* betrifft Textänderungen, zugleich auch Fortlassungen von Galgenliedern und Ersatz durch neue. Bis zur sechsten Auflage hat Christian Morgenstern manches abgeändert.

72] *Die »Brille«:* Das Gedicht wurde dann 1916 in ›Palma Kunkel‹ aufgenommen.

86] *Im Architektenhaus* fanden damals die öffentlichen Vorträge Rudolf Steiners statt.

91] *Wien:* Dort hielt Rudolf Steiner einen Vortragszyklus über das Leben zwischen Tod und neuer Geburt.
Dornach: In Dornach bei Basel befindet sich das ›Goetheanum‹, die von Rudolf Steiner errichtete Freie Hochschule für Geisteswissenschaft.

92] *den ersten Bogen* seines letzten Gedichtbandes ›Wir fanden zum Pfad‹, Verlag R. Piper & Co.

94] unten: Die in dem letzten Schreiben an Kaysslers fortgelassene (punktierte) Zeile enthielt liebevolle Worte Christian Morgensterns über seine Frau Margareta, die Lebensbegegnung mit ihr charakterisierend.

VERZEICHNIS DER BRIEFEMPFÄNGER

Clara Anwand: siehe *Clara Ostler.*

Oskar Anwand, geb. 1872 in Breslau, gest. 1946 in Weimar; Kunstkritiker zweier Berliner Tageszeitungen, 1907–1915 Cheflektor des Deutschen Verlagshauses Bong & Co. in Berlin und Herausgeber der dort erscheinenden Zeitschrift ›Moderne Kunst‹; Verfasser biographischer Werke und Romane. Seit 1897 verheiratet mit Clara Ostler. – Brief 46

Julius Bab, geb. 1880 in Berlin, gest. 1955 in New York; Schriftsteller, Dramaturg und Kritiker. Von ihm stammt die erste Besprechung der Galgenlieder. 1913 erschien sein Buch ›Fortinbras oder der Kampf des europäischen Geistes mit der Romantik‹, auf das Morgenstern in seinem, auf zweiundzwanzig Blockblättern mit Blei im Liegen geschriebenen Brief vom Dezember 1913 einging. In der ›Schaubühne‹ vom 16. April 1914 nahm Julius Bab Abschied von Morgenstern mit diesem Sonett:

Wie gütig ging dein heller Stern
uns auf am Morgen besserer Seelen.
Soll nun dein liebes Leuchten fehlen?
Du scheinst uns weiter, still und fern.

Ein jedes Fünklein kann erzählen –
drum spieltest du und scherztest gern –
von lösend großer Glut im Kern.
Du wolltest nie den Tod verhehlen.

Nun ist er da, und schwarz und schwer
trennt er dich ab von unsern Welten.
Doch heiter lachst du schon von oben her:

»Wie sollte mir dein dunkles Drohen gelten,
der ich gelebt hinsterbend in Begehr
von Wiederkehr zu hellerer Wiederkehr!«

– Brief 37

Michael Bauer, geb. 28. 10. 1871 in Gössersdorf, gest. 19. 6. 1929 in Breitbrunn am Ammersee; Lehrer, Verfasser religiös-philosophischer und pädagogischer Schriften (›Pflanzenmärchen, Tiergeschichten und Sagen‹ im Urach-Verlag, Stuttgart), Mitverfasser der 1933 im Piper-Verlag erschienenen Biographie ›Christian Morgensterns Leben und Werk‹. Michael Bauer war einer der ältesten Anthroposophen. – Brief 91

Fritz Beblo, geb. 10. 11. 1872, gest. 1947; Oberbaurat, Architekt und Maler; Schulkamerad Kaysslers, Breslauer Jugendfreund Morgensterns. Als einer der Galgenbrüder erhielt er den Beinamen ›Stummer Hannes‹. 1908 in Straßburg Stadtbaurat, später Stadtbaurat der Stadt München. – Brief 7, 88

Oskar Bie (1864–1938), Kunst- und Musikschriftsteller. Er übernahm 1895 die Redaktion der von Otto Brahm 1890 im Verlag S. Fischer gegründeten Zeitschrift ›Freie Bühne‹, die bald darauf den Namen ›Neue deutsche Rundschau‹ erhielt und jetzt unter dem Titel ›Neue Rundschau‹ erscheint. – Brief 16

Bruno Cassirer, Berliner Verleger schöngeistiger Literatur und Kunst. In seinem Verlag erschienen die anfangs von Emil Heilbutt, seit 1906 von Karl Scheffler herausgegebene Zeitschrift ›Kunst und Künstler‹ und die von Morgenstern redigierte kleine Zeitschrift der Reinhardt-Bühnen, ›Das Theater‹. Bruno Cassirer verlegte von Morgenstern die Bände ›Galgenlieder‹, ›Palmström‹, ›Palma Kunkel‹, ›Gingganz‹ und ›Melancholie‹, die 1937 vom Insel-Verlag übernommen wurden, und das Kinderliederbuch ›Klein-Irmchen‹ mit Bildern von Josua Leander Gampp. 1937 emigrierte Cassirer nach England, wo er etwa 1947 starb. – In Berlin, seiner Vaterstadt, war er Besitzer des Rennstalls ›Klausner‹. Morgenstern, der jahrelang sein Verlagslektor und Freund war, widmete ihm dies Epigramm:

Ein Diomedes scheinst du, nachgeboren,
Du fütterst deine Pferde mit Autoren.

Mit mir, gerecht zu sein, war's freilich umgekehrt:
Mir opfertest du fast ein – halbes – Pferd!

– Brief 42, 48, 66, 69, 71, 72, 75, 81, 82

Luise Dernburg spätere Frau Wieck, Schriftstellerin, Schwester des Kolonialministers Bernhard Dernburg; emigrierte nach Südamerika. In ihrem Elternhaus verkehrte Morgenstern während seines Berliner Aufenthaltes. – Brief 41, 43

Efraim Frisch, geb. 1. 3. 1873, gest. 26. 11. 1942; Erzähler, Theaterkritiker und Übersetzer; Theater-Rezensionen in der von Morgenstern herausgegebenen Zeitschrift ›Das Theater‹; Begründer und Herausgeber der Zeitschrift ›Der Neue Merkur‹. – Brief 28, 30

Fega Frisch, geb. 1878, gest. 1965 in Ascona; Gattin von Efraim Frisch. Übersetzerin aus dem Russischen; ihre erste Übersetzung: Iwan Gontscharow ›Eine alltägliche Geschichte‹ für den Verlag Bruno Cassirer. – Brief 44

Marie Goettling, geb. etwa 1868, gest. etwa 1924 in Berlin; Tochter des Archidiakonus Goettling in Sorau, Niederlausitz, dessen Haus für Morgenstern ›eine zweite Heimat‹ wurde. Marie Goettling führte dem Vater nach dem frühen Tode der Mutter den Haushalt. Mit Morgenstern verband sie eine lebenslängliche Freundschaft. Das Gedicht ›Du warst ein reines Licht auf meinem Wege‹ in ›Zeit und Ewigkeit‹ (Insel-Bücherei) ist an sie gerichtet. Sie war Malerin, begleitete ihren Bruder nach dem Tode des Vaters einige Jahre nach Nordamerika, richtete nach ihrer Rückkehr eine kleine Fremdenpension in Berlin ein und nahm mutterlose Kinder eines Verwandten zu sich. – Brief 6, 13, 17, 19, 22, 24, 68

Margareta Gosebruch von Liechtenstern: siehe Margareta Morgenstern.

Alfred Guttmann, Musiker, Leiter eines Berliner Volks-Chors. Er war ebenso wie Eugenie Leroi (siehe unten), die er später heiratete, Mitglied eines kleinen Freundeskreises, ›Der

Orden‹, den Morgenstern in Berlin zusammen mit Kayssler und Beblo begründet hatte und dem später u. a. auch Georg Hirschfeld angehörte. Dr. Guttmann emigrierte nach Norwegen. – Brief 64

Henrik Ibsen (1828–1906), norwegischer Dichter. – Brief 25

Siegfried Jacobsohn (1881–1926), Berliner Theaterkritiker und politischer Schriftsteller; gründete 1910 die Theaterzeitschrift ›Schaubühne‹, der er nach 1918 unter dem Titel ›Weltbühne‹ einen allgemeineren, vorwiegend politischen Inhalt gab. – Brief 80

Friedrich Kayssler, geb. 7. 4. 1874 in Schlesien, gest. Ende April 1945 in Klein Machnow bei Berlin. Schauspieler und Dichter; Gedichte, Schauspieler-Notizen, ›Sagen aus Mjnhjem‹; Lustspiele: ›Jan der Wunderbare‹, ›Simplicius‹, ›Befehl‹ (Sketch); Märchen. Friedrich Kayssler begann seine Bühnenlaufbahn in Berlin bei Otto Brahm. Von dort ging er als Erster Liebhaber nach Görlitz, wo er seine erste Frau, Mitglied des dortigen Theaters, kennenlernte und heiratete, war kurze Zeit in Halle und kam dann dauernd nach Berlin zurück. Er befreundete sich noch unter Brahm mit Max Reinhardt, mit dem er gemeinsam die ›Schall und Rauch‹-Abende veranstaltete. Als Reinhardt 1905 das Deutsche Theater als Nachfolger Otto Brahms übernahm, wurde Kayssler Mitglied dieser Bühne, der von 1905 an auch Helene Fehdmer, seine zweite Gattin, angehörte; er hatte sie 1904 als Lola Montez in Josef Ruederers ›Morgenröte‹ im Neuen Theater kennengelernt. Später war Kayssler eine Zeitlang Leiter der Volksbühne in Berlin, gastierte dann viel mit Helene Fehdmer im In- und Ausland und übernahm zahlreiche Filmrollen. – Nach dem Tode von Helene Fehdmer-Kayssler widmete er ihr das Buch ›Helene Fehdmer zum Gedächtnis‹ (1942 im Verlag Rütten & Loening), in welchem er versuchte, unter Wiedergabe von Dialogen der meist von ihnen gemeinsam gespielten Rollen einen Umriß zu geben ›des inneren Bildes ihrer Darstellungen‹ und Gestalten. 57 Bildtafeln sind dem Buch beigegeben, darunter Aufnahmen ihrer bildhauerischen Werke. – Brief 2–5, 14, 15, 23, 26, 32, 36, 45, 47, 51, 52, 53, 56, 63, 74, 76, 79, 89, 94

Helene Fehdmer-Kayssler, geb. 18. 1. 1872 in Ostpreußen gest. 12. 8. 1939 in Bad Eibsee, Bayern; Schauspielerin und Bildhauerin. Siehe unter: *Friedrich Kayssler.* – Brief 76, 94

Christian Friedrich Kayssler, geb. 14. 6. 1898 in Berlin, gest. 18. 3. 1944 in Berlin; Schauspieler (Bühnenname: Christian Kayssler), einziger Sohn Friedrich Kaysslers, Patenkind Christian Morgensterns. Christian Kayssler war zuerst Mitglied der Münchener Kammerspiele, später am Württembergischen Staatstheater in Stuttgart, danach in Berlin an mehreren Bühnen. Seine erste Ehe schloß er mit der Tochter von Fritz Beblo, der Sängerin Anne Beblo in München, die zweite Ehe mit Mila Kopp, die gleichzeitig mit ihm Mitglied des Staatstheaters in Stuttgart war. Wie sein Vater war auch er in zahlreichen Filmen tätig. – Brief 94

Ludwig Landshoff, geb. 1894, gest. 1941; Musiker, verheiratet mit der Sängerin Philippine Wiesengrund. Sein Spezialgebiet war die Bach-Forschung. Er lebte bei München, studienhalber zeitweise in Rom; emigrierte später nach Amerika. Seine Schwester Hedwig war die Gattin des Verlegers S. Fischer in Berlin. – Brief 84

Eugenie Leroi, spätere Gattin Dr. Alfred Guttmanns. Sängerin aus Ems, die Morgenstern 1895 in Bad Grund kennenlernte und der er ein damals geplantes, unvollendet gebliebenes Werk ›Symphonie‹ widmen wollte. Morgenstern vermittelte ihr Auftreten in Berliner Konzerten. Kurz bevor sie – nach einem tapfer ertragenen schweren Leiden – starb, widmete Morgenstern ihr in der Auswahl-Sammlung ›Auf vielen Wegen‹ das Jugendgedicht ›Ich bin eine Harfe‹, das ihr gegolten hatte, mit den Worten: ›Einer Heldin‹. – Brief 18

Lida Freifrau von Liechtenstern, Margareta Morgensterns Mutter. – Brief 70

Julius Moos, schwäbischer Industrieller, den Morgenstern in einem Davoser Sanatorium kennenlernte. Er war erholungshalber viel auf Reisen und traf mit Morgenstern gelegentlich wieder zusammen, den er um etwa zwanzig Jahre überlebte. Zuletzt hatte er sich am Bodensee angesiedelt. – Brief 29

Amélie Morgenstern, geb. von Dall'Armi, die ›Pflegemutter‹ Christian Morgensterns, zweite Gattin seines Vaters, von dem sie 1894 geschieden wurde. – Brief 33, 35, 77, 87, 93

Carl Ernst Morgenstern, Christian Morgensterns Vater, geb. 14. 9. 1847 in München, gest. 1928 in Wolfshau, Riesengebirge. Landschaftsmaler, wie sein Vater Christian E. B. Morgenstern; erste Ausbildung bei diesem, dann kurze Zeit Schüler Josef Schertels, dessen Tochter Charlotte – Christian Morgensterns Mutter – er heiratete. (Sie starb in Bad Aibling 1881.) Er vollendete seine Studien in Holland und wurde später Professor an der Königlichen Kunstschule in Breslau. Zweite Ehe mit Amélie von Dall'Armi aus Starnberg, von der er sich 1894 scheiden ließ. Kurz darauf heiratete er Elisabeth Reche aus Breslau, seine Malschülerin, eine Jugendfreundin von Friedrich Kayssler und Christian Morgenstern, die im Februar 1914 starb. – Brief 49, 50, 67

Elisabeth Morgenstern, Stiefmutter Christian Morgensterns, siehe unter: *Carl Ernst Morgenstern*. – Brief 49, 65

Margareta Morgenstern, geb. Gosebruch von Liechtenstern, seit dem 7. März 1910 verheiratet mit Christian Morgenstern. – Brief 54, 55, 57, 58, 59, 61, 62, 85

Clara Ostler, geb. 1873, eine Cousine zweiten Grades von Morgenstern, Tochter des Geheimen Oberbergrats Ritter Karl von Ostler. Sie heiratete 1897 Dr. Oskar Anwand, starb in Berlin-Friedenau. – Brief 8, 9, 10, 11, 12, 21, 86

Reinhard Piper, 1879–1953, Begründer des Verlags R. Piper & Co. Verleger Christian Morgensterns. – Brief 78, 92

Max Reinhardt, geb. 1873 in Baden bei Wien, gest. 1943 in New York; Schauspieler, Regisseur und Theaterleiter. Er kam 1894 nach Berlin und war dort Charakterspieler unter Otto Brahms Regie. 1901 gründete er mit Friedrich Kayssler das Kabarett ›Schall und Rauch‹, später ›Kleines Theater‹. 1902 übernahm Reinhardt das Deutsche Theater, 1903 dazu das Neue Theater, gliederte 1906 dem Deutschen Theater die Kammerspiele an, leitete 1915–1918 die Berliner Volksbühne, baute 1919 das Große Schauspielhaus in Berlin aus und inszenierte ab 1920 die Salzburger Festspiele. 1924 eröffnete er die Komödie in Berlin und das neu eingerichtete Theater in der Josefstadt in Wien und übernahm außerdem in Berlin vorübergehend 1925/1926 das Theater am Kurfürstendamm, 1928/1929 das Berliner Theater. 1932 emigrierte Reinhardt in die USA und war in Hollywood Filmregisseur und Leiter einer Theaterschule. – Brief 20

Josef Schanderl, Rechtsanwalt in München (geb. 1874), veröffentlichte einige Gedichtbände. – Brief 39

Großmutter Schertel, Emma, geb. Zeitler, Gattin des Landschaftsmalers Josef Schertel. Sie starb etwa 1891 in München. – Brief 1

Rudolf Steiner, geb. 27. 2. 1861 in Österreich, gest. 30. 3. 1925 in Dornach bei Basel. Nach mathematisch-naturwissenschaftlichen Studien an der Wiener Technischen Hochschule und an der Wiener Universität 1890–1897 Mitarbeit am Weimarer Goethe- und Schiller-Archiv als Herausgeber der naturwissenschaftlichen Schriften Goethes. Dann kulturpädagogische und literarische Tätigkeit in Berlin, hauptsächlich im Anschluß an seine erkenntnis-theoretischen Schriften (›Philosophie der Freiheit‹ u. a.). 1902–1913 Generalsekretär der Deutschen Sektion der Theosophischen Gesellschaft (Theosophical Society, 1875 durch Frau H. P. Blavatsky und Colonel H. S. Olcott in Nordamerika gegründet). In den Jahren 1912/13 erfolgte Steiners Loslösung von der Theosophischen Gesellschaft und seine Gründung der Anthroposophischen Gesellschaft. Grund der Loslösung: die orientalisierende, dem Christentum und dem spezifisch abendländischen Geistesleben fremde Einstellung der tonangebenden Theosophen, deren Hauptquartier in Adyar, Indien, liegt. Reiche geisteswissenschaftliche Vortragstätigkeit im In- und Ausland und kulturelles Erneuerungswirken auf zahlreichen Gebieten wie Pädagogik, Medizin, Landwirtschaft, Sozialwissenschaft, Kunst usw. Zahl der Veröffentlichungen an Büchern, Vortragsreihen und Einzelvorträgen bis heute bereits weit über zweitausendfünfhundert (die Sammlung ist noch nicht abgeschlossen). – Brief 60

Paul Wiecke, geb. 1862 in Elberfeld, gest. 1944 in Blankenburg am Harz, Schauspieler; war 1882–1894 in Weimar, 1895–1918 am Dresdener Hoftheater tätig, dann an den Sächsischen Staatstheatern, von 1923–1928 als deren Schauspieldirektor; in den Rollen des Brand und des Peer Gynt ein Wegbereiter Ibsens. – Brief 40

Heinrich Wolff, Dr. h. c., geb. 1875 in Nimbsch/Schlesien, gest. 1940 in München, Maler und Graphiker, 1901–1937 Professor an den Meisterateliers der Kunstakademie in Königsberg. – Brief 34

Ernst Freiherr von Wolzogen (1855–1934), Verfasser humoristischer Gesellschaftsromane und erfolgreicher Komödien; gründete 1901 in Berlin das ›Überbrettl‹, eine literarische Kleinkunstbühne nach dem Vorbild des Pariser Kabaretts. – Brief 27

ANMERKUNG ZU SEITE 10

* Schluß des Gedichtes:

Mag sein, wir stehn an unsres Lebens Ende
noch unterm Ziel, – genug, der Weg ist klar!
Daß wir uns trafen, war die große Wende;
aus zwei Verirrten ward ein wissend Paar.

Vitam impendere vero: Das Leben der Wahrheit opfern.

ZEITTAFEL

1871 6. Mai: Geburt Christian Otto Josef Wolfgang Morgensterns als einziges Kind des Landschaftsmalers Carl Ernst Morgenstern und seiner Frau Charlotte, Tochter des Landschaftsmalers Josef Schertel, in München.

1871 bis 1881: Kindheit zwischen Stadtleben in München und sommerlichen Aufenthalten in oberbayerischen Gebirgsorten. Frühe dichterische Versuche.

1881 Tod der Mutter. Der Vater zieht nach Starnberg und schickt den Sohn zu seinem Paten nach Hamburg auf eine höhere Schule.

1882 Im Internat in Landshut.

1883 Der Vater wird als Professor an die Königliche Kunstschule in Breslau berufen.

1884 Zum Vater nach Breslau.

1885 bis 1889: Besuch des Gymnasiums Maria Magdalene in Breslau. Vielfältige dichterische Versuche.

1889 Beginn der Freundschaft mit Friedrich Kayssler. – Besuch einer Militär-Vorbildungsschule.

1890 Abbruch der Offiziersausbildung. Eintritt in die Prima des Gymnasiums in Sorau (Niederlausitz).

1892 Abgangsprüfung am Sorauer Gymnasium. Beginn des Studiums der Nationalökonomie an der Breslauer Universität.

1893 *Sansara,* eine »humoristische Studie«. – Sommersemester zusammen mit Kayssler in München. Erkrankung; Erholung in Bad Reinerz (Schlesien). Humoristisch-satirische Aufsätze. Rückkehr nach Breslau. Aus gesundheitlichen Gründen muß er das Studium unterbrechen. Nietzsche wird nun sein »eigentlicher Bildner«.

1894 Entfremdung vom Vater nach dessen dritter Eheschließung. Übersiedlung nach Berlin, wo er bis 1898 blieb. Beschäftigung an der Nationalgalerie. Mitarbeit an der *Täglichen Rundschau* und an der *Freien Bühne* (der späteren *Neuen Rundschau*). Beiträge für die Berliner Beilage des *Kunstwart* und für die Hamburger Zeitschrift *Der Zuschauer.* – Sommerreise nach Bad Grund (Harz).

1895 Bruch mit dem Vater. *In Phanta's Schloß.* Im Sommer auf Sylt. *Horatius travestitus.*

1896 Fahrt nach Salzburg, Fusch und an den Gardasee. Beginn eines Romans *Menschen* und einer grotesken Dichtung *Welt-Kobold.* Zeitsatirischer Einakter *Das Orakel.* Mitarbeit an den Zeitschriften: *Wegwarten, Narrenschiff, Die Gesellschaft.*

1897 bis 1903: Übersetzungstätigkeit: Strindberg: *Inferno,* Ibsen: *Das Fest auf Solhaug, Komödie der Liebe, Wenn wir Toten erwachen, Brand, Peer Gynt, Catilina* und Gedichte von Ibsen und Björnson.

1897 *Auf vielen Wegen.*

1898 *Ich und die Welt.* Reise nach Kristiania (Oslo). Begegnungen mit Henrik Ibsen.

1899 Fahrt an die skandinavische Küste. Besuch bei Edward Grieg in Troldhaugen. Rückkehr nach Berlin.

1900 *Ein Sommer.* Kur im Davoser Sanatorium.

1901 Aufenthalt am Vierwaldstätter See, in Wolfenschießen und in Arosa. Stärkste Eindrücke durch Paul de Lagardes *Deutsche Schriften.*

1902 Von Arosa nach Portofino und Florenz. Plan einer Renaissance-Trilogie. »Ibsen-Arbeit« in Wolfenschießen und Zürich. Winter in Rom. *Und aber ründet sich ein Kranz.*

1903 Übersetzung von Knut Hamsuns *Abendröte* und Gedichten von Björnson. Bei Freunden in Fiesole. Rückkehr nach Berlin. Dramaturg bei Felix Bloch Erben, danach Lektor im Verlag Bruno Cassirer. Herausgeber der Halbmonatsschrift *Das Theater.* Er beginnt einen Gedicht-Zyklus *Berlin.*

1905 Sommerreise nach Wyk auf Föhr. *Galgenlieder.* Sanatoriumsaufenthalt in Birkenwerder bei Berlin. Lektüre Dostojevskijs. Wendung zur Mystik. »Innere Aufschlüsse als Frucht nahezu fünfundzwanzigjähriger Contemplation.« Beginn mit dem *Tagebuch eines Mystikers* (später in *Stufen*). Entwurf eines Verszyklus *Der Christus. Fastenrede.*

1906 *Melancholie.* Sommeraufenthalt in Obergurgl. Winter in Meran-Obermais, von da an sein Standquartier. Beschäftigung mit Hegel, Fichte, Böhme, Spinoza, Tolstoj. Textüberarbeitung der Dramen *Gespenster* und *Hedda Gabler* von Ibsen.

1907 Osterreise nach San Vigilio am Gardasee. Sommerreise nach Tenigerbad. Obermais.

1908 Berlin. Erstes Wiedersehen mit dem Vater. Intensives Studium von Buddhas Leben und Reden. In Bad Dreikirchen (oberhalb der Brennerbahn) lernt Morgenstern Margareta Gosebruch von Liechtenstern kennen. Verlobung mit Margareta im Herbst in Freiburg. Bei Freunden in Straßburg. Winter in Berlin.

1909 Hinwendung zur Anthroposophie Rudolf Steiners, von dem Morgenstern in Berlin Vorträge hört und Bücher liest. Reisen mit Margareta nach Düsseldorf und Koblenz zu Vortragsreihen von Steiner. Morgenstern wird Mitglied der Anthroposophischen Gesellschaft. Fahrten nach Kristiania (zu Vorträgen Steiners), Budapest (zum Internationalen Theosophischen Kongreß) und Kassel (zu Vorträgen Steiners). Erholungsreise mit Margareta in den Schwarzwald, die er unterbricht, um der Einladung des Vaters nach Wolfshau im Riesengebirge zu folgen. Teilnahme an Vorträgen Steiners in München. Auf dessen Anraten Rückkehr nach Obermais. Im Winter Erkrankung.

1910 7. März: Eheschließung mit Margareta in Meran-Obermais. *Palmström. Einkehr.* Übersetzung von Knut Hamsuns *Spiel des Lebens.* Aufenthalt in Bad Dürrenstein (Dolomiten). Von dort nach Bern zu einem Vortragszyklus Steiners. Einige Monate München. Anschließend Reise nach Sizilien. Schwere Erkrankung in Taormina.

1911 Im Deutschen Krankenhaus in Rom. Waldsanatorium in Arosa. Später nimmt sich das Ehepaar doch eine eigene Wohnung. *Ich und Du.*

1912 Ehrengabe der Schiller-Stiftung von tausend Mark. Kurze Sanatoriumskur in Davos. Ende Oktober: Zusammentreffen mit Rudolf Steiner in Zürich. Rückkehr nach Arosa.

1913 In Portorose an der Adria Beisammensein mit Michael Bauer. Übersetzung französischer Gedichte Friedrichs des Großen und der dramatisierten indischen Legende *Savitri* von Doris Rein aus dem Norwegischen. Bad Reichenhall und München. Nach Stuttgart zu Vorträgen Steiners. Dort eine Christian-Morgenstern-Feier. Im Dezember, von München aus, Teilnahme an einer Vortragsfolge Steiners in Leipzig. Dort Rezitation seiner Gedichte durch Marie von Sivers.

1914 Das Sanatorium in Arco (Südtirol) verweigert Morgenstern die Aufnahme. Kurze Unterbringung in der Lungenheilanstalt Gries bei Bozen. Übersiedlung in eine Privatwohnung in Meran-Untermais. 31. März: Tod Christian Morgensterns. 4. April: Einäscherung in Basel. Spätere Überführung der Urne in einer großen Hülle aus weißem Alabaster nach Dornach in das Goetheanum.

BUCHVERÖFFENTLICHUNGEN

1895 In Phanta's Schloß
1897 Horatius Travestitus
Ich und die Welt
1899 Ein Sommer
1902 Und aber ründet sich ein Kranz
1905 Galgenlieder (Seit 1928 mit Gingganz, seit 1933: Alle Galgenlieder)
1906 Melancholie
1910 Einkehr
Palmström
1911 Auf vielen Wegen
Ich und Du
1914 Wir fanden einen Pfad
1916 Palma Kunkel
1918 Stufen
1919 Gingganz
1920 Epigramme und Sprüche
Auf vielen Wegen (mit: Ich und die Welt)
1921 Über die Galgenlieder (Seit 1941: Das aufgeklärte Mondschaf)
Klein-Irmchen
1923 Ein Kranz (mit: Ein Sommer)
1927 Mensch Wanderer
1928 Die Schallmühle
1936 Meine Liebe ist groß wie die weite Welt
1938 Böhmischer Jahrmarkt
1939 Wer vom Ziel nicht weiß, kann den Weg nicht haben
1940 Zeit und Ewigkeit
1942 Klaus Burrmann; Kinderbuch
1943 Liebe Sonne, liebe Erde; Kinderlieder
1945 Ostermärchen
1946 Stilles Reifen
1948 Man muß aus einem Licht fort in das andre gehn
1950 Egon und Emilie (Neuausgabe des Böhmischen Jahrmarkts)
1951 Quellen des Lebens hör ich in mir singen
Sausebrand und Mausbarbier; Kinderlieder
1952 Ein Leben in Briefen (Seit 1962: Alles um des Menschen willen)
1953 Das Mondschaf / The Moonsheep
1954 Vom offenbaren Geheimnis
1959 Gedichte
1960 Aphorismen und Sprüche

VERZEICHNIS DER GEDICHTE

Gedichte ohne Titel werden mit den Anfangsworten der ersten Zeile angeführt; die Umlaute ä, ö, ü entsprechen in der alphabetischen Reihenfolge ae, oe, ue. Nicht aufgenommen wurden alle im Inhaltsverzeichnis erscheinenden Titel.

Abend im Gebirge 538
Abends hinunter 125
Abend-Trunk 57
Abendweise 111
Aber etwas ist in mir 496
Agnes 123
Alle Dinge sind Vermählung 124
Allen Knechtschaffenen 514
Allen gleicher Seele 72
Alles gut, weil alles Gott? 537
Alles heilt der Entschluß 496
Alles ist von Wichtigkeit 516
Alles Leben steht auf Messers Schneide 503
Alpinismus 256
Als die Münster-Uhr 573
Am Bergeshang 533
Am Quell 112
An Dagny 65
An den Sklaven Michelangelos 513
An den Wald 109
An des Dichters andere Hälfte 501
An Deutschland 543
An die Furcht 102
An die Tiere 138
An die Vivisektoren 525
An die Wolken 46
An Dostojewski 500
An ein Mädchen 515
An eine Fliege 525
An eine unbekannte Schauspielerin 104
An Fega 116
An jeden, den's angeht 502
An meine Taschenuhr 492
An meinen Badeschwamm 102
An Rudolf Steiner 528
An Tolstoi 501
Anfrage 283
Anmutiger Vortrag 37
Anthroposophie 152
Antwort (I. A.) 284
Auch du bist fremd 74
Auf dem Strome 47
Auf dem Fliegenplaneten 281
Auf den Tod meiner kleinen Weckeruhr 94
Auf einem verfallenen Kirchhof 101
Auf einen ernsten Gelehrten 520
Auf einer Bühne 316
Auf leichten Füßen 59
Auf mich selber 506
Augurisch 358
Aus der ach so karg gefüllten Schale 498
Aus der Vorstadt 319
Aus einem Christus-Zyklus 172
Aus einem Studienkopfe 536
Aus Lametta vom Christbaum 346
Aus mir kam mir mein Erlebnis 528
Aus stillen Fenstern 115

Bedenke, Freund 163
Begegnung 51
Beim Puppendoktor 181
Beim Tode Nahestehender 166
Bergbäche 142
Bergziegen 95
Berlin 542
Bestimmung 48
Bilder 261
Bildhauerisches 243
Bim, Bam, Bum 196
Blätterfall 113
Blaues Auge, blondes Haar 96
Blutnächte XIII 344
Bona fide 246
Brand 122
Brief einer Klabauterfrau 309
»Brüder!« 160
Bundeslied der Galgenbrüder 193
Butterblumengelbe Wiesen 71

Charfreitagmorgen 146

Da nimm 171
Da traf ich Dich 10
Dachstuben-Stimmungen 505
Dämmrig blaun 126
Dagny 57

Dankbarkeit und Liebe 506
Das ästhetische Wiesel 197
Das Böhmische Dorf 241
Das Buch 296
Das Butterbrotpapier 285
Das dank ich Euch 497
Das Einhorn 281
Das Ende der Welt 356
Das Fest des Wüstlings 209
Das Forsthaus 275
Das Gebet 230
Das Geburtslied 211
Das geht an dich 502
Das Geierlamm 293
Das Grab des Hunds 289
Das Grammophon 313
Das große Lalula 226
Das Häslein 176
Das Häuschen an der Bahn 38
Das heimliche Heer 81
Das Hemmed 227
Das Huhn 206
Das Interview 270
Das ist der Ast 162
Das ists ja 521
Das Knie 223
Das Leben ist urewiglich 492
Das Licht 538
Das Lied vom blonden Korken 230
Das Löwenreh 308
Das Mondschaf 215
Das Nasobem 204
Das nennt ihr große Kunst? 516
Das Nilpferd 290
Das Perlhuhn 281
Das Polizeipferd 265
Das schnellste Roß 119
Das sind die Reden 75
Das Symbol des Menschen 310
Das Tellerhafte 288
Das Tier, die Pflanze 128
Das Warenhaus 244
Das Wasser 200
Das Weiblein mit der Kunkel 197
Das Weihnachtsbäumlein 181
Das Wörtlein 85
Daß er so wenig weiß 520
Dein Wunsch 170
Deine Augen glühen 54
Deine Rosen an der Brust 75
Dem Schaffenden 503
Dem sinkt der Bogen 524
Den langen Tag 76
Den Schustern 523
Denkmalswunsch 299
Der Abend ruft 123
Der Aesthet 301
Der alte Steinbruch 45
Der Apfelschimmel 344
Der Aromat 252
Der Bahnvorstand 314
Der Bauernknabe 117
Der beleidigte Pan 21
Der, dessen ganzer Zug 520
Der Droschkengaul 277
Der durchgesetzte Baum 257
Der eingebundene Korf 256
Der einsame Christus 29
Der einsame Turm 40
Der ernste Herr 271
Der freie Geist 47
Der fromme Riese 258
Der Gaul 205
Der Geistesschüler 150
Der Gelehrte und Goethe 499
Der gestrichene Bock 291
Der Gingganz 224
Der gläserne Sarg 30
Der Glaube 315
Der Großstadtbahnhoftauber 316
Der Hecht 198
Der heilige Pardauz 303
Der heroische Pudel 206
Der Homonkulus 270
Der Hügel 65
Der Igel 346
Der Ikaride 503
Der kann von Liebe nicht reden 497
Der Konvertit 355
Der Korbstuhl 298
Der Künstler 513
Der Lattenzaun 229
Der Lebemeister 518
Der Leu 292
Der Liebende seinem Mädchen 518
Der Marabu 184
Der Meilenstein 279
Der Mond 234
Der Mondberg-Uhu 198
Der Morgen 128
Der Nachtschelm und das Siebenschwein 198
Der Nachtwandler 18
Der Neffe 299
Der neue Vokal 318
Der Papagei 310
Der Papagei 276
Der Philosoph einem Schurken 518
Der Purzelbaum 212
Der Rabe Ralf 236

Der Rauchvogel 144
Der Rock 256
Der Saal 320
Der Säemann 541
Der Schaukelstuhl 232
Der Schlachter 142
Der Schnupfen 305
Der Schreiner 523
Der Seufzer 221
Der Specht 530
Der Sperling und das Känguruh 290
Der Steinochs 199
Der Stern 32
Der Sündfloh 357
Der Täufer 118
Der Tanz 195
Der Tod erst 13
Der Tolstoianer 150
Der Tor 104
Der Traum der Magd 203
Der Träumer 266
Der Triumphzug der Galathea 82
Der Übermensch ist schon kopiert 507
Der Urton 39
Der Vergeß 302
Der vergessene Donner 130
Der vorgeschlafene Heilschlaf 243
Der Walfafisch oder das Überwasser 237
Der Wasseresel 317
Der Weltkurort 252
Der Werwolf 207
Der Wiesenbach 98
Der Wildbach 106
Der Wind als Liebender 59
Der Wissende 29
Der Wolkenbaum 115
Der Würfel 231
Der zarte Greis 311
Der Zeitungsleser 494
Der Zweifler 154
Der Zwölf-Elf 218
Des Frühlings unbestimmte Ahnung 71
Des Galgenbruders Gebet und Erhörung 194
Des Morgens Schale 66
Des Nachts im Traum 182
Deus Artifex 294
Dichterbekanntschaft 494
Die Allee 537
Die Behörde 263
Die beiden Esel 199
Die beiden Feste 267
Die beiden Flaschen 220
Die Beine der Heroen 355
Die Brille 257
Die drei Spatzen 177
Die drei Winkel 304
Die Eheringe 147
Die Elster 282
Die Fingur 208
Die Flamme 35
Die Fledermaus 294
Die Furchtbarkeit der Welt 141
Die Fußwaschung 169
Die Gabe 260
Die Geruchs-Orgel 251
Die großen Worte 496
Die Korfsche Uhr 250
Die Hystrix 203
Die Lämmerwolke 322
Die letzte Ruh 133
Die Luft 221
Die Mittagszeitung 257
Die Mitternachtsmaus 228
Die Mutter 67
Die Nachtigall erzählt 25
Die Nähe 282
Die Oste 301
Die Priesterin 255
Die Probe 204
Die Schildkrökröte 205
Die schneebedeckten Gipfel 56
Die Schreibmaschine 272
Die Schuhe 287
Die Schwestern 358
Die Stadt aus Elfenbein 90
Die Stationen 314
Die stillen Stunden sind es 74
Die Tagnachtlampe 249
Die Trichter 194
Die unmögliche Tatsache 262
Die Unterhose 295
Die Waage 261
Die weggeworfene Flinte 253
Die Weste 201
Die Westküsten 201
Die wiederhergestellte Ruhe 280
Die Windhosen 259
Die Windsbraut 260
Die wir die Welt 497
Die wirklich praktischen Leute 264
Die Wissenschaft 248
Die Zeit 313
Die Zirbelkiefer 235
Die zur Wahrheit wandern 159

Die zwei Ozeane 158
Die zwei Parallelen 298
Die zwei Turmuhren 328
Die zwei Wurzeln 210
Dies ist das Wunderbarste 120
Dies ist mir oft ein dumpfer Schmerz 506
Dies sich Zerfasern 526
Dieses ewige pro domo reden 503
Draußen in Friedenau 542
Drei Hasen 354
Du bist in jedem Augenblicke neu 529
Du bist kein Christ 526
Du bist mein Land 76
Du bist zu eng in dich gebannt 526
Du glaubtest 153
Du kannst dein eignes Leid 14
Du kannst keinen Großen 528
Du Kopf mit der Seemannsmütz 64
Du magst dich drehn und wenden 514
Du mußt den Blick 515
Du Weisheit meines höheren Ich 164
Du weißt nicht 529
Dulde, trage 491
Dummer Sonderstolz 525
Dunkel von schweigenden Bergen umschlossen 492
Dunkle Gäste 51
Durch hundert Pforten 145
Durch manchen Herbst 540
Durch soviel Zweifel 99

Ebenengewitter 535
Ein ander Mal 518
Ein anderes 122
Ein böser Tag 297
Ein einunddreißigster August 138
Ein Gleichnis 121
Ein jeder soll den Weg 526
Ein junger Freund 521
Ein Lächeln irrt verflogen 90
Ein modernes Märchen 323
Ein paar Pappeln 120
Ein Publikum in Oberbayern 273
Ein Sandkorn ist der Erdball 100
Ein Weihnachtslied 67
Ein Wildschwein und ein Zahmschwein 309
Eine junge Witwe 89
Eine Stimmung 210
Einen Freund über seinen Liebeskummer 163
Einer Jugendfreundin 92
Eins und alles 44
Entwurf zu einem Trauerspiele 285
Epilog 23
Er, der uns zum Gipfel führt 543
Er sprach . . . 151
Er sprang beschwingten Schritts 153
»Er war ein Bäcker« 519
Erdnacht ist schwer und dunkel 531
Erfahr ich, wie Mitchristen 514
Erinnerung an Wolfenschießen 93
Erste Frühlingsahnung 95
Erster Schnee 70
Es gibt auch eine Freude 497
Es gibt noch Wunder 77
Es gibt Unterschiede 517
Es gilt fast mehr 126
Es ist Nacht 129
Es kommt der Schmerz 81
Es lebe das gefährliche Spiel 523
Es pfeift der Wind . . . 303
Eselgeschrei 516
Etiketten-Frage 305
Europens Bücher 254
Ewiges Einerlei 493
Exlibris 274

Farbenglück 56
Fast 84
Faß es 174
Fips 177
Fisch und Wind 131
Fisches Nachtgesang 225
Föhn 141
Form und Farbe 108
Frage ohne Antwort 516
Freiheit 507
Früh-Herbst 85
Früh um Frühe 117
Frühling 26
Frühlingserde 534
Füchslein-Leben 182
Für Reinhard Piper 156
Für viele 83

G. — 518
Galgenberg 193
Galgenbruders Frühlingslied 218
Galgenbruders Lied an Sophie 217
Gebet 49
Geburtsakt der Philosophie 297
Geheime Verabredung 47

Geier Nord 42
Geier Schwermut 22
Geiß und Schleiche 209
Gemischt aus Freudigkeit 572
Genesung 73
Genügsamkeit 64
Genug oft 91
Geschöpf nicht mehr 149
Gesegnet ging ich 528
Gesicht 26
Gespenst 304
Gespräch einer Hausschnecke 354
Getrennter Liebender Gebet zueinander 140
Gewaltig segelst du mit mir 99
Gewaltiger 172
Gewitteranfang 113
Gib, gib und immer wieder gib 491
Gib mir Deine Kraft 135
Gib mir den Anblick 164
Gleichnis 266
Glücklich, die wir auf der Zeiten 49
Γνωδι σεαυτον 506
Goethe 499
Gruselett 322

Habe nur den rechten Blick 499
Harpagon 154
Hat sich einer vor Gewalt 514
Heilung 271
Heimat 66
Heimfahrt einer einsamen Frau 88
Herbstschlacht 114
Herr Meier 356
Heulboje heult in wilder Nacht 535
Heut ritt ich im Traum 175
Himmel und Erde 232
Hochlandschweigen 148
Hochsommernacht 129
Humor 141
Hymne 167

Ich 146
Ich achte heut noch 523
Ich bin aus Gott 165
Ich bin ein Mensch 527
Ich bin ein Mensch von rechter Vogel-Art 54
Ich bin ein Rohr 65
Ich habe den Menschen gesehn 171
Ich habe mich zu halten nie gewußt 497
Ich habe nicht gewußt 134
Ich habe von der klügsten Frau vernommen 502
Ich hebe dir mein Herz empor 166
Ich hebe gerne Blumen auf 126
Ich liebe dich 75
Ich liebe die Furche 527
Ich liebe mir die überlegnen Geister 519
Ich lobe mir den Freund 523
Ich mag es nicht 507
Ich riß des Herzens Furchen auf 491
Ich sage dir als tröstlich Wort 498
Ich selber 505
Ich trage Ehrfurcht 157
»Ich und der Vater sind eins« 118
Ich und du 527
Ich will aus allem nehmen 152
Igel und Agel 207
Ihr nehmt ja allen Duft 525
Ihr Tore der Gefängnisse 93
Ihr wißt und ahnt es freilich nicht 26
Im Bad 343
Im Mutterschoß 170
Im Reich der Interpunktionen 307
Im Sturm 516
Im Theater 105
Im Tierkostüm 249
In Aeternum 99
In allem pulsieren 499
In einer Dämmerstunde 33
In Öde würden wir sinken 158
In stillster Nacht 14
In Wald und Welt 517
Inmitten der großen Stadt 28
Inmitten dessen 529
Ist es Herbstlaub? 119

Ja, du mit deiner Mäßigung 498
Jeder Feind hat doppelt Quartier 496
Jeder trägt 492
Jungvolk der Pythagoräer 495

Kannst dich nicht versenken? 144
Keine Kunst 157
Kind, wie eine Wolke 128
Kinder, Tiere, Pflanzen 498
Klabautermann 308
Kleine Erde . . . 111
Kleine Geschichte 37
Km 21 209
Knospe des Lebens 148
Kodizill 136

König Midas 110
Korf erfindet eine Art von Witzen 259
Korf und Palmström 255
Korfs Geruchsinn 251
Korfs Verzauberung 253
Krähen bei Sonnenaufgang 43
Kreuz und quer bin ich gereist 506
Künstlerideal 43
Kürze 95

Lächelt nicht 149
Lärmschutz 246
L'Art pour l'art 262
L'Art pour l'art, das heißt so viel 504
Leben ist Licht 493
Leben ohne Antwort 87
Lebens-Lauf 306
Lehre 495
Lehrer Tod 521
Leis auf zarten Füßen 160
Leise Lieder 52
Licht ist Liebe 171
Liebe 279
Lieb ohne Worte 302
Liebe, Liebste 79
Lied 63
Lied an die Dämmerung 108
Lied der Erde 100
Lied der Erde an die Sonne 118
Lied der Sonne 180
Lunovis 215

Mag die Welt 522
Mag dir dies und das geschehn 525
Malererbe 24
Man gibt dir nicht 143
Man muß Künstler sein 495
Man sollte immerdar 521
Mattenwanderung 96
Meer am Morgen 60
Meeresbrandung 34
Mein Hang 496
Meine Kunst 27
Meinem Koffer 103
Mensch und Blitz 101
Mensch und Tier 86
Mensch Wanderer 86
Meran – Vineta 127
Meßkunst wird 493
Mit dieser Faust hier 107
Mit tausend Sinnen 522
Mittag 112
Moderne Romantik 343
Möge das als niedrig gelten 521
Möwenlied 222
Mogel 183
Mondbild 21
Mondnacht 100
Mondnacht über Meran 125
Mondendinge 233
Monolog eines – 519
Mopsenleben 278
Morgenfahrt 14
Morgensonne im Winter 146
Muhme Kunkel 274
Mysterium 539
Mystik 155

Nach Gorkis Nachtasyl 501
Nach Norden 242
Nacht am Flusse 78
Nachtbild 195
Nachtwind 62
Nachts im Wald 91
Nachts übern Markt 115
Naturwissenschaftliche Popularisierer 522
Nebel am Wattenmeer 534
Nebelweben 534
Nein! 194
Nein 158
Neuschnee 534
Nichts ist trostloser 494
Nichts trauriger 513
Niemanden hassen 515
Nietzsche 504
Noch jüngst gehaßt 97
Nomen – Omen 50
Novembertag 115
Nun wohne Du darin 165
Nun wollen wir 147
Nur wer den Menschen liebt 499

O Blume 74
O bunte Welt 98
O Freunde, liebt mich nicht 507
O gib mir Freuden 133
O ihr 494
O traure nicht! 78
O Übermaß der reinen Lebensfülle 73
Oh, ich verleumde 139
Oh wie herrlich 532
Ode an das Meer 68
Oktobersturm 73

Palma Kunkel naht 277
Palmas Mutter 276

Palmström 241
Palmström lobt 267
Palmströms Uhr 250
Palmström wird Staatsbürger 268
Parabel 53
Phanta's Schloß 16
Philanthropisch 202
Plötzlich . . . 297
Portofino, kleiner Hafen 82
Problem 322
Professor Palmström 264
Progressus Dei 98
Prolog zu »In Phanta's Schloß« 15

Quellen des Lebens 139

Rat aus eigener Erfahrung 520
Raumschwindelgefühl 97
Reïnkarnation 530
Richterphantasie 524
Rings um uns 101
Rudolf Steiner 151
Rückschau 527

Sag nicht 140
San Gimignano 106
Schach, das Königliche Spiel 517
Schachsonett 121
Schauder 83
Schauder 127
Schicksal 289
Schicksalsspruch 496
Schiff ›Erde‹ 311
Schlachtfelder 521
Schmerzliche Täuschung 357
Schnauz und Miez 178
Scholastikerprobleme 321
Schule 495
Schwacher Leib 156
Schwalben 60
Schwerer Nebel 55
Scirocco 136
Segelfahrt 64
Segen der In-sich-Ruhenden 522
Seht in ihrem edlen Gange 58
Sei bereit 80
Sie an ihn 77
Sie an ihn 132
Sieh, das ist Lebenskunst 491
Sieh her, mein Kind 515
Sieh nicht, was andre tun 162
Siehe, auch ich – lebe 116
So fallen Wanderschwalben 539
So fand ich es überall 529
So klein der Winkel 521
So ziehn zwei Flammen 126
Solange wir nicht ruhevoll-gelassen 530
Sommermittag 132
Sommernacht im Hochwald 131
Sozialer Ausgleich 358
Spekulativ 266
Spruch vor Tisch 176
Spruch zum Wandern 63
St. Expeditus 325
Sternenstil 137
Stilles Reifen 49
Stör' nicht den Schlaf 159
Sylt – Rantum 92

Täuschung 279
Tags darauf 124
Tapetenblume 200
Tertius Gaudens 291
Theater 246
Theomachie 15
Toilettenkünste 319
Totschweigen 522
Tragik der Kunst 505
Tragikomödie des Phantasten 493
Traumliedchen 179
Traumwald 91
›Trostlos?‹ 531

Über unsre Himmel hinweg 532
Über weite braune Hügel 535
Überall bin ich allein 504
»Überbrettl« 345
Ukas 316
Und dieses Einst 527
Und siehe 155
Und so hebe dich denn 503
Und um den Abend 544
Und wenn du nun 79
Und wir schaun zurück 530
Unheimliche Zeitung 542
Unmöglich ists 508
Unsichtbarer 134
Unter Spiegelbildern 293
Unter Zeiten 233
Unverlierbare Gewähr 81

Väterliche Kunst der Farbe 505
Venus-Palmström-Anadyomene 265
Venustempelchen 70
Verantwortung 110
Verantwortung 153

Verantwortung 537
Vergänglichkeit! 532
Vergebt 496
Vergessen 80
Vergeßt mir nur 504
Verkennen dich die Menschen 499
Verlange nichts 529
Vermauerte Aschenurnen 513
Vermessenheit 137
Versäumte Pflicht 515
Verse beim Erwachen 103
Versuchung 111
Vice Versa 280
Vögel im Wald — —. 60
Vöglein Schwermut 33
Vogelschau 56
»Völker in Waffen« 532
Volkslied 89
Vom Fleißigen 496
Vom Steuerzahlen 269
Vom Zeitunglesen 261
Von dem großen Elefanten 178
Von den Armen der Natur 498
Von den heimlichen Rosen 58
Von Herzen Schollenmensch 493
Von wenigen erkannt 505
Von zwei Rosen 164
Vor dem Föhn 144
Vor den Fresken der Appartamenti Borgia 540
Vor einem zur Schlachtbank geführten Kalbe 524
Vor Sonnenaufgang 97
Vorfrühling 55
Vorfrühling 116

Wach auf! 492
Waldkonzerte . . . 61
Wandernde Stille 63
Warte, warte tiefgeduldig 527
Was berufst du dich auf Goethen 504
Was braucht ein Volk für Gönner? 494
Was die Menge beseelt 528
Was gab ich denn den Menschen 497
Was ich möchte 505
Was ist das? Gibt es Krieg? 119
Was jetzt Sehnsucht ist 531
Was kann ein Gastfreund Beßres sagen 507
Was klagst du an 161
Was wärst du, Wind 517
Wasserfall bei Nacht 166
Wein und Waffe 536
Welch ein Schweigen 72
Wen er nicht einmal zu Tode beschämt 504
Wen läßt ein Musikante leben? 494
Wenn du den Weg zur Tiefe gehst 54
Wenn ich die Welt 504
Wenn leuchtend die Gestirne 13
Wer alles ernst nimmt 493
Wer bin ich 135
Wer doch den trüben Wahn erfunden 52
Wer kennte nicht das Werden der Phantome 516
Wer Lebendiges will verstehn 524
West-östlich 242
Wie kam es nur? 77
Wie kann ein Tag 52
Wie kann ich glücklich sein 530
Wie kannst du nur am Morgen 145
Wie macht' ich mich von Deinem Zauber los 168
Wie mich das Kärtlein freut 83
Wie mir der Abend 55
Wie oft wohl 13
Wie Sanct Franciscus 128
Wie sich das Galgenkind die Monatsnamen merkt 212
Wie still! 120
Wie süß ist alles erste Kennenlernen 497
Wie vieles muß zugrunde gehn 150
Wie ward ich oft gebrochen 508
Wie? Wolltest du dir selbst 67
Wind, du mein Freund! 71
Wind und Geige 61
Windgespräch 355
Winter 66
Winternacht 53
Winternacht 180
Winternacht 531
Wir alle sind die Erben 86
Wir dachten beide 572
Wir können nie 507
Wir Menschen sind wie Blätter 531
Wir sitzen im Dunkeln . . . 76
Wir, viele, mußten Finsternis erdulden 526
Wirf dich weg! 169
Wohl kreist verdunkelt 50
Woran sollen wir uns erziehen? 499
Wort-Kunst 275

Wozu, so fragt man sich 514
Wunder-volle Tage seh ich nahn 492

Zeit und Ewigkeit 533
Zu guter Letzt 273
Zu Niblum will ich begraben sein 9
Zu »Raskolnikow« 501
Zum Abschied 84
Zum Menschen fühl ich 492
Zukunftssorgen 243
Zur modernen Schauspielkunst 522
Zur Pflanze kehr ich immerdar zurück 498
Zwei ungeborene Seelen 90